西方共和主义思想史论

萧高彦 著

政治哲学研究丛书

商务印书馆
The Commercial Press
2016年·北京

图书在版编目(CIP)数据

西方共和主义思想史论/萧高彦著. —北京：商务印书馆，2016

(政治哲学研究丛书)
ISBN 978-7-100-12188-0

Ⅰ.①西… Ⅱ.①萧… Ⅲ.①共和制—政治思想史—研究—西方国家 Ⅳ.①D033

中国版本图书馆 CIP 数据核字(2016)第 079369 号

所有权利保留。
未经许可，不得以任何方式使用。

本书中文简体字版由联经出版事业公司授权出版，原著作名为《西方共和主义思想史论》

政治哲学研究丛书
西方共和主义思想史论
萧高彦 著

商 务 印 书 馆 出 版
(北京王府井大街 36 号 邮政编码 100710)
商 务 印 书 馆 发 行
北 京 冠 中 印 刷 厂 印 刷
ISBN 978-7-100-12188-0

2016 年 7 月第 1 版　　开本 787×960　1/16
2016 年 7 月北京第 1 次印刷　印张 26
定价：58.00 元

"政治哲学研究丛书"编委会

主编 任剑涛

编委会成员（以姓氏拼音排序）

    陈宜中 高全喜 刘　擎

    任剑涛 周保松

总　序

任剑涛

政治哲学业已成为汉语学术界的热门论题。

但究竟什么是政治哲学，则是一个莫衷一是的问题。

国学大师章太炎，曾撰有一篇题曰《原儒》的文章。他尝试对同样莫衷一是的"儒"的含义进行界定。他将"儒"的含义区分为三种：一是基于中国文明意义的"达"名之"儒"，这是最宽泛意义上的"儒"。二是在中国传统制度意义上的"类"名之"儒"，这也是一种广义的儒家。凡"知礼乐射御书数"者，可归入此类。三是作为先秦诸家之一的"私"名之"儒"，这是诸子百家中之一家的狭义之"儒"，特点是"祖述尧舜，宪章文武，宗师仲尼"。

章太炎界定儒家的方式具有方法论价值，可以将之用来界定"什么是政治哲学"。如果对"政治哲学"作最宽泛的解释，一切追问政治根柢的学问，都可以归入其中。举凡从神学的角度解释政治问题的学说、从诗学的角度理解政治生活的言说、从文学的视角对政治进行的观察、从政治生活特定角度作出的一般申论，都可以纳入政治哲学范畴。相对确定意义上的"政治哲学"，是那些围绕政治生活方式如何可以实现美好生活、提升政治生活品质、改善政治组织方式的理论探究。这样的政治哲学探究，理论界限不是那么清晰，研究目标也不怎么一致，表述方式就更是多种多样。在特定意义上所指的"政治哲学"，则是现代社会诞生之时，萌生的一种特定的部门哲学理论。它的研究形式自具特点，主要是以理性的进路切入政治世界，提要钩玄，将政治基本价值、政治基本制度和主流生活模式刻画出来，并展开不同立论之间、进路之间的竞争性言说，从而凸显一系列供人们斟酌、选择的政治理念。这样的政治哲学研究，旨在"人为自己立法"，因此不再执着于神与人的关系，重在探究人与人的关系，尤其是人与人的政治关系。其展开的具体研究活动，不在诗意浪漫的言说中申论，也不在青灯古卷的故纸堆中缕述，而在政治基本价值、基本制度安排与主流生活模式的适宜选择中立论。

显然，汉语学术界的政治哲学研究，远不是严格意义上的或狭义的政治哲学研究。尤其是善于制造学术研究热点的汉语政治哲学推手们，主要从事的是达名意义的政治哲学研究。他们从政治神学、政治诗学、政治文学、政治古典学等视角，拉开了政治哲学的研究大幕。这样的研究，扩展了汉语学术界关于政治思考的视野，功莫大焉。但是，达名、类名意义的政治哲学研究，已经掩盖了私名意义上的，也就是明确的现代意义上的政治哲学研究光辉。这是一种不正常的状态。

之所以说这是一种不正常的学术研究态势，是因为本该成为主流的现代政治哲学研究，被淹没在拒斥现代的政治神学、批判现代的政治诗学等自称的政治哲学著述狂潮中。国人似乎认定，政治哲学就是否定现代的那些个学术样式。一些政治哲学的论者强调指出，政治哲学就是批判考察西方政治哲学，就是深入梳理中国传统政治哲学。这样诱导人们远离现代政治生活的政治哲学研究意欲，很难帮助人们真正探入身处其中的现代政治生活。其研究结果极易引导人们认定，现代政治生活乃是一场误会的产物。因此，拒斥现代政治生活，似乎就具有了天经地义的理由。不是说现代政治生活模式没有缺陷，更不是说只能对之采取辩护的立场，但一味否定现代的导向，恐怕是不利于中国真正进入现代处境，并寻求超越现代的进路。

以达名、类名的政治哲学替代私名的政治哲学，是今天中国政治哲学界的一种瞩目现象。这样的研究态势，是中国踏入现代以后，几乎所有专门学术研究的一种基本态势。批判的学术研究替代主流的学术研究，并僭越到主流位置，这是现代汉语学术界的一个反常现象。这自然跟汉语现代学术的晚起、后进有关，也与汉语学术界不愿跟强势的主流话语强硬对话的决断有关。这是一个悲剧。这不仅让中国学术界无法跟世界主流学术界对话，无法对之作出推进性的贡献，而且也无力提供给中国社会融入现代世界的观念力量，让中国既徘徊在现代学术主流的大门外，也局促于非主流学术的伪批判情景中。

有人会说上述言辞有点危言耸听。笔者自然会因此对上述言辞保持一种克制的态度。换言之，政治哲学无须为中国进入不了世界主流承担直接责任。无论怎么说，政治哲学最多只能为中国尚未进入世界主流承担非常间接的责任。因此，中国是不是进入了现代主流世界，不是一个判断中国政治哲学研究应当如何的恰当理由。中国政治哲学研究，需要确立自己的适宜进路。就此而言，达名、类名的政治哲学研究，也就有了充分的支持理由。只不过，私名的政治哲学研究，不能因此丧失其值得研究的根据。而且从人们研究政治哲学的经验性品格来讲，帮助政治哲学的关注者理解现代主流的政治生活，也许是一个有力推动私名的政治哲学研究的切实理由。自然这也不构成拒斥那些基于先验、规范或乌托邦理由的政治哲学研究的托词。

政治哲学研究需要继续在神与人、现实与理想的维度上展开其十分丰富的理论蕴含。伪托政治哲学之名的政治神学研究，不管是宗教意义上的政治神学，还是世俗意义上的仿宗教性的政治神学，那种意图为政治生活托定神圣价值的研究意图，不会丧失其研究的动力。同样，自承是超越滞重的政治现实、寻求政治诗意浪漫本质的政治诗学表达，也具有它强大的言说依托。因为，从单纯理性视角提供的政治哲学论证，总有些单调乏味，未能充分展示政治生活的多姿多彩，尤其是无法提供给人们以充分想象的政治空间。而这恰恰是政治诗学最为擅长的领域。

现代主流的政治哲学，断代在民族国家兴起之际。上帝之国、世界社会与民族国家的划界，是这一理论形式浮现而出的直接动力。它依托于自由、平等、博爱等基本价值，依赖于民主（共和）、法治等基本制度安排，依靠在国家与社会、政府与市场、权力与权利等相关机制的互动体系。这在中国政治哲学研究中都缺乏深入、系统的描述与研究。中国现代政治哲学的玄谈性质，一直令人瞩目。政治神学与政治诗学强化了这一定势。这是需要改变的状态。

而且，除开现代的理性政治哲学，政治神学与政治诗学也无法予以正面阐释。这正是需要私名的政治哲学适时出场的强大理由。在这里，申述神人之间的政治神学，只能作为背景论述存在；而阐述现代缺陷的政治诗学，也只能作为理想意欲的表达。它们都无法替代直接描述与解释现代政治生活的理性政治哲学。后者具有自我陈述、自我批判与自我超越的相对自足性。

这是一种旨在描述与说明人类现代政治处境的、特定的政治哲学理论形式。它不避神学问题，但将之作为背景文化处理；它不拒传统与现代的关系省思，但与之视为上下文脉络。它集中处理的论题，是现代何以构成为"现代"。现代的基本价值与制度是如何成为这样而不是那样的状态，是其言说的核心主题。在这里，现代诸意识形态及其竞争性关系，当然是回避不了的论题。但诸意识形态只有在民族国家的框架中，才有一个相互理解、相关诠释的参照系。在这种确定性关系结构中，现代政治哲学的相对确定边界也就凸显出来。不过，这样的研究，不只是为现代国家提供正当化证明，超越的意欲，同时潜含其中。只是这样的超越，不见得必然是政治神学、政治诗学这类选项，也不见得是以回归传统作为出路。

在汉语学术界，围绕"现代"处境申述的政治哲学言说，远未引起人们足够的重视。在中国步履急骤的现代发展进程中，这样的学术研究，切中现实需要。适应这一需要展开的政治哲学研究，自然不是顺从现实甚至屈从现实的理论活动；相反，旨在帮助人们理解中国现代转变的政治哲学研究，恰恰是在古今中西之间展开的理性活动。它的意义，也就在理顺现实问题、超越现实欲求、逼近政治理想的尝试中浮现出来。

或许，这正是现代政治哲学研究者应予担负的研究责任？！

谨以本书纪念

先父 萧功伯先生（1925—2009）

目 录

自序 / 1

导论　共和主义的系谱 / 6
　　一、前言 / 6
　　二、共和主义的意义及基本信念 / 7
　　三、古典共和主义 / 9
　　四、现代共和主义的两种进程 / 12
　　五、共和主义的式微 / 19
　　六、共和主义的复兴 / 22

第一章　亚里士多德与共和政制 / 26
　　一、前言：西方共和主义之渊源 / 26
　　二、思想脉络：希腊城邦的民主理念 / 28
　　三、政治学：德行、明智与立法 / 33
　　四、城邦与"政治统治"：《政治学》第 1 卷 / 37
　　五、公民身份：政治统治的民主要素 / 39
　　六、"政制"与统治团体：城邦政治秩序的寡头要素 / 46
　　七、政体分类及讨论 / 53
　　八、共和政制、中间政制与立法家的混合艺术 / 58

九、公民德行 / 66
十、结语：共和主义与民主政治 / 69

第二章　罗马与西方共和主义之奠基 / 72
一、前言 / 72
二、波利比乌斯：致用史学、政体循环与混合宪政 / 73
三、西塞罗的《论共和国》/ 81
四、结语 / 95

第三章　西塞罗与马基雅维里论政治德行 / 97
一、前言 / 97
二、西塞罗论述的脉络及分析架构 / 99
三、西塞罗论基本德行 / 102
四、西塞罗论效益 / 109
五、马基雅维里政治道德论的基本取向 / 114
六、马基雅维里论政治德行 / 117
七、马基雅维里主义与现象世界的政治逻辑 / 121
八、规范论与秩序论：政治道德的两种典范 / 126

第四章　马基雅维里论现代共和的政治秩序 / 130
一、前言 / 130
二、马基雅维里政治秩序论之相关文献 / 131
三、马基雅维里政治秩序论的基本范畴 / 135
四、马基雅维里论政治秩序之构成 / 141
五、公民共和主义和政治决断论？
　　——马基雅维里政治观的现代意义 / 149

第五章　卢梭的民主共和主义 / 154
一、前言 / 154

二、普遍意志与政治权利——共和原则之证成 / 156

三、政府之特殊利益 / 164

四、激进民主与政治神学 / 169

五、卢梭理论建构之检讨 / 173

第六章　卢梭论立法家与民族文化 / 177

一、前言 / 177

二、立法家：议题的脉络及其人格特质 / 180

三、立法家以及政治空间之建构 / 183

四、立法家的创建行动与宪政体制之二元性 / 187

五、民族精神与公民结合作为政治现实性之动力 / 194

六、结语 / 197

第七章　《联邦论》中的两种共和主义 / 200

一、两种共和主义 / 200

二、超越孟德斯鸠：从古代到现代共和 / 202

三、宪政共和主义：隐蔽的人民 / 207

四、民主共和主义：人民正身的展现 / 216

五、制宪权的驯化：审议民主或正当性的持续奠基 / 225

六、结语 / 231

第八章　从共和主义到革命宪政主义：
　　　　　西耶斯的制宪权概念 / 233

一、前言 / 233

二、国民、宪法与制宪权：基本概念之初步考察 / 235

三、制宪权作为政治／法律概念：西耶斯的革命宪政主义 / 242

四、西耶斯制宪权理论的自由主义精神 / 248

五、恶性循环的克服与再现 / 255

六、国民／民族建构的歧义：从构成论到历史主义 / 258

第九章　历史理性中的共和理念：黑格尔与宪政国家 / 265

一、前言 / 265

二、德国观念论与共和主义 / 266

三、市民社会的辩证与整合 / 269

四、国家作为"理性公民共同体" / 272

五、"合理爱国主义" / 280

六、合理爱国主义与历史辩证 / 287

七、结语 / 291

第十章　共和主义、民族主义与宪政理论：
阿伦特与施密特的隐蔽对话 / 293

一、前言 / 293

二、问题的出发点：马基雅维里的政治创建论 / 294

三、施密特的宪政理论：民族之政治决断与制宪权 / 296

四、"权力属于人民，权威存在宪法"：
从政治神学到罗马共和主义 / 304

五、超越决断式制宪之外：美国立宪的延续性立宪 / 313

六、共和主义与民族主义之宪政原则 / 319

第十一章　斯金纳与共和自由概念 / 323

一、政治自由的意义 / 323

二、斯金纳论述之脉络：伯林的消极自由论 / 326

三、斯金纳对伯林自由论之回应 / 329

四、斯金纳对马基雅维里思想之诠释 / 333

五、法律的功能、目的及其根源 / 338

六、共和主义论述的典范竞争 / 344

结语　共和主义与当代社会 / 348

附录　"文化政治"的魅力与贫困 / 353
参考书目 / 379
索引 / 395

自 序

本书的主旨是对西方共和主义作为一种思想史典范，提出政治哲学的分析。所谓的"典范"（paradigm）意指大型的观念丛结（complex of ideas），源于思想家对形上学、伦理观、人性论、行动理论乃至政治制度等议题深入探究后，所产生的巨型论述系统。它们会形成核心的观念词汇以及政治想象，并构成政治场域的意义脉络。虽然西方的政治思想流派繁多，但真正具有"典范"意义的，并不多见。

史学家波考克在其振兴当代共和主义学术研究的巨著《马基雅维里时刻》（*The Machiavellian Moment*）一书的第一部分，以宏观的视野分析中古后期政治论述的竞争典范，作为理解共和主义兴起的背景。他指出，在公民人文主义勃兴之前，中古后期西方的两大政治论述典范，其一以"习俗"（custom），另一则以"神恩"（providence）为核心。所谓的习俗，其实便是社会学家韦伯所提出的传统统治形态，中古后期以普通法为最重要的代表。政治社会习俗之所以被接受并服从，在于其为传之久远的祖宗常法。而由于长期以来对于特殊环境与问题的回应，使得这些习俗累积了无数代人们的经验，并形成了实践智慧的来源。另一个政治论述典范，则是以救赎为核心的基督教，基于上帝统治世界的神恩概念而开展出的神学政治论。基督教虽然以上帝之城的终极降临为主要关怀，但由于上帝支配世界，所以俗世的事件仍然会以上帝的意志为基础，而开展出一种此世时间的序列。也就是说，基督教以彼世的救赎角度，建构了一种具有连贯意义的俗世史（saeculum）。

共和主义者在现代初期所引导的人文主义转向，将西方人的注意力自传统习俗或神学的俗世史，转而关注此世政治社会自身的独特意义。关于共和主义的最初发展，波考克认为可追溯到公元1400年前后，米兰大公维斯孔蒂（Giangaleazzo Visconti）家族势力急速扩张进入托斯卡尼区域，对佛罗伦萨产生了重大的政治威胁，并运用恺撒主义与王权观点来证成其政治扩张。与之对抗的佛罗伦萨人文主义者遂重新发现亚里士多德《政治学》的价值，建构行动生活（vita activa）的政治理想，倡议古典共和主义的自由、公民身份、公民德行以及政治参与等理想，以共和价值来对抗维斯孔蒂家族的霸权论述，促成了共和意识的萌芽。承继此公民人文主义传统，马基雅维里建构了第一个现代共和主义体系，之后通过英国内战以及美国、法国大革命等重大历史事件的影响，逐渐产生了与古典时期完全不同的现代共和主义论述，基本精神在于强调公民参与对于政治价值创新以及秩序兴革的重要性。波考克认为，在现代政治思想中，能够与共和主义相抗衡的唯一典范，只有后起的自由主义。

本书以共和主义思想家理论体系的阐释为主轴，并且辅以思想史脉络以及时代问题意识背景。对于西方共和主义思想，全书分析了亚里士多德、西塞罗、波利比乌斯、马基雅维里、孟德斯鸠、卢梭、美国与法国大革命的共和论述、康德与黑格尔，以及当代共和主义者阿伦特与斯金纳的理论。大部分篇章虽曾陆续发表于专业的学术期刊，但在本次集结成书的过程中，笔者除了对历年的论述去芜存菁、匡漏补遗，并特别为本书撰写第一、二章，以强化古典共和主义的比重。另外，也对比较早期所撰有关黑格尔的两篇论文大幅增删，合并成第九章，以期符合共和主义的诠释观点。"导论"则对全书的基本论旨提出提纲挈领的说明。在书末参考书目中附有相关论文的原始出处，有兴趣的读者可以参阅比较。

　　学术研究有多种可能取向，笔者个人则以爬梳政治思想的内在理路为职志。所以，相较于一般历史叙述，本书对于个别思想家将提出篇幅较长的理论分析。这或许是笔者早期研究黑格尔思想所形成的习惯。对黑格尔而言，思想之目的是将经验系统化，是以，后起的哲学家需要对之前的思想掌握其整体精义，方能进一步发展自己的哲学体系。笔者虽注重经典作品的义理阐释，然而，这并不意味着在方法层次固守传统的经典注疏派的观点，或主张经典的神圣性。笔者并不认为共和主义（或任何政治思潮）是思想家在面对某些永恒的问题（例如"何为正义？何谓自由？"）加以提问并做哲学思辨。相反地，笔者在研究共和主义的过程中，受到"剑桥学派"史学家波考克与斯金纳的影响，认为政治思想必定根源于特定历史环境中的重大议题，并且会受到同时代先后的竞争论述的交互影响。然而，笔者主张，一流的政治思想家与其他人不同之处在于，面对同样的历史情境时具有高屋建瓴的观照能力，建构典范并创造政治观念，对于当时的政治论述乃至其后的政治想象产生影响。一流的思想家既然具有此种系统化的能力，后进研究者在仰之弥高之余，自然应力求钻之弥坚、深入理解。

　　笔者在耶鲁大学所完成的博士论文处理德国思想家黑格尔的《法哲学原理》，分析取向以1980到1990年代相当具有影响力的社群主义与自由主义的论辩为基础。返台初期自然也顺着这样的学术取向继续研究，并将注意力转到当代社群者如泰勒、麦金太尔以及桑德尔的相关理论。然而，大约在1990年代末期研究马基雅维里思想时，在广泛阅读相关文献之后，逐渐脱离原来感兴趣的马基雅维里与现代"国家理性"的议题，而确立了以共和主义作为研究的主要课题。目前所集结的各篇章，便是这一阶段的研究成果。至于历年来其他研究方向的学术论文，如社群主义、国家认同以及多元文化论等议题，为求全书意旨的统一性以及篇幅所限，并未收录进来。

本书的主旨是对西方共和主义思想提供全面性的观照以及系统性的分析，但由于各章均系可以独立成篇的学术论文，对个别议题有兴趣的读者不一定需要从头到尾通读全书，而可以独立阅读各章，并参考注释中所引用的其余章节及相关文献。另外，本书大部分内容都是对经典的疏义，分析时不可免地需要预设对于原始文本具有一定的熟悉度。所以，读者若对原典有所理解，将有助于了解本书的意旨，并形成个人批判性的反思。本书处理的内容包含了许多西方重要思想家，若论述有疏漏之处，敬祈方家不吝斧正。

笔者所任职的"中研院"提供了优良的研究环境以及丰沛的学术资源，是本书得以完成的基础。而如同许多当代台湾学者，笔者也持续地执行"国科会"的专题计划，透过计划的规划以及进度的控管，也让研究者得以安排自己的研究道路并往前迈进。对此笔者敬致谢忱。

本书的酝酿与写作过程超过10年，联经的林载爵先生早在1990年代末期便邀请著书，但笔者一直持续研究共和主义传统，总觉得还有尚未探索的议题。一直到这两年在"中研院"学术咨询总会的兼职，与王汎森副院长有较多请益讨论的机会，在他的敦促下，终于使笔者暂时放下其他研究计划，完成此书的集结修订工作。

学术研究是一个无止境的探索过程，笔者受惠于许多先进以及朋友的砥砺。感谢恩师吴庚教授引导进入政治思想史研究的领域。"中研院"人文社会科学研究中心"政治思想研究专题中心"历年的同仁，包括郭秋永、钱永祥、蔡英文、苏文流、张福建、陈秀容、陈宜中、陈嘉铭等诸位先生、女士，在无数次研讨会中的意见交流，使本书各篇章得以逐步完成。台湾政治思想学界人口并不大，但彼此之间的交流却频繁与丰硕。笔者特别感谢东吴大学黄默教授、台湾大学陈思贤教授、政治大学孙善豪与叶浩教授、台北大学许国贤教授、中山大学曾国祥教授、成功大学梁文韬教授等先进与益友，在笔者写作过程中所给予的支持与评论。另外，《政治与社会哲学评论》创造了一个跨学科的平台，让笔者受益匪浅，特别是颜厥安、张旺山以及谢世民诸友来自不同领域的学术见解。学长江宜桦教授现在虽然已由思想进入行动领域，但与之多年的共同问学，对本书早期架构之形成有莫大的助益。林毓生先生在本世纪初所主持的《公民社会基本政治社会观念研究》"国科会"大型整合计划，创造了一个难得的学术平台，使笔者在探讨西方共和思想史时，有机会与不同领域的学者沟通讨论，从而确立了基本的诠释观点。

本书的大部分内容都在笔者于政治大学政治学系开设的课程之中，通过与学生共同研读及讨论原典而慢慢成熟，这也反映了在思想的领域中，教学相长是一个颠扑不破的真理。由于历年的学生很多，无法一一列举，其中也有不少同学曾经担任兼任助理，包括赖芸仪、廖斌洲、许文熏、蒋馥朵、邵允锺、骆怡辰等。而在各篇论文撰写的过程中，历任的"国科会"研究计划专任助理刘锦绫、郑嘉、张素忍、杨尚儒以及吴以乔等，耐心地配合笔者写作打字的习惯，并且仔细校对，最后还有李国维的排版与校读，笔者感谢他们的协助。

人生的活动以圆满的家庭生活为基础。爱妻修也是学术中人，对于学术研究的甘苦知之甚深，所以一路走来我们始终彼此互相扶持，无话不谈。小儿汉思在过去这十多年，也从幼儿成长为一个英挺的青年。我的父亲萧功伯先生与母亲萧蔡华女士，营造了温馨和乐的家庭，并支持笔者学术研究的选择。父亲一直鞭策我应"立言"，也希望能够阅读我的著作，只可惜由于计划的拖长，使得本书问世时，他已经来不及见到。笔者谨以此书作为对家父之怀念。

萧高彦　识于学思斋
2012 年秋

导论　共和主义的系谱

一、前言

共和主义（republicanism）乃为西方政治思想传统中历史最悠久的观念之一。当前各国名称中有着"共和"一词的，不在少数，尤其当国家独立建国运动所推翻的旧政权为君主政体时为然。在这个意义上，共和乃是与君主政体相对立的政治体制，并以独立自主以及政治自由为根本的政治价值。然而，悠久的历史以及官方文件上出现的频率并不保证相应之现实影响力。事实上，共和主义自19世纪中叶以后便逐渐式微。我们所熟悉的现代意识形态，如自由主义、民主思潮、民族主义以及社会主义等，取代了历史悠久，但却似乎难对现代社会的人类情境提出针砭，并对未来提出愿景之共和主义。

是以，1970年代的政治理论文献，少有关于共和主义之讨论。但1970年代中期以后，共和思想逐渐复兴，并蔚为风潮。这个转变的理论背景在于，自由主义与社群主义（communitarianism）的论战中，共和式政治社群观念得到学者的重视，成为社群主义者诉求的典范之一。社群主义者在批判自由主义过分强调原子式个人主义、程序正义以及政治生活的工具性格之余（Sandel, 1984a），有必要提出较积极的政治社群理想。回顾西方政治思想史，可归纳出三个主要的政治社群观：保守主义式政治社群、共产主义式政治社群以及共和主义式政治社群。德国浪漫主义为保守取向之代表，它尝试恢复人际之间直接情感的社群（Gemeinschaft；community）以克服现代社会的异化情境。但英美思想界向来对此种具有集体主义倾向的社群论有所保留。另一方面，马克思主义的理想社会始终未曾在东欧社会主义国家落实。于是古典共和主义的共同体理念便被标举为足以与自由主义社会观相抗衡的政治社群理论（Gardbaum, 1991：719—732）。

以下就基本信念、历史发展与当代意义三方面分析共和主义与现代政治，提出全书纲领。笔者主张，在古典共和主义转变为现代共和主义时，由于思想家强调之重点不同，产生了两种具有紧张性之典范：一为激进的民主共和主义，主张建构被治者与统治者的同一性，从而使人民成为唯一可能的主权者；另一则为宪政共和主义，强调法治观念以及相应的权力分立宪政体制。二者各有其理据，对现实政治也产生了完全不同的影响。19世纪以后政治意识形态发展的关键课题之一，便是自由主义对两种共和主义典范的吸收与批判。而当代政治理论中的审议民主与争胜精神乃是共和主义两个最重要的思想资产，并对现代公民社会政治观之建构仍具有参考价值。

二、共和主义的意义及基本信念

共和主义完整之表达方式为"公民共和主义"（civic republicanism）。而就其原始意义而言，civic以及republic指涉的都是环绕着希腊罗马古代城邦共同体所形成的观念：civic源于罗马的 *civitas*，可上溯到希腊的 *polis*；republic则渊源于拉丁文的 *res publica*。在近代社会领域兴起之前，西方政治思想传统的主轴乃是以公民为核心之政治共同体（希腊的 *koinonia politike*，罗马的 *societas civilis*）

论述，所以我们可以将共和主义视为古典政治哲学的主要资产（Ritter, 1983; Riedel, 1984: 133—137; 1996）。

整理学者之分析（Isaac, 1988; Sunstein, 1988），共和主义的核心价值包含了自主性（autonomy）、政治自由（political liberty）、平等（equality）、公民身份（citizenship）、自治（self-government）、共善（common good）、政治作为所有成员参与审议（deliberation）的公共过程、爱国情操（patriotism）、公民德行（civic virtue）以及克服腐化（corruption）等。所谓的自主性乃指不被支配的自由状态，这除了政治共同体对外不受强敌的奴役外，更意味着对内全体公民不受少数统治精英的专断支配，而能平等地在法治架构中自由议决公共事务。共和主义思想家区分公私两个领域，并将政治事务隶属于公共领域且具有优越性；公民必须依照彼此能够接受的共善观念来审议政治事务，私人利益不应涉入公共事务的考量。共和主义并强调政治活动的优越性，主张唯有在公民参与公共事务的议决时，才有可能透过沟通论辩而超越个人私利的范围，并建立追求共善的德行。公民自治的政治制度，并非自然而致，而是在人性以及制度易趋腐化的倾向下，通过个人的德行典范或制度的运作加以克服，方有可能维系公共生活的持续繁荣，并彰显其存在价值。对共和主义思想家而言，能够保障政治共同体全体公民独立自主，并实施自治的政治制度，乃是最佳体制。而当公民认知到其个人福祉和自由与政治体制间的紧密关系时，爱国情操便油然而生，所以共和主义思想家重视爱国情操对于凝聚公民意义的重要性（Viroli, 1995）。

共和主义最有代表性之思想家包括了：古希腊的亚里士多德（Aristotle, 384 B.C.—322 B.C.）、古罗马的西塞罗（Marcus Tullius Cicero, 106 B.C.—43 B.C.）以及波利比乌斯（Polybius, 约200 B.C.—118 B.C.）；意大利的马基雅维里（Niccolò Machiavelli, 1469—1527）；英国的弥尔顿（John Milton, 1608—1674）、哈林顿（James Harrington, 1611—1677）以及英国内战时期的"共和派"（commonwealthmen）；法国的孟德斯

鸠（Charles-Louis de Secondat Montesquieu, 1689—1755）、卢梭（Jean-Jacques Rousseau, 1712—1778）、西耶斯（Emmanuel-Joseph Sieyès, 1748—1836）以及托克维尔（Alexis de Tocqueville, 1805—1859）；以笔名"普布利乌斯"（Publius）发表《联邦论》*之美国思想家麦迪逊（James Madison, 1751—1836）、汉密尔顿（Alexander Hamilton, 1755—1804）以及激进思想家潘恩（Thomas Paine, 1737—1809）；德国哲学家康德（Immanuel Kant, 1724—1804）、黑格尔（Georg W. F. Hegel, 1770—1831）以及青年马克思（Karl Marx, 1818—1883）等。至于发扬共和主义传统的当代学者，则有政治理论家阿伦特（Hannah Arendt, 1901—1975）、史学家波考克（J. G. A. Pocock）和斯金纳（Quentin Skinner）、哲学家佩迪特（Philip Pettit）以及法学家桑斯坦（Cass Sunstein）等。我们自无法于简短的篇幅中完整地论述个别思想家之理论内容，而仅能就各思想家最具原创性的论点提纲挈领地加以阐释，以说明共和主义思想之内涵，并进而探索其当代意义。

三、古典共和主义

亚里士多德的《政治学》，乃共和主义论述的理论渊源。他主张理性言说是人有别于其他动物的独有天赋，这使得人类能够辨识正义与利害，并形成了政治生活（江宜桦，1995a、1995b）。基于此种"人是政治动物"的观点，城邦或政治共同体之目的乃通过公民之沟通审议而追求最高最广的善。关于理想的政治秩序，亚里士多德提出了"政治统治"（political rule）的概念，其对立面乃主奴之治以及家计管理：主奴之治存在于天赋能力强者与弱者之间，其方式为不平等的支配；家计管理乃家庭中家父长的父权支配；政治统治则是施行于城邦之中，平等的公民之轮流统治。在政治统治的

---

* 《联邦论》，简体字版译本也作《联邦党人文集》（商务印书馆）。——编者

观照下，政治共同体所共者为统治活动，并使它得以与其他共同体（家庭、氏族等）明确地区隔开来。

"统治"之基本特色在于区分统治者及被治者，而二者所具备之德行（*arete*; virtue）显然有别：统治者应具备的乃是以实践智慧为首的积极德行，而被治者则应有节制的消极德行。只有在政治统治之中，透过公民轮流成为治者与被治者，积极与消极两种德行方有可能同时发展，互相补足，使"政治生活之目的在于促进公民德行"的理想得以落实。而亚里士多德理想的"共和政制"（*politaia*; polity）则由于混合了寡头与民主政体，成为能够实现政治统治的最佳实际可行政体。

亚里士多德用"自足"（*autarkia*; self-sufficiency）来统摄其政治理想；但自足并不是一种个体孤独的生活，因为人既有政治之本性，便需要有同邦之人共同生活，特别是公民间之情谊（*philia*; friendship），方有可能达到一种共同的自足状态。但是他强调政治共同体的构成必须要有一个界限，而不能无限制地扩展。亚里士多德所主张的有限度而自足的共同体理想，构成古典与现代共和主义的主要分野。

亚里士多德的实践哲学可能是思想史上最丰富且复杂的古典共和主义理论，但在制度面真正影响欧洲历史进程的，则为罗马共和政制。罗马共和主义所标举的主要价值是"*liberta*"（政治自由），究其意涵，一方面指政治共同体必须独立自主，不受外力支配；另一方面则指政府形式必须是共和体制。共和政体的对立面是一人统治的王政（monarchy），因为罗马人将王政视为一种不平等的支配关系，其中的成员缺乏自由，而处于被奴役状态（Wirszubski, 1968：5）。与王政对照之下，罗马共和主义的基本精神乃得以彰显，也就是西塞罗所提出的著名主张："公共事务（*res publica*）乃人民之事务（*res populi*），但人民不是人们某种随意聚合的集合体，而是许多人基于法律的协议性（*iuris consensu*）和利益的共同性（*utilitatis communione*）而结合起来的集合体（*sociatus*）。"（Rep. I：39）西塞罗并强调，共和主义的真正精神乃是，公民在法律架构之中共同参与公共事务的审议（*concilium*；deliberation），并达成阶级之和谐（concord）（蔡英文，1999：80—81）。

西塞罗将"人民"的概念引入其定义中，而且罗马的公民资格范围比起希腊要更为广泛，因而预留了民主的共和主义论述发展之可能。另一方面，罗马共和主义比希腊思想更为强调依据自然法之正义观念所建立的法律体系对保障社群共同利益以及政治自由的重要性。在实践上，罗马的共和政制仍然以贵族世家所形成的统治阶层为主，一般公民的自由虽受法律保障，其政治权利也能通过护民官而加以争取，但是统治权的实际行使，仍以具有声誉以及权威的望族后裔较有机会与闻（Wirszubski，1968：14，36—37）。罗马贵族的理想，乃在于赢得公共职务以及参与公共生活，并通过这些活动来完成服务国家的伟大行为，展示其德行以获致荣耀（Earl，1967：35）。

在政治制度方面，罗马共和主义的主要贡献是建立了"混合宪政"（mixed constitution）的理想，主张王政、贵族以及民主政体三者，就其简单的样态都容易滥权与腐化，并导致政体之循环变迁。唯有国王、贵族与平民三者同时并存于宪政体制之中，并通过权力平衡（balance of power）才能保障社群集体的政治自由，并克服政体循环变迁的宿命，得以长治久安。史学家波利比乌斯在其《历史》第6册提出这个混合宪政的理论，对其后欧洲宪政主义产生了深远的影响。

本书第一、二章分析了亚里士多德、波利比乌斯以及西塞罗的共和理论。值得注意的是，"共和"概念的建构系对雅典民主的修正：一方面接受民主派的核心政治价值如公民间之平等以及德行等，但对于民主易导致"极端民主"的疑虑，则是古典时代思想家普遍抱持的观点。所以，亚里士多德主张混合民主制与寡头制，罗马人则主张混合王政、贵族制与民主制，它们都是通过权力平衡的机制来达到长治久安的效果。

然而，西方古典时期尚乏明确的"宪法"（constitution）概念，所以混合宪政还是一种权力体制。更确切地说，古典政治哲学以亚里士多德提出的"政制"（regime）概念作为核心，他并指出"政制是对具有权威性官职安排所产生的秩序"，而"统治团体（politeuma; governing body）即为政制"。这个政治概念成为希腊与罗马古典共和主义讨论政治制度安排的基础，也是本书前两章致力加以探讨的主题。

至于现代共和主义，则随着共和意识与西方在中古时期所形成的宪法以及代表等观念结合之后，逐渐产生完全不同的分析取向。

四、现代共和主义的两种进程

综合上节所述，古典共和主义传统主张，公民所共享者为统治与"政制"，目的则为追求最高且最广的共善，也就是在法律的架构之中通过自治而培养德行。古典共和主义虽有崇高之理想，但也有其理论上的限制（Yarbrough, 1979: 68—69）。首先，公民所共者为统治活动，能够参与审议公共事务的人数自然有其限度；其次，政治统治之核心在于公民德行的培育，因而对公民的素质要求很高，益发增加公民身份之排他性。由于古典共和主义对公民身份在质、量两方面均有严格限制，其理想中之政治共同体自然也是小规模的社群，是以一般认定在古代城邦解体之后，古典共和理论便不再是实际可行的政治理想。现代社会以身份平等为前提，消弭社会阶层，扩大公民资格之范围，普遍平等的法律取代了培养公民德行的伦理规范。其结果乃是，随着近代以来公民资格之扩大，反而导致了其参与性、理想性之降低。共和主义者如何面对此社会发展趋势，并建立符合现代情境的共和理论，乃成为思想史上一个关键的课题。

文艺复兴时代佛罗伦萨思想家马基雅维里冲决了中古经院哲学自然法体系之纲罗,成为第一个在世俗化的条件下,以此世导向重新进行政治理论建构的思想家。其共和主义与古典理论有两个巨大的差异:第一,他着重分析政治秩序的创建议题,而非其伦理目的;第二,他所倡导的共和体制为一"平民国家"(popular state),并主张唯有平民积极参与政治过程,共和国方有可能获致伟大荣光。在这两个议题上,马基雅维里颠覆了亚里士多德之目的论以及"自足"的政治思想。

对马基雅维里而言,政治秩序及良善法律无法自然生成,必须由外在力量加以创造。他所提出的共和体制在满足人民参与统治的要件之后,期望政治权威的行使仍能如王政一般有效能。也就是说,《君主论》中所讨论的君主权力仍然存在于共和体制之中,但是经过了制度化的中介过程,成为不与政治自由相抵触的政治权威(Crick, 1970:19)。此种权威至少有三种存在样态:第一,政治秩序特别是共和体制无法自我生成,必须由创建者(founder)透过其超卓之德行而加以创造;第二,共和政制平时运作时,政治权威由人民所享有,但在紧急状况发生时,则必须依照宪政的程序指定独裁者(dictator),在特定的时间之内集中权力于一身,以期消弭紧急状况;第三,共和政制逐渐腐化时,有必要实行定期的改革,而"将事务带回其根源"有赖于具备卓越德行的政治领袖作为楷模所产生的风行草偃之效。马基雅维里关于城邦创建者及其政治艺术之论述,试图结合一般认定无法相容的统治概念(一人统治以及民主共和),并针对于古典目的论所表达出城邦政治统治的"自然"性格,力主公民自治的历史性与被创造的"非自然"性格(Oldfield, 1990:34—35; Pocock, 1975:8—9, 74—80)。

马基雅维里另外一个革命性主张乃是,共和国欲维持其政治自由,必须持续扩张,而这又有赖于将一般平民整合到政治军事领域之中。这个政治参与的主张，相对于古典共和主义传统，赋予了平民远为重要的政治作用。马基雅维里并进一步否定古典理论阶级和谐之观点，强调平民与贵族的持续冲突乃是罗马共和得以繁盛强大的主要原因。免于阶级冲突的唯一方法是统治精英采取锁国政策，追求完全的自给自足，避免与外界接触，并杜绝一般平民政治参与的管道。由斯巴达与威尼斯的例子来看这种政策是可能的；但对马基雅维里而言，由于缺乏平民参与，此种闭锁性的寡头共和无法完成伟大的成就与荣誉，终将不敌历史之变迁而衰落。

马基雅维里直接挑战基督教的伦理观以及古典自然法，在那个时代引起了巨大的波澜。在宗教改革时代，有两个思想史脉络型塑了"马基雅维里主义"（Machiavellism）作为一种违反伦理道德、只为目的不择手段的邪恶学说之刻板印象。其一为天主教反宗教改革（counter-reformation）的西班牙思想家如乔瓦尼·博特罗（Giovanni Botero, 1540—1617），一方面批评马基雅维里的反基督教思想，另一方面又运用马基雅维里的权力政治观来证成当时逐渐崛起的民族国家绝对君主的政治主导权，从而建构了"国家理性"（*regione di stato*；*raison d'etat*；reason of state）的理论传统（Meinecke, 1962：65—89）。

另一个使"马基雅维里主义"污名化的更为重要的历史脉络，则是法国16世纪下半叶的宗教战争中，新教的胡格诺教派（Huguenot）将1572年的"圣巴托洛缪大屠杀"（Massacre of St.Bartholomew's Day），归因于原籍意大利的王太后凯瑟琳·德·美第奇（Catherine de Medici），发动了大规模的意识形态宣传战贬抑意大利。其中，让蒂耶（Innocent Gentillet, 1535—1588）于1576年刊行《反佛罗伦萨人马基雅维里》（*Contre Nicolas Machiavel Florentin*）一书，将屠杀与内战之责任追究到马基雅维里所主张的无神论、反道德精神，以及在臣民之间散播冲突。以后"马基雅维里主义"就被长期地污名化（Meinecke, 1962：49—56）。

不过,半个世纪之后的英国内战时期,在英国"共和派"与保王派的斗争中,由于聚焦到自由议题,马基雅维里共和主义所阐扬的政治自由论述却发挥了重大的影响(Skinner, 1998:13—27)。其中哈林顿批评当时霍布斯所建构的国家与主权概念为"现代治国智慧"(modern prudence),其结果是残害自由的虐政。相对地,哈林顿称扬马基雅维里的政治理论意在恢复"古代治国智慧"(ancient prudence),其目的是建立一个高于人治的"法律帝国"(empire of law);后者远较前者优越。这使得共和主义在英国内战时期蔚为风潮,并且影响到美国的独立建国与立宪时所标举的共和精神(Pocock, 1989:104—147)。英美共和主义者与欧陆国家主义者对马基雅维里思想的不同运用方法,构成西方近代政治思想史一个重要而有趣的议题。

马基雅维里以政治现实主义重构共和思想,卢梭的社会契约论则在规范层次确立共和以及激进民主作为现代政治共同体不可或缺的正当性原则。其民主共和主义建基于一个预设:行动者(全体人民)不会有意地自我伤害,所以主权必须通过人民集体的普遍意志(general will)来构成,而由于人民不会自我伤害,普遍意志亦不可能伤害任何成员。唯有在此种依普遍意志实施民主自治的共和政体中,个人自由方有可能得到最充裕之保障。相反地,国王或贵族掌握政治权力时,却极有可能会为了私利伤害全民福祉。所以卢梭主张,只有民主共和政体才是唯一具有正当性的宪政体制,而公民参与主权运作的立法过程,也是保障其个人自由唯一有效的途径。在这个基础上,卢梭建立了公民政治参与及其个人自由之紧密关联(Miller, 1984:105—122)。

卢梭的共和主义论述乃通过社会契约论来建立政治共同体的普遍意志,以作为正当性与法律之根源。社会契约能够从个别的私人创造出一个具有公共人格(即普遍意志)的道德共同体,而普遍意志之运作便构成法律。唯有在此种共同体中,公共利益主导着一切,"公共事务"才真能名副其实。卢梭对他的政治权利原则最简明的一句话乃是"一切正当的政府都是共和制"(《社会契约论》第2卷第6章)。

然而,政治共同体存在着特殊性的公共力量,无法经由普遍性法律直接加以控制。为了要让法律所规约的政治共同体由可能条件发展成现实性,公共力量必须由代理人(政府)加以执行。但政府的存在理据引发了普遍意志与政府活动间之可能矛盾,因为政府极有可能因为拥有公共力量而滥权并破坏普遍意志的正当性原则。为此,卢梭的政府论进一步建立了激进民主的原则,以抗衡政府滥权之可能性。

卢梭因而主张各种形式的政体均需以民主过程来设置并控制政府。但对古典政治哲学而言,民主乃是一个特定的政体,也就是多数的平民统治,它如何可能成为所有其他形态政府的正当性根源?卢梭提出唯一符合社会契约的政府建制方式乃是,在社会契约创造出普遍意志作为主权者之后,主权者由于其至高无上的绝对力量,能由普遍过渡到具体,由主权转化为民主,指定特定的政府官员之后,再转变回普遍意志的样态。这个理论进程的原创处,除了赋予主权者一个真正至高无上的权力之外,同时赋予民主以一种基源性功能。民主制不再是如古典政治哲学所论述的,由多数平民支配的特定政体,而是任何政体在建制政府时必须经历的环节。

卢梭的理论颠覆了政府除了全体人民同意之外任何其他可能的正当性理据,因为他将所有政府视为一种"临时政府",并主张通过公民的定期集会,来制衡执政者可能滥用政府所拥有之公共力量。公民集会乃人民主权直接展现其权能的时刻,这意味着民主的实质正当性优位于(甚至取代了)程序正当性,成为卢梭思想最为其后宪政主义者所诟病之处。

卢梭本人对人民普遍意志的不稳定性亦有所警觉,所以依据古典政治哲学的精神,发展了伟大立法家创建民族文化的理论,以使人民的政治决断能有一持续的文化脉络。本书第三至第六章探讨马基雅维里如何突破了古典人文主义的价值体系，形构了现代政治秩序论述，以及卢梭建构民主共和理论的思想进程。卢梭的民主共和主义继承了马基雅维里对人民的正面评价，并朝着激进的方向发展，建构了人民主权的民主原则，直接影响了法国大革命及其后马克思的革命论述，这是现代共和主义的第一种理论进程。现代共和主义的另一种进程则可见于孟德斯鸠、美国立宪先贤、西耶斯、康德以及黑格尔的论述。他们偏向制度建构，继承古典共和主义混合政体的精义，并将之与现代宪政体制相结合。

孟德斯鸠否定马基雅维里将政治秩序的根源归因于创建者一人德行之观点，回归罗马的自然法理论，将马基雅维里的"开端"（*principe*）转化为探究各个政体之"原则"（principle）。他将传统六种政体的区分改变为四种：共和（其中包括民主以及贵族两政体）、君主，以及专制（despotism）。民主政体的原则为德行、贵族政体的原则为节制、君主政体的原则为荣耀，而专制政治则是以恐惧为原则。孟德斯鸠似乎认为前述这些政体均为传统式的，均有其限制（专制政体更是一无是处）。他主张政治自由只存在于宽和政府（moderate government）之中，而权力分立（separate of powers）原则乃是宽和政府的根基所在。

孟德斯鸠心目中的宽和政府，则是当时英国的政治体制，并据以提出著名的三权分立理论。他改变了罗马混合宪政论所主张三种政治力量或统治团体互相牵制的观点，而提出宪政体制之中互相制衡的三种政府职能的现代观点。孟德斯鸠提出，唯有英国的制度是以政治自由为目的，因为它将三种政府权力——立法权、行政权以及司法权分属于不同机关，并彼此牵制，从而确保了政治自由（《论法的精神》第 2 卷第 11 章）。换言之，对孟德斯鸠而言，政治自由乃通过三权分立的宽和政府加以保障，而与追求德行的共和民主没有关联。另一方面，他首先运用类似现代社会学的分析观点来解释各种体制的自然环境与文化基础，并指出四种政体都是基于传统社会条件所产生的制度，唯有自由的三种分立宪政体制方为符合现代商业社会温和精神的政治制度。

美国与法国两次大革命对现代共和主义的落实产生了关键性的影响。孟德斯鸠所开启的宪政共和主义深刻影响了美国大革命的进程。麦迪逊提出的"扩大共和国"（extended republic）理念，主张以参、众两院的双重代表（dual representation）和联邦制度来解决统治广土众民国家之中，政治自由与国家统一性所可能发生的矛盾，进一步充实了现代共和主义的丰富内涵。所谓扩大共和，乃是相对于直接民主。由于后者容易导致多数暴政，所以麦迪逊反驳了卢梭等思想家认定民主共和与代议原则无法相容的激进观点，主张扩大共和国必须通过代表来治理。唯有代表的数量恰当，议事才能深入，而且他们可以互相让步而达成协议。麦迪逊的主张，承继了古典共和主义追求共善反对派系的精神，同时兼顾到现代国家广土众民的特色，成为将共和主义精神落实于现代国家最成功的典范（陈思贤，1993：94—99；张福建，2001；钱永祥，2001：237—269）。本书第七章探讨了《联邦论》中，以宪政共和主义为本、民主共和主义为辅的思想体系。

西耶斯的"制宪权"概念则致力于将卢梭民主共和主义宪政化，本书第八章提出以自由主义为基底的革命宪政主义之分析角度加以诠释。西耶斯的制宪权概念蕴含着两个层次的论述：其一为政治／法律论述，分析国民如何通过制宪权之行使，在其自然权利指导之下创造宪政体制以维护个人自由；另一则为社会／政治论述，论证唯有第三等级构成作为制宪主体之国民整体，并由社会分工所形成的代表，通过国民会议，在现代社会条件下行使制宪权。

在哲学层次上，康德接受卢梭关于公民自我立法的共和理念，但尝试摈除其激进民主之思想倾向，以证成宪政共和主义的理据。康德在《永久和平论》第1条款指出，每个国家的宪政体制都应该是共和制，表面上似乎呼应了卢梭"一切正当的政府都是共和制"

之观点。然而,康德进一步区分国家的统治形式与政府形式:前者乃根据掌握国家最高权力的人数,可区别出一人统治、贵族以及民主三种国家体制;后者则根据领袖对人民的治理方式,也就是政府如何依据宪法运用其完整权力的方式,区别"共和"与"专制"两种政府体制。康德将共和主义界定为"行政权与立法权分立的政治原则",将孟德斯鸠分权原则共和化,并强调民主与共和不可混淆(他认为这正是卢梭所犯的谬误)。在康德的创新架构中,"共和"与"宪政主义"(constitutionalism)的权力分立原则画上了等号。

基于康德所提出共和与民主的二律背反,黑格尔主张理性国家必须具有权力区分的宪政体制。黑格尔的宪法权力区分,是立法权、行政权以及王权所构成的有机整体。由于 19 世纪德国思想界开始倡议以"君主立宪"(constitutional monarchy)来与共和民主政体对抗,这很容易让人忽略黑格尔所强调理性国家的普遍性、国家克服市民社会的私利倾向,乃至国家应有权力分立的宪法,以及公民认知到国家普遍性所产生的爱国情操等议题,都是以观念论(idealism)的语汇重新表述了古典共和观念。本书第九章将重构此极易为人所忽略的黑格尔思想面向,分析黑格尔的普遍国家作为"理性公民共同体"以及通过现代舆论所建立的"合理爱国主义"两个议题的共和主义意涵。

五、共和主义的式微

共和主义自 19 世纪中叶起逐渐式微,其原因在于卢梭的激进民主共和主义对法国大革命之影响,特别是其与雅各宾党以及极权民主(totalitarian democracy)的历史亲和性(Talmon, 1970:38—49)。法国大革命根本地改变了欧洲政治思想范畴,共和主义的自主理念与自由主义的自由观念竞合转变为平等与权利两组政治理想间之冲突(Habermas, 1996:472)。自由主义思想家一方面批判卢梭的普遍意志论预设了同质性的社会成员，这与现代社会的多元情境并不吻合，诉诸民主多数决的政治过程极易导致"多数暴政"（tyranny of majority）的结果；另一方面，社会主义思想家将平等理念由政治层面扩大到社会层次，伴随而来的乃是以正义观念为基础的财富重分配以及福利国家之发展。

　　法国思想家托克维尔在共和主义与自由主义的历史转变中，扮演了重要的角色。他一方面在《旧制度与大革命》一书中，批判法国革命的进程只不过反映了现代国家中央集权化的历史趋向，所以其压抑个人自由的结果并不令人意外；另一方面，在《论美国的民主》中，他对比性地分析美国当时新兴的民主社会，指出它代表了另一种制度理想的迅速崛起。托克维尔的分析以现代社会的平等主义为出发点，希望以政治自由和参与来弥补平等与个人主义的弊病，可以说是结合了法国孟德斯鸠与美国革命立宪的两大思想传统。由于托克维尔的自由观念有着"积极参与公共事务之自由"的共和主义色彩（江宜桦，2001：123）而常被视为共和主义者；但他本人明确指出其民主政治观念并非指涉共和国，而是一种人人或多或少参与于公共事务的社会状态（ibid., 107），所以我们仍将托克维尔视为19世纪自由主义兴起过程中，最注重共和精神的自由主义者。

　　另一位法国自由主义思想家贡斯当（Benjamin Constant, 1767—1830）基于法国大革命的进程，批判卢梭与革命思想家的自由观念为历史错置。他认为共和主义政治参与的自由观为"古代自由"（ancient liberty），其社会基础为小国寡民之战争国体。而由于近代国家版图扩大，使得个人分享政治权力的可能性相对降低；公民从事政治活动遂逐渐被以和平稳定为基础的商业活动所取代。是以"现代自由"（modern liberty）乃是指受法律规约，而不被他人的专断意志所干扰的权利。现代自由乃是每个人表达意见、选择职业、运用财产，以及自由迁徙等权利。这与古代自由虽有直接民主的政治参与，却在私人关系中无处不受限制的情况完全不同（Constant, 1988: 309—328）。现代社会真正重要的并非人民主权，而是宪政法治对人民不可侵犯权利之保障（cf. 江宜桦，2001: 78—84）。贡斯当所提出的古代与现代自由的二元对立架构，深刻影响了19世纪中叶以后自由主义的发展，对于具有共和主义色彩的政治自由以及民主参与等理念提出质疑，认为与自由主义所主张保护人民权利的消极自由无法相容。19至20世纪中叶，欧洲经历了帝国主义时期，并导致两次世界大战与极权主义，其间自由主义之发展进程乃环绕着对抗民主多数专制与社会正义两大议题为主轴，消极自由论所主张个人不受干涉的自由遂成为强调之重点。受到二次大战时期避居到英美两国的欧陆思想家［例如波普尔（Karl Popper）、哈耶克（Friedrich Hayek）、伯林（Isaiah Berlin）］的影响，消极性自由主义论述发挥到了极致。①

承继了孟德斯鸠的社会学方法，贡斯当的批判观点强调共和主义与自由主义乃基于完全不同的社群观。古代城邦是一种有机体，全体公民构成一休戚与共的共同体。个人自由必须立基于共同体的集体自由，因为当集体自由不存便意味着为其他民族所征服、全体公民均沦于奴役地位，个人自由自然也随之丧失。现代的政治共同体乃是法治国家，自由所关切的议题乃是主权者与其公民间之关系，以及个人不受干涉私领域的范围。只要依法统治便有自由的存在，公民是否参与主权之运作，与其自由之程度没有直接的关系。②然而，卢梭的政治共同体虽然的确为一有机体，却是基于个

---

① 一直到20世纪中叶，伯林与哈耶克对政治自由所做的批判仍然持续着贡斯当所建立的传统。伯林否定卢梭所尝试建立政治参与以及个人自由的内在关联，强调公民自治的民主与消极自由没有任何概念上的联系，因为前者关注的问题为"谁统治我"，而后者则为"政府干涉我多少"。这两个问题，从逻辑的角度来看，是完全不一样的（Berlin, 1969: 129—130）。哈耶克对政治自由提出了类似批判，可参阅 Hayek, 1960: 13—15。
② 霍布斯在《利维坦》第21章首先提出此种消极自由观，并据以批判共和主义的政治自由观念。请参阅 Skinner, 1998: 4—11。

人主义前提，通过每一成员的自由意志所形成的。也就是说，卢梭的理想是基于现代意志论（voluntarism）所构成的政治共同体，并非真的是古代基于目的论之有机体。而法国大革命实现激进的民主共和原则而建立之政治共同体，所提出关于人民之观念乃是一种"公民民族"（civic nation）的政治想象，也就是通过民主参与而建立古典理想中公民的爱国情操。

另一方面，德国浪漫主义转化了传统社群观，其所影响的文化民族主义（cultrual nationalism）用另一种方式来理解政治独立之目标（Meinecke, 1970: 9—33）。基于对启蒙思想的反动，浪漫主义思潮将民族视为一种有机体，其秩序之构成以语言、文化等共同特征或属性为基础，在历史中逐渐发展而成。从德国思想家赫尔德（Johann Gottfried Herder, 1744—1803）以降，致力于探讨文化民族如何构成政治共同体。影响所及，乃是现代的民族自决论（national self-determination），主张依各民族文化传统决定其政治体制，国家疆域与民族界限应该相符，否则将导致民族衰败。前述公民民族主义中基于人民主权的民主原则，被传统文化的优先性所取代，因而形成了完全不同形态的民族主义。

由于与自由主义之冲突以及政治独立的理想被民族主义所接收，共和主义遂逐渐失去了对现实政治之影响力。即使在公民身份这个核心议题上，社会主义运动也取代了共和主义的角色，促成19世纪中叶至20世纪将投票权普遍扩张于妇女以及无产阶级的重大社会改革运动，而完成了由政治性公民身份扩充为社会性公民身份的转化。

六、共和主义的复兴

共和主义乃是一历史悠久的政治意识形态，在其发展进程中由于历史脉络以及制度等因素之影响，而有着相当不同的理论面貌。

但在各种纷杂的理论体系之间，吾人可看到共和主义思想家均强调政治自由的根本价值。共和自由的核心意涵乃是个人与整个社群均处于独立自主、不受奴役的状态。以佩迪特（Pettit, 1997: 52—60）的语汇来说，这是一种强调"非支配状态"（non-domination）的观念。然而，我们也由简要的历史回顾中，归纳出现代共和主义所发展出的两个相对立的典范，可分另称之为**民主共和主义**（democratic republicanism）以及**宪政共和主义**（constitutional republicanism）。这两种典范对于自由的价值均加以肯定，但对于如何确保自由却提出了不同的见解，前者着重于政治自由的实际行使，后者则强调行使自由不可或缺的制度架构。

民主共和主义开端于马基雅维里，而集大成于卢梭的思想。卢梭的共和主义乃是一种政治神学式（political theology）之论述，因为他试图将"人民"（people）提升为政治领域中之绝对者，并成为正当性的唯一根源，从而得以与辩护君主制之各种理论抗争。他的论述策略乃是将主权视为政治共同体最高的位置，而其理论目的则在于建构一个可以取代君主而永久居于该位置的主体性人民。在此典范中，个人自由与政治权威的正当性根源是密不可分的，只有在民主的共和政体中，由于统治者与被治者的同一性，普遍意志方有可能保障个人自由；在其他政体中，统治权乃由异于人民的他者所掌握，公民的自由无法得到保障。

宪政共和主义则不采取此种敌我对立式的分析取向，也拒绝以正当性根源的角度来分析个人自由，而着重于如何建构均衡的宪政体制以及法治架构，来确保全体国民的政治自由以及个人不受干涉的消极自由。罗马共和主义着重于以法律取代王政的个人统治，并运用混合宪政来防止任何个人或派系在政治社群之内取得特殊的优势并破坏体制。在此种典范中，公民身份所强调的重点乃是所有成员依据法律应享之权利，而非参与统治活动。

民主共和主义与现代参与式民主（participatory democracy）之

精神较为吻合，而宪政共和主义无疑地较易与自由主义调和。[3] 这两种共和主义典范的主要差异，乃在于法律如何保障政治自由的议题。对卢梭而言，形成普遍意志的民主过程优位于个人权利以及宪政体制，因为主权者可以决定共同体之任何事务，只要其决断是以制定抽象普遍的法律为之。但对于宪政主义而言，这种思考取向很容易造成多数暴政的谬误，而将宪政根本大法建基于国民意志之上也将导致体制的不稳定。是以，宪政共和主义虽然同样以"人民"此一观念为本，但强调重点为必须赋予公民一些基本权利由宪法加以保障，不能经由多数决任意取消。

相对于马基雅维里关于政治创建以及卢梭对于国民集体意志形成的论述，宪政共和主义强调国民意志在创造宪政体制时必须有一自我设限（self-limiting）的根本宣示，俾由决断步向制度化，使得宪法能够成为其后国境之内被普遍遵守的最高规范。由于此种自我设限，使得美国制宪的"法律规范的政治形成"（jurisgenerative politics）避免了卢梭普遍意志论以及西耶斯"宪法制定权"论述过分强烈的决断主义面向（Michelman, 1988: 1502, 1526—28）。

在当代重要的共和主义论述方面，本书于第十章讨论阿伦特以及施密特的宪政思想，探究两位思想家如何基于现代共和主义以及民族主义的不同思想史资源，建构各自的宪政论述。施密特将马基雅维里以降迄于法国大革命的决断论为基础，建构出一个完整的民族制宪权与同质民主的宪政理论。阿伦特则重振古典共和主义，将公民身份放在古典意义的社会层次（societas），拒斥主权原则的优先性，认为只要有人们集体地以公共自由作为行动导向，便可形成体现共同权力的政治体。阿伦特在《论革命》一书中对于美国与法国大革命制宪活动所提出的理论分析，几乎可以说是一个与施密特

---

[3] 关于参与式民主，请参阅郭秋永（2001: 91—121）之讨论；而自由主义与民主、政治的关系，则可参阅江宜桦，2001: 23—46。

的制宪权理论所进行之"隐蔽对话"(hidden dialogue)。

第十一章则检视当代英国政治思想史家斯金纳近年来所建构的"新罗马"式共和主义(neo-Roman republicanism)以及共和自由作为有别于自由主义消极自由与观念论的积极自由概念的"第三种自由概念"(the third concept of liberty)。他反对学界认为共和自由观为一种积极自由的通说,主张共和自由为强调个人行动不受干涉的消极自由,但又能兼顾社群共善。他并以马基雅维里思想之重新诠释为本所提出的理论分析,在当代学界产生深远影响。

第一章 亚里士多德与共和政制[1]

一、前言：西方共和主义之渊源

20世纪下半叶以来，当代思想史以及政治理论学界已充分认知西方共和主义思想之重要性，并且在全新的历史视野之中，诠释政治思想典籍。但对于共和思想的渊源，合力促成共和主义思潮在西方学界复兴的两大历史学家波考克（J.G.A.Pocock）以及斯金纳（Quentin Skinner）却有着相当不同的看法。对波考克而言，西方共和主义渊源于亚里士多德的政治哲学，特别是其"**共和政制**"（polity）的理念形构了共和主义传统"混合宪政"（mixed constitution）的理论根源；而其主张政治生活系促进公民德行的理想，更构成了共和主义独特的伦理特质（Pocock, 1975, 3：478—749）。相对地，斯金纳则力主共和主义的渊源在于罗马以法律为基础的自由人以及独立自主的观念，并提出"新罗马的自由观念"（neo-Roman idea of liberty）作为界定共和主义的渊源（Skinner, 1998）。

这个争议，并非只是有关历史渊源的"茶壶中之风暴"，而系关乎共和主义如何联结到现代政治的不同取向：对波考克而言，亚

---

[1] 本章征引《政治学》与《伦理学》时采用缩写 *Pol.* 以及 *Nic.Eth.*，随之以通用的古版页码。

里士多德目的论之德行观以及政治参与既为公民共和主义的本质，这个历史典范便形成对现代以个人权利与法治为核心理念的自由主义之重要挑战，也是当代民主理论所应该振兴、援引的思想资源。相反地，斯金纳的取向，则在于探求自由主义之前的自由观念，由罗马传统的独立自由观，通过中古后期意大利城邦罗马法学评论家的发展，终于在文艺复兴时代的马基雅维里思想中得到现代性、系统性之陈述。斯金纳主张将此共和自由传统作为当代自由主义的补足，但并无意将之与自由主义完全加以对立。

波考克当然了解，亚里士多德系形构西方传统的大宗师，其《政治学》确具有多种理解的可能性，包括自然法与中古经院哲学理论。然而，波考克强调：

> 它（按：指亚里士多德《政治学》）也可能被读成作为公民以及其与共和国间之关系，以及共和国（或城邦）作为一个价值共同体的原创性思想体系。（Pocock, 1975: 67）

这个理解方式，形成了波考克力主公民共和主义系渊源于亚里士多德城邦论的历史观点。而他诠释的核心在于"**德行的政治化**"（politicization of virtue）概念，强调在亚里士多德所开创的共和传统中，公民个人的德行有赖于与其他平等公民的共同行动，而由于这种共同关系会因为腐化而丧失，所以有必要建立一个能够持续维系公民德行的政治共同体。假如无法完成这个任务，政治共同体将无法抵挡环境与机运的冲击而瓦解（ibid., 76—78）。波考克由此切入，分析亚里士多德《政治学》中，目的论与良善生活、公民作为统治者与被治者的特殊性、共和政制作为混合政体的渊源等议题（ibid., 66—74）。

然而，相较于《马基雅维里时刻》（*The Machiavellian Moment*）庞大的篇幅，波考克对于作为共和主义根源的亚里士多德城邦论之分析，则显得篇幅有所不足。本章的主旨，乃在于接受波考克之历史取向，即共和主义源于亚里士多德的前提下，整合当代重要诠释，深入分析亚里士多德《政治学》中关于城邦、公民身份、德行、政制，以及共和政制等观念之意涵，以探讨其思想对之后西方共和主义的影响。亚里士多德的政治理论是在希腊城邦民主经验的基础上，重新检视这段历史曾经产生的政治价值。他通过政治学的系统化，总结了希腊民主政治所发展出的实践经验，并以混合式共和政制的建构，在民主、寡头以及君主制之外，开拓了另外一种政治想象，虽然未必能真正解决雅典民主的问题，但却成为西方共和思想史最重要的思想资源。本章的主要结论将是，政治共同体中的公民参与和公民德行仅为亚里士多德政治学的一个面向；另一个面向是具有卓越德行的政治领袖之权威领导。其"共和政制"的精义乃通过政治艺术结合民主参与和寡头权威，从而达到政治稳定，而此种政治艺术之所以可能，则有赖于"立法家"的关键作用。本章尝试呈现亚里士多德政治学的完整图像，俾彰显其对西方共和主义之深刻影响。

二、思想脉络：希腊城邦的民主理念

作为希腊城邦政治经验理论性总结的"共和政制"观念，实渊源于亚里士多德对于希腊城邦民主政治的反思以及改革建议。是以，本节略述希腊民主政治发展以及制度，以作为理解亚里士多德《政治学》的背景知识。无论在荷马史诗或现代考古史料中，史前时代的希腊都存在着某种形式的王政（$basileia$；kingship）制度历史痕迹。然而，在进入历史时代后，希腊城邦主要的社会阶层化，便是贵族以及平民之间的长期斗争。亚里士多德在《雅典政制》现存版本的开端，所描述之公元前 6 世纪左右的政治制度，便是完全由贵族所主导的寡头政治。② 而在平民与贵族的斗争中，关键因素之一便是出身贵族阶层但扮演平民领袖的"僭主"（tyrant）之兴起。他们提出城邦政制的改变方略，强化人民力量，让希腊城邦逐渐地民主化。而克里斯提尼（Cleisthenes）在公元前503年左右所实施的改革意义重大；其中的关键在于取消原来雅典民众所划分的四大部落，重新依据地缘区位划分为十个部落，使得不同的血缘团体能够在进入政治空间时彼此混合，以破除原始血缘团体的社会连带。他并以这些部落为单位，各选出50人组成"五百人会议"来实施统治。

亚里士多德本人在《雅典政制》中，对于雅典之宪政变革做了详尽的分析，统计出共11次的体制变革。他认为从梭伦（Solon）的时代起，民主政治便开始萌芽滋长，而其后的克里斯提尼宪法又比梭伦的建制更为民主。亚里士多德对于民主发展的整体观察如下：

> 人民大众的权力一直在增长。人民使自己成为一切的主人，用命令、用人民当权的陪审法庭来处理任何事情，甚至议事会所审判的案件也落到人民手里了。（亚里士多德，2001，第41节）

他并对当时的雅典民主制度做了详细的制度分析。③ 以社会阶层而言，雅典在公元前431年左右全盛时期的人口结构，在全体约30万的居民中，大体上包括成年的男性公民约5万人、以工匠为主的外邦居留民约25 000人、奴隶约10万人（J.A.C.T., 1984: 157）。而由于城邦公民负有保家卫国的任务，以当时的战术为基础，同时期雅典公民大约有1 000名骑兵、13 000名重装步兵（*hoplites*），其余为转装步兵，赤贫者则充当战船上的划桨者（ibid., 155）。

---

② 亚里士多德，2001，第2节。
③ 同上书，第42—69节。

在政治制度方面，雅典的民主是直接民主，具有公民身份者都可参与一年四次的公民大会（ekklesia）[④]。公民大会的任务包括立法以及行政决策。由于公民大会理论上包括所有公民，所以实际上的行政业务乃由 500 人所组成的委员会（boulé）来处理。这五百人团也就是前述克里斯提尼所设计的民主基础建制，由十个民主地区用抽签的方式各选出 50 人来轮流担任地区代表。除了参与公民大会，公民另外亦可参加司法法庭（dikasteria）的陪审活动，用民主的方式来解决各种争端；法庭的规模由 200 人至 2 500 人左右不等（J.A.C.T., 1984：216—217），苏格拉底的审判便是此种法庭运作的实录。公民大会以及司法法庭乃是雅典民主中最富民主色彩的制度，权力亦大；但其他某些较具权威性的职位，则不让公民抽签轮流担任，而是通过选举让比较有政治经验的上层精英能够持续主持，这包括了元老法院（areopagus）以及选任的高阶官员。这些官员包括高级军事将领以及财政官员，部分的官员有财产资格限制，而且连选得连任。通过这些机制，雅典民主在公元前 5 世纪达到前所未有的繁荣。然而，与斯巴达之间耗时多年的伯罗奔尼撒战争，也让民主制度面临了巨大的内外危机。

对于希腊民主的发展，德国著名的古典学者梅耶（Christian Meier 1990：165—166）指出，公元前 6—公元前 5 世纪的希腊历史，产生了人类上古史中最重要的一次制度与思想革命；而这是在没有任何历史经验或理论导引之下，一个极为特殊的民主制发展历程。梅耶以"**政治化**"（politicization）描述这个剧烈的政治变迁过程，并指出其意义在于希腊城邦在很短的期间内，以"平等"（isonomia；equality）为核心建构了新式的民主政治共同体，形构城邦成为平等公民所组成的公共空间以及相应的制度化。在此同时，政治社会价值急遽变迁，新的政治认同在冲突中快速形成，造成各

[④] 实际出席人数不超过 5 000 人，见 J.A.C.T., 1984：204。

种价值的激荡。⑤ 梅耶的"政治化"的观点系渊源于德国学者施密特（Carl Schmitt）的观念架构（Meier, 1990 : 13—19），而与波考克前述"德行的政治化"观念没有直接的关连；然而，两位学者基于完全不同的学术传承，尝试发展以德行论与政治秩序为主轴的历史与理论思辨，则可谓殊途同归。

梅耶对雅典民主思想的诠释，以希罗多德（Herodotus）的《历史》（希腊波斯战争史）中一个著名的段落为核心。该书第 3 卷 80 至 82 章的论述，系大流士（Darius）联合另外六位贤人密谋推翻波斯暴君前夕所激荡出的论辩。这个文本其实与波斯历史应无直接关系，反而相当程度地反映了雅典民主社会对于政治体制的基本观点。一位名为欧塔涅斯（Otanes）的贤者，对于君主一人统治提出了批判，认为拥有最高权力的统治者，由于骄傲或嫉妒，又可以随心所欲地得到一切东西，很容易在他的身上产生一切恶事的根源。相对地，他对于民主（被称为人民统治）价值则提出如下的关键论证：

> 首先，当人民是统治者时，其称谓是最为公平的——也就是，法律之前的平等；第二，民主不会作出我（按：指欧塔涅斯）之所以反对君主制的那些事情。政府官职通过抽签出任者，而其权力乃受制于会计检察，而所有政府的提案都必须放在共同体之前来审议决定。所以，我提案并支持我们废除君主制，并增加人民的权力；因为在多数之中便存在着全体。（Herodotus, 1987 : 248）⑥

这个论述相当信实地反映出雅典民主的政治信念，梅耶特别强调，这个文本对于"人民统治"的分析，关键的最后一句话意味着

---

⑤ 法国古典学者韦尔南（Jean-Pierre Vernant, 1982）也对希腊民主进程的制度变革与观念变化提出精辟的分析，可以参阅。
⑥ 本文本之翻译系根据格雷纳（David Grene）的英译本，因为格雷纳的译法与梅耶对于此文本的诠释，完全相符。本章以下将显示，亚里士多德通过共和政制观念而对民主制度所作的批判，恰恰在于否定"多数即为整体"这个关键性的理论观点。

"**多数即为整体**",也就是说当多数在整体中居于权威地位时,它就是整体。而这个民主(人民统治)观念的根本主张,乃是公共的事务必须在人民之中(ses meson; in the midst)加以处理(Meier, 1990:164)。

当然,对于雅典民主的讴歌,最负盛名的乃是修昔底德(Thucydides)在《伯罗奔尼撒战争史》第2卷所转述伯里克利(Pericles)的《国殇讲辞》。他对于雅典民主制度的精神作出了如下的说明:

> 我们的制度之所以被称为民主制,是因为城邦是由大多数人而不是由极少数人加以管理的。我们看到,法律在解决私人争端的时候,为所有人提供了平等的公正;在公共生活中,优先承担公职所考虑的是一个人的才能,而不是他的社会地位、他属于哪个阶级;任何人,只要他对城邦有所贡献,绝对不会因为贫穷而湮没无闻的。我们在政治生活中享有自由,我们的日常生活也是如此。(修昔底德,2004:98—99)

这个著名的讲辞,可以视为雅典公民在民主成熟时期的政治意识(cf. Saxonhouse, 1996:59—86)然而,雅典民主运作是否真的如此理想,修昔底德本人之态度有所保留,因此他在总结伯里克利的生涯功业时指出:"伯里克利无论就其地位、才能,以及他众所周知的正直而言,都确确实实是一位能够独立控制民众的人物,是他领导民众,而不是民众领导他。……一言以蔽之,雅典虽名义上是民主制,但权力事实上掌握在第一公民手中。"(修昔底德,2004:113—114)所以对修昔底德而言,成熟期的雅典民主政治,在实际层次中还是有赖于高瞻远瞩却又能掌握民众的领导者,才能恰当地运作。他认为在伯里克利之后,大部分争取政治领导地位的人都趋于平庸,只能靠迎合民众的幻想来取得权位,最终导致了雅典民主的式微。由希罗多德所引述的民主或人民统治观念,以及修昔底德对雅典民主与"第一公民"关系的分析，可以看出民主政治对权威的挑战造成了价值冲突以及政治正当性的危机，这也是亚里士多德政治学的理论脉络。我们以下先检视亚里士多德政治学的架构，再讨论其理论要素。

三、政治学：德行、明智与立法

《政治学》是亚里士多德讨论政治现象最重要的文本，但是政治学作为一种学科研究的特性，则是在《尼各马可伦理学》（*Nichomachean Ethics*，以下简称《伦理学》）中提出并加以讨论。《伦理学》1卷开宗明义地指出，人的实践与选择，都是以某种善（good）为目的（end）；而就其追求之目的是为了自身的缘故，或作为其他目的之手段，可以区别出目的之高下。在此种逻辑推演之下，必然存在着作为目的之最高善以及善或价值之层级。亚里士多德进一步指出，善的实现不限于个人灵魂的净化，因为城邦更是实现良善生活不可或缺的脉络。是以，唯有最权威的科学方能从事最高善的研究，而政治学正是此种最具权威性的科学，因为它研究法律之制定、确立人们该做与不该做之事，从而建立人们得以行善的社群与制度。基于此，可推知政治学之两个重要特征为"权威性"（authoritative）以及"建构性"（architectonic）。政治学系最具权威性的学问，原因在于它研究城邦相关的事务；而个人的幸福以及良善生活，只有在权威性最高的城邦方能实现。政治学之研究对象既具有此权威性，则其自身亦有此特性。另外，政治学系"建构性"之学问，因为它通过法律以及风俗惯行之形构，能够安排公民的教育以及城邦政制的秩序，所以具有提纲挈领、总领一切学问的特殊性格。所以，结合伦理学与政治学成为实践哲学的出发点，应当拓展出一种以人类行为为研究对象的整全理论之政治学（Voegelin, 1957: 296）。

《伦理学》卷首对政治学作出此种制高性的界定之后，并未立即对其内涵提出系统说明。亚里士多德在第 2 卷到第 5 卷所论，乃是在目的论架构中，依据人类所具有的理性言说（logos）能力来说明**德行**（virtue）："我们说人的活动是灵魂的一种合乎理性的实现活动与实践，……那么人的善就是灵魂之合于德行的实现活动，如果有不只一种的德行，就是合乎那种最好、最完善的德行的实现活动。"（Nic. Eth., 1098a 14—18）他进一步将德行区分为"理智德行"（intellectual virtues）以及"伦理德行"（ethical virtues）：理智德行通过教育理性而发展，伦理德行则借由性格培育以及习惯养成而来。亚里士多德先讨论伦理德行，它包含传统四基德中的三者：勇气（courage）、节制（moderation）与正义（justice），以及其他与实践生活密切相关的政治德行，如慷慨（liberality）、大度（magnanimity）等。对于这些与个人性格相关的伦理德行之统摄原则，亚里士多德提出著名的"**中道**"（mean）观念：

> 德行是一种关于选择的性格，它存在于相对于我们的中道中。这种中道是由理性规定的，也就是说，是像一个明智之人所会做的那样地确定的。德行是两种恶（即过度与不及）的中间。在感情与实践中，恶要么达不到正确，要么超过正确。德行则是找到并且选取那个正确。（Nic. Eth., 1106b 35—1107a 3）

我们所关切的政治学议题，经过《伦理学》第 2 到 5 卷关于伦理德行的讨论之后，于第 6 卷再度浮现。这一卷的内容，系探讨与理性直接相关的"理智德行"。亚里士多德指出，灵魂欲达到真理，共有五种途径：技艺（techne; art）、科学知识（episteme; science）、明智（phronesis; prudence）、（理论）智慧（sophia; wisdom），以及心智（nous; intelligence）。在这五种理智德行中，毫无疑问地以"**明智**"对人类的实践活动最为重要。亚里士多德对于明智的定义以及说明,都是通过考察具体的明智之人的行动来加以阐释:"明智之人的特点就是善于思辨对于他自身是善的和有益的事情。"(*Nic. Eth.*, 1140a 25—28)因为这种唯有明智者才具备的"善于思辨之能力"(the capacity to deliberate well)是具体的,并构成在政治行动中审度时势,同时作出正确抉择的关键能力。亚里士多德指出,明智由于遵从正确理性(right reason)的指导,得以型塑伦理德行所需之性格,从而构成了德行不可或缺的基础。

在解释了明智的特质后,《伦理学》第6卷第8章重新讨论"明智"以及"政治学"间的关系:

> 政治学和明智是同样的品质,虽然它们的内容不一样。城邦事务方面的明智,一种主导性的明智是立法学,另一种处理具体事务的,则独占了这两者共有的名称,被称作政治学。因为法规(*psephima*; decree)最重要的是要付诸实践,处理具体事务同实践和考虑相关。所以,人们只是把那些处理具体事务的人说成是在"参与政治"。(*Nic. Eth.*, 1141b 24—29)

在此文本中,亚里士多德区分了明智运用在政治领域中的两种样态:关联于一般性法律的"立法学"(nomothetical science),以及关联于特殊法规的"政治学";而政治学又再进一步区别为关于审议(deliberative)以及关于审判(judicial)的两个分支学问。

若对比于《伦理学》第1卷所述政治学的"权威性"以及"建构性"特质,细心的读者不难看出,第6卷所讨论的政治学与明智,已经不再具有此种制高性地位。相反地,明智相较于心智、智慧等理智德行,亚里士多德明白地指出哲学智慧高于明智(*Nic. Eth.*, 1141a 21—23)[7];导致当讨论的议题由伦理德行转移到理智

---

[7] 这反映在《伦理学》第7卷所彰显"伦理生活"高于"实践生活"的哲学观(*Nic. Eth.*, 1277a 10—1278a 5)。

德行时,政治学便由之前的"最高善之学问"转变成为"实践领域的普遍性(立法)与特殊性(审议、命令与司法判决)的学问"(Voegelin, 1957:297—299)。

而当亚里士多德在《伦理学》第 10 卷第 9 章过渡到政治学时,他所提出的政治学纲要,几乎完全集中在"立法学"的面向:

> 由于以前的思想家没有谈到过立法学的问题,我们最好自己把它与政制问题一起来考察,从而尽可能地完成对人的智慧之爱的研究。首先,我们将对前人的努力作一番回顾。然后,我们将根据所搜集的政制汇编,考察哪些因素保存或毁灭城邦,哪些因素保存或毁灭每种具体的政体;什么原因使有些城邦治理良好,使另一些城邦治理不善。因为在研究了这些之后,我们才能较好地理解何种政体是最好的,每种政体在各种政体的优劣排序中的位置,以及它有着何种法律与风俗。(*Nic. Eth.*, 1181b 12—22)

这个纲要与现存的《政治学》在结构上虽然若合符节,但也并不尽相同:对前人努力的回顾乃是《政治学》第 2 卷之主题;城邦的政体兴衰与治理之道,则是第 3 至第 6 卷的内容;而 7、8 两卷则探讨亚里士多德心目中的最佳政体。由于这并不包含现行《政治学》的第 1 卷,所以从 19 世纪以来,亚里士多德专家们对于《政治学》的结构及写作时期也提出许多不同的见解,但笔者并不认为这会影响到对于《政治学》的诠释。本章基本上依循现有的结构,分析角度大略如下:《政治学》第 1 卷处理城邦的"本性"(nature),然依据沃格林(Voegelin, 1975:281)的见解,这属于全书最后加上的部分;若将《政治学》第 2 卷对于之前思想家以及立法者的讨论视为回顾性质,则亚里士多德政治学的出发点在于第 3 卷。事实上,对于城邦的基本性质,亚里士多德在《政治学》第 1 卷以及第 3 卷之中运用了不用的分析途径:第 1 卷着重于城邦作为一种以"**统治**"（*arche*；rule）为本之共同体提出概念的界定，并对人类不同的共同体提出生成过程的分析；第3卷则是将城邦视为**公民集合体**所形构的一种秩序（*taxis*；order），分析公民所形成的统治团体以及"政制"间的关系。虽然这两种分析途径有会通之可能，但仍应有所区别，以下即就此加以阐释。

四、城邦与"政治统治"：《政治学》第1卷

《政治学》第1卷，基于目的论与自然主义（naturalism）的哲学角度，证成了"城邦乃自然之存在"、"人依其自然（本性）乃政治动物"，以及"城邦依其自然（本性）优先于个体"等三个著名的目的论原则（Miller，2000：326—332；江宜桦，1995a，1995b）。为了证成这三项政治自然主义原则，亚里士多德发展出人由于具有理性言说所带来的分辨万事万物"是否有利或有害，以及是否合乎正义或不正义"能力的理论（*Pol.*，1253a 10—15）。而呼应《伦理学》第1卷对于政治学的制高性界定，他在《政治学》开宗明义指出，"**城邦**"（*polis*）作为一种"**共同体**"（*koinonia*；community）乃是所有人类共同体中最具权威且包含最广者，因为它追求最高与最广的善（*Pol.*，1252a 5—6）。亚里士多德进一步反思，应如何研究政治共同体？特别是如何界定政治共同体统治的恰当样态？

在方法层次，他认为分析"共同体"时，应该将本质为"组合物"的城邦分析到无可再分的最小单位，然后再阐明这些单位元素朝向复杂组合物的生成过程；如此便可以清楚理解各种不同共同体的特性及彼此间的差异（*Pol.*，1252a 18—22）。基于此种方法，亚里士多德叙述了一个自然的生成过程：作为生物体的个人，由于繁衍子嗣以及共同生活之需要，发展出男女两性的结合以及主奴的支配关系，二者合而为家庭（*oikos*；household）；家庭的联合体形成村坊聚落；再进一步地聚合，便是作为政治共同体的城邦。所以，

亚里士多德第一个对于"城邦"的定义如下：

> 城邦乃系若干村坊结合而成，并达到完备的境界；在其中人类的生活可以获得自足（self-sufficiency）；我们也可以这么说：城邦的生成乃是为了人类的"生活"，但其实际的存在却是为了"良善生活"。（*Pol.*, 1252b 27—31）

为了实现"良善生活"，城邦的本性也与之前的村坊等为了必需生活所产生的共同体有所不同。亚里士多德特别强调"城邦"乃是出身相近自由人以平等为本所构成的政治共同体，而其中的统治，乃是"**政治统治**"（*Pol.*, 1279a 7—10）：

> 在主奴关系的统治之外，另有一类自由人对自由人之间的统治，被统治者和统治者的出身相同。这类治理的方式就是我们所谓的政治统治；在其中，统治者需要通过学习为被治者才能成为统治者。……统治者和被治者的德行虽属相异，但好公民必须修习过这两方面的知识，他应该懂得作为统治者怎样治理自由的人们，而作为自由人之一又须知道怎样接受他人的统治——这就是一个好公民的德行。（*Pol.*, 1277b 6—15）

斯科菲尔德（Schofield, 2000：318）指出，以"政治统治"所构成的城邦政治共同体有两个基本特色：一为以被统治者的共同利益为本，另一则为公民的轮流统治。如此一来，政治统治就超越了家庭以及村坊层次的主奴与家父长支配。基于此，城邦作为自由人的联合体之视域逐渐浮现：由《政治学》第1卷发生学的论述中，政治统治作为目的论意义下最后产生，但最为完备的统治形态，并在第3卷中就其作为政治秩序的特色与制度安排，进一步加以检视。

然而，亚里士多德在《政治学》第1卷所述由家庭到城邦之发生学进程仍有若干疑义。他虽然力图说明城邦政治生活的独特性，但由于城邦仍然由较次级的人类社群（村坊）结合而成，所以某些城邦之前社会组织形态所蕴含的特质，仍不免带进城邦治理的哲学思考中。以本章之主旨而言，则有两个议题最为关键：（一）人类结合的原型，乃是出于繁衍子嗣与共同保存的需要所产生之两性与主奴关系，如此，一种基于不平等的统治关系，遂通过自然主义而深植于其政治理论；（二）相反地，亚里士多德强调只有城邦以"良善生活"的最大实现为目的，而以平等自由民的政治统治为本，它与之前的所有基于自然的必需性所产生的社会团体有所不同。但这两个分析观点显然是互斥的。是以，许多评论家都指出《政治学》第 1 卷的理论困难：城邦的平等、自足的政治生活，"筑基"（embedded）在以不平等的支配关系为底层的家庭、村坊生活之上。这样的图像，虽然可能如阿伦特所述，在对比之下足以彰显政治的崇高性（Arendt, 1977：118）；然而，公与私、城邦与家庭如此紧密的"筑基"关系，注定了在之后西方政治思想史的发展中，可以据此发展父权政治的观念。这虽然并非亚里士多德的原意，但却是《政治学》第 1 卷可以加以运用的一种方式。[8] 我们接受曼斯菲尔德（Mansfield, 1989：33）的分析观点，即第 1 卷中亚里士多德的出发点过分偏重于"自然"（nature）的面向，忽略了"形式"的作用，所以发生学式论述只能算是一个失败的开端（failed beginning）。因此，《政治学》第 3 卷才是亚里士多德政治理论真正的出发点。

五、公民身份：政治统治的民主要素

综合前节所论，《政治学》第 1 卷将"城邦"定义为村坊聚合

---

[8] 当然这样的父权主义论述，必定需要在一定程度上扭曲亚里士多德的原意。一个经典的文本乃是博丹（Jean Bodin）《国家六论》第 1 卷中以家庭以及父权作为政治共同体主权者概念的原型（Bodin, 1955）。

而成的共同体；这个观点在第 3 卷之中得到修正，由"村坊聚合"转变成为"公民聚众"（*Pol.*, 1274b 41）。亚里士多德在第 3 卷转而分析以公民组合为本的城邦政治生活，其转变的原因颇为耐人寻味。亚里士多德在这个脉络下所关注的焦点，用现代政治理论或公法学的语汇来说，为城邦的"**同一性**"（identity）问题。这个议题之所以浮现，乃因为古希腊贵族与平民间的政治社会斗争剧烈，政权更迭频繁，而在政体改变之后，公民身份的扩张与限缩、是否能对权贵者没收家产并加以放逐，等等，都是现实政治中极为尖锐的问题。作为哲学家，亚里士多德当然理解现实的种种问题；但他尝试在这样的斗争之中，提升讨论思辨的层次，提出具有哲学基础的解决方案。在论述政体变革的相关问题时，他以雅典著名的民主改革者克里斯提尼的政策为例，说明在其驱逐了寡头领袖以后，把许多外侨以及外邦居留民编入雅典各部族，归为公民。这种大量增加公民数量的措施，虽为强化民主派力量的做法，但是其所导致的理论问题，正是亚里士多德关切的焦点；所以他说这个议题所引起的疑难，"实际上不是某人是否为公民的事实问题，而是这些人成为公民，公正与否的问题"（*Pol.*, 1275b 36—39）。面对这样的困难，亚里士多德指出，关键的问题在于"我们将依据什么来确定这一城邦为'同一'城邦，或反之而为'别一'城邦？"（*Pol.*, 1276a 17—18）。

由于此政治议题的高度抽象性，亚里士多德运用其形上学理论中的四因说加以解决：万物之生成，有赖于形式、质料、能动者以及目的（form, matter, agent, end）四者的结合。[9] 而在《政治学》第 3 卷中，亚里士多德所论者为形式以及质料两个面向：在城邦的相关议题中，形式即为"政制"，而质料则为"公民"及其聚众的组成方式；这两者形构了城邦的同一性。唯有同时掌握这两个面向，才能理解《政治学》第 3 卷的复杂论证。由于亚里士多德先讨

---

[9] 关于四因说在亚里士多德政治哲学所扮演的角色，可参阅约翰逊（Johnson, 1990: 91—114）之详细说明。

论"公民身份"再讨论"政制",我们也依此顺序,首先讨论公民作为一种人民聚众,再于下节讨论城邦政制。

在第3卷17章之中,亚里士多德区分了三种不同的人民聚众:

> 我们应当先论定什么性质的〔人民〕个别地适宜于君主政体、贵族政体、共和政体的个别类型。适宜于君主政体的人民聚众,应该是它自然地有独一无双的英豪及其家庭,其德行足以作为政治领导。适宜于贵族政体的人民聚众,应该是自然地有着若干政治才德的优异好人,而又有乐于以自由人身份受贵族之辈统治的民众。适宜于城邦共和政制的人民聚众,应该是那里自然地存在有胜任战争的民众(武士),那里在小康阶级之间按照个人的价值分配政治职司,他们在这样的制度中既能统治也能被统治。(*Pol.*, 1288a 6—15)

这个文本有时被评论家疑为错简或后人的篡插,[⑩] 但笔者认为它其实是理解亚里士多德政治理论的关键之一,应受到严肃对待。[⑪] 由此文本吾人清楚地看到,在形构城邦政治共同体之前,已经存在作为质料的人民的特殊聚合样态;以现代的语言来说,这指涉建立城邦政制之前社会阶层化的既有状态。当这些样态与作为形式的"政制"相符合时,就可以产生良善的政治体制;若无法相符则将产生不良的政治体制。[⑫]

人民聚众作为质料,在前政治(城邦)的存在状态下虽然对城邦的建制有相当程度之影响,但是真正决定城邦同一性的仍是作为"形式"的政制:"凡组合的形式相异的,就成为不同的组合

---

⑩ 吴寿彭《政治学》中译本,页172,注2。
⑪ 罗(Rowe, 2000:373)也基于此文本来诠释亚里士多德的政体论。
⑫ 这是麦基尔韦恩(McIlwain, 1932:58)所述,质料的"执拗性"(refractory character)。

物。……由此说来决定城邦同异的,主要地应当是政制的同异。"(*Pol.*, 1276b 8—12)基于此,吾人不难明白亚里士多德对城邦的理解中,必须包括"政制"以及"公民"两个元素。一究其实,"公民"乃是在建立城邦时,立法家如何通过法律,将现存人民聚众的质料,重新安排到城邦的公共性政治制度之中;而重新安排的标准,亚里士多德强调应该依据城邦存在之目的(也就是追求最大幸福的良善生活)以确定公民身份的范围和统治权的归属。

亚里士多德对公民所提出的界定与说明,均与参与城邦政治决策有关。换言之,他的公民身份概念指涉的是**参政权**,而非个人的法律权利。[13] 事实上,他在讨论公民资格之始便指出,诉讼和请求法律保护之权利,即便是外邦人亦得享有,所以这并不构成公民资格之本质。亚里士多德对公民的初步定义如下:

> 全称的(unqualified)公民是"凡得参加司法事务和统治机构的人们"……统治机构的职务可以凭任期分为两类:一类是有定期的,同一人不能连续担任这种职务,或只能在过了某一时期后,再行担任这个任务;另一种却没有时限,例如公众法庭的审判员(陪审员)和公民大会的会员。**当然,人们可以争辩说,审判员和会员并未参加统治的职务,不能看作治权机构的官吏。**但公众法庭和公民大会实际上是城邦最高权力所寄托的地方,如果说参加这些机构的人并没有治权,这就不免可笑了;我们认为这种争辩,只是文字上寻找毛疵,是不足重视的。(*Pol.*, 1275a 21—30;黑体强调为笔者所加)

---

[13] 从思想史的角度而言,亚里士多德由民主参政权的角度界定公民权,而非臣民(subject)在法律之下享有的权利,对共和主义传统产生了深刻的影响。在近代国家理论家重新检视公民权的内涵时,均需面对亚里士多德这个古典的定义。博丹在《国家六论》中批判亚里士多德公民定义的民主成分,并认为那并不符合绝大部分国家的政治实情,所以加以反驳,并建立了"臣民在法律之内享有的权利"的另一种以法律权利为本的公民资格理论,请参考 Bodin, 1955:18—25。

如同约翰逊（Johnson, 1990: 117—119）指出，亚里士多德在本段中，由初始的公民身份定义（"凡得参加司法事务和统治机构的人"），通过区分了有定期以及无定期两种统治机构后，将公民身份限制在后者，而提出了第二个定义（"凡得参加无定期统治机构的人"），也就是说公民资格指涉参与公民大会以及司法法庭。

值得注意的是，当亚里士多德如此界定公民身份时，他清楚地意识到，这是以民主制的公民概念为基础的，未必适用于其他体制（Pol., 1275b 6—7）。但面对此种可能的限制，他并未撤回公民身份的民主意涵，而强调他所分析的公民身份，在其他的政治体制中，凡参与审议以及具备审判**职能**者（无论在其他非民主政体中这些机构的名称为何），均可被称为公民。所以，亚里士多德在考虑不同政治体制后，对公民身份略作修正后所提出的第三次定义如下：

> 从上述这些分析，公民的普遍性质业已阐明，在此可以做成这样的结论:（一）**凡有权参加议事和具备审判职能者，我们就可说他是那一城邦的公民**；（二）城邦的一般含义就是为了要维持自给生活而具有足够人数的一个公民聚众。（Pol., 1275b 18—20；黑体强调为笔者所加）

换言之，在短短的一页中，亚里士多德提出了三个对于公民的界定："全称的公民是'凡得参加司法事务和统治机构的人们'"、"凡得参加无定期统治机构的人"，以及"凡有权参加议事和审判职能的人"。[14]

---

[14] 萨克森豪斯（Saxonhouse, 1996: 125—126）指出，第一个和第三个定义的差别具有理论重要性，前者乃是实际参与城邦的判断与官职机构，所以可被称为"公民身份的积极定义"（active definition of citizenship）；而后者所强调的则是公民参与这些政治活动的"自由"（exousia；中译本未翻出），可称为"公民身份的消极定义"（passive definition of citizenship）。**萨克森豪斯所作的区分，当然是着眼于当代对于公民身份的两种模式之争论**，也就是说消极的公民资格乃意味着有"机会"参与政治，但这个机会未必见得为相关公民有效行使。

亚里士多德对于公民身份采取民主方式的界定，对于西方共和主义传统"政治"观念的形成，产生了关键性的影响。他指出，人民整体的审议能力可以在政治活动中加以培养，从而超越少数政治精英的判断，并依此证成民主政治中参与的价值。城邦作为追求良善生活的政治共同体，需要其成员（公民）对于构成良善生活的正义原则，加以理性讨论、审议并作出决定，然后形成约束每一位公民的法律。这个参与式公民身份观念的基础，在于亚里士多德在**审议与司法判决**的层次上，接受当时民主派所提出的观点：多数的人民，虽然个别而言不见得具有特别卓越的德行或政治能力，但由于每个人都拥有不同面向与程度的德行与明智，当集合在一起并汇整之后，他们有能力集体地作出符合以良善生活为判准的政治审议与决定（*Pol.*, 1281a 40—1281b 20）。亚里士多德对公民资格的讨论显示出他接受民主派所提出的理据；而他在处理城邦政制之前，先行讨论民主公民资格的观念，也表达出他对雅典民主的尊重，并作为理论分析的出发点。

亚里士多德既然以政治参与作为公民身份的基本性质，那么公民身份的**范围**便成为一个关键性的议题；此时，他的政治目的论，即城邦不仅仅是为了追求生活，更是为了追求良善生活，就发生了关键的影响。因为，并不是所有让城邦生活成为可能的不可或缺条件，都被视为城邦的一个"部分"；只有促成城邦的良善生活者，方被视为城邦之部分（Schofield, 2000：320），这便构成了公民资格的范围。关键问题在于：哪一些社会阶级或阶层能够对良善生活有所贡献而得以参与政治？亚里士多德对此议题之见解相当明确，在自由人、工匠阶级以及奴隶之中，只有自由人具备公民资格（*Pol.*, 1278a 1—5）。在更加细致的区分中，人民聚众最基本的组成要素有四：农民、工匠、商贩以及佣工（*Pol.*, 1321a 4—6）；这四者，应该均属于前述的工匠阶级，而不得具有公民资格，因为他们所关注的都是人类的生活必需条件，无法培养德行或理智，以在闲暇之中运用明智来审议政治事务。亚里士多德进一步指出，相应于城邦战争的需要，会产生另外四个要素，分别为骑兵、重装步兵、轻装步兵以及海军。这四个阶层，由于希腊时代战争形态的转变，产生了关键性的政治影响（*Pol.*, 1321a 6—15）。事实上，亚里士多德明确指出此处的四个阶层，构成了不同政治体制之中的公民资格的范围：在强势的寡头政体中，能够饲养马匹的骑兵家族构成公民；而重装步兵则成为"共和政制"的公民团体；轻装步兵和海军则是民主或平民政体的推手，其中海军（因为需要大量人民在战船上划桨）构成了当时雅典极端民主的社会基础。显然，亚里士多德主张工匠阶层不应成为公民；只有能执干戈以卫社稷者，因其对国家的良善生活之保存有所贡献，方具有公民资格。

进一步而言，亚里士多德的公民身份，除了范围有所限制外，关于最高权威性官职之参与，还是带着一种**差别式**的观念，这同样以政治目的论为基础：

> 由此我们可以得出结论：政治共同体的存在并不仅由于共同生活，而是为了高尚的行动。所以，谁对这种共同体所贡献的越多，他既比和他同等为自由人身份或门第更为尊贵的人们，或比饶于财富的人们，具有较为优越的政治德行，就应该在这个城邦中享受较大的一份。（*Pol.*, 1281a 2—7）

于此文本，亚里士多德确立了依据政治目的论，可以赋予对共同体贡献不同的公民以程度不等的参与政治决策之权力。具有政治德行的成员，享有最大程度的公民资格（也就是参与最具权威性政治机构的活动）；相对地，财富权贵或者是自由民，只要在德行方面有所不及，其政治参与的程度便当相应有所缩减。

这些复杂的因素说明了亚里士多德何以在短短篇幅中对公民身份提出三个定义。特别是，亚里士多德由公民身份的第一个定义转到第二个定义时，排除了"有定期的统治机构"的元素。这些机构其实便是行政性的官职，负责治理城邦事务。将这些官职从公民身份中排除，意谓着亚里士多德拒斥其后来所称"极端民主"（*Pol.*, 1296a）的激烈主张；这派民主立场基于平等诉求，主张凡为公民便可受任官职，而且当群众的集体力量超越法律之上，而以"命令"取代"法律"时，最终结果是民众煽动家（demagogue，或直译为平民领袖）取得领导权，进而导致僭主的兴起。对此种极端民主，亚里士多德表述为："这里，民众成为一个集体君主，原来是一个普通公民，现在合并成为一个团体而掌握了政权。"（*Pol.*, 1292a）极端民主派的核心主张便在于将官职（也就是"有定期的统治机构"）也视为公民身份的要素，这正是亚里士多德无法同意极端民主论的关键原因，所以他将"有定期官职"排除在公民身份之外。这些官职的参与以及制度安排，不是通过民主的公民身份，而是由"政制"所形成的政治秩序来决定。

六、"政制"与统治团体：城邦政治秩序的寡头要素

在说明公民身份的定义后，亚里士多德指出"城邦的一般含义就是为了要维持自足生活而由公民所组成的聚众"（*Pol.*, 1275b 19—20），而此时的"聚众"观念，就已经不再是前政治既存的资料样态，而是已经依据目的论经过城邦政治体制，重新安排形成秩序后的结果。这样的政治秩序形成过程，亚里士多德将之称为"**政制**"（*politeia*; regime），其最初步的界说乃是："政治家和立法家的一切活动都与城邦有关，而'**政制**'乃是对于**城邦全体居民的某种秩序安排**（*taxis*; order）。"（*Pol.*, 1274b 36—38）在此，吾人进入了亚里士多德论述城邦政制作为一种秩序概念的探讨。如前节所述，城邦的公民资格乃与其政治参与有关，那么"政制"就必须界定并规范这些政治参与的制度安排。亚里士多德对于"政制"所提

出的正式定义如下：

> 政制为城邦相对于其官职所做的秩序安排，特别着重于相关事务具有权威性（kurio; authoritative）者为然。因为城邦无论是哪种类型，它的权威一定寄托于"统治团体"（politeuma; governing body），而统治团体实际上就是政制。举例而言，民主政制中平民（demos）拥有权威，而寡头政体则由少数人拥有权威。（Pol., 1278b 9—14）

这个对于"政制"的定义包含两个元素：一为"**统治团体即为政制**"的主张，二为政制是对具有**权威性**的官职加以安排所构成的政治秩序。亚里士多德在此将《政治学》第1卷所论"政治统治"的各种可能形态，在城邦制度安排中加以讨论。是以，"政制"中关于权威性官职以及统治团体的论述，标志着亚里士多德仍以"统治"的现象作为城邦秩序的根本原则。

关于"统治团体即为政制"的主张，对于理解亚里士多德政治思想极为重要，因为这表示他所提出的"政制"观念指涉人类社群的权力形构，而非单指法律或现代意义的宪法（Simpson, 1998：148）[15]。更确切地说，"政制"是"统治团体"将其所持政治价值在城邦政治秩序中加以制度化的结果，特别是对城邦之中"具有权威性的官职"所作的秩序安排。19世纪的亚里士多德专家苏塞米尔（Franz Susemihl）指出，"**统治团体**"（politeuma）一词乃是由亚里士多德首先运用到政治理论之中，可被译为"统治阶级"

---

[15] 这和现代国家形成以后，我们习惯于将国家理解为一种独立自存的存在物，并且通过宪法作为基本规范来规约政治过程的想法，有着根本的差异。有不少评论家也用"宪法"一词来翻译亚里士多德的 politeia，这样的翻译虽然在相当程度上（就其与政治相关的权威制度安排而言）的确可以加以类比；但是这容易让人忽略了亚里士多德 politeia 的概念，其实与作为政治阶层的"统治团体"直接关连。也就是说，politeia 即是取得最高权威的统治团体对城邦政治制度的安排，并非像现代世界中，宪法可以有独立自存的意义，甚至立基于超越性价值（例如普世人权）的先验证成。

（governing class）或"政府"（government），基本上代表单个或一群在社群中行使统治权的人，从而具有最高权威。[16] 在当代文献中，"*politeuma*"一词的理解方式却产生了歧义，而有两种可能诠释：一为强调支配的"统治团体"，另一则为强调公民参与的"公民团体"。假如与"政制"画上等号的是"公民团体"，那么依据前节所论，其相对应的政治组织将会是负有审议机能的公民大会或司法审判的民众法庭，而公民资格亦将等同于统治资格。但假如"统治团体"与"公民团体"的资格并不相同，则亚里士多德所设想的公民资格与政制便有不同的意涵。[17] 笔者基本上采取后一种诠释观点，并依循卡恩斯·洛德（Carnes Lord）的译法，称之为"统治团体"（governing body），因为亚里士多德在此处理的是统治（*arché*）的关键问题。里夫（C. D. C. Reeve）亦指出，"统治团体"概念的理论基础在于《伦理学》第9卷第8章的理论观点："一个城邦或一个组合体就在于它的主宰的部分，人也是一样"（*Nic. Eth.*, 1168b 31—33）。[18] 这意味着最具权威、统治性的部分，**即为整体政制**。

关于"政制"定义的第二个元素：政治秩序系**对城邦之中具有权威性官职的安排**，牵涉城邦的制度。而亚里士多德区分了政制的三个基本职能：审议或议事（*bouleuomenon*；deliberative）、行政官职（*archai*；offices）以及审判（*dikazon*；adjudicative）：

---

[16] 请参阅 Susemihl & Hicks, 1894:381，注 11 的讨论。
[17] 在吴寿彭的中译本中，这个词被翻译为"**公民团体**"或"**公务团体**"（页 129、132，以及页 110 注 1）。约翰逊（1990:125—131）将"统治团体"译为"公民团体"（citizen body），再关联到亚里士多德对于议事机构"最具权威性"的论述，主张亚里士多德已经发展出某种"立法主权"（legislative sovereignty）的概念。这个诠释，笔者并不接受。事实上，麦基尔韦恩（McIlwain, 1932:80—81）早已清楚说明，亚里士多德所论的"最具权威性"（*kurio*）与现代主权观念大相径庭；前者的真谛在于对比政治共同体与次级团体之间完全不同的"伦理—政治性之评价"（ethico-politico appraisal）。
[18] 请参阅亚里士多德（1998:75，注 40），译者里夫所作的说明，并参考伯内特（Burnet）1900:422 注 §6 的解说。

> 一切政制都有三个要素，作为构成的基础，一个优良的立法家在创制时必须考虑到每一要素，怎样才能适合于其所构成的政制。倘使三个要素（部分）都有良好的组织，整个政制也将是一个健全的机构。各要素的组织如不相同，则由以合成的政制也不相同。三者之一为有关城邦一般公共事务的议事机能（部分）；其二为行政机能部分——行政机能有哪些职司，所主管的是哪些事，以及他们怎样选任，这些问题都需一一论及；其三为审判（司法）机能。（*Pol.*, 1297b 36—1298a 2）

此文本很容易被理解为某种现代三权分立的根源；但这其实是过度解读，因为它们是亚里士多德基于希腊城邦的政治经验所爬梳出的基本政治功能。他对城邦治理的讨论，尚未显示出独立于社会之上的政府以及宪法，所以用三权分立的角度来阅读亚里士多德并不恰当（Mansfield, 1989：47）。[19] 亚里士多德所强调的，毋宁是当"政制"在城邦的政治生活中建立起来时，这三种政治职能是各个不同政体依据其统治团体的价值，作出符合其政体原则的制度安排。

在三种政治职能中，亚里士多德对于司法或审判职能的讨论较为简略（第4卷第16章），而且并没有提出一般性分析，只对当时城邦生活中经验层次的法庭种类以及陪审人员的选任加以整理描述。相对地，亚里士多德对于审议以及官职等两项职能，则提出了相当重要的理论分析。对于议事机构的审议职能，他指出，在城邦政制之中：

> 议事机能具有最高权威；对于（1）和平与战争以及结盟与解盟事项，（2）制定法律，（3）司法方面有关死刑、放逐和没入的案件，（4）行政人员的选任以及任期终了时对于他们的政绩之审查，这些都是由议事机能做最后裁决。（*Pol.*, 1298a 4—7）

---

[19] 并可参考吴寿彭中译本，页215注1之说明。

他并且对于希腊城邦议事机构的组成方式与运作程序，做了详尽的比较分析。另外，从《政治学》第 4 卷第 15 章、第 7 卷第 8 章两次加以讨论可以看出，亚里士多德更为关注行政官职之性质，并对此提出如下的说明：

> 所有这些官吏中，只是那些在一定范围以内具有审议、裁决和指挥权力的职司，才可称为行政官职；其中尤以指挥权力尤为重要，这必然是属于统治。（Pol., 1299a 27—29；中译文略有更动）

在此文本可以清楚地看到，行政的最高职司，相对于议事以及审判两职能，关键的差异在于指挥（command）以及统治（ruling）的要素。

在阐释了亚里士多德对三种基本政治职能的理论后，吾人必须进一步厘清，在前述"政制"定义的第二个元素："政治秩序系对城邦之中具有权威性官职的安排"，其中所称**具有权威性"官职"**的概念，系广义地泛指三种政治职能，还是三种政治职能中狭义的"行政官职"？在笔者的诠释中，亚里士多德对此文本的"权威性官职"，刻意运用广、狭二义之歧义，同时指涉广义的三种政治职能，以及狭义的权威性行政官职。也就是说，从公民的角度看来，参与议事与审判两种职司者即为统治团体，所以"公民团体"构成了"统治团体"的部分；但由寡头精英的角度看来，由他们所掌握最具权威性行政官职者方为统治团体，并形构了"政制"。亚里士多德的"政制"理论，尝试整合这两种观点。

亚里士多德的探问，终极而言在于："城邦的最高统治应该寄托于什么？"（Pol., 1281a 12—13）所以，当他主张统治团体即为政制时，其真义在于：掌握最具权威性官职的统治团体，即为统治者，因为他们可以依据自身的理性言说观念，来形构城邦的制度以及法律。所以，在"政制"定义中的"最具权威性之官职"，本质上指涉了指挥以及统治的最高行政性官职；此类官职的建制以及运作形构了城邦的"统治团体"，但仍须以民主的公民会议以及公众法庭的运作为基础。[20]

然而，这个诠释要得到证成，吾人需要修正前一节对于民主公民资格的结论，再诠解此处关键性的"统治"概念。首先，由目前所达到的视域来看，亚里士多德在说明公民资格概念时的迟疑以及辩难便不难理解。最初他将公民资格界定为分享"司法决定（*kriseos*）以及统治机构（*crchai*）"的人们（*Pol.*, 1275a 21—22）；接着他进一步说明，公民资格关联到任期不确定的统治机构，如人民法庭和公民大会。亚里士多德承认："当然，人们可以争辩，审判员和公民大会成员并未参与统治的职务，不能当作统治机关的官吏。"但他驳斥这个说法，认为主张参与上述机构的审判与审议工作之公民不具有统治权，极其可笑，并以参与"无定期的职司"来界定公民参政的管道。亚里士多德在此脉络下，做了双重的辩解：一方面对民主派说明参与议事与审判的公民便构成了"统治团体"的一个部分；另一方面对寡头派说明，虽然由寡头的统治团体来统治，仍必须让公民参与议事与审判职能。

换言之，亚里士多德在"政制"定义中，一个关键性的论述策略是修辞式地运用希腊文"统治"以及"官职"（*arché*；*archai*）的歧义。在雅典的政治体制中，与议事以及审判职能有别的行政官职，是以复数的 *archai* 加以统称，亚里士多德也在《雅典政制》第50—62章对此提出了分析。但除了行政官职之外，*arché* 在希腊文本中本来就具备一种特定但抽象性的政治含义：它代表原理、原则，以及将这些原则运用到人间事务的开端启新之政治能力（Mansfield,

---

[20] 这个诠释，可以由圣托马斯（St. Thomas）对《政治学》这一段落的评论得到印证：他说明了何谓政制，指出它乃是政治共同体对官职（特别是最高官职）的组织，因为后者控制了所有其他官职。而此乃事理之然，因为政治共同体的整个统治团体（也就是所建立之秩序）有赖于控制政治共同体的统治者，而如此建立之秩序即为政制。（Thomas, 2007：204）

1989：59—61）。以《政治学》的论述而言，广义的统治包括了审议与判决两种政治职能，亦即公民资格；**狭义**的"统治"则指涉最高的行政官职，亦即统治团体。所以，不仅本章以下第八节所述"共和政制"系寡头与民主的混合；在"政制"层次，公民资格以及统治团体的二元结构就已经形成了民主与寡头的混合并共同参与统治。

换言之，"政制"概念具有调和民主与寡头之目的，而亚里士多德最终的解决方案如下：

> 经过这些论证，似乎已可解答前述的"最高统治权寄托于什么"这个问题，以及接踵而来的又一问题："自由人或公民聚众中的一般公民，既无财富又无才德，他们在最高治权中能够发展什么本领、发挥什么作用？"辩难者可以提出这样一个观点：让这类人参与最高职司，他们既少正义或欠明哲，就难免不犯罪过和错误。但这里也可以从另一观点提出反质：假如不让他们分享一些权利，又会发生严重的危害；如果一个城邦中大群的穷人被摒于公职之外，这就等于在邦内保留着许多敌人。在两难的处境中寻求出路，就让他们参与议事和审判的职能。因此，梭伦和其他某些立法家把平民群众作为一个聚众，要给予这两种权力：（一）选举执政人员；（二）在执政人员任期届满时，由他们审查行政的成绩或功过，但按照他们每一个人各自的能力，却是不得受任官职的。当平民群众会集在一起时，他们的感觉和审察是够良好的，这种感觉和审察作用同较高尚一级〔行政人员〕的职能相配合是有益于城邦的——恰恰好像不纯净的杂粮同细粮混合调煮起来，供给食用，就比少许细粮的营养为充足；至于他们每一个人，倘使分别地有所审察，这总是不够良好的。（*Pol.*, 1281b 21—39）

这个文本中的"最高职司"（greatest office），应当就是"政制"定义中"最具权威的职司",亦即统治团体。对亚里士多德而言,公民参与议事、审判机构所需的能力和行使指挥统治的能力,还是有相当的差异。前者所需的,仅是当与较佳的元素混合时,能产生良好的判断能力并产生对城邦有益之结果。相对地,统治者所需的能力则大不相同:

> 凡是想担任一邦中最高职务、执掌最高权力的人们必须具备三个条件。第一是效忠于现行政体。第二是足以胜任他所司职责的高度才能。第三是适合于各该政体的善德和正义。(*Pol.*, 1309a 34—36)

此种统治所需之德行,并不是每位公民均得以拥有的,而是出身良好的贵族(或寡头)阶层成员比较有可能发展的能力与德行。

综合以上,亚里士多德对(民主式)**公民身份**以及(寡头式)**统治团体**的论述,吾人可以察觉,他在科学理论建构的层次,便已经将希腊城邦社会的具体情境考量进去。其"政制"或 politeia 作为政治秩序,结合了民主参与以及精英领导两个元素。而到了论述具体层次的"共和政制"时,同样的精神将再度发挥。

七、政体分类及讨论

对于实存的各种"政制",亚里士多德运用两个标准作出进一步的区分。首先,他依据共同体良善生活的目的论判准,指出当统治团体追求公共利益时,则为"正体"(correct)或符合正义的体制;反之,那些只追求统治者利益的政制,便是"变体"(deviant)或偏离正轨的体制。亚里士多德强调,因为城邦乃是自由人所组成的共同体,所以前者方才符合城邦的本性,后者则沦为主奴支配(*Pol.*, 1279a 18—22)。亚里士多德所运用的第二个标准,则是前述"统治团体"组成分子的数量。他指出,既然"政制"与"统治团体"意指同样事物,那么具有最高权威的统治团体,在数量上仅可能有三种样态:一人(one)、少数人(few),或多数人(many),所以也可以依据此种数量的标准来分类政制。当这两个标准结合起来的时候,就产生六种可能的政制。吾人可以将上述的分类画成一个简单的政体分类表:

统治者数量 \ 追求目的	共同利益（正体）	统治者私人利益（变体）
一个人	君主政体 monarchy	僭主政体 tyranny
少数人	贵族政体 aristocracy	寡头政体 oligarchy
多数人	共和政制 polity	民主政体 democracy

亚里士多德对于六种政体的叙述大致如下:一人独治且能照顾城邦共同利益时,便称为君主政体;若统治者为少数人、最好的贤良人士(best persons),能够照顾全体人民的公共利益,则为贵族政体;当"群众"(multitude)统治而能照顾共同利益者,"则它被称为与其他所有政制相同的名称,也就是'共和政制'"。相对于三种"正体"政制,悖离于君主政体的一人独治为僭主政体,悖离于贵族政体的少数人统治为寡头政体,悖离于共和政制的多数人统治则为民主政体。[21] 其中之区别当然在于,僭主政体仅照顾君主的个人利益,寡头政体只照顾富者的利益,而民主政体则以穷人的利益为依归(*Pol.*, 1279a 33—1279b 10)。

然而,这个周延而广为人知的政体分类在《政治学》之后的论述发展中却有所变化。亚里士多德在提出这个分类后,运用大量的篇幅,尝试将这一个数量化的形式标准,转变为具有政治意涵的实

---

[21] 值得注意的是,在亚里士多德的分类中,没有"正体"的民主政体;多数统治的对比是正体的"共和政制"以及变体的民主政体。

质判准。由于"一个"、"少数"及"多数"的统治,除了"一个统治"之外,并不具有明确的政治意涵,所以亚里士多德花了很长的篇幅论述何谓"少数"以及"多数"。他的关键提问,如前所述乃是"关于城邦最高统治元素应该寄托于什么"(*Pol.*, 1281a 12—13)这个根本的政治问题;而在此脉络中,他提出几个事实的统治团体作为可能答案,包括:"群众"、"富者"、"高尚之士"、"全邦最高的一人"或"僭主"之后,他分别检视这五者成为统治团体时,所提出据以证成其统治的理由,由之说明其各有所偏而无法考虑到整体利益。亚里士多德最重要的结论,乃是对多数之治的民主以及少数之治的寡头加以重新界定:

> 比较合适的论断应该是,凡由所有自由人统治者为平民政体,而以富人统治者为寡头政体;可是实际上前者为多数而后者为少数,因为多数乃是自由的而少数乃是富有的。(*Pol.*, 1290a 40—1290b 4)

这个文本可以观察到亚里士多德政治哲学的关键转折:民主政制在雅典民主的观念中,应该是全体人民(demos)的统治,而主要权力机关在于公民大会以及人民法庭。但亚里士多德经过两个关键语汇的替换而得以建立之后的"共和政制"思维:**首先,他将民主政治中,全体人民的概念,转化成为"多数";其次,他再将这个"多数"与"贫者"画上等号。**通过这个双重转换,使得本来民主政治(以其积极意义而言系全体自由民的轮流统治),转变成为城邦内部一个"部分"对其他部分的统治,[22]再用财富的标准,以"贫者"称呼这个居于多数的群众。这样一来,本章第二节所引希罗多德转述欧塔涅斯所提出人民统治的理据在于"多数即为整体"

---

[22] 在当代希腊研究学者中,以芬利(M.I.Finley, 1988:12—14)对此议题之批判分析最为深入。

的说法便不再能成立；因为此时，"民主"也是一个部分（即使是多数）对另一部分的统治（cf. Strauss, 1964：36）。

亚里士多德明确指出，城邦之所以有不同的政制，乃是因为任何城邦中都有不同的"部分"（*Pol.*, 1289b 26—27）。所以，对他而言，所有的"政制"或政体都是由某一个部分（统治团体）行使统治，即使民主所宣称的全民统治，其实也只不过是作为贫民阶级的多数者掌握统治权。但这样一来，便意味着最具权威性的政制，必然是被特定的统治团体加以掌握，并且依据自己的政治价值，形构城邦的制度以及法律，并在此架构之中，从事审议、判决与统治。亚里士多德的目的论能够协助检视每一个统治团体所提出的理由，但并非自身便足以如柏拉图《理想国》的理型般，可以作为完全改造城邦的标准。所以亚里士多德所主张的政治艺术，遂不在于找到一个单一的统治团体作为理想城邦的治理形态，而是以"中道"精神混合不同的统治团体所提出的政治价值与制度安排。

《政治学》第 4 卷集中讨论寡头以及民主政体，以及由两者混合而来的"共和政制"。这部分论述处理希腊城邦政治的实际问题，其分析也指向他所认定雅典民主所应该采取的改革。将理论层次上"少数"与"多数"的对立转化为具体城邦世界中"富者"与"贫者"的阶级冲突后，亚里士多德的政体理论便由纯粹抽象的"形式"层次转向具体的经验世界。他指出，在城邦生活中居于"多数"的富者与居于"少数"的贫者产生政治对立与冲突，是一种不可能发生的情况；因为在所有城邦中富者均为少数，而贫者为多数。此种不证自明的政治经济"寡头铁律"，使得《政治学》此后的论述，进入了"资料"的组成状态所支配的具体世界。换言之，前述对于政体的数量区分标准，由原来纯粹形式与逻辑的意涵，转变成为具体的、近乎政治社会学式的分析。

一个掌握亚里士多德论述策略的简要方式，乃是理解他对各政体的"界定原则"之分析（horos；defining principle）[23]：贵族政体的界定原则乃是**德行**，寡头政体的原则是**财富**，而民主政体的原则是**自由**（Pol., 1294a 10—12）。以下就依照这几个界定原则，略述相关政体的特性。[24]

亚里士多德对于民主的界定原则说明得比较清楚详尽，其中最重要的便是"自由"（eleuthrios；liberty）；而依据当时的政治理解，这意味着**平等**以及**多数人的权威**（Pol., 1310a 27—32；1317a 40—1317b 10）。民主政治另外一个特点则是**希望按照自己所欲之方式生活，不被他人支配**（Nic. Eth., 1161a 7—9），这其实便是后来共和理论所倡议的自主原则。

至于贵族以及寡头政制的界定原则（分别为德行与财富），其中牵涉的理论议题比民主制之自由来得复杂。因为如本章第二节所述，"德行"是亚里士多德伦理学的核心概念，代表着灵魂之中的激情与欲望受到理性的节制，而得以依据理性正确地依中道而行。这个伦理德行构成了贵族政体的界定原则，所以亚里士多德主张以德行为本的贵族政体是最佳政体（Pol., 1293b 2）。

作为寡头政制界定原则的财富，由《政治学》第1卷的讨论可以看出（Pol., 1256b 30—40, 1257b—1258a），亚里士多德认为财富本身蕴含着某种无限扩张的欲求，从而容易腐化灵魂，悖离中庸之道，也与城邦追求某种程度上之"自足生活"不易相容。这也是何以寡头政体的统治团体，容易产生一种权力扩张的侮慢（hubris）并逾越其所应为。亚里士多德对于民主以及寡头政制提出了深刻的反省与批判，认为它们分别代表两种政治意志，前者强力地欲求统治而导致侮慢；后者则追求自由，不希望被他人支配，但若不加节

---

[23] 在梭伦政治改革中，horos 是不可移动的疆界石块，请参阅 Vernant, 1982：85。
[24] 由于篇幅所限，我们不得不割爱亚里士多德对君主制的相关讨论（《政治学》第3卷第14—16章），因为这与"共和政制"的混合问题无关。亚里士多德对君主制的讨论指向另外一个重要的古典政治哲学议题：最好的人之统治与最好的法律之统治孰优孰劣（Pol., 1286a 8—9）。

制也将导致伤害城邦的结果。这两种意志互相抗衡,构成了政体变革的基本原因(*Pol.*, 1295b 13—23)。㉕

至于"共和政体",则是民主与寡头的"混合"。然而,何以两种"变体"政制经过混合,可以成为"正体"政制?这是亚里士多德政治哲学的核心问题,也是他与其后波利比乌斯及西塞罗的罗马共和论不同之处,值得探究。

八、共和政制、中间政制与立法家的混合艺术

细心的读者并不难察觉亚里士多德的政治哲学,具有改良城邦现实政治的理想。他曾说:"改善一个旧政制的困难度并不低于创制一个新政制。"(*Pol.*, 1289a 4)而其改革旨趣则是"有关政制的建议必须以当代固有体制为本,而加上一些大家所乐于接受并得以参与的改变"(*Pol.*, 1289a 1—5)。是以,亚里士多德追求的不是理想中的"最佳政制",而是"最佳可能政制"(*Pol.*, 1288b 37—38)。而此种可以实现的城邦政制,乃是通过其政治目的论关于良善生活的理念,说服城邦的各个部分,特别是寡头与平民(富者与贫者),在理解到共同体之目的以及每个"部分"可以发挥的功能后,愿意接受这个标准而形构一个新的整体,共同参与这个改良后的城邦体制。这就是亚里士多德著名的"共和政制"观念。

"共和政制"无疑地是亚里士多德《政治学》的核心观念;但由于这个观念尝试结合抽象形式以及经验事实,所以他所提出的论述也呈现出多种歧义。㉖ 在《伦理学》第 8 卷第 10 章首次提及共和

㉕ 从思想史的角度而言,亚里士多德分析寡头与民主的对抗,几乎可以说是马基雅维里关于两种性情理论的前身。无论亚里士多德或马基雅维里,都观察到人类政治场域之中最根本的紧张性来自于有权力者试图扩张其权力并产生侮慢的心态;而坚持其自由的人民,则虽无可退让,仍将基于其自由精神而加以抵抗。关于此议题,请参阅本书第四章第四节及第十一章之阐释。

㉖ 请参考罗(2002:371—373, 384—386)对亚里士多德运用这些歧义的讨论。

政制时,它被称为"资产制"(timocracy)[27],也就是说有别于民主制作为所有公民的统治,"资产制"设定一个程度的财产标准作为参与公共事务的门槛:"资产制的理想也是多数群众的统治,一切有资产的人都是平等的。"(*Nic. Eth.*, 1160b 18—20)

这个通过资产的门槛来作为公民资格筛选的判准,在《政治学》并未完全放弃;但如第五节所述,亚里士多德另外提出了一个政治判准:共和政制之中的公民,其范围限于能够执干戈以卫社稷、具备步兵重装的自由民战士(*hoplite*),因为"唯有他们(而非一般平民)能让城邦成就伟大功业"(*Pol.*, 1326a 14)。正是在这脉络中,亚里士多德指出,要用财产的明确数额作为分辨是否具备公民资格的门槛是不可能的,因为这牵涉不同城邦实际的社会经济状况(*Pol.*, 1297b 1—10)。亚里士多德甚至提出了历史性分析,指出当城邦的领土与人口增加,而战术改变,骑兵慢慢地需要有重装步兵加以辅助时,"越来越多的人们便参与到政制之中。而现在吾人称之为共和政制者,之前被称为民主"(*Pol.*, 1297b 21—25)。也就是说,从历史的角度来看,共和政制乃居于寡头与民主制之间的政体:相对于之前的寡头政制,它是比较民主的,因为其公民资格扩张到重装步兵的自由民;相对于完全的民主制,共和政制则较不民主,因为它对统治权仍有所限制。

亚里士多德在《政治学》里对"共和政制"的正式定义之中,不强调财富门槛,而以政治与军事的角度加以界定。他指出:

> 以多数群众(multitude)为统治者而能照顾到公益者,称之为"共和政制"——这个名称实际上是一般政制的通称,这里却把一个科属的名称用作了品种的名称。(1279a 38—40)

---

[27] 此处亚里士多德对资产制的解释明显地与柏拉图在《理想国》第 8 卷所论之"荣誉政制"(*Republic*, 545a—b)有异。请参阅马丁·奥斯特瓦尔德(Martin Ostwald)在其《伦理学》译本(Aristotle, 1975:233,注 29)之说明。

亚里士多德"共和政制"一词的主要歧义便在于，它与城邦的"政制"用的是同一个字，都是 politeia。换言之，一个忠实的译法应该是"被称为政制的政制"。但这在非希腊文的脉络当中是不可行的，所以英译本将城邦的"政制"翻译成"regime"，也就是上级的科属名称；而用"polity"来翻译这个具体的政治体制的品种名称。亚里士多德显然不是源于无心的疏忽而造成此处概念上的歧义，作为严格的哲学家，他如此做法定有其深意（Bates, 2003：102—121）。我们则认为亚里士多德如此称呼是因为在混合寡头与民主的特性上，"共和政制"最接近"政制"的本质。

另外，在共和政制的界定中，统治团体被称为"多数群众"，其实亚里士多德的真意，应该是强调，作为一个复合体，[28] 其存在样态接近于第四节所述"组合物"，而组合的意义，也就是他在第4卷发展共和政制理论时，所发挥的"将寡头与民主的元素加以混合"所构成的统治团体之观点。亚里士多德进一步说明共和政制的性质：

> 我们已经阐明寡头和平民政制的性能，共和政制的性能也约略可以认识了。"共和政制"的通义就是混合这两种政体的制度；但在习用时，大家对混合政体中倾向平民主义者称为"共和政制"，对混合政体中偏重寡头主义者则不称"共和政制"，而称贵族政体——理由是［寡头主义虽偏重资产者］——而资产者的教养和文化却往往又是贵族政体德行的本源。（Pol., 1293b 30—36；中译文略有修改）

共和政制之所以偏重民主，乃因一人或少数人要成为统治者，他（们）应该都具有特殊的德行；但当统治者的人数增加时，很难

---

[28] 换言之，共和政制与民主政体统治团体的"多数人"意义并不相同。

想象多数的人可以在伦理或知性德行上是完善的。唯一的例外是，人民的武德或军事德行是可以加以培养的，"所以在共和政制中，最高统治权操于战士手中，这里必须是家有武备而又力能持盾的人才可以"（*Pol.*, 1279a 41—1279b 4；中译文略有修改）。在此文本中，军事性质的武德（*polemiken*）重要性，远远凌驾在《伦理学》中所谈的财产门槛之上，这应该是亚里士多德共和政制真正精神之所在。

当然，要将两种政治体制"混合"，并不是一件容易的事。亚里士多德提出了三种混合的机制（他称为混合的三个"界定原则"，*Pol.*, 1294a 35）。第一个原则是"同时采用平民和寡头政体的两类法则"（*Pol.*, 1294a 36）。他用法庭的审判陪审席位作为例子，指出寡头政体中，往往以处罚不出席的富人、穷人出席却无津贴的方式，来鼓励富人出席、阻却穷人出席，以造成寡头政制的实质结果。相反地，在民主政体中，穷人出席时可以拿到津贴，但富人缺席又不需受罚，以鼓励民主参与并造成民主制的实际后果。所以，任何一个政治体制，都是通过某些制度安排来造成所欲的结果，而亚里士多德的"混合"主张中，第一个原则便是运用两种政体的法规为基础，取得中间的形式，从而达成共和政制的结果。其具体做法是富人缺席时要付罚款，而穷人出席时可得津贴，如此一来富者与贫者都有动机出席，以达成共和政体不致偏于一方的中道结果。亚里士多德所述第二原则是"把两类法规折中而加以平均"（*Pol.*, 1294b 2—3）。他所举的例子是民主政体中，出席公民大会完全没有财产资格的限制，或仅有极低的财产门槛；而寡头政体则订定高额的财产资格门槛。在这种情况下，两种政体原有的法规都不适合，就有必要加以平均而确立折中的数额，这便构成了共和政制公民资格的中庸门槛。第三个原则既不是兼取两者也非加以折中，而是"在寡头和民主政体中都选择一些因素而加以混合"。亚里士多德对这个原则所举的例子是，在任用行政人员时，民主政体内采抽签的方式，而寡头政体则用选举的方式；另外，关于行政官员的财产资格,则民主政体不加限制,而寡头政体加以限制。在此议题上,共和政体就在两种不同的法制中各取一部分,从而主张"在寡头政体中选择了以选举作为任官的方式,在平民政体中则不采行财产资格的限制"(*Pol.*, 1294b 13—15)。

以上三个原则都是就寡头与民主政体如何适当地混合加以论述。值得注意的是,亚里士多德对此三原则所提出的具体例证,正好对司法、审议,以及行政官职三个政制的基本职能,提出了一组新的组织原则。而基于亚里士多德以上的分析,吾人可以整理出混合寡头与民主政体而成的共和政制,其核心的制度大体如下:(一)司法法庭的出席,采取补贴穷人出席以及惩罚富人不出席的方式,使公民有意愿出席;(二)在公民资格方面,采取折中的财产门槛;而依据笔者诠释,这个折中财产门槛意在将公民身份设定为能自我武装的重装步兵,并成为公民大会之成员;(三)在具有最高指挥权的行政官职方面,不再设定进一步的财产门槛,而由公民大会用选举方式产生,成就了自由民"轮流统治",但实际上是选举将造成寡头统治团体的共和政制。

对良好地混合民主与寡头所产生的共和政制,亚里士多德再度以歧义的方式来说明其特色:"一个混合良好的共和政制看起来应该是同时具备平民和寡头因素的,但又好像是两者都不具备"(*Pol.*, 1295a 33—35);"人们也可以称它为平民城邦,也可以称它为寡头城邦,这样就达到混合的真意"(*Pol.*, 1294b 16—18)。亚里士多德混合式共和制的真正意图,恰恰在于通过这种歧义,让所有被混合的元素都能满足于此种全新的制度安排,从而愿意维护制度之存续,也就是现代政治理论所称之正当性(legitimacy):

> 共和政制不应凭借外力支持,而要依赖内在均势来求其稳定;至于就内在力量而言,有大多数人维护这种制度还是不够

的，一个不良的政体也是可能得到多数人拥护的，只有全邦没有任何一个部分存在着改变现制的意愿，这才算是稳定。（*Pol.*, 1295a 35—40）

所以，亚里士多德虽以歧义的方式来表达共和政制之特质，但是其终极目标乃是政治稳定。也就是说，其中没有任何部分意图改变现有的政制，自然不易产生革命和政体变迁。

但是，吾人是否能够对共和政制的"界定原则"提出比以上歧义的表述更为精确的说明？毕竟，民主政制的自由、贵族政制的德行以及寡头政制的财富，都能明确让人理解其政治宗旨。对此议题，笔者认为共和政制的界定原则，应该可以用第二节所述《伦理学》中所分析的"**中道**"来加以界定。以上歧义的表述，其实意味着民主与寡头政体，其追求的"自由"与"财富"等政治价值虽然各皆有其理据，但是若欲作为统治的唯一判准，则将流于过与不及的两端；而亚里士多德对共和政制所作的"混合"之描述，其实不外乎是在两种政治体制中撷取符合政治统治与德行生活的元素加以重新混合建构，而完成他心目中认为在城邦的现实世界中"最佳可行之政制"。而综合亚里士多德的政体分类以及界定原则，可以画成以下分类表格：

政体	界定原则
君主政体	卓越能力
贵族政体	德行
共和政体	中道
僭主政体	侮慢（*hubris*）
寡头政体	财富
民主政体	自由

这样的诠释，也可在《政治学》文本中找到依据：在第4卷第11章中，亚里士多德另外提出一个"**中间政制**"（middling regime）的概念（*Pol.*, 1296a 36）。这个中间政制，系由居于极富

者与极贫者之间的公民所组成，^㉙这个阶层的人以节制与中庸为德行，顺从理性而避免极端；所以由他们所构成的政治体制最为稳定（*Pol.*, 1295b 1—15）。^㉚而亚里士多德的确以"中道"作为此类政制的界定原则（*Pol.*, 1295a 39）。一般认为，这个由中产阶层所构成的中间政制，即为亚里士多德所分析的通过混合寡头与民主所达成的共和政制。^㉛笔者认为，经济层面的"中产阶层"、军事层面的重装步兵，以及政治层面的具有公民资格而得以参与审议与审判职能的公民等三种身份，在亚里士多德的政治理论中大体上是相同的，也界定了"共和政制"在经济、军事以及政治三方面的"中道"特质。^㉜

由于中产阶层特殊的政治伦理性格，亚里士多德对他们赋予极高的期望。在寡头的统治欲望以及平民极度追求自由、不愿意被支配的欲望两极相抗争的局面中，其结果往往是斗争的激化，僭主的崛起，使得城邦不再是由自由人所组成，变成了主人以及奴隶的关系，也就失去了城邦作为政治共同体的基本特质（*Pol.*, 1295b 23）。唯一能够降低派系冲突（*stasis*），并促成政治稳定的，乃是数量足以制衡另外两者的中产阶层：

> 很明显地，最好的政治共同体必须由中产阶层统治，凡城邦之内中产阶层强大，足以抗衡其他两个部分而有余，或至少要比其他单独一个部分为强大——那么中产阶层在城邦内占有举足轻重的地位，其他两个相对立的部分就谁都不能主治政权——这就

㉙ 这也是一般所指称亚里士多德的理论中有"中产阶级"概念之所本。
㉚ 关于中间阶层（*mesoi*）的历史解释，请参阅 Vernant, 1982：84—85, 93, 98—99, 他并援引亚里士多德的《雅典政制》第 13 章加以比较。
㉛ 参见 Rowe, 2000：376。然而，约翰逊（1990：148—152）则主张共和政制与中间政制系不同的观念。
㉜ 梅耶（1990：171—173）便持有这个诠释观点；不过，芬利（1983：9—11）提出了不同见解。

可能组成优良的政制……僭主政制常常出于两种极端政体（按：指寡头与民主）中，至于中产阶层所执掌而行于中道或近乎中道的政制就很少发生这样的演变。（*Pol.*, 1295b 35—1296a 6）

对亚里士多德而言，中产阶层不仅扮演了政治稳定的角色，更与立法家有密切关连。他首先提出，在中间阶层的公民之中，最容易产生好的立法者，梭伦、莱库古以及卡隆达斯（Charondas）便是其中的著例（*Pol.*, 1296a 17—20）。除了产生伟大立法家的可能外，立法家的艺术之关键，也在于运用这个中间阶层。在《政治学》第4卷第12章中，亚里士多德把前述的均衡概念作出更抽象的解说。他认为城邦的组成有"质"以及"量"的区别，前者是指自由身份、财富、教育和门望；而量则是指人数的多寡。前者倾向于寡头，后者趋向于民主。但立法家应当特别注意，在其所创建的政制中，要尽量运用中产阶层的平衡力量。如果中产阶层的人数能够超过其他两个部分，或仅超过二者之一，就有可能建立一个持久的共和政制（lasting polity）。在此城邦中，不会发生富人与贫民联合起来反对中产阶层的状况，因为他们彼此互不相容；而他们想要凭借自己的力量，在共和政制之外创立一个更能兼顾各方利益的政治体制，也是不可能的。在此脉络中，亚里士多德赋予中产阶层一个关键性的政治作用，也就是"**仲裁者**"：

> 要取得两方最大的信任，必须有一个中性的仲裁，而在中间地位的人恰好正是这样一个仲裁者。共和政制中各个因素倘使混合得愈好愈平衡，这个政体就会存在得愈久。（*Pol.*, 1297a 4—7）

换言之，亚里士多德所论述的中产阶层，不仅是组成城邦的最重要元素而已；他们更是让中间政制或共和政制加以实现的**动力因**。不仅伟大的立法家最有可能源出于此，他们所发挥的均衡作用，也是让共和政制得以产生并长治久安的关键力量。

在此吾人回归亚里士多德对于立法家的讨论。《政治学》第 2 卷最后一章在回顾了之前政治思想与立法家的功业之后，他指出，立法家可以分为两种类型，其中有部分只是法律（*nomos*；laws）的制定者，但有另外一些立法家则除了拟定法律之外，还型塑政制（*politeia*；regime）。希腊世界最伟大的两位立法家莱库古以及梭伦，便同时完成了创立政制以及制定法律的大业。相对于此，亚里士多德可以说是在理性言说层次，通过"立法科学"的建构，以及公民资格、政制、共和政制与中道政制的系统论述，完成了立法家艺术的科学化工作。

《政治学》之后的篇幅，包括第 5、第 6 卷析论各个政体防止革命、维护自保之道，以及第 7、第 8 两卷论述亚里士多德心目中最佳政体，由于篇幅所限，只能割爱。以下仅针对共和主义的关键议题——公民德行与政治体制的关系，加以论述。

九、公民德行

在讨论公民的概念时，亚里士多德提出了"善人"（*anthropos agathon*；good man）以及"优良公民"（*polititon spoudaius*；excellent citizen）之德行是否相同的议题。[33] 这个议题在《伦理学》第 5 卷之所以浮现，其脉络是，既然城邦的法律规定了公民应力行德行、禁止行恶，那么如此所培养出来的公民德行，似乎就与一般意义底下的善德相同。但亚里士多德在此已经提出了保留的意见："至于使一个人成为一般意义上的善人的教育是不是属于政治学或

---

[33] 对此议题，一般译本有时翻成"好人"与"好公民"之异同。但我们必须注意，此处"好人"以及"好公民"之对比中，所谓的"好"并不是同一个词汇："好人"的"好"乃是 *agathon*，"好公民"的"好"则是 *spoudaius*。笔者则翻译为"善人"与"优良公民"以示区别，至于其差异则将在以下讨论中加以澄清。

某种其他科学的范围的问题,我们到后面再作讨论。因为,做一个善人与做一个优良公民可能并不完全是一回事。"(*Nic. Eth.*, 1130b 26—28)

到了《政治学》第3卷第4章,亚里士多德进一步处理此议题。此时,他尚未讨论城邦"政制",所以这个公民德行议题完全是在公民身份的脉络中加以讨论。亚里士多德首先重述了城邦作为政治共同体,系由出身相近的自由人所组成;而由于他在第1卷之中,已经将"政治统治"确立为城邦的统治样态,所以他在此对于"公民德行"提出了如下界定:

> 人们往往盛赞兼善两者的公民,即既有能力统治又有能力受命服众的人常常为世所敬重,这里专于统治而类同善人的德行和既擅统治又擅被统治的好公民的德行终究不能等量齐观。认为统治者和被统治者为类不同,就应熟悉各不相同的才识,而公民兼为统治者和被治者,就应熟悉两方面的才识。(*Pol.*, 1277a 26—30)

然而,公民德行具有两种可能样态(治人与治于人之对立),因而它并非灵魂在一般层次实现最大程度的德行;也就是说,它不会是亚里士多德目的论所主张的"完整德行"。虽然所有的公民德行都有相同的目标,即维护共同体或政制之续存(*Pol.*, 1276b 27—30);但这个共同目标会随着公民不同的政治身份,而产生不同种类的德行要求。

不过,亚里士多德对于"德行"的定义(也就是灵魂中欲望与激情的部分服从于理性)本身已经是一种统治概念;所以,他讨论"善人"与"优良公民"的分析观点,仍然是基于政治学的角度。亚里士多德指出,只有在"特定城邦"之中,善人的德行以及优秀公民的德行才可以画上等号。其中一种情况,便是由自由人所组成的"政治统治":于其中,公民由于轮流作为统治者与被治者,而且如前所述,其统治能力乃系通过作为被治者而学习完成。然而,统治者的德行和被治者的德行毕竟有异。亚里士多德强调,统治者的德行乃是"明智";而被治者的德行,则在于有一种"正确的信念"(*Pol.*, 1277b 25—28),其意义在于,对城邦的正当统治,应抱持着符合理性的观点,服从有德者之治,而不应顺从欲望的导引,产生侮慢之心,或从事于派系斗争,导致城邦政制的革命与覆亡。既然在此种政治统治中,统治者与被治者虽轮替但仍有异,则其德行亦应有所相异;那么,所谓的"善人"之德行应该属于哪一种?对此,亚里士多德主张应该属于统治者的能力:

> 在有些城邦中,善人和好公民的品德两者相同,在另一些则两者有别。在前一类城邦中并不是所有的好公民全都是善人,只有其中单独或共同领导——正在领导或德行足以领导——并执行公务的人们,**也就是政治统治者,方才必须既为好公民而又是善人**。(*Pol.*, 1278b 2—5;黑体强调为笔者所加)

换言之,亚里士多德将灵魂之内理性统治欲望与激情的样态,放大到城邦的层次,使得治者与被治者都个别有相应的公民德行,但只有前者的德行才是完整的,从而与"善人"的德行相同。

但亚里士多德此种分析取向,无可避免地会引发另外一个理论问题:假如在政治统治中,只有统治者的德行(明智)才是善人的德行;那么若在一个政制中,具有较高公民德行的人持续统治(而不轮流),则在其统治期间,发挥理性主导功能的时期就变得最长;如此一来岂不是一种最佳的、符合德行原则的理想政体?在确,在不同的脉络,亚里士多德强调只有贵族政体(而非共和政制)之中,善人等于良善公民,因为德行乃是贵族政制的界定原则(*Pol.*, 1936b 2—3)。

也正在此德行议题之上,我们看到亚里士多德的论述并不自限于共和政制概念。贵族政体,无论就其统治者具有完整的善人德行,或在其统治中他们得到更大的闲暇余裕,可以从事理论思辨等因素,均导致亚里士多德在《政治学》第7、第8卷之中,将最佳政体的具体图像,擘画成为一种贵族政体。[34] 在其中,公民被区分为两个成分:战争成分以及审议成分;前者为年轻公民并具有武德;后者则由较长之公民所构成,专门运用明智来审议政事并作决定。在这个统治团体之上,则由更年长之公民组成教士阶层,服事关于神祇的神圣事务。这样的政治分析,与之前讨论的城邦政治共同体政制的元素(审议、官职以及司法判断)并不相同。亚里士多德运用年纪的分化(年轻人与老年人)分别成为组成战争与审议之成分,而随着年龄的增长可以"轮替",但这样统治的轮替,与之前所述共和政制混合的概念,以及政治统治的轮流统治概念均不相同。亚里士多德的最佳政体是基于"理论生活"的优越性所产生的政治阶层分化,因为最后由最年长之公民所组成的教士阶层位居最高,而可以哲学生活来关照最高善。在《政治学》最后两卷中所铺陈的此种最佳政体是贵族式的,也更符合亚里士多德前述善人等于良善公民的主张。只不过,这个政体已经不再以希腊城邦的现实条件为主要考量,而是立法家在最有利的条件之下,所可能创造出来的理想政治体制。换言之,它是一个超越政治之外的政治体制,性质上接近于柏拉图《理想国》的哲君论,只不过它是贵族政制的,而非一人独治的哲君制。

十、结语:共和主义与民主政治

本章在希腊民主政治发展背景,以及共和主义思想的视野中,

---

[34] 在这个议题上,施特劳斯(Strauss, 1964: 37—38)以及沃格林(Voegelin, 1957: 350—355)的诠释观点相当一致。另可参阅罗(2000: 386—387)的当代讨论。

分析了亚里士多德的政治哲学。我们指出，亚里士多德潜心关注于"人类事务的哲学"（philosophy of human affairs, *Nic. Eth.*, 1181b 15），治伦理学与政治学为一炉；在伦理学的层次，则提出德行乃是以理性统治欲望。当他将这个原则运用到政治场域时，他并不像乃师柏拉图走向激进的理想主义。相对地，亚里士多德基于希腊城邦的现实制度，发展出以自由人轮流统治为特质的"政治统治"概念，然后在《政治学》第 3 卷通过民主公民身份以及以寡头统治团体为核心的"政制"两组概念进行辩证结合，开创了西方政治思想最重要的政治观。而由于"政制"概念已经融合了寡头以及民主两个要素，所以"共和政制"作为寡头以及民主两种统治团体的混合，完全符合他对于公民资格以及政制所提出的分析。

是以，亚里士多德政治学中的"立法科学"乃是针对城邦政治的现实状态，以及政治目的论对于良善生活所建立的规范标准，二者结合所产生的理论成果。诚如沃格林（Voegelin, 1957: 331）所指出，亚里士多德的伦理学以及政治学，内容皆出自其学院中的演讲，故有特定讲授对象。这些人的出身，应该都是前述"中产阶层"或更高的贵族阶层的年轻秀异分子。通过对于这些学生所产生的伦理以及政治教育，亚里士多德实践哲学本身蕴含着在雅典民主政治中，通过教育统治阶层、压抑其侮慢之心，愿意接受合理的轮流统治，并且让平民参与公民大会以及审判机构。这样一来，具有中道精神的共和政体方能在雅典寡头与民主两派持续斗争中建立，并且在共和政制中，最大程度地让所有公民能够建立武德，保家卫国，并同时让卓越的精英分子参与统治，发挥统治德行。

这样的政治构想，无论在制度的安排、价值的调适，以及依此所建构的政治学，都成为其后西方共和主义的思想渊源。所以，虽然"共和"一词源于罗马的 *res publica*，但波考克所述亚里士多德思想作为共和主义的思想根源，亦为本章的结论。然而，我们参照沃格林、施特劳斯学派以及当代相关文献的分析，将立法家以及立法科学的观念引入共和主义的论述，避免了波考克过分强调政治参与和德行培育的单面向关注。[35] 本书以下各章的分析，将显示出公民的政治行动以及伟大立法家的技艺两个思想线索，形构了西方共和主义的基本精神。

---

[35] 纳多恩（Nadon，1996）指出这可能是波考克过分受到阿伦特式共和主义影响所致。对此点，其实波考克并不否认（Pocock，1975：550）。

第二章　罗马与西方共和主义之奠基

> 自由并非有一个公正的主人，而是没有主人的支配。
> ——西塞罗，《论共和国》*，Ⅱ：43

一、前言

在第一章中，我们讨论了亚里士多德"共和政制"，系在希腊城邦民主与寡头的政治冲突中，所发展出的概念。亚里士多德的理论，可以说是西方共和主义的根源（source）；而真正将共和理念奠基（foundation）于政治制度以及价值层次的，则是罗马的贡献。

从希腊过渡到罗马，政治的场景由民主与寡头的斗争，转移到共和与王政的对立（Mansfield, 1989：74）。而由于在罗马的政治想象中，"共和"是一种由君主、贵族以及人民同时构成的政治体制，所以如同波利比乌斯所述，罗马有着比希腊城邦更为复杂的历史发展以及制度变迁。

罗马的历史，基本上可分为三个时期：王政时期（公元前8—6世纪左右）、共和时期（509B.C.—31B.C.），以及帝国时期（31B.C.

---

* 《论共和国》，其他简体字译本也作《国家篇》（商务印书馆）。——编者

以后）。而本章所讨论的罗马共和主义，乃是共和时期末叶，罗马面临政治危机，思想家乃对共和政制的基本价值以及制度安排进行反省，而发展出来的思想体系。罗马的王政时期，由公元前8世纪传说中的罗慕路斯（Romulus）开始，历经了六位君王。这六位君王，依据西塞罗在《论共和国》第2卷所述，基本上都得到了贵族与人民的同意。然而，在公元前509年，由于最后一位君王塔克文（Tarquinius Superbus）的暴政，贵族阶层在布鲁图斯（Lucius Brutus）率领下，揭竿起义，推翻王政而建立共和，其最高的行政权力，则由两位每年轮替的执政官取代原有的君王掌握之，遂与贵族所掌控的元老院，以及人民的公民大会鼎足而三，成为共和政制的基本权力架构。

对于罗马此种由君王、贵族以及人民三种政治力量所形构的共和体制，最具代表性的政治理论分析有二：首先是波利比乌斯（Polybius）根据希腊政治理论所提出的政体循环以及混合宪政论；其次则是西塞罗（Marcus Tullius Cicero）在吸收波利比乌斯的泛希腊化的共和主义史观之后，基于罗马政治传统的语汇以及思考方式所提出的共和理论。本章也将以这两位思想家的论述为主轴，探讨古典时期罗马共和主义的奠基，以及蕴含的政治概念。

二、波利比乌斯：致用史学、政体循环与混合宪政

波利比乌斯系希腊政治家，曾经参与爱琴联盟（Aegean League），为自保而对抗罗马的扩张，在失败之后，成为战俘在罗马留滞了16年。由于他的贵族背景、从政经验以及对于希腊政治理论的熟悉，罗马元老院的贵族对他相当友善，特别是望族西庇阿家族的年轻显贵普布利乌斯·西庇阿（Publius Scipio）。波利比

乌斯基于之前的政治经验，懔于罗马共和快速崛起的霸权（P. Ⅵ：2），[①]故潜心研究罗马的历史以及政治组织，并撰写了约40卷的《历史》，集中讨论公元前218—公元前146年之间罗马崛起的历史。罗马在共和初期原为一个小城邦，然其先后征服周边的拉丁姆平原、意大利半岛，再于公元前3世纪与迦太基正面交锋，在三次布匿战争（Punic War）之中，击败迦太基并征服了地中海沿岸；打败希腊半岛的马其顿帝国及其后的爱琴联盟（也就是波利比乌斯的父亲及其本人亲身经历的历史）后，穿越阿尔卑斯山而征服高卢地区。可谓罗马在共和时期，即完成了征服大半个欧洲的惊人成就。

对于这个历史过程，波利比乌斯提出"致用史学"（*pragmatike historia*；pragmatic history；P. Ⅵ：5）尝试加以处理。其《历史》现存的第6卷，指出罗马共和得以崛起的原因，乃基于其混合宪政；他的分析成为由希腊柏拉图与亚里士多德政治哲学过渡到罗马古典共和主义论述的主要桥梁。他由希腊的"自然"观念出发，主张人类社会的政治体制，存在着某种"自然变迁的过程"（natural process of change）。在上一章中，我们已经看到亚里士多德对于政体的变迁，系采取一种经验态度，而认为政制之间并没有某种自然的或必然的变迁过程，遑论历史循环模式之存在。在这个议题上，波利比乌斯受到柏拉图的影响，将《理想国》第8卷以下，对最佳政体堕落腐化的过程所论的政体变迁的讨论，重新加以改造，并且引入亚里士多德对于政制变革的经验分析元素，而形成一套独特的政体循环论（Walbank，1972：139—142）。

[①] 本章所用之缩写如下：
P.＝Polybius, *The Histories*, Vol. Ⅲ, tran., W. R. Paton, Cambridge, Mass.: Harvard University Press, 1979.
Rep.＝"On the Commonwealth", in Cicero, *On the Commonwealth and on the Laws*, ed., James G. Zetzel, Cambridge: Cambridge University Press, 1999.
Leg.＝"On the Laws", in Cicero, *On the Commonwealth and on the Laws*, ed., James G.Zetzel, Cambridge: Cambridge University Press, 1999.
这三本原典以章节数征引，如 Rep.Ⅱ：1 表示《论共和国》第2卷第1段。

波利比乌斯首先简要地界定各种政体。他将一人独治区分为"君主政体"（monarchy）以及"王政"（*basileia*；kingship），前者是自然力量产生的支配形态，以后再逐渐发展出王政，而王政乃是基于被统治者的同意并依据理性（而非恐惧或暴力）而施行的一人统治。贵族制则系依据正义以及识见的卓越性，选任公民团体统治而产生之政体。至于真正的民主并不是任何暂时多数为所欲为，而是在一个尊崇传统、服从法律的社群中，依多数所作的政治决定而实施统治的政体。以上三种"正体"政制的对立面，则是君主制、寡头制以及"暴民政体"（*ochlocracy*；mob rule）三种变体政制（P. Ⅵ:4）。我们先将这个最基本的政体分类，比照亚里士多德，画出以下的表格：

统治者数量 \ 正当性基础	人民同意	世袭
一个人	王政 kingship	僭主政体 tyranny
少数人	贵族政体 aristocracy	寡头政体 oligarchy
多数人	民主政体 democracy	暴民政体 ochlocracy

在提出这个初步的界定之后，波利比乌斯对于六种"简单"政体的变迁，描绘了一个政体循环的进程；而他的论述，并非仅限于政治层面的体制变迁而已，其中也包含了关于人类文明与道德进展的历史性想象。他认为此进程首先由一个巨大毁灭性事件（如大洪水、大瘟疫或大饥荒）作为开端，孤立的个人由于他们的自然脆弱性而像其他动物般，需要结合成群。此时，具有较强身体力量以及勇毅性格的个人，便自然地形成了霸者（*hegesthai*）[2] 以及支配者（*kratein*）。这样的一人独治，便被称为"君主制"。在君主制之

---

[2] 请参考奥克肖特（Oakeshott, 2006:88—89）对"hegemon"的讨论。

下，家庭的联系、社会惯行乃至道德善与正义观念逐渐建立，使得君主制逐渐转化为"王政"。而王政的真义，则在于"具有最大权力的领袖永远扶持多数人的情感，并对其臣民而言，他给予每一个人应得之份"（P. Ⅵ : 6），也就是正义；这使得臣民对其之服从并非仅源于对力量的恐惧，而是基于评价后的同意。当王政产生继承问题时，刚开始人民或有可能选择新的王者来统治，但迟早会世袭化，接着由于奢侈与其他腐化的因素，使世袭王政转变成为僭主政制（tyranny），导致君主制度的式微。③ 此时，人民在贵族领袖的领导下推翻僭主，平民由于感激贵族这样的功绩，故选择他们的解放者成为领袖，这便构成了贵族制。则开始时，贵族尚能尊重人民对他们的信赖，并依据共善来统治；但是经历几个世代后，贵族的后裔也开始蔑视平等及自由的政治价值，腐化堕落成为寡头体制。人民因不堪贵族后裔的凌虐，最后会揭竿而起，创造民主体制，"将公共事务的管理，信托到自身之上"（P. Ⅵ : 9）。争取到自治的地位后，起初人民能够尊重平等与自由之价值；但世代之后，仍曾有野心家产生，并以他们的能力及各种民粹的方式收买并腐化平民，最后民主制亦将衰颓而变成"暴力之治"（*kairokratia*；rule of violence）④。此种暴力之治其实就回到前述自然循环的开端，即纯凭力量而起的"一个独治"的君主制，并且文明也因为失序而衰微。这个循环构成了波利比乌斯著名的"政体循环论"。⑤

政治行动者处于历史循环的某个特定时刻；但波利比乌斯认为他的循环理论具有一种科学性格，可以让行动者了解其身处的政治环境大概属于哪一个阶段，从而得以依据其致用史学的通则，采取最为明智的政治行动。但波利比乌斯的真正目的，并不在于为个别政治行动者提供行为准则；他的意图是对于具有特殊识见的立法

---

③ 由 P. Ⅶ : 7 可看出波利比乌斯将"君主制"与"僭主制"在统治样态上画上了等号。
④ 意译为"拳头之治"，也就是回归到单纯的力量作为统治的基础。
⑤ 可参阅特龙普（Trompf, 1979 : 34—36, 43）针对波利比乌斯政体循环论所绘制的图表。

家，提供一种超越简单政体以外的政治想象。他以斯巴达立法家莱库古（Lycurgus）为例，提出了"混合宪政"的关键主张：

> 莱库古具有远见，所以不欲创造一个简单且偏于一方的政治体制。相反地，他尝试将所有最佳政府（politeuma）的优点与特质结合为一，而且避免让任何一个元素具有过多权力，不致使之坠入其对立面的罪恶之中，因为每一个元素的权力都被其他的权力所抵消。这样一来，就没有任何元素会过重而使整体失去均衡，而这样的政制将能够长期地维持均衡状态，如同在暴风中安然航行的船只。（P. Ⅵ: 10）

莱库古的识见，造成了斯巴达的混合宪政；但波利比乌斯指出，罗马混合宪政的形成并非通过立法家单一个人的理性与识见所形成，而是能在历史的斗争之中，采取最佳解决方式累积而成。⑥

波利比乌斯对于罗马的混合宪政，尤其是执政官、贵族的元老院，以及人民权力的相关机构间之建制，提出了详尽的分析。他首先整理了三个元素个别的权限，包括执政官拥有最高行政权、战争的统帅权等；元老院则掌控国库的财政权、司法权以及外交和战之权力；人民则拥有赋予公共荣耀和惩罚的权力，以及同意或拒绝法律和对于和战最终的审判权力（P. Ⅵ: 12—14）。之后，他再详细叙述了三种权力之间彼此制衡的机制。由于篇幅所限，我们仅以执政官的权力为例，来审视相关的制衡机制。波利比乌斯指出，执政官最重要的权力是军事统帅权，从而对此拥有绝对的权力。然而他仍然需要元老院以及人民的支持，方有可能完成战斗。例如，军队需要持续的辎重补给，假如没有元老院的同意，他就无法提供粮草以及装备。所以若元老院不予支持，军事统领便无法行动。反之，

---

⑥ 这个议题之后被马基雅维里所继承并发扬光大。

当有元老院的支持时，将领便能实行军事战略。由于军事统帅以一年为期，到期时元老院会决定让原有统帅继续领导或另择人选接替，如此便能有效地控制军事将领。至于人民，即使战争时执政官离开了罗马城，也仍特别需要关注人民的情绪，因为人民具有和战的最终审议决定权，而且在执政官离任时，须向人民汇报任内的施政成果，并由人民决定是否给予公共的荣耀（P. Ⅵ：12）。[7]

在说明了执政官、元老院以及人民的制衡关系后，波利比乌斯总结了混合宪政的优点：无论在战争的紧急状态，还是承平时期，混合宪政都具有无可匹敌的优点。因为，混合宪政的国家具有最大的力量，而且任何的情境于其中都会被注意到，使得紧急事态发生时，能够集中权力，以最快的速度加以处理。另一方面，在没有外在威胁的承平时期，由于混合宪政的制衡关系，能够防止权力因扩张所导致的腐化堕落，因此，所有公民在其中皆能够享有繁荣富裕的生活（P. Ⅵ：18）。此种混合宪政的优点，超越了任何简单的政体，并使得罗马在共和时期快速地达到支配西方世界的霸权地位，这也正是波利比乌斯致用史学尝试加以解释的议题。

波利比乌斯的政体分类以及政体循环论，是古典时期最简要的政治哲学论述，有不少议题值得提出讨论，以下将集中于波利比乌斯与亚里士多德关于政体理论的相关议题之比较。首先，波利比乌斯六个简单政体的分类对亚里士多德的理论做了重大修正。在一人独治的王政或君主政体方面，采纳了泛希腊时期君主制的发展（cf. Hahm, 2000, 458—464），赋予它具有基源性作用的政治体制；特别是他进一步区别出基于自然力量的"君主制"、基于人民的同意并依据理性统治的"王政"，以及世袭腐化后所产生的"僭主制"

---

[7] 对波利比乌斯宪政理论的详尽讨论，可参阅弗里茨（Fritz 1954）的经典作品，包括混合宪政的思想史渊源、制度安排以及罗马史之印证。该书附录并有波利比乌斯《历史》第 6 卷以及其他卷有关罗马宪政史摘录文本之译文可供参考。当代比较简明的说明，可参阅 Walbank, 1972：130—156；Millar, 2002：23—36；Hahm, 1995：7—47；Hahm, 2000：464—476。哈姆（Hahm, 2009）则深入探讨了希腊混合宪政的思想史背景，特别值得参考。

(Walbank, 1990: 140—142)。另一个重要的调整是将民主制放入正体政制之中，并将其对立面界定为"暴民政体"或"暴力之治"。所以，波利比乌斯对于民主政体已经采取更为肯定的评价角度，不像亚里士多德认定民主必定是一种变体政制。在政体理论层次，另一个值得注意的特色在于"正体"与"变体"两个系列政制的对立。在亚里士多德的理论中，两者区别乃是基于统治者是以城邦的共同利益作为施政目标，抑或是以统治者私人的利益为目标；这反映了亚里士多德城邦理论中，以追求良善的共同生活为目标的目的论思考。而在波利比乌斯的理论中，亚里士多德的目的论被循环变迁的自然论所取代；对波利比乌斯而言，"正体"与"变体"政制的差别在于：前者大体上都有人民"同意"的成分，也就是说良好的王政以及贵族政体，在成立时刻均有人民同意的正当性基础；而变迁政制，基本上都是世袭而成，在几代之后，继承者遗忘了其所成立的原始正当性基础，暴虐乱政，从而式微并转变为另外一种政体的循环过程。这个"**同意**"与"**世袭**"的对立，并不见于亚里士多德的论述，但却构成了罗马共和主义一个重要的二元对立观点，未来在西塞罗的共和思想中，吾人将看到进一步的理论发展。

除了政体分类，波利比乌斯对于"混合宪政"的说明也与亚里士多德"共和政制"（polity）的分析有所不同。如前章所述，亚里士多德的共和政制乃是将寡头以及民主两种变体政制，通过复杂的机制加以混合而成。亚里士多德的混合概念，乃与其伦理学的"中道"理论密切相关：所谓的"变体"政制，乃是"正体"政制的过或不及，所以通过混合寡头与民主这两种少数人与多数人统治的"过与不及"的变体政制，反而能产生"共和政制"这个良善的正体政制。相对地，波利比乌斯的混合宪政理论，则扬弃了此种伦理学中道理论的分析观点。对波利比乌斯而言，所有简单的政治体制，都有某些原始的德行或优点，但在其权力没有受到牵制的状况下，经数代的世袭之后，德行将腐化而质变成为变体的形态。所以，波利比乌斯的混合宪政的概念，并非如亚里士多德将两种变体政制（其实是希腊城邦两个经验层次的政治体制）加以混合；而是三种简单政体（王政、贵族、民主）理念型的完美混合，使之互相制衡而不至于过渡到变体政制，并脱离政体循环变迁的宿命。三种简单政体的完美混合，一方面解释了罗马的政治体制，另一方面也在逻辑上产生一种完美的均衡图像，型塑了西方政治思想对"混合宪政"（mixed constitution）的政治想象。

最后，由波利比乌斯对"混合宪政"论述所运用的核心词汇，可以观察到由希腊政治哲学转变为罗马政治思想关键性的桥梁作用。他在讨论莱库古如何混合三种最佳政体的理论时，运用了两个亚里士多德式的词汇：指涉政治体制时，波利比乌斯用的是 politeia 观念；而当他讨论莱库古如何将三种"最佳政府"的优点与特质结合为一，并且避免让单一元素拥有过多权力而转变到对立面的罪恶时，其中"政府"一词，其实正是亚里士多德的"统治团体"（politeuma）。[8] 基于前章所论亚里士多德政治哲学的视野来诠释波利比乌斯，笔者认为他所主张的三种简单正体政制，指涉的正是三种握有最高政治权力的统治团体。而三种简单政体的混合，其实是将三个统治团体恰当地放置于三种政治权力分立并彼此制衡的政治架构之中。换言之，在亚里士多德政治哲学中对于审议、官职以及审判的政治职能的初步讨论，在波利比乌斯思想中，基于罗马的王政传统，以及执政官、元老院、人民的三元权力结构，正式地被系统化，完成了完整的政府组织理论，以及在政府中彼此制衡的清晰图像。这些重大的理论贡献，使得波利比乌斯成为衔接希腊政治哲学以及罗马政治思想的关键性桥梁。

本节简述了波利比乌斯通过政体循环论所形构的致用史学，以

---

[8] 所有的译本都将这个词汇翻译成"政府"（government）；请参阅 Fritz, 1954：364—365；Polybius, 1979a：310—311；Polybius, 1979b：290—291。关于统治团体在波利比乌斯思想中的作用，哈姆（2009：193—194）提出了清楚的说明。

及斯巴达立法家或罗马在历史过程中所形构的混合政制。他最重要的贡献，在于综合了希腊城邦以及泛希腊时期的政治思想，用希腊的哲学角度来解释罗马的政治现实以及历史进程。从波利比乌斯虽然身为战犯，但仍然得到罗马贵族的尊重可以看出，其成就即使罗马人亦感佩服；甚至影响了西塞罗的共和思想，至于运用罗马自身的政治传统以及价值语汇来诠释其共和政制，最重要的经典作品则是西塞罗的《论共和国》。

三、西塞罗的《论共和国》

西塞罗的《论共和国》（*De Re Publica*）是古典时期评价极高的政治哲学作品，却在约于公元5世纪以后逐渐佚失，只剩下奥古斯丁在《上帝之城》中的长篇讨论，以及其他希腊教父或新柏拉图主义者所保存的部分内容。然而，后人在1819年于梵蒂冈图书馆中，一份抄写奥古斯丁《诗篇评论》的151页羊皮纸卷之下，发现奥古斯丁的文本覆盖了西塞罗《论共和国》的部分内容。经仔细整理后，恢复了全书约四分之一的文本。在全书六卷之中，以前两卷保存较为完善；第3至第5卷则只剩下零星的片段；第6卷则由于有新柏拉图主义者马克罗比乌斯（Macrobius）在5世纪时抄录了其中著名的"西庇阿之梦"（Dream of Scipio）作为思辨的基础，而得以保存。

虽然《论共和国》现存的文本并不完整，但通过对前两三卷的仔细研究，仍可重构出罗马政治思想家对于其所自豪的政治传统与制度的自我理解。该书分为六卷，前三卷论述理想的邦国，后三卷则讨论思想的政治家。其中第1卷可见其融合柏拉图、亚里士多德以及波利比乌斯所提出的政体分类理论。西塞罗采用了波利比乌斯的观点，运用混合宪政的概念来理解罗马政治体制。第2卷则对罗马宪政史由王政到共和时期，提出了相当详细的分析。由于波利比乌斯的《罗马史》一书在罗马宪政史部分已经佚失，吾人无从得知西塞罗的分析是否受到波利比乌斯的影响（Walbank, 1990: 147—149）；但无论如何，在影响史的层面之外，《论共和国》还是呈现出与波利比乌斯相当不同的、具有罗马色彩的政治图像。以下将以《论共和国》前两卷较为完整的内容，探讨西塞罗的共和思想。

由于罗马人向以实践自豪，也自承在思辨能力上远不及希腊人，所以西塞罗开宗明义地指出，他不赞成某些哲学家认为思辨远高于实践的论证（Rep. I : 10—11）。相对地，他认为"建立国家以及保存国家的规则"是值得教育与学习的重大课题（Rep. I : 10—11），因为这构成了罗马"治国智慧"（civilis prudentiae; civic prudence）的核心内涵，也是西塞罗政治理论关切的焦点：理解各种邦国的发展以及变化，使得当任何一种政体在转变时，皆能够预先加以制止或对抗（Rep. II : 45）。关于其分析立场，西塞罗明确指出：

> 在你们听我讲述时，请你们把我当作一个既非对希腊人的学说一无所知，亦非把他们的学说视为优于我们的学说的人；而是一个由于父亲的用心，受过广泛的教育，从小便充满强烈的求知欲望，不过主要还是通过自己的实践和家庭教训，而不是依靠书本获得知识的罗马公民。（Rep. I : 36）

换言之，西塞罗有意识地以罗马的实践经验以及传统的祖宗成法（mos maiorum）[9]为基础，并运用希腊的哲学方法来探讨罗马共和政制的精义。

在风格上，《论共和国》一书采用柏拉图的对话形态，但西塞罗本身在这方面的思辨能力仍远逊于柏拉图，除了有许多论证是直

---

[9] 意指罗马贵族世家传之久远的政治价值系统，包括德行、诚信、荣誉以及荣耀祖国的爱国情操等。请参考阿特金斯（Atkins, 2000: 481—483）的讨论。

接采撷自《理想国》之外，甚至有直接长篇引用柏拉图的文本。[10] 实际上西塞罗比较擅长的，还是罗马式、法学式的论证，即尝试找出一个清晰的定义，然后作具体的阐释，有时并进一步检视正反方的不同论述。由于西塞罗的《论共和国》并不完整，本章不拟详细检视其论证，而是集中探讨西塞罗对"共和"（res publica）所提出的定义以及系统理解的方式。

在《论共和国》第1卷模仿柏拉图对话录的开端，对话者由原来对某些特殊天象之讨论，开始转向有关政治共同体的议题，主角西庇阿并提出了如下关键的定义：

> 公共事务（res publica）乃是人民的事务（res populi），但人民不是人们某种随意聚合的集合体，而是许多人基于法律的协议性（iuris consensu）和利益的共同性（utilitatis communione）而结合起来的集合体（sociatus）。（Rep. I : 39）

这个定义，由于奥古斯丁在《上帝之城》第19卷的引述以及讨论，而成为西方政治思想史最著名的界说之一。然而要完整理解此界说的真义并非易事。首先，"res publica"一词在拉丁文的含义甚广，包含了公共事务、公共生活乃至"共和国"或"国家"的意涵。而现行的中文本翻译成《论共和国》，可以说是用狭义的共和概念来理解西塞罗广义的共和主义。事实上，西塞罗的 res publica 若要以现代英文词汇取得相应的观念，则以英译本向来所选择的"commonwealth"最为恰当，本章以下将译为"邦国"[11]，因为西塞罗运用此词汇来说明具有法律基础的正当性统治，所以表达出某种现代意义的宪政主义色彩（Zetzel, 1999 : xxxvii—xxxviii）。

在前述定义中，res publica 先被定义为"res populi"，亦即人

---

[10] 如 Rep. I : 66—68 即为《理想国》VIII : 562c—563e 的摘引。
[11] 笔者在此援引张佛泉（1993，"凡例"）的用法。

民的事务（假如强调罗马私法的概念，甚至可以说是"人民的事物"）。如同阿斯米斯（Asmis, 2004: 577）所述，这个定义是一种"双重界定"（double definition）[12]，也就是将 res publica 界定为 res populi 之后，再进一步界定"人民"（populus）的观念。所以这个定义的后半段，乃是对于人民组合成具有正当性邦国时之样态进一步的厘清；而西塞罗对于"人民"的界定与解说，进一步再分成两个层次：在"一般类别"的层次，人民是"人类的聚合"或"人类的聚众"；而其特殊属性则是：并非任何人类的聚众都构成"人民"；唯有"对法律有共通的同意"以及"分享效用或利益"这两个条件同时被满足时，才构成一个"人民"，也才有人民的事务或公共的事务，方才构成邦国。

在说明了以上用语及相关概念后，我们可以将西塞罗的定义表述为下面几个命题[13]：

（A）公共事务乃是人民的事务；
（B）人民乃是许多人以特定方式聚合起来的集合体，其属性有二：
　　（B1）法律的协议性；
　　（B2）利益的共同性。

所以，（B1）以及（B2）两个属性，就形成了西塞罗对于公共事务所提出的两项正当性判准。其中第一个"法律的协议性"判准最为重要，它意指着形成邦国的所有人民，对于邦国或政治共同体

---

[12] 值得注意的是，本书第一章第五节所述亚里士多德对公民身份的第三个定义，也是一种"双重定义"：先界定公民身份乃是城邦中有权参加议事和审判职能的人；然后再界定城邦是为了"自足生活"而由足够数量的公民所组成的集团（*Pol.*, 1275b 18—20）。

[13] 此哲学说明方式系参考 Malcolm Schofield, "Cicero's Definition of *Res Publica*", in Schofield, 1999: 178—194，特别是页 183—187 的分析。

的法律，应该基于彼此同意的法权（包括自然法以及实证法），产生一致性的协议。这个正当性的判准，乃是西塞罗运用罗马法权的概念，提出取代亚里士多德目的论所述"城邦系公民追求良善生活"的古典表述。必须强调的是，西塞罗的"法律"概念包含了神圣法、自然法以及符合理性的实证法。他在《论法律》指出，法律乃是"某种凭借令行与禁止的智慧管理整个世界的永恒事务"（Leg. II：8）。而对于实证法，他则强调：

> 毫无疑问，法律的制定是为了保障公民的幸福，国家的繁昌和人们安宁而幸福的生活；那些首先通过这类法规的人曾经向人民宣布，他们将提议和制定这样的法规，只要它们被人民赞成和接受，人们便可生活在荣耀和幸福之中。显然，他们便把这些制定和通过的条规称作法律。由此可以看出，当那些违背自己的诺言和声名，而给人民制定有害的、不公正的法规的人立法时，他们什么都可以制定，只不过这并不是法律。阐释"法律"（*lex*）这一术语本身可以清楚地看出，它包含有公正、正确地进行选择（*legere*）的意思。（Leg. II：11）。

在这个文本的上半段所阐释基源法规被创设的过程，吾人明确地看到立法家、人民为共同生活的幸福而制定公正法律。这个过程解释了在 *res publica* 定义中，西塞罗所强调人民对于法律产生协议或一致性同意的实际进程。

至于"利益的共同性"也有着罗马法的基础，它意指当人民的聚众形成共同的合意集合体时，需要对于彼此共享的利益有着共同的分配原则，方不至于因为争权夺利而导致集合体的瓦解。[14] 而人民源于利益的共同性，以法律之协议为基础所形成的"集合体"，

---

[14] 对于利益或效用（*utilitas*）概念，本书第三章第四节将有进一步阐释。

如 Asmis 所述，西塞罗的共和理论系基于罗马法之中关于"合伙关系"（*societas*；partnership）的政治化：

> 采用了如公共事务、法律的协议性、利益的共同性以及集合体等元素，西塞罗建构了一个基于某种合伙关系的国家概念。这种合伙关系与其他种类的差异在于，它包含了整个公民共和体；而它与其他种类合伙关系的相同之处在于对贡献以及回报的公平分配原则。（Asmis，2004：580）

而西塞罗在这个定义之后，马上指出"这个联合的首要原因不在于人的软弱性，而在于人的某种天生的聚合性"（Rep. I：39）。这个命题，说明了人类集合体在利益的共同性或共享方面，乃是一种自然天性。这一方面反映了亚里士多德《政治学》第 1 卷的共同体发生学概念；另一方面可与波利比乌斯加以对照。因为如前节所述，波利比乌斯主张原始君主制发生的基本原因，在于人类的软弱而导致体力较强或性格较为勇毅者成为最初的支配者，使得君主支配产生基源的力量。西塞罗则认为是人的天生聚合性（而非软弱性）构成了人民集合的根本动因，这意味着人民（而非君主）是政治共同体的基源力量。

西塞罗运用的罗马法权以及利益观念，表面上看来，似乎不及亚里士多德运用良善生活之目的对城邦作出伦理引导的主张来得高尚。然而，若吾人进一步省思西塞罗关于法律协议性以及利益共同性的两个正当性标准，以及他稍后对于邦国最高权力归属的讨论，将可以察觉，西塞罗的法权观念反而对于统治者或统治团体，形成了一个比伦理惯行更为确定的法权正当性判准以约束统治者的治理，并对亚里士多德所述"正体"与"变体"的政制产生了关键的修正。

在定义了 *res publica* 之后，西塞罗进一步提出此定义所蕴含的

制度内涵:

> 任何一个如我所描绘的作为人们的这种联合的人民（*populus*），任何一个作为人民的组织形式的公民社会（*civitas*），任何一个如我说作为人民的事业的邦国（*res publica*），为了能长久地存在下去，都需要某种审议性机构（*consilio*）来管理。首先，这种机构总是应该产生于公民社会形成的那种始因。其次，应该把这样的职能或者授予一个人，或者授予挑选出来的一些人，或者由许多人，即由所有的人来承担。由此，当全部事务的最高权力为一人掌握时，我们称这位唯一的掌权者为国王，我们称这样的国家政体为王政（*regnum*）。当全部事务的最高权力为一些挑选出来的人掌握时，我们称这样的城邦是由贵族统治（*civitas optimatium*）。而平民的城邦（*civitas popularis*）（因为人们就这样称呼）及其一切权力则归人民。这三种政体中的每一种，只要仍然保持着当初以国家这种社会组织把人们结合起来的那种关系，尽管它不是真正完善的，并且在我看来当然也不是最好的，不过它仍然能够让人接受，虽然其中一种可能比另一种要好些。因为无论是公正而智慧的国王，或是挑选出来的杰出公民，或是人民本身，尽管后者最不值得称赞，只要不掺入不公正和贪欲，显然仍然可能以一种并非不稳固的体制存在。（Rep. I：41—42）

对西塞罗所提出的政治观念，我们分两个议题加以讨论。首先，西塞罗在前五行提出了一个邦国或公共事务作为人民事务的进一步延伸：任何长治久安的政治共同体，都需要某种"审议性机构"（*consilio*）来管理；而且"这种机构总是应该产生于公民社会形成的那种始因"。后面这个条件是将审议性机构的存在理据，关联回 res publica 定义中对于法律的协议性和利益的共同性作为人民集合体原始成因的观点。换言之，西塞罗在 res publica 定义中所说的"人民的事务",在邦国中需要通过某种审议机构来加以处理。但西塞罗刻意运用"审议性机构"(consilio 或其单数形态 consilium)在拉丁文中宽广的语意空间:包括判断、协议、审议职能以及审议机构等(Zetzel, 1999: xxxviii; Schofield, 1999: 189—193)。这个审议性机构的概念,对照于前章所述亚里士多德所区分的三种基本政治职能(审议、官职以及司法审判),显然对应于其中的审议职能。而在亚里士多德思想中,此一政治职能意指民主的公民身份所蕴含的参与公民会议以及司法审判。所以如前章所述,亚里士多德在进入城邦"政制"的讨论时,对于城邦的最高统治权力,提出了"统治团体"的概念,并强调统治团体即为政制。相对于此,西塞罗对于公共事务的治理,以"审议性机构"加以称呼,显然是将审议的部分的职能扩而充之,使得它成为涵摄其他政治职能的根本机制。

在前述引文的第五行以后,就进入了西塞罗基于 res publica 以及 consilium 的观念所发展出的政体理论。对比于审议机构作为公民社会产生的基源性始因,西塞罗进一步将公共事务的"最高权力"的掌握者区分为一人、被选举出来的一些人或人民掌握,而分别产生了王政、贵族制,以及平民的城邦。西塞罗前述的文本,势必产生"审议性机构"以及"掌握公共事务的最高权力"两个观念竞合的问题。既然审议性机构乃是公民社会产生的始因,它是否即为处理公共事务的最高机构?基于西塞罗前述文本,显然他并不抱持此种观点。那么,审议性机构与最高的政治权力间之关系应该为何?

对于这个诠释西塞罗政治理论的关键问题,我们采取斯科菲尔德(1999: 191)以及阿斯米斯(2004: 589)两位学者的研究成果,主张审议性机构作为公民社会产生的始因,永远在全体人民的手中;而政治权力,是一种"**信托**"(entrusted)的权力,是通过人民的同意而托付到统治者手中的。对这个诠释观点,这两位学者都以西塞罗在《论共和国》第 2 卷所述的罗马宪政发展史所显示的特定分析观点作为佐证。在西塞罗的论述中,罗马城的奠基者罗慕路斯之所以成为第一个国王，乃因他"体力和血性勇气都超过其他人，所有现在城市所在的地方都非常乐意地、自愿地服从他"（Rep. Ⅱ : 4）。这个称王的过程，虽接近于波利比乌斯所描述原始君主的霸权崛起，但西塞罗却强调人民自愿服从的关键要素。而罗慕路斯也为罗马奠立了两个极为重要的国家础石——占卜以及元老院（Rep. Ⅱ : 17），后者乃是采用了莱库古在斯巴达混合政体中所建立的原则：如果能使所有秀异杰出人士的权威与国王的绝对统治加以结合，那么王政的个人权力便能更妥当地治理国家（Rep. Ⅱ : 15）。罗马的第二位国王努马（Numa Pompilius）并非罗马公民，而是罗马人依据元老院的建议，选择来担任国王的一位外族人。关键在于：

> 他来到罗马后，尽管人民已经在库里亚会议上决定要求他出任国王，但他仍然让库里亚会议通过法律确定他的权力。（Rep. Ⅱ : 25）

这在罗马宪政史中，确立了由人民选任国王的宪政惯例。此后历任的国王都对此惯例加以遵守，唯一的例外是第六任的塞尔维乌斯（Servius Tulius），"据传塞尔维乌斯·图利乌斯是第一位未经人民投票而继承王位的人"（Rep. Ⅱ : 37）。即使塞尔维乌斯缺乏此种宪政的正当性，但据西塞罗所述，他仍然进行了重要的政治改革，平衡贵族与平民，使得"一方面没有任何人失去表决权，另一方面又只有那些特别关心国家处于良好状态的人，才在表决中发生最大的作用"（Rep. Ⅱ : 22）。而罗马之所以能够在王政时期奠立良好的基础，正在于国王的权力、贵族元老院的权威以及人民的同意权力间的宪政惯例，使得良好的政治决定得以形成。

所以，罗马的"祖宗成法"所形构的宪政古制，乃是一种最佳的政制。在前述历史性的分析基础下，吾人可以回头检视西塞罗的政体理论。他基本上接受了波利比乌斯的见解，认为王政、贵族制以及平民之治三种简单政体，"没有哪一种不顺着一条急速倾斜、容易滑倒的道路通向这种或那种邻近的堕落"（Rep.Ⅰ:44），也就是必然会堕落为变体政制。与波利比乌斯相同，他认为这样的变化会形成"国家政体的轮回与循环交替变迁"（Rep.Ⅰ:45）。而唯有具备智慧的政治家，能够建构第四种政治共同体，"它由前面谈到的那三种政体恰当而衡平地混合而成"（Rep.Ⅰ:45）。

对于罗马的混合宪政体制，西塞罗表述如下：

> 你们要牢牢记住我刚开始说过的话：假如一个国家不在权力、义务和职责间有衡平的分配，使得官员们拥有足够的权力（power），杰出贵族的审议意见（consilio）具有足够的权威（authority），而人民享有足够的自由（liberty），那么这个国家的状态便不可能保持稳定。（Rep.Ⅱ:57）[15]

简而言之，执政官及高级行政官员拥有充足的权力、世家贵族在元老院中的审议（consilio）具有充足的权威，而人民通过选举以及护民官等机制能够保持其自由，乃是罗马混合宪政的完美图像。

西塞罗这个看似均衡完美的共和主义宪政的政治想象，有几个特色值得提出讨论。首先，由"审议"职能在混合政制中的配置，可看出西塞罗强调被安置于贵族元老院的审议作用，似乎表示他对贵族在罗马政治传统中所扮演的领导性角色的偏好。的确，在论述贵族制时，他指出：

> 如果自由的人民选举一些人，把他们自己托付给那些人，并

---

[15] 西塞罗在第1卷提出另一个表述："这三种基本的国家政体中，在我看来以王政制最为优越；但有一种政体比王政制更优越，它乃是由三种良好的国家政体平衡、适度地混合而成的。要知道，最好是一个国家既包含某种可以说是卓越的、王政制的因素；同时把一些事务分出托付给杰出的贵族的权威；把另一些事情留给民众协商，按他们的意愿决定。"（Rep.Ⅰ:69）这样的混合宪政，被称为具有公平性以及稳定性的"合适地混合而成的国家政体"。

且由于考虑到自身的安全利益，只选择那些最优秀的人，那么公民社会的利益无疑会被委托给最优秀者审议（consilium）之，特别是当自然本身做出了这样的安排，即不仅让具备德行与勇毅者统治较为软弱的人，而且让较为软弱的人自愿听命于最优秀的人。（Rep. I : 51）

虽然以上文本可以看出西塞罗对贵族制的偏好，但他对混合宪政的整体想象，仍然着重于三个统治力量的均衡；更重要的是，他将"审议"元素同时赋予人民以及君王。一方面，他在最基本的层次将 res publica 定义为 res populi，使得最基源的"审议"一定是由人民审议政治领导者（无论是选择王政，或选择贵族，甚或决定人民自我统治）。[16] 另一方面，在总结罗慕路斯的贡献时，西塞罗观察到"由于一个人的审议能力（consilio），一个新的民族不但出现了，并且已不是摇篮中啼哭的婴儿，而是已经成年，甚至完全成熟"（Rep. II : 21）。此处所运用属于国王的审议能力，西塞罗在第1卷中曾经界定如下：

如果人的心灵中存在着王权般的力量，那便是一元统治，即审议（consilio）之治，要知道，审议乃是心灵最优秀的部分；而当审议处于统治地位时，便不可能有情欲、愤怒和暴戾的位置。（Rep. I : 60）

换言之，res publica 定义中的审议机构或能力，也可以是单一的国王所拥有。另外，西塞罗透过西庇阿之口，提出在三种简单政体中，王政最为优越的说法（Rep. I : 69）。将这几个面向综合来看，

---

[16] 这个思想史的线索非常重要，似乎可以视为是某种"基源民主"理论的前身。之后在中古后期，通过亚里士多德《政治学》以及罗马法的影响力，逐渐产生了人民作为一个整体的人民主权（popular sovereignty）论述，最后在霍布斯的基源民主理论中，得到完整的表述与批判。请参阅萧高彦，2009。

笔者认为西塞罗虽然代表着罗马贵族阶层的政治意识，但他仍然基于亚里士多德以及波利比乌斯的政治分析，将罗马"混合政制"的特征作出了均衡的描绘，使得三种政治力量都能够满足于它们在罗马 res publica 之中所扮演的关键性角色，从而产生向心力而维持共和的长治久安。

另外一个值得分析的议题，乃是"变体"政制在西塞罗以法律为基础的 res publica 概念中，取得了一个全新的诠释角度。在亚里士多德甚至波利比乌斯的经验分析中，当君主、贵族或人民统治时，若只顾及自己私有的利益而罔顾公益时，就构成变体政制。在亚里士多德的系统中，这是经验层次的政治分析，而在波利比乌斯的系统中，则构成政体循环的基本逻辑。西塞罗虽然在略述政体循环的概念，以证成罗马混合宪政的优越性时，支持政体循环论（Rep. I : 45），但他以法律为基础的共同体理论，却会推导出一个相当激进的哲学观点：无论君主、贵族或人民，当他们的治理不以法律为基础时，便违反了共同体生成的基本原因；如此一来，他们的统治正当性便完全消解；或用西塞罗的话语而言，他们所统治的邦国不构成一个 res publica。这个观点首先在《论共和国》第 2 卷的宪政史中浮现；该卷分析王政时期最后一位统治者塔昆家庭的暴行，导致罗马贵族在布鲁图斯领导下揭竿起义，推翻君主制，进入了共和时期。在讨论这段历史时，西塞罗运用了亚里士多德的观点，指出一个国王，假如成为奴隶主一样的"主人"时，政治共同体就由正体转为变体；这正是希腊人所称的"僭主"（Rep. II : 47）。西塞罗进一步指出：

> 简直难以想象有什么动物比这种僭主更可恶、更丑陋、更令天神和凡人憎恶。尽管他具有人的外形，但他的习性残暴实超过各种最凶残的动物。事实上，有谁会照常称呼这样一个不希望与自己的公民们，甚至与整个人类有任何法的共同性，有任何仁爱的社会联系的人为人？（Rep. II : 48）

由西塞罗对于僭主或暴君的讨论可以清楚地看出，作为变体的君主政体，它就偏离了"法律的协议性"，也就是 res publica 的始因；这样的变异性，他再用柏拉图对于僭主所描绘的图像加以具体化，但关键在于此种逾越法律协议性的领导人，就不再与其他的人民具有社会的联系。

当然，接下来的问题有二：首先，除了僭主之外，是否其他的变体政制也遵循着同样的逻辑而成为消解 res publica 的非正当统治？其次，对于这种解除与其他人民社会、法律以及正义的联系的非正当统治者，人民应该采取什么行动？对于第一个问题，即是西塞罗在第 2 卷所称会有更适合的脉络，来讨论"当问题本身要求我们谴责那些即使在国家获得自由之后，仍想成为国家的主宰者的时候"（Rep. II : 3）。在文本层次，应该指向《论共和国》第 3 卷 43 段以下的讨论。在此脉络，西塞罗明确指出，当"一个人的暴力压迫之下，既不存在任何法的联系，也不存在聚合在一起的人们，即人民之间的任何意见一致的联合"之时，即与作为人民事务的 res publica 完全无法相容（Rep. III : 43）。他更强调地说，"应该说哪里有僭主，哪里便不仅不存在如我昨天说的有缺陷的邦国，而是如今天分析的那样，根本就不存在任何邦国"（ibid.）。这个逻辑亦适用于寡头制，他以罗马共和时期的十人政团（decemvirs）为例，在他们第三年的支配下，否定了任何人民上述的权力，而导致自由以及"人民的事务"之荡然无存（Rep. III : 44—45）。即使是人民，当他们自己自身掌握权力而实施统治，却逾越了法律与正义的范围时，虽然系人民支配，但也无法构成"人民的事务"：

> 我不明白，"国家"这一名称怎么会更适合于由民众主宰的政权？因为首先我觉得，那里并不存在人民，西庇阿，正如你很好地界说那样，它不是由法律的协议结合起来的，而是一个集体僭主，如同它是一个人那样，而且它甚至更可恶，因为没有什么

野兽比这种模仿人的外形和名称的野兽更凶残。（Rep. Ⅲ : 45）

所以，作为变体政制的僭主、寡头以及暴民统治，都已经违反了政治共同体创建时的根本理据。而西塞罗的法权式 res publica 观念，实已突破了亚里士多德、波利比乌斯的"统治团体"理论，将政府提高到一个以法权为基础的层次。

那么，在变体政制发生时，人民可以采取什么样的政治行动？对此，虽然西塞罗尚未建立人民的反抗权或革命权的系统理论（这要在中古后期、现代早期，才在宗教改革的脉络中发展出来）；但西塞罗对此议题的讨论的确蕴含了"暴君放伐论"之雏形。在阐释罗马在塔克文统治下，由王政堕落为僭主制，而被布鲁图斯率贵族推翻的历史后，对此共和创建，西塞罗提出了如下的观察：

> 卢基乌斯·布鲁图斯，一位才能和德行均超群出众的人，终于让人民摆脱了这一不公正的、残暴奴役的枷锁。尽管布鲁图斯当时是一个没有担任公职的公民，但他担当起了全部国家事务（res publica），并且在这个国家第一次证明，为了保卫公民们的自由，任何人都不是无职责的私人。（Rep. Ⅱ : 46）

换言之，三种变体政制，由于悖离了社会、法律以及正义的规范，任何共同体成员都可以起而反抗。此时的关键议题是自由，也就是在罗马混合宪政表述中，保留给人民的政治价值。但在此文本可看出，政治自由是和 res publica 所有阶层的全体公民息息相关的。所以，自由构成了共和国的基本价值，而如西塞罗所宣称，"自由并非有一个公正的主人，而是没有主人的支配"（Rep. Ⅱ : 43）。这是西塞罗共和理论在罗马法权的观念之上，所建立起的重要理论，印证了当代史家斯金纳所称的"新罗马自由观念"，以及哲学家佩迪特所发挥的共和自由作为一种非支配的概念。

四、结语

本章以波利比乌斯《罗马史》第 6 卷以及西塞罗《论共和国》和《论法律》为本,阐释了罗马政治思想在西方共和主义史所产生的奠基作用。其中的关键,在于混合宪政的理念,通过波利比乌斯的致用史学加以普遍化、形式化,而被西塞罗所采用,而在自然法的基础上,建立了罗马式共和理论的体系,并且应用到罗马宪政史的诠释之中。

值得注意的是,西塞罗与波利比乌斯对于罗马混合宪政的说明,虽然采取类似的观念以及说明,但在基本取向上仍然有所差异。波利比乌斯比较强调在权力分立的政制之中,通过某种心理上互相疑惧以及制度性的相互制衡或牵制,产生在政府组织中混合的效果。相对地,在西塞罗的论述中,乃采取比较积极的表述方式,将罗马"祖宗成法"所流传下来的一些基本政治价值,分别归属到不同的统治团体,从而产生了前述对于权力、审议和权威以及自由的完美平衡。西塞罗混合政制的图像,如同《论共和国》第 2 卷的罗马宪政史,都反映了西塞罗作为罗马思想家的一种自我理解方式。这样的精神,如同阿伦特在讨论美国革命的罗马共和基础时所指出,是一种对于基础的尊重、升华,从而产生政治的能动性,并扩而广之(augment)的真正共和精神(Arendt, 1977: 121—122)。

西塞罗撰写《论共和国》时,尚处于罗马共和最后期政治动荡数年之前,所以他对于共和体制仍然怀抱着重新建立和谐的政治秩序之理想。然而不旋踵,发生了恺撒(Caesar)、庞培(Pompey)与克拉苏(Grassus)前三雄(First Triumvirate)间激烈的政治斗争。西塞罗也因卷入政争,而在公元前 43 年被暗杀;至于罗马共和也正式在公元前 31 年结束,进入了屋大维所创建的元首制(princep)。此后,虽然共和价值的某些元素仍然残存于罗马政治文化之中,但很快地便发展出帝政时期的政治思想,而使罗马共和主义逐渐被淹没,这也反映在波利比乌斯的《罗马史》以及西塞罗

《论共和国》二书的命运之中。

波利比乌斯的《罗马史》虽然持续存在,并且在拜占庭时期被传抄以及摘录,但内容逐渐有所失散,最后 40 卷约残存了 19 卷左右。该书在中古时期乏人问津,一直到 15 世纪的佛罗伦萨,才由人文主义者 Leonardo Bruni Aretino 约于 1418 年所运用,以叙述第一次布匿战争的历史。之后,波利比乌斯罗马史的文本慢慢被发掘并重见天日。[17] 其中最重要的第 6 卷,在马基雅维里撰写《李维罗马史疏义》*之前,正广为佛罗伦萨人文主义者所讨论,所以,马基雅维里在《疏义》第 1 卷第 2 章,讨论共和国的种类与罗马共和所属的类别时,几乎完全抄录了波利比乌斯的论述。[18] 至于西塞罗《论共和国》一书的命运,则更加戏剧化。如前所述,它在中古时期完全佚失,一直到 19 世纪上半叶,才在偶然的机运下,在抄录奥古斯丁的羊皮纸下发现了部分文本。

换言之,在 15—16 世纪,西方共和主义思想在意大利复兴时,波利比乌斯扮演了相当重要的角色,也促使混合宪政制度成为主导现代共和主义的核心观念。相对地,西塞罗《论共和国》的体系则没有发生应有的影响。然而这个历史的缺憾,并非完全无法弥补,因为西塞罗在过世前一年为其子的伦理与政治教育撰写了《论义务》**一书,这本巨著保存良好,并成为西方人文主义的核心经典,其中关于政治德行的讨论,更影响了中古乃至于文艺复兴时代的人文主义者。所以,马基雅维里在建立现代共和主义时,在政治德行部分,有意识地与西塞罗对话,并尝试重构一种新的政治道德观,这是本书下一章的主要课题。

---

[17] 请参考沃尔班克(F. W. Walbank)为企鹅丛刊伊恩·斯科特-基尔弗特(Ian Scott-Kilvert)的译本导言所作的说明(Polybius, 1979a: 35—36)。
* 《李维罗马史疏义》,简体字中译本也作《论李维罗马史》(商务印书馆)、《论李维》(上海人民出版社)。——编者
[18] 关于此议题,请参阅 J. H. Hexter, 1956。
** 《论义务》,简体字中译本也作《论责任》(商务印书馆)。——编者

第三章　西塞罗与马基雅维里论政治德行[①]

一、前言

政治行动是否应符合某些行为准则？这些准则与日常生活所依循的道德标准是否一致？这不仅为现代多元社会在评价政治人物的操守与行为时所必须先行厘清的问题，它们同时也是各种政治理论体系所必须面对的根本议题。现代西方关于道德与政治关系的讨论往往追溯到马基雅维里的思想。他是第一位主张政治的自主性，也就是政治不仅在实然层次依循着权力的逻辑而运作，而且在规范层次亦有着独立于道德领域以外存在理据之近代思想家（Croce, 1946: 45）。著名的自由主义者伯林（Isaiah Berlin）虽然对克罗齐（Croce）的"政治自主性"之诠释有所保留（Berlin, 1981: 35,

---

[①] 本章为节省征引篇幅，引用原典缩写如下：
　　Off.: Cicero, ***De Officiis***, Latin Text with an English Translation by Walter Miller, Cambridge, Mass.: Harvard Univ. Press, 1990.（本章缩写为 *Off.*，并以段数征引之，例如 *Off.* II : 1 即代表第 2 卷第 1 段，以便于参考其他译本。）
　　Inv.: Cicero, ***De Invention***, De Optiomo Genere Oratorum, topica, tran. H. M. Hubbell, Cambridge, Mass.: Harvard Univ. Press, 1976.
　　P.: ***The Prince***, tran. Harvey C. Mansfield, Chicago: University of Chicago Press, 1985.（本章缩写为 *P.*，并以章节数征引之，例如 *P.* 20 : 1 即代表 20 章第 1 段，以便于参考其他译本。）
　　D.: ***Discourses on Livy***, tran. Harvey C. Mansfield & Nathan Tarcov, Chicago: University of Chicago Press, 1996.（本章缩写为 *D.*，征引方式同上。）

44—45），但他也基于价值多元主义的立场，指出马基雅维里乃是第一位冲决西方一元论形上学网罗的思想家，而其政治哲学也应由此角度加以分析（ibid., 54—58）。

然而，马基雅维里的政治道德论述唯有与古典传统比较分析，其原创性方有可能彰显。是以，本章的主旨，不在于由当代理论的角度重构马基雅维里的政治道德观，[2] 而在于将他的主张置于古典政治思想的脉络，详细检视二者之异同与论述之理据。马基雅维里思想与古典共和主义有深刻的关联乃是近年来思想史家的共识，也有许多探讨马基雅维里思想的学术著作援引罗马共和主义作品加以对照。在传统研究之中，马基雅维里的《君主论》往往被放在中古后期"君主明鉴"（mirror-for-princes）的传统加以讨论。[3] 英国史家斯金纳则在其巨著《近代政治思想的基础》之中，基于14世纪以降佛罗伦萨人文主义传统，对马基雅维里的两本主要作品作出了详尽的分析［Skinner, 1978（1）: 113—189］。在其后之著作中，斯金纳将西塞罗的《论义务》与马基雅维里思想加以对照分析（Skinner, 1984: 208—210, 214—216; 1986: 241—243; Skinner & Price, 1988: xiv—xx）。1990年代以后，斯金纳以修辞学（rhetoric）为重点，分析古典主义传统以及霍布斯对此传统之批判（Skinner, 1996）。虽然此书之重点并非马基雅维里思想，但斯金纳明确指出古典修辞学传统中"议事演说"体裁（*genus deliberativum*）的重要性：对西塞罗而言，此种演说之目的乃在于具有效益之高尚性（ibid., 43）；但马基雅维里由于主张在治国术之中，具有效益的政策其实与高尚性没有关连，从而推翻了古典传统（ibid., 44）。

斯金纳此种修辞学导向的分析，由其学生毛里齐奥·维罗利

---

[2] 博比奥（Bobbio, 2000）由当代政治理论的角度探讨道德与政治关系之议题，并对思想史各派理论提供了简要的回顾。
[3] 这方面最为细致的著作乃是吉尔伯特（Gilbert, 1968）。

（Maurizio Viroli, 1998; 73—113）运用于马基雅维里思想加以诠释。但维罗利与乃师不同，主张马基雅维里完全继承西塞罗的传统。对于斯金纳所指出马基雅维里政治道德论的原创性，维罗利则根据西塞罗早期作品，主张古典主义早已提出了类似的观点（ibid., 84—90）。另外，文学批评学者近来也着手以修辞学的角度分析马基雅维里思想（Ascoli & Kahn, 1993; Kahn, 1994），这是一个独立于斯金纳所属"剑桥学派"之外发展出来的研究取向，由于与当代文学理论有关，相当值得注意。

本章的分析取向采取斯金纳之立场，主张马基雅维里与古典传统之决裂。为了证成这个观点，我们将以西塞罗的名著《论义务》（De Officiis）为本，首先论述西塞罗所提出的"高尚性"与"效益"的二元架构，乃其对政治德行之分析，这构成古典人文主义政治伦理的基本信念。然后在此基础上，进一步探讨马基雅维里如何批判西塞罗所建立的古典传统，并基于政治领域的"必要性"所需之有效真理，建构全新的政治道德论。对二者之文本与理据作详细的分析后，最后提出两种不同形态的政治道德观：一为规范论，另一则为秩序论。西塞罗以自然法为本，并用法学式论证来解决价值冲突，乃规范论之典范；马基雅维里则关注在无秩序的腐化状态中，政治行动者如何创造政治秩序以及其所应依循之行动准则，乃为现代秩序论之鼻祖，并对西洋近代政治思想的发展产生了深远影响。

二、西塞罗论述的脉络及分析架构

西塞罗于公元前44年，也就是在恺撒（Julius Caesar, 100—44 B.C.）被刺、共和政体陷入最终危机的时期，开始撰述《论义务》一书。鉴于罗马共和后期长期的派系战争，西塞罗本人亦涉入反恺撒阵营,[④] 于是他借由《论义务》的论述,试图重构罗马的政治伦理观,特别是对于荣耀(gloria)的追求如何可能符合社会正义,以避免堕入与个人追求权位相结合的困境。换言之,《论义务》一书乃是西塞罗以希腊化时代哲学来重新改造罗马共和传统的政治价值的努力(Atkins,2000:513)。一般对《论义务》的研究往往集中于考证其与各哲学派别间之关系;[⑤] 但就本章之目的而言,将着重于西塞罗的主张与罗马政治价值间之关系。

罗马政治最重要的领导阶层乃是贵族世家,其核心之政治价值为荣耀观念。对于此价值系统[所谓的"祖宗成法"(mos maiorum),史学家唐纳德·厄尔(Donald Earl, 1967:35)]做了简要的说明:

> 罗马贵族的理念,就其最早之表述而言,包含了赢得公共职务以及参与公共生活,并通过这些方式来完成服务国家的伟大行为,以获取超群的荣耀。这并不仅是贵族个人的事务,更是攸关整个家族(包含了现有成员、已逝先祖以及尚未出生的后世子孙)全体的事务。此种理想所产生的行为准则,在实践上同时是外显性(extrovert)以及排他性(exclusive)的:其外显性乃在于强调行动以及作为;其排他性乃在于关注在行动者个别家庭,以及唯有服务于国家才是贵族能力适当的发挥场所。

在此种世界观之中,政治德行以及追求荣耀的伟大行动乃结合为一。然而,当我们深入检讨此种价值系统,将察觉其内在的不稳定性,而对罗马史家以及哲学家而言,这正是导致共和制度衰亡的主要原因。其不稳定性源于厄尔所指出的排他性竞争取向,因为在激烈的竞争之中,所谓符合国家的公共利益以及确保个人优越地位

---

④ 关于西塞罗与恺撒之间复杂的政治关系,请参阅 Fuhrmann 1990:132—163,而对《论义务》一书之历史背景分析则可见于同书页 183—190。
⑤ 由于西塞罗自述援引哲人帕奈提奥斯(Panaetius)的论点,于是《论义务》与帕奈提奥斯已佚失的伦理著作间之关系遂成为考证上一个重要课题。关于此议题,请参考格里劳和阿特金斯(Griffin and Atkins, 1991, pp.xvii -xxi)之讨论。

的私人野心往往无法做出明确的区别。⑥ 另一方面，由于荣耀一定是由其他人（无论其为贵族同侪或者是一般平民）所赋予的肯认，很难将个人声名之中真正渊源于德行的成分，与通过示好和利益交换所得到的赞誉拥戴加以区分。西塞罗认为，恺撒的崛起正是利用这两个传统罗马政治价值的内在不稳定性，来成就其个人扩张权位的野心。隐藏在《论义务》背后的实践意图，便是批判恺撒等派系首脑腐化共和政制的活动（Atkins, 2000: 508）。

西塞罗指出，对于荣誉（honor）之追求，当与政治权力和个人荣耀相结合时，便像经济领域内漫无止境追求财富的贪婪（avarice）一样，会陷入狂热状态而伤害了正义这个根本的社会价值（*Off.* I : 24—26）。然而，追求荣耀是罗马传统的根本价值，西塞罗并未知其后基督教思想家奥古斯丁（Augustine of Hippo, 354—430 A. D.）一般，将之视为人性自大侮慢的罪恶渊薮而完全弃绝，而是巧妙地运用罗马共和的另一基本价值——自由（liberta）来加以对抗。他指出，追求荣耀诚然为具备伟大精神人物的特性，但此种人也必须同时是良善与正直的；否则，他们追求卓越的意志便会超越常轨，变成追求个人权势的唯我独尊，甚至转化为至高无上的一人统治（*Off.* I : 64）。换言之，过分强烈追求荣耀的欲望将导致共和政制的解体与政治自由的丧失，腐化回归于一个统治的王政体制，而这正是罗马公民最痛恨的奴役状态（Wirszubski, 1968: 5）。

为了证成此种符合正义的荣耀观，西塞罗遂援引希腊化时代的哲学，特别是斯多葛学派之自然法理论，来重构罗马的政治价值体系。⑦《论义务》的基本论旨乃是由类似中国"义利之辩"的二元架构——西塞罗称之为"**高尚性**"与"**效益**"（honestas vs.utilitas）之对比——来重新检视四种基本德行：智慧、正义、勇气以及节

---

⑥ 对此种不稳定性与西塞罗思想之关系，朗（Long, 1995: 216—217）提出了精辟的分析。
⑦ 对于希腊化时代的政治哲学以及其形上学、伦理学背景，陈思贤（1999）做了详尽的分析。

制。高尚事务乃是其自身具有值得追求的价值而成为行动目的；而所谓的效益则是其本身不具有内在价值，但是恰当地运用可以促成人类社会生活以及个人利益增进之手段。

西塞罗提出了两个独特的分析观点，一方面修正了罗马传统的价值体系，另一方面也形成了西方传统探索政治道德的重要参考架构：第一，西塞罗虽然将四种基本德行视为"高尚性"之根源（*Off.* I : 15），但是他以罗马特有的法律精神详细讨论正义观念，特别是诚信原则以及私有财产的不可侵犯性，以作为政治领域之伦理基础；第二，他修正希腊思想中的"节制"观念，将之扩充为一个独特的"合宜性"（*decorum*；seemliness）理想，也就是用社会或他者的角度，来评价个人行为是否具有伦理的恰当性。我们于次节讨论西塞罗的基本德行论，然后于第四节检讨其效益理论。

三、西塞罗论基本德行

西塞罗在《论义务》一书中并未对"德行"（*virtus*）一词作出界定，但在早期他曾将之界定为"德行乃精神与自然及理性之权衡相和谐的习惯"（*Inv.* II : 159）。《论义务》对智慧的描述，着重于罗马传统所强调的政治明智，但仍兼顾希腊传统所论的哲学智慧。西塞罗强调哲学生活不及于追求德行的实践生活，而指出"认识和观察自然如果不继之以对事物的任何行动，那么这种认识和观察便是不完善的、未完成的。这种行动特别表现在对人类利益的维护，因此它与人类社会直接有关，从而应该视它比认识更为重要"（*Off.* I : 153；II : 5—18）。[8]

对于勇气这个在罗马传统价值体系中被认为最能带来荣耀的

---

[8] 有关哲学生活与实践生活的评价，还牵涉希腊化时代反城邦思想所主张的"闲逸"（*otium*）与哲学生活的亲和性（陈思贤，1999 : 200）。西塞罗基于罗马的经世进取理想而拒斥闲逸的优越性。

德行，西塞罗则通过对所谓"伟大的精神"（*magnitudo animi*；greatness of spirit）之讨论来减低其分量（*Off.* I : 13 ; I : 63—92）。他清楚地理解到人性有一种寻求超卓优越的欲望（impulse towards preeminence；*Off.* I : 13），这使得人们对于公共事务中不公正的律令加以反抗；但假若不以善的观念进行导正，此种欲望将很容易超出常轨，成为追求个人独一的超卓状态，甚至企图成为一人统治者，进而导致共和体制的腐化衰亡（*Off.* I : 64）。

为了矫正罗马传统荣耀观的内在困难，西塞罗借由斯多葛学派对于克制欲望与恐惧而达成的心灵自由，也就是坚定（constancy）与尊严（dignity），来重新界定伟大精神的两种特质。此种文明化的勇气观，表现于统治活动的重要性凌驾于战争胜利所带来的荣耀（*Off.* I : 74）；也唯有如此，勇气才能与"高尚性"相结合（*Off.* I : 79）。西塞罗引用柏拉图的理论，指出担任国家公职者，一方面必须维护公民的利益而非其自身之利益，另一方面则应维护国家整体而非其中特定部分的利益（*Off.* I : 85）。西塞罗并用罗马法来为柏拉图的观点另寻理论基础，指出公共事务的管理乃是一种**"信托"**关系（*tutela*；guardianship），所以应该维护的是托付者而非受托者的利益（*Off.* I : 85）[9]。基于此，西塞罗强调领导国家的人应像法律一样，以衡平（*aequitate*；equity）而非愤怒来进行惩罚（*Off.* I : 89）。

西塞罗在《论义务》中，对于另两种基本德行，也就是正义以及"合宜性"的讨论，篇幅远大于智慧以及勇气，由此可看出他所秉持的核心价值，在正义方面，他认为有三个基本原则：第一，避免伤害原则，也就是除非自己受到不公正的对待，任何人都不应当伤害其他人（*Off.* I : 20）；第二，私有财产原则，意指维护公共利益的公共性以及个人利益的私有性，使之各得其所（*Off.* I : 20—

---

[9] 换言之，西塞罗的思想区别了政治社群（或邦国）与政府，前者必须由人民参与政治事务之审议，但贵族精英则基于人民的信托而施行统治。请参考伍德（Wood, 1988 : 132—142）以及本书第二章第三节之讨论。

21);第三,诚信原则(fides),也就是对承诺和契约的遵行与守信(Off. I : 23)。西塞罗认为这三个正义原则乃是任何具有正当性的社会政治组织之基本构成要件。

西塞罗正义论述的基础乃是有关社会(societas)的形成以及运作所需要的德行(Off. I : 50—60)。他采取了亚里士多德《政治学》第 1 卷所铺陈的理论,提出人类社会之形成乃基于一些可普遍看到的原则,而社会的纽带是"理性和语言,它们通过教导、学习、沟通、讨论以及判断,使人们加以调和(conciliat)"[10](Off. I : 50)。另一方面,西塞罗指出,"人们尽管由天性引导而聚合起来,但是他们正是希望保护自己的财产而寻求城市作为保障"(Off. II : 73)。换言之,共同生活之目的,在于依据诚信原则保障私有财产以及债务之偿还,是以他坚决反对当时部分政治领导人运用免除人民债务的方式取得群众支持(Off. II : 84)。政治共同体不可动摇的两个基础乃是和睦(concordium)以及衡平(aequitatem),而其具体表征乃在于国家能保障每个人可以自由而无忧无虑地保有自己的财产(Off. II : 78)[11]。

即使是战争,也应当以正义为本,以和平为目的。西塞罗指出,冲突有两种处理状态方式,一种是通过协商,另外一种以武力进行;前者符合人的本性,而后者乃是野兽的。只有在无法用协商解决争端的情况下,才可以使用武力进行战争。战争既是为了维护和平生活不受侵害,战争之进行以及胜利后对被武力征服的敌人,也应当用符合正义的方式加以对待(Off. I : 34—38)。

不正义的行为则有两种可能根源:一为贪婪(avarice),也就是以不公正的行为来取得强烈希望得到的东西;另一为恐惧(fear),即担心如果自己不先用不公正的手段伤害别人时,他人会

---

[10] 此处的"调和"观念正是《论共和国》第 1 卷 41 节中所论的对于政治事务之审议(concilium),请参考本书第二章第二节以及蔡英文(1999:80—81)之讨论。
[11] 关于西塞罗的财产理论,请参阅伍德(1988:111—115)以及朗(1995:234—235)之分析。

用不公正的手段使自己遭受不测。而不公正的手段有两种形态：

> 有两种行使不公正的方式，一是使用暴力，二是进行欺骗；欺骗像是小狐狸的伎俩，而暴力则有如狮子的行为。这两种方式对人最不适合，而欺骗更应该受到憎恶。在所有的不公正行为中，莫过于有些人在做最大的欺骗，却想让自己看起来是高尚的人。（*Off.* I : 41）

对于违反正义原则的人，西塞罗提出了一个"双刀论证"。不正义的行为违反了自然法，同时也破坏了人类共同的社会生活所必需之基础。所以，假如违反正义的人认为他的行为并没有任何违反自然之处，那吾人便不可能和这样一个泯灭人性的人进行论辩（*Off.* III : 26）。而另一方面，假如他认为不正义的行为虽然应该避免，但是贫穷与死亡乃是更为不利的情境，那么，他便是认知错误，将身体与财富的损失看得比心灵的损失更为严重。在政治理论的层次上，第一种驳倒不正义的论证较为重要，这也正是西塞罗"暴君放伐论"的基础：由于暴君的一人统治违反了"正义"这个社会所得以存在的理据，是以公民与暴君之间不存在社会关联；暴君既以违反自然的野兽方式遂行其个人支配，则公民用武力讨伐暴君乃是完全正当的（*Off.* III : 32）。

西塞罗所论述的第四种基本德行乃是"合宜性"。这是一个较不易清楚界定的德行，西塞罗说明如下：

> 合宜可分为两类。我们知道有一种普遍的合宜，它存在于一切高尚的活动之中；另一种附属于它，涉及高尚行动的个别面向。对前者习惯上界定为：合宜是一种人依其本性区别于其他动物而产生的、卓越（*excellentiae*）相一致的特性。至于说到整体的个别面向，人们对它这样界定：它是一种于本性相一致的合宜性，节制与克己在其中以某种符合家世身份的尊严表现之。（*Off.* I : 96）

此种合宜性是一种社会性质的德行，也就是在其他人眼中，行为者依据符合其身世角色所应有的行动方式而产生的行为规范。西塞罗列举了行动的衡平（aquabilitas；Off. I : 111）、由于机会或情势所赋予的角色（tempus；Off. I : 115）、由行动者自身所决定担当的角色（accommodamus；Off. I : 115）、尊严（dignitas；Off. I : 130）、严肃（gravitas；Off. I : 134）等。他并指出，有三个基本原则统摄这些社会德行：第一，让欲望服从理性；第二，注意所期望完成的事务重要性之程度，并让自己的努力切合事务所要求的程度，既无过之亦无不及；第三，注意一切会影响自己高尚仪表与尊贵身份的事务，维持自己的合宜性（Off. I : 141）。[12]

对于这个看来颇为"他律"的社会合宜性，西塞罗却赋予了重大的理论地位：他用来讨论四基德的架构，也就是"高尚性"与"效用"的二元对立之中，高尚性正是以此种合宜度加以界定："合宜性此一概念的实质在于它不可能与高尚性分离，因为**凡是合宜的都是高尚的，凡是高尚的都是合宜的。**"（Off. I : 93；黑体为笔者所加）西塞罗承认，此处要对高尚与合宜的区别作出清楚的说明并不容易，反而是直观的理解较有可能，因为"凡合宜事务之显现，必有高尚为其先导"（Off. I : 94）。

西塞罗进一步主张，此种社会合宜性构成了政治行动终极的重要判准，即使是维护国家利益与公共目的之政治行动，也不能超越合宜性所设下的限度：

> 有些事情是如此的丑陋，或者是可鄙，以至于有智慧之人甚至为了拯救国家也不会去做。……就这样，智慧之人不会为了国家去

---

[12] 西塞罗此处所欲铺陈的观点，以阿伦特（Arendt, 1958 : 199—207）的话来说，政治世界做为一个公共领域，乃是一表象世界。它乃是人们以语言和行动所构成的表象空间，先于任何形式化的宪政体制以及政治组织。当然，我们也可以用亚里士多德的伦理惯行（ethos）或者黑格尔的伦理生活（Sittlichkeit）加以理解，将西塞罗所陈述的合宜性作为社群之中所共同接受的伦理标准。

做那些事情，国家也不会为了自己要求去做那些事情。不过事情本身提供了更加有利的解决办法，因为不可能出现这样的情势，以至于要求智慧之人为国家作出其中任何一件事情。(*Off.* I : 159)

这乃是西塞罗的古典理论用伦理标准来范囿政治行动最重要的文本。对他而言，社会伦理所建构的合宜性以及符合自然法的正义与诚信诸原则，都是社会所赖以存在的基础；所以不可能设想需要使用违反社会存在理据的行动来达成政治社会的创建与维护。是以，西塞罗反对用不正义的暴力来创建政治制度，即使对罗马的创建者罗慕路斯，西塞罗也批判他犯了错误（*Off.* III : 41）。

理解西塞罗如何将自然法、人类社会以及个人义务加以结合最为清晰的分析角度，是他的"角色"概念。英译本的"role"以及中译本"角色"一词，乃是翻译西塞罗所运用的"*persona*"一词而来；在罗马这原指戏剧演员所使用的面具，也有法律上的"个人"或"人格"的意义，西塞罗将之用来描述政治行动者在实践自然法的权衡、满足社会期待时所应扮演的角色。他指出：

> 还必须明白，自然好像赋予我们两种角色。一种角色是共同的，由于我们全都具有理性和使我们超越于野兽的优势，由此而产生一切高尚和合宜，由此我们探究认识义务的方法。至于另一种角色，他被赋予个人。要知道，正如人的身体存在巨大的差异一样……心灵方面同样存在甚至更大的差异……不过每个人都应该保持自己的特性，当然不是恶习，而是他特有的性格，以便更容易保持我们正在探究的合宜性……除了我上面提到的两种角色外，还应该提到第三种角色，由某种机会或情势赋予的角色，甚至第四种角色，由我们自己决定担当的角色。要知道，王权、治权、显贵身份、官职、财富、影响以及一切与之相反的东西，它们都有赖于机遇，受情势支配，但是我们自己想饰演什么角色，却则由我们的愿望决定。(*Off.* I : 107—115)

从这个摘录的文本，我们可以清楚地看到，西塞罗运用角色或"人格"一词，指涉人类社会管辖程度不同所导引出的伦理义务，包括最为普遍、任何人都应该遵守的自然法及其本性；其个人之独特秉性；由机运所造成的不同差异性（包括社会政治地位的重大差异）；最后则是个人的愿望以及选择。对于西塞罗而言，要善尽每一个人该有的义务，就是将这些"角色"或"面具"戴上之后，能够在公共领域中发挥自己的德行，扮演好每一个角色内在蕴含的社会期望。事实上，对他而言，行动者的德行，除了有能力洞察事物中真实与合宜的面向，并且将其欲望服从于理性；另外还需"以节制、审慎的态度结交与我们共同生活的人们，使我们能够依靠他们的努力，充分、富足地拥有本性需要的一切，并且在他们的帮助下避免我们可能遭到的不利，惩罚企图伤害我们的人，并且对他们进行合乎公正和人道的惩处"（*Off.* II : 18）。

所以西塞罗的"角色"或"人格"理论，在人的内在道德以及外在社会的伦理义务之间，铺陈了一个紧密的联系。事实上，任何具有公共意义的官职，也是一种角色扮演；所以西塞罗在分析官员、一般平民以及外邦人的不同义务时，特别强调官员的职责在于"认识到他代表国家，应该保持国家的尊严和荣耀，维护法律，确定法权正义，铭记这些是信托给他们的责任"（*Off.* I : 124），而官员"认识到他代表国家"的论述，按原文精确地翻译应为"他采取城邦的 *persona*"。这样的观念，在马基雅维里的政治秩序论中泯灭于无形，因为马基雅维里将政治的范畴重新界定为政治行动者为了维护个人支配的目的，运用力量、德行、狡智及采取所有可能行动的场域。因此这是一个实力的领域，没有"角色"或人格的问题。反而是之后的霍布斯，在《利维坦》第 16 章重新运用这个观念，并且用社会契约的架构分析主权者作为人民的代表，也就是主权者采取了人民的 *persona* 之独特理论，完成了现代国家的虚拟人格理论（Skinner, 2002a, 3 : 177—208）。

四、西塞罗论效益

《论义务》第 1 卷的主要内容便是以高尚性的角度来分析并重构四种基本德行，期望能据以改革罗马共和的政治价值。第 2 卷则讨论环绕着"效益"所产生的工具性德行。由于社会生活乃是人与人互动而产生的，是以不可免地有着效益的层次，也就是如何让其他人协助我们以完成我们自身的利益（*Off.* II : 20—21）。换言之，假如前述符合高尚性的四基德乃是就其本性即为值得追求的德行，此处之效益则是在社会交换关系之中所形成的行为准则。

值得注意的是，西塞罗着墨最多的并非商业活动所需要的公平与交互性（对西塞罗而言，此一议题属于正义的德行之范畴），而是传统罗马贵族最重视的"荣耀"。他把此一价值重新界定为政治领袖与平民所形成的一种上与下的交换关系。西塞罗指出，"最高、最完美的荣耀"（*Off.* II : 31）渊源于下述三个基础：群众的爱戴、他们的信任，以及他们认为你应享尊荣而产生的钦佩感。要取得群众这三种支持，政治领袖乃是透过交换而达到的：民众的爱戴与善意乃是靠领袖能持续提供善行服务，这与慷慨大度（liberality）有着密不可分的关系；民众的信任乃是由于政治领袖具备了公正与政治明智，能够洞察事务的可能发展，并作出妥善决定加以因应；至于要让民众产生钦佩爱戴的情感，则要适时表现某些特殊而突出的美德，因为人们通常钦佩一切超越他们想象的特殊品行（*Off.* II : 31—36）。而西塞罗总括取得荣耀的三种方式，强调三者都必须符合正义的原则（*Off.* II : 38—39）。

在分别陈述了高尚性与效益，具有内在善的本性之德行以及基于社会交换所产生的行为准则后，西塞罗在《论义务》第 3 卷进一步阐释，当二者相冲突时，行动者如何抉择的问题（*Off.* III : 9）。他强调，真正有智慧的人，是不会将高尚的行为与和它相冲突的利益加以比较，因为这既不符合美德之要求，也不符合罗马传统所强调的虔敬（piety）。但是，在具体的情境中，行动的本质往往具有不确定性，特别是有些通常被视为不高尚的行动，结果可能并非可鄙的。最明显的例证便在于诛杀暴君：杀人——特别是杀死自己的朋友——乃是极端可鄙而不高尚的行为；但是若杀死的是一个暴君，则尽管他是自己的朋友，罗马人民仍然将之视为光辉的事迹（*Off.* Ⅲ : 19）。布鲁图斯刺杀恺撒的行动便因为诛杀暴君的高尚性而得到证成。所以，真正需要的，是当表面上的利益与高尚性似乎产生冲突时，有必要追寻一种准则（*formula*）来使行动者作出正确无误的判断（*Off.* Ⅲ : 19）。由于此处用来解决价值冲突的"准则"乃采撷自罗马法的程序，是以《论义务》第3卷基本上采取一种**法学式论证**来解决价值冲突的潜在可能（Long, 1995 : 237）。[13]

在讨论过各种法律层次的具体例证后，西塞罗提出一个一般性的原则：

> 对于所有的事物仅有一种尺度（*regela*），希望你（按：指西塞罗之子）能深刻理解它：或者令人觉得有利的事情不可能是可鄙的；若它真的是可鄙的，便不可能显得是有利的。（*Off.* Ⅲ : 81）

这个结论与一般人对此问题的直接反应显然有所不同。常人真观的反应大概是：同时符合高尚性与效益的目标，也就是当公共利益与个人利益相结合时，这是我们应该戮力追求的目标；当二者背离时，我们应追求符合高尚性的行动，而不去追求只具效益却不符合高尚性的目标。

然而，西塞罗并未采取这样的常人直觉观点。他的主张乃是，不高尚的事务不可能带来效益，因为这种可能乃是理性在从事思辨

---

[13] 若依修辞学的观点，则西塞罗在《论义务》前二卷所运用的乃是议事演说，而第3卷则转变成法庭演说（judicial speech）的体裁。

时所耻于采取的观点（*Off.* Ⅲ : 49—50）。西塞罗力主，依据自然的律则，真实的效益必然蕴含着符合自然的高尚性：

> 每当我们遇见某种利益的表象时，我们必然会为其所动；但是如果当你经过仔细观察，发觉有不高尚的鄙陋与那种产生利益的影像的东西结合在一起时，这时不是应该放弃有益的东西，而是应该理解，凡有鄙陋存在，便不会存在有效益。因为不可能有什么比不高尚的鄙陋更违背自然——因为自然希望一切正当、合宜以及稳定的事物，否定相反的事物——并且没有什么比利益更符合自然，因此利益和鄙陋便不可能同时并存于同一个事物之中。（*Off.* Ⅲ : 35）

换言之，真实的利益和高尚性的标准是相同的（*Off.* Ⅲ : 74）。当不符合高尚性与德行之标准时，便没有利益可言。其原因在于，此种背离了高尚性的利益，只是一种利益的虚假表象，它把行动者推向违反自然、违反社会的不正义之途，摧毁了人们所据以过群居的社会生活之根本原则。最常见的例子便是对于财富以及权力无止境的贪婪，后者更造成了在自由国家寻求建立一人统治的毁灭性后果（*Off.* Ⅲ : 36）。任何此种表面的利益都将因为不符合"高尚性"而遭人唾弃。[14]

西塞罗此种"不存在背离高尚性的利益"之主张，必须基于

---

[14] 在早期修辞学作品中（*Inv.* Ⅱ : 156—176），西塞罗罗列四个议事演说的目的，除了高尚性与效益之外，尚有必要性（necessity）以及情绪（affection），而以前者较具理论意义。所谓的必要性乃是"没有力量可以抵抗的东西"，他继续将之区分为完全无法抵御的必要性，以及可以通过明智行动加以克服的必要性（*Inv.* Ⅱ : 170—173）。西塞罗指出"最大的必要似乎是高尚；其次乃是安全；第三也最不重要的则是便利"（*Inv.* Ⅱ : 173）。显然地，《论义务》所运用的二元架构修正了其早期四个议事演说目的之分析架构。特别值得注意的是，在《论义务》一书之中，必要性虽然被称为是除了智慧之外其他三种德行的目标，但此处的必要性已经被涵摄于西塞罗的社会观念之下："其他三种德行的任务在于筹备和提供维持生命所需要的各种物质，以便保持人类社会和联系。"（*Off.* Ⅰ : 17）

其社会观以及自然法理论方有可能适当理解。笔者已经指出，他用法学判断的方式处理价值冲突的问题，这预设了一个具有规范意义而且有效运作的法律系统作为判断的根据。而所有企图追求"与高尚性相背离的利益"此种违反自然目标的人，西塞罗将其行为动机归因于法律上的恶意（malitia），并强调此种恶意绝对不能与明智（prudentia）相混淆。因为明智之用乃在于区别善与恶，而恶意乃是刻意地将可鄙的恶事置于善之上，以满足其不法利益（Off. III: 71）。后者是一种基于贪婪所发生的诈欺（astutia），不仅应为实证法所制裁，也因为其违反理性而为自然法与哲学所禁止（Off. III: 68—69）。西塞罗之前已经论述，符合正义的法律乃是社会的基本联结，而其根源于自然法更是人类理性与人性的合理表现（Off. I: 22—23）。

另一方面，西塞罗似乎认为运用良好的政治共同体中，基于社会伦理所形成的"合宜性"判准一定会产生内在价值以及规范能力，使得公民必会采取符合"合宜性"的行为，而合宜性的社会标准与高尚性必然完全相符。是以，符合社会规范而将为个人带来效益的行为，必然是符合高尚性的。[15]

西塞罗的理想政治家乃为**共和之保护者**。他们的伟大作为包括了：

---

[15] 从哲学的角度而言，西塞罗的观点类似于柏拉图传统所主张的，任何存在物都是善的，没有存在于善之外的罪恶（evil）。罪恶不是独立自存的实体，而只能是善的阙如（deprivation）。转化成西塞罗的语汇，即人的行动目的必然是追求具有高尚性的善，因为任何具有效益的结果都是根源于高尚性的善（Off. III: 101）。所谓人能去追求不具有高尚性的效益（也就是罪恶）时，他已经摒弃其人性本然之理性，走上"非人的"野兽之途（Off. III: 21, 26）。在这个意义上，西塞罗可以说是不自觉地运用了柏拉图主义关于善的理论于政治德行论述之中。马西亚·柯里希（Marcia Colish）分析《君主论》与《论义务》的关系时，认为西塞罗已经将高尚性转化为效益，从而铺陈了马基雅维里思想之基础（Colish, 1978: 213—215）。这似乎对《论义务》的根本旨趣有所误解。在这个议题上，阿特金的说明较为允当（Aktin, 2000: 506—507）。

> 首先努力争取做到每个人能够依据公平的法律以及审判拥有自己的财产，避免夺取一些人的财产赠予另外一些人的所谓慷慨大度；让较为贫穷的人不会由于地位低下而受到压迫，让忌妒之心不至于阻碍富人拥有或重新取得自己的财产；此外不论在战时或平时让每个人都能尽其可能增加共和国的权力、领土和收入。（Off. II : 85）

唯有此种日常履行并符合正义的政治行动，才能带来真实伟大的荣耀，同时为国家带来巨大的利益并取得人民的感激。[16]《论义务》一书所提出来的理想政治家图像，乃是以"西锡安的亚拉图"（Aratus of Sicyon）为典范（Off. III : 81—83）。他推翻了西锡安原有的僭主之后，面临的主要政治问题在于前任僭主统治期间财产权的变化。在现在占有者事实上的使用权以及原先拥有者所提出的偿还要求之间，他寻求一个各方均能接受的解决方案。他到托勒密国王处取得了巨额的金钱帮助，并回去建立一个委员会，评估所有权改变的状态之后，说服一些人接受金钱的补偿而放弃其当前的使用权，而另一些人则愿意接受金钱的补偿而取消恢复其原有的所有权诉求。亚拉图遂得以重建该城的和睦（concordia）。对于这位政治家，西塞罗倾心赞叹，认为他具备了真正的智慧以及"最高的理性"（summa ratio），而能"不引起公民间的利益矛盾，并让所有人处于同一个公平原则之下"（Off. II : 83），并且依照诚信以及债务偿还两个维护社会的根本原则来达成政治的和谐。"共和之保护者"的对立面乃恺撒这类摧毁共和体制的政治人物，"他渴望做人民的国王和所有民族的主人，并且已经做到这一点。如果有人认为这样的贪欲是高尚的，那他必是失去了理智，因为他竟然称赞法律和自由的死亡，认

---

[16] 当然，西塞罗这个图像不免有美化之嫌，遑论统治者向宗主国借贷后的偿还问题。

为可恶而卑鄙地压制法律和自由是带来荣耀的行为"(*Off.* Ⅱ:83)。

总结三、四两节所述西塞罗对罗马政治价值体系所作的修正,有三个重要的理论特色值得注意。第一,他预设了共和政制的正当性以及罗马法规范的有效性。价值的重构乃是为了让这些制度更加稳固,而非重新建立体制或证成其他的政治价值。第二,西塞罗虽然试图修正罗马传统的荣耀观,但其根本意向还是在于保守并维护罗马的社会阶层,所以才有维护私有财产以及所谓"阶层和谐"(*concordia ordinum*)的主张(Long, 1995:214)。第三,由于预设了良序社会的存在,他用"合宜性"来调解德行本身的内在善以及德行本身所带来的声名。从现代道德理论观之,前者是一种着重自律的内在理论,后者则明显地偏向他律,也就是他人意见中关于行动者德行的判断。前者或许较有哲学深度;但在政治领域中,后者的重要性远远超过前者,因为如此才有可能吸引群众之追随。

五、马基雅维里政治道德论的基本取向

西塞罗未曾讨论的课题乃是,在缺乏具在正当性的政治体制和规范效力的法律体系时,如何论述政治德行以及调解相冲突的政治价值。马基雅维里思想系统的出发点,正在于如何在绝对腐化或失序状态,建立有效并具有正当性的政治统治。对马基雅维里而言,在创建政治秩序时,不能够也不应当依据常轨的道德规范来行动,而必须寻找政治世界的内在逻辑作为其行动之律则。他因而认为前此所有撰述类似"君主明鉴"的思想家都是活在自己想象的道德世界之中,与政治事务的本质毫不相干。在《君主论》第15到19章之中,马基雅维里有系统地提出了与古典传统决裂的政治道德论。通过修辞学上所运用的"正反辩难"(disputation)技巧,分析政治领导人所应备之政治品格:在慷慨与吝啬、残酷与仁慈、被臣民所爱戴或为其所畏惧、重视然诺或不守信用等修辞学者

常处理的议题上,马基雅维里有意识地颠覆了古典传统所标举的价值。[17] 马基雅维里自谓其根本意图乃是"为一些对于那些通达的人是有用的东西,我觉得似乎进入事物的有效真理,比去谈论关于事物的想象更为恰当"(*P*.15:1)。他所追求的"**有效真理**"(effectual truth)与古典政治哲学传统追求之真理有着巨大差异,自不待言(Mansfield, 1996:19)。更加值得注意的是,马基雅维里此处所论述的"有用的事物"(*cosa utile*;something useful),正是西塞罗所讨论的效益(*utilitas*),只不过马基雅维里刻意颠覆西塞罗为"真实的"高尚性与效益所建立的统摄之价值体系。

对马基雅维里而言,"攫取"(acquisition)乃是人性最基本的行为动因:

> 攫取的欲望的确是很自然而通常的情事。人们在能力范围内如此做时,总会为此受到赞扬而不会受到非难。但是,若他们力有不逮,却硬要去做时,这便是错误之所在而将受到非难。(*P*. 3:12)

一般而言,攫取行动不外乎两种目的:荣耀以及财富(*P*. 25:2)。马基雅维里所关心的重点有二:第一,在人们追求这些相同目的的时候,何以有人成功有人失败,而究竟有无一个较为普遍的"有效真理"来教导政治人物达到他们的目的;第二,在取得财富以及政治权力时,除了成功与否之外,还牵涉其他人的评价(赞扬或者是非难)。虽然马基雅维里并不认为这些评价有何内在价值,但由于它们牵涉政治行动者的声誉以及荣耀,因而会对其统治的正当性有所影响,是以马基雅维里也须对此提出符合"有效真理"的分析。

---

[17] 15 到 19 章乃是《君主论》最具理论性的部分,关于这几章与全书其他部分间之关系,以及马基雅维里可能的撰写过程,请参考 Felix Gilbert, 1997:198—204。

为了追求政治世界的有效真理而放弃西塞罗式的高尚性理念之后，马基雅维里如何处理政治行动的动机以及目的？究其实，他所提出的替代性理念乃是"必要性"（necessitas）这个范畴。马基雅维里主张，人类事务并非静止不动，而是处在一种互动的状态，若非兴起便是衰亡。必要性将为行动者带来一些并非理性所能预见的事态（D.Ⅰ.6:4）。也就是说，必要性与理性相对立，意味着在政治领域中由于机运以及偶然性而对行动者所产生的限制，新君主的德行便在于能够克服必要性的限制。[18] 就本文之主旨而言，关键问题乃在于马基雅维里的必要性观念与西塞罗的高尚性之差异，以及二者所构成的政治德行之异同。[19]

"必要性"一词在《君主论》第一次出现时，乃用以描述所谓

---

[18] "必要性"此一观念之重要性向为研究者所重视（Skinner & Price 1988：107—108）。德·格拉齐亚（De Grazia, 1989：195—199）对此议题有基于马基雅维里自然观念所提出的详尽说明。德国史学家迈内克（Meinecke, 1962：37—41）更以 necessitas 为枢纽，尝试建立马基雅维里思想与近代国家理性传统的联系。中文资料方面，请参考张旺山（1995）对此国家理性传统之讨论。

[19] 维罗利企图将马基雅维里的必要性观念追溯至西塞罗早期的修辞学作品，从而降低马基雅维里思想所蕴含的道德疑义（Viroli, 1998：84—85, 96—97）。他认为马基雅维里既非哲学家探究政治界的真理，也非政治权力的科学家开启了现代权力政治的先河，而是依循修辞学的传统提出"一个好人对于政治事务应该提供的见解。当他强调国家安全危殆之时，道德的考量应该存而不论，或当他重新描述德行与邪恶时……他只不过是遵从罗马修辞学大师的典范而已"（Viroli, 1998：94）。维罗利提出的见解相当新颖，因为其他以修辞学传统为本的诠释者亦主张马基雅维里运用修辞学的技巧来颠覆古典人文主义传统（Kahn, 1994：32）。维罗利诠释的最大问题在于，他过分依赖《修辞学》（Rhetorica ad Herennium）一书，但此书从1492年起便被怀疑并非西塞罗本人的作品，与马基雅维里同时代的著名人文主义学者伊拉斯谟（Erasmus）也认为此书为伪书（Skinner, 1996：32—33）。换言之，维罗利的诠释所依赖的并非西塞罗本人之文本。本章注[15]已经讨论西塞罗本人早期所著 De Inventione 之见解，视高尚性为最重要的必要性，与《论义务》之分析取向并无根本矛盾。进一步而言，《论义务》系西塞罗去世前一年最晚期之作品，后期成熟见解的重要性理当凌驾前期作品，遑论作者不明的伪书。另一方面，斯金纳指出《修辞学》的作者虽有所争议，但由于其论述清楚而仍然被广泛地作为教科书。问题在于，如果《修辞学》果真广泛为学者所研读，且真如维罗利所述与马基雅维里思想差异不大，则何以《君主论》刊行之后会造成巨大的争议以及宗教、道德上的嫌恶？对于这些问题，维罗利并没有作出充足的说明。是以他所提出的见解虽可加以参考，但其证据尚无法推翻主流诠释所主张的马基雅维里思想颠覆了古典主义传统。

不具传统正当性新君主国之中，统治者所面临的根本政治困难：

> 那里的变动主要是来源于一切新君主国所自然而有的困难。这就是，人们因为希望改变自己的境遇，愿意更换他们的统治者，并且这种希望促使他们拿起武器来反抗他们的统治者。可是在这件事情上，他们被欺骗了，因为后来的经验显示其境遇比以前更加恶劣。这种情况是由另一个自然的，通常是必要的情境（necessity）所造成的，因为新的君主，由于新的攫取（acquision）所带来的军事占领和无数损害（injuries），不可避免地会得罪新的属民（P.3:1）。

攫取既为人性最基本的行为动机，因而被西塞罗所拒斥的人性贪婪的层面，遂成为对马基雅维里而言最重要的行动因素。马基雅维里进一步指出，伤害乃是新君主攫取统治权、创建统治秩序时所不可免的必要性。这个看似不证自明的事实陈述却隐含着对古典正义观的弃绝，因为避免伤害乃是西塞罗界定正义的第一原则。马基雅维里的文本强调伤害之不可免，也就是**不正义成为新君主无法避免的必要性**。换言之，西塞罗最为强调的正义德行，被马基雅维里认为不符合政治现实之必要性而完全放弃（Skinner, 1984: 216）。西塞罗所倡导的符合高尚性之效益，对马基雅维里而言，不啻为缘木求鱼，基于想象的德行观。

六、马基雅维里论政治德行

在西塞罗所论述的四种基本德行，正义已被马基雅维里完全放弃，而以统治者个人维持其支配以及地位的安全与福祉加以取代。对"智慧"这个重要德行，马基雅维里也作出了相应的修正。西塞罗在讨论此一德行时，往往智慧与明智并举，也就是在强调罗马所着重的明智之政治判断外,尚未完全忽略希腊哲学传统所建立的,依据理性以及哲学思辨追求真理智慧。马基雅维里所主张的明智乃是彻底实务取向的:

> 在事物的秩序中,人们在避免一种不利状态的同时,难免遭到另一种不利;但明智正存在于能够辨识到各种不利的性质,进而选择害处较少的作为善的(good)。(*P.* 21:6)

政治领域中之善仅有相对的意涵,也就是对行动者害处较小的手段,而明智便在于正确地辨识出这些害处较小的途径并加以实行。但假如事态严重到并非符合一般道德标准的行动所能解决时,新君主不能迟疑,必须走上"为恶之途"(*P.* 18:5)。

马基雅维里反讽地运用了西塞罗所提出的著名比喻,并将其道德内涵完全逆转。战斗的方式有两种,一为法律,一为武力。人类的斗争虽以法律为主,但政治场域终极地以武力为本,也就是回归野兽的战斗方式(*P.* 18:2)。然而,马基雅维里并不认为新君王的力量仅存在于纯粹的武力而已,因为狮子也常常无法躲过陷阱以保护自己;而唯有结合狮子的力量以及狐狸的狡狯才能立于不败之地。马基雅维里所提出新君主的行为准则,由于其明白主张要模仿野兽的所谓"德行",彻底颠覆了西塞罗所总结的古典主义将统治者圣化为德行表率的观点。

马基雅维里并直接挑战西塞罗关于爱戴较恐惧更能巩固统治者地位的说法(*Off.* II:23),指出君主无法避免一定程度的残酷,因为人民本身便有着对统治者不满而加以变更的自然想法,这是任何统治者都必须加以压制的(*P.* 17)。重要的是,残酷的举措必须运用得当,在摄取权力后迅速有效使用,而非长期、缓慢地持续运用。马基雅维里指出,关键在于让人民对统治者有所恐惧而非仅止于爱戴,但恐惧不能够转化成为憎恨。只要君主不剥夺公民的财产或觊觎公民妻女的荣誉，则一般平民是不会憎恨统治者的。

对马基雅维里而言，政治德行真正的根源应在于勇气，或西塞罗所描述的"伟大的精神"（*Off.* I : 13），马基雅维里则将之称为"精神的德行"（*virtù dello animo*；virtue of spirit；*P.* 6 : 2）。在讨论最高境界的政治领导人，也就是如以色列的摩西（Moses）、波斯的居鲁士（Cyrus）、罗马的罗慕路斯（Romulus）以及希腊的提秀斯（Thessus）等伟大立法家的最高德行时，马基雅维里指出：

> 当我们研究他们生平的行动的时候就会知道：除了获有机会外，他们并没有依靠什么幸运，机会为他们提供了质料，让他们把它塑造为他们所喜欢的任何形式。如果没有这种机会，他们精神的德行就会浪费掉，但是，如果没有那样的德行，有机会也会被白白地放过。（*P.* 6 : 2）

在《君主论》第6章到第9章之中，"德行"一词出现频繁，而其意义不像西塞罗的作品有着统一的指涉（与自然和理性权衡相符之习惯），而是依照马基雅维里已经去道德化的政治图像，将许多不同形态成功的政治领导人之特质均描绘为德行。是以，前述层次最高、最伟大的立法家们具备有"卓越的德行"（excellent virtue），使得他们能够察觉机会，并使得其祖国获致繁盛，而为他们的德行增光（ennobled）（*P.* 6 : 3）。其次，运用非常手段来达成境内和平与秩序的恺撒·博尔吉亚（Cesare Borgia），也被描绘为具备了"如此的残暴以及如此的德行"（such ferocity and virtue）而能够为他自己的权力奠定良好的基础，并给原来纷乱不堪冲突不断的领地带来和平与秩序（*P.* 7 : 6）。而在标题为《论以犯罪之道获得君权的人们》的第8章之中，马基雅维里将古代西西里僭主阿加索克利斯（Agathocles）描述为一方面在其一生无时无刻都过着罪恶的生活，但是其罪恶的行径又同时"在精神与身体两方面具有巨大的德行"（P. 8∶2）。[20] 在论述"平民共和国"时，则指出在其中运用贵族与平民冲突而崛起的政治领袖，并非完全依靠德行或机运，而是靠着一种"幸运的狡智"（una astuzia fortunata），利用贵族以及平民各自所具有的秉性（humors）来完成自己的地位。此种狡智也让我们想到西塞罗（Off. Ⅲ∶68—70）在批判的不合法的恶意诈欺时所提到的狡智（astutias）。

换言之，马基雅维里将政治去道德化，德行仅意味着达到政治目标必须具备的个人能力以及特质。卓越政治行动者之德行在必要性的限制中能够转化限制成为机会，因而得以创造政治秩序。是以，马基雅维里基于创建政治秩序所面临的政治必要性，重新诠释古典传统之德行观，完全摒弃了西塞罗所建立用正义来规范德行的主张。

---

[20] 马基雅维里在论断阿加索克利斯（Agathocles）时，虽然指称"屠杀市民，出卖朋友，缺乏信用，毫无恻隐之心，没有宗教信仰，是不能称作具有德行（virtù）的；因为这些方法能取得统治权（empire），但无法取得荣耀（gloria）"，然而有趣的是，马基雅维里马上接着说"如果考虑到阿加索克利斯出入危殆之境的德行（virtù）"，以及忍受困难、克服逆境的伟大精神（greatness of spirit），我们就觉得没有理由认为他比任何一个卓越的将领逊色（P.8∶2）。曼斯菲尔德（Mansfield, 1996∶18—19）指出，马基雅维里刻意在文本布下阿加索克利斯究竟是否能被称为具有德行的疑义。一般中英文译本往往依据常理而将此处"德行"一词用"能力"等较为中性的语汇带过，反而掩盖了马基雅维里文本所刻意留存的疑义。对于阿加索克利斯究竟是否具有德行，学者之间有着广泛的争议，但往往牵涉诠释者自身之价值判断：如果诠释者认为马基雅维里主张非道德的政治，则此文本中"德行"一词的歧义便可被解释；但若诠释者认为马基雅维里仍有更高远的共善理想，则会强调此文本的前半段，也就是阿加索克利斯"不能称作具有德行"。前一种立场可见于曼斯菲尔德；后一种立场则可见于 Allan Gilbert, 1968∶136—139。关于这个争议，我们认为卡恩（Kahn, 1994∶25—36）依据文学批评理论之中表象、模仿以及反讽等观念所提出的诠释最为周延。他指出，马基雅维里其实是非道德的权力政治论者，但同时又运用修辞学原则加以掩盖，以避免引发读者阅读时强烈的道德嫌恶。卡恩进一步分析，马基雅维里在前一章（《君主论》第 7 章）详细描述了博尔吉亚（Borgia）如何派遣雷米诺（Remirro）到罗马涅（Romagna）实施铁腕统治并恢复了秩序，却引起当地人民的憎恨时，博尔吉亚马上将雷米诺诛杀并暴尸广场以满足人民的愿望。与现实政治的逻辑相同，马基雅维里在陈述了阿加索克利斯的罪行与"德行"之后，同样必须在论述层次否定其"德行"以避免读者的憎恨。阿加索克利斯之于马基雅维里，正如同雷米诺之于博尔吉亚，后者在运用完前者后便必须将之否定，以满足旁观者（读者或罗马涅人民）之愿望。这是马基雅维里"文本政治"（textual politics）与现实政治双重辩证的重要技巧。

七、马基雅维里主义与现象世界的政治逻辑

在论述马基雅维里对正义、智慧以及勇气三种德行之重构后,下一个课题乃是,他如何将西塞罗的"合宜性"观念加以逆转,说明政治乃为一表象世界,以及其中手段与目的之辩证关系。我们在第三节已经分析,对西塞罗而言,人类的政治活动永远无法脱离追求他人肯认的面向;只要正确地理解社会生活的本质,则个人所追求的声誉便应该符合社会性并因此取得他人的赞誉,这也正是"合宜性"的根本特质。对马基雅维里而言,政治除了创造秩序的存在意义之外,同时也是一个表象世界,其原因在于政治领导人本身的声誉会影响其政治统治之有效性与正当性。《君主论》第 15 到 19 章中,马基雅维里关心的重点并非君王是否真的需要具有这些政治品格,而是他"必须看起来像是拥有这些德行"($P.18:5$),使得他们能够得到赞扬。君王的品格之所以成为一个议题,纯粹是因为他们位居高位,而其所表现出来的性格特质会为他们带来毁誉($P.15:2$)。马基雅维里指出,主要的原因在于"一般人在进行判断时,都是依靠双眼而非依靠双手,因为每一个人都能够看到你,但是很少有人能够接触你;每一个人都看到你的外表是怎样地,只有很少数的能够摸透实际上的你"($P.18:6$)。换言之,马基雅维里并非基于某种本体论来区分政治世界的表象与本质,而是从政治世界不可免地会有个人与集体意见之形成,产生关于君王品德方面定型化的声誉而加以考量。

对马基雅维里而言,政治行动者面临一个无所遁逃的基本困境;政治世界的本然乃是行动者运用德行以及武力,以克服其所面对的必要性限制,而且这些政治行动往往超越世俗道德的范围之外;然而,一般人又会基于他们用眼睛判断的取向来衡量政治行动者,并对其品德作出评断。如何在这两种相冲突的需求之间取得一个平衡点?从这个角度来看,马基雅维里现实主义的另一面向便表

露无遗:君主并不需要真正拥有一般人所认定的品德,但他必须看起来像是具有这些品行;也就是说,他必须将他并不具备此等品德的事实加以掩盖,而做一个"伟大的伪装者和假好人"(great pretender and dissembler;*P*.18:3)。

马基雅维里指出,在政治世界中领袖看起来显得具备这些品行会带来重大的效益,但假如他们真的实际上具备这些品行而且依之行事,那反而会有害,因为后者无法具备克服机运变迁时所需要的精神上之德行(*P*.18:5)。是以政治的"有效真理"意味着,当必要性的限制大到政治行动者不能不放弃这些品行时,他能够不受世俗成见的限制而毅然地加以放弃。他必须理解:

> 一位君主,尤其是一位新的君主,不能够遵从那些被认为是好人所应做的所有事情,因为他要保持国家(maintain his state),常常不得不背离诚信(faith),背离慈悲(charity),背乎人道,违反宗教。因此,一位君主必须有一种精神准备,随时顺应机运的风向和事物变化的情况而与时俱变。如同我前面所说过的,可能的话不要背离良善(good),但是当被必要性所驱迫的话,他就要懂得如何进入罪恶之途。(*P*.18:5)

马基雅维里的这个论述,提出了与传统理论彻底决裂的政治道德论述。在标题为《论君主应当怎样守信》的著名篇章中(*P*.18),更直接挑战罗马法的诚信原则(而如本章第三节所述,西塞罗视诚信为正义的根本原则之一)以及基督教的慈悲精神,而使后世对所谓的"马基雅维里主义"(Machiavellism)产生了极大的嫌恶并使之蒙受万古之骂名。

一般所谓马基雅维里主义的核心,乃是"以目的证成手段"(The end justifies the means),而在台湾早期通行的译本之中,何欣的译文为"目的使手段成为合理合法的",也就是可以为达目的不择手段之主张。但吾人若仔细研读马基雅维里之文本，将发现所谓的"以目的证成手段"，并非马基雅维里之原文。此关键文本忠实地翻译应如下：

> 所有人类行动，特别是君主的行动，由于其不能向法院提出控诉，人们就注意其目的（*fine*；end）。所以，一位君主如果能够征服并且保持那个国家的话，他所采取的手段（means）总会被人们认为是光荣的（honorable），并且将受到每一个人的赞扬。因为庸俗的大众（vulgar）总是被表象（appearance）以及事物的结果（*evento*；outcome）所吸引。（*P*. 18：6）

马基雅维里的论述，有三个值得注意的特点。首先，他所强调的重点，乃是推倒西塞罗所谓高尚性与效益必然结合的古典主张。马基雅维里不但将高尚性与效益加以区隔，并且将不具高尚性的效益与光荣结合；这是马基雅维里主义在思想史上真正的划时代意义。被一般人认为是光荣的目的乃为"征服并保有国家"，以及达成此目的必须之手段，二者均不带有古典主义所强调的正义等社会价值之道德色彩。德·格拉齐亚（De Grazia, 1989：299）将马基雅维里所传递的道德观念与基督教的金科玉律（the golden rule）相对比：耶稣教导人的乃是"你想要别人怎么待你，你就怎样对待人"（"Do unto others as you would have them do unto you."）；马基雅维里则主张"别人怎么待你，你便怎样对待人"（"Do unto others as they would do unto you."）。[21]

---

[21] 许多政治思想家将此金科玉律作文字之更动，使其文义以符合自己的政治哲学见解。例如霍布斯在《利维坦》第15章35段中，用"你不想自己怎么被对待，就不要如此待人"（"Do not that to another, which you would not have done to yourself."）来作为检视自然法的标准；而卢梭则在《论人类不平等的起源和基础》第1部分38段提出，自然状态中基于怜悯心（pity）的行为格律乃是"为自己谋利益，尽可能地不损害他人"（"Do your good with the least possible harm to others."）。孔子的"己所不欲，勿施于人"也是一个常常被拿来对比的格律。当然，这些格律只是表示思想系统的某些面向，不能据以作比较后作过度推论。

第二个值得注意之处是,马基雅维里强调任何为了保持统治地位所采取的手段,必定会被"庸俗的大众"认为是光荣的。对他而言,新君主所处的政治领域作为一现象世界,其旁观者并非如西塞罗所处罗马共和的侪辈贵族精英以及公民领袖,而是一般的平民。政治行动者攫取权力与财富的活动会受到旁观者的评价,在罗马体制之内,自然以贵族的"祖宗成法"作为评价标准。但在马基雅维里所描绘的政治世界中,已经不再具有稳定的价值系统,所谓"庸俗的大众"作为旁观者取代了贵族精英的角色时,政治领导人的表现必须符合群众心态,如此除了成功之外,还能够得到群众的支持与赞扬。

由此角度分析,马基雅维里所提倡的新政治道德乃是根源于他在《李维罗马史疏义》所提出的革命性主张:共和国欲维持其政治自由,必须持续扩张,取得财富,而这又有赖于将一般平民吸纳到政治领域之中作为最重要的资源($D.\,I.\,6$)。这个政治参与的主张,相对于古典共和主义传统,赋予了平民远为重要的政治作用。古典传统所提出的"混合宪政"虽然亦标榜人民作为构成国家的元素之一,但是实际上执行政务的仍为贵族精英。

马基雅维里否定西塞罗所述,存在于贵族精英与平民之间的"信托"关系以及基于此所建立的以阶层和谐为理想之政治共同体。马基雅维里强调,平民与贵族的持续冲突乃是罗马共和得以繁盛强大的主要原因($D.\,I.\,3$—6)。他所主张的共和体制为一"平民邦国"(popular state),并认定唯有平民积极参与政治过程共和国方有可能获致伟大荣光,这不啻为现代"民粹主义"的根源(cf. De Alvarez,1999:92—97,139—140)。

唯有在此观点之下,吾人方能诠解马基雅维里在《李维罗马史疏义》之中对人民特殊属性的详细探讨($D.\,I.\,44,\,47,\,53$—58)。其中最重要的一个特质乃是,人民所特有的"具体性格":马基雅维里指出,人民对其切身的利益(特别是财产以及妻小之清誉)均能洞察，但在一般性的事物之上却往往容易有所蒙蔽而被欺骗（$D.\text{I}.$ 47）。其原因在于《君主论》第 18 章所述，一般人只依靠眼睛做判断。这个特质构成了新君主必须奉行的行动格律：绝对不要任意剥夺属民的财产以及其妻小之清誉；[22] 而在必要时需要运用人民在一般性的层次容易被欺骗的特质，遂行符合其政治目的之"新道德"。马基雅维里"新道德"的根本主张在于：因为群众总是会被表象以及事物的结果所吸引，而将政治行动者任何足以达成其目标的手段认为是光荣的；是以新时代的政治人物必须运用此种特殊的心态方能取得荣耀。任何诉诸超越性政治价值的行动（例如西塞罗所论的符合自然法之正义），当其无法说明群众时便是毫无效用的。

马基雅维里论述第三个值得注意的特点是，他强调没有更高的法院可让政治行动者加以诉求，来证成其行为的正当性。换言之，政治世界除了行动成功的结果以及群众评价所构的表象世界之外，没有超越性的本质或理念世界可以用来作为权衡政治行动正当与否的终极标准。相对于西塞罗前述以"法学式论证"来解决政治价值冲突的分析取向，吾人可说马基雅维里强调政治意志与决断的优先性（Held, 1996 : 115—116）。西塞罗认为政治人物应具备符合正义与自然法等社会德行，而当效益与高尚性有所冲突时，要依据法律的思辨途径拒斥所谓不具有高尚性之效益。这个观点预设了政治共同体成员对于基本价值以及冲突解决的程序有所共识，也就是 res publica 定义中的"法律之协议性"以及"利益之共同性"。马基雅维里则主张，当共同体的成员缺乏此等共识，甚至政治秩序完全阙如时，便不可能通过西塞罗所设想的法律性"准则"加以解决，而必须要运用他自己所论述的政治道德在行动中的自我证成，这形成了与古典自然观截然不同的历史观。

---

[22] 由此亦可看出，马基雅维里虽然主张维护私有财产，但是他并非基于西塞罗式的法律协议；其主张纯粹基于政治权宜的考量。

史家波考克曾指出，共和主义思想由于注重特殊性以及有限事物在时间中之变迁，从而奠定了现代历史意识之基础（Pocock，1975：ⅷ）。黑格尔的名言"世界历史即为世界法庭"便充分表达出马基雅维里思想的这个面向：

> 国家在它们的相互关系中都是特殊物，因此，在这种关系中，激情、利益、目的、才能与德行、暴力、不法和罪恶等内在特殊性和外在偶然性，就以最大规模和极度动荡的骚乱而出现。……从这种辩证法产生出普遍精神，即世界精神，它既不受限制，同时又创造着自己；正是这种精神，在作为世界法庭的世界历史中，对这些有限精神行使着它的权利，它高于一切的权利。（Hegel，1991：371，第340节）

但当世界历史，而非任何特定社群或价值结构成为判断政治行动之根据时，成功与存在便成为真实光荣的必要条件。不像《荷马史诗》中，对于胜利者阿喀琉斯（Achilles）以及战败者赫克托尔（Hector）的行动和荣耀同等地颂扬（Arendt，1977：51—52），在一个历史化的政治世界中，不成功者的光荣不会被一般人所称颂。然而，马基雅维里还未走向黑格尔式的历史主义，将"伟大的历史个体"视为普遍精神的推手；而仍然保持着一种伦理上的紧张性：一方面成功是荣耀的前提，另一方面马基雅维里亦强调，成功的政治行动者不但无法符合一般人所称扬的品行，而且往往成为"所有人类生活方式的敌人"（*D*.Ⅰ.26：1），也就是西塞罗所论人类社会价值的敌人。

八、规范论与秩序论：政治道德的两种典范

归纳本章对西塞罗以及马基雅维里政治道德论述之比较分析，可区分出两种不同形态的政治道德观：一为规范论，另一则为秩序

论。西塞罗的政治道德论述，由于强调自然法以及正义，并用法学式论证来解决价值冲突，乃规范论之典范。他以罗马贵族阶级"祖宗成法"的传统价值观为本，而尝试在政治现实变迁之后加以修正。其根本意图乃在于承认传统价值的规范基础，而在必要时援引其他思想资源加以适度的修正。为了矫正罗马追求荣耀以及个人杰出所导致的政治不稳定，西塞罗援引斯多葛主义的内在善主张来调解合宜性以及高尚性。然而，西塞罗所提出的理论修正是否成功，即使在古典学者之间亦有争议。朗（A. A. Long）即指出：

> 西塞罗将可接受的荣耀与正义和群众认可相结合的企图是失败的。他所提供的证明或许充足地显示出真实的荣耀（或者群众认可），使得政治家需要有正义的声名。但这并未显示此种声名与真实的正义是结合在一起的。西塞罗所能提供的至多仅是一种敬虔的态度，主张"真实的荣耀"不能通过正义的伪装而加以取得。（Long, 1995：230）

相对于西塞罗之规范论，马基雅维里的政治道德论述并不预设任何既存的政治秩序，或以现有的价值体系为基础而加以修正。他关怀的终极问题乃是在无秩序的腐化状态中，行动者如何创造政治秩序以及其所应依循之行动准则。我们可称此种取向为秩序论，因为在其中秩序的创造行动优位于道德规范。规范论与秩序论之出发点以及关怀焦点完全不同，所获致之结论有异自无足为奇：西塞罗心目中理想的政治家为共和之保护者，马基雅维里则以共和创建者以及新君主等有能力创造政治秩序之行动者为典范。我们只要比较《论义务》一书中所褒扬的"西锡安的亚拉图"，以及《君主论》中称颂的恺撒·博尔吉亚（Cesare Borgia），或比较《论义务》与《李维罗马史疏义》对罗慕路斯功过作出完全相反的论断，便不难察觉两种典范之差异。

当代政治理论家阿伦特（Arendt, 1977: 90—141）曾经指出唯有罗马才成功地将作为基础的传统、权威以及宗教三个重要的统治元素结合在一起。而罗马式的保守主义，将个人的行动视为先祖传下的基业之"扩大"（augere; augment），所以罗马的政治文化能够避免从柏拉图以降，西方思想家分析政治秩序的正当性时所惯常采取的取向：寻找某种超越性根源或理念作为判准，然后以暴力的手段改变现有的政治秩序，以期符合该超越性判准。

由本章之分析，可看出西塞罗的确具有阿伦特所描述罗马政治心灵的特性，但她对马基雅维里之论断则仍有商榷余地。西塞罗将共和体制视为祖宗所创造之基业，而在共和危机之末期尝试重构新的政治价值来加以恢复。罗马作为永恒的城市、世界或欧洲的首都，而具有无上荣光之时，此种保守式的思考是可以令人理解的。然而历史的巨轮不断向前碾进，不旋踵而恺撒的侄儿屋大维（C. Octavius, 63 B.C.—14 A.D.）将受到罗马平民的爱戴而登上首席执政官之位，并逐渐将共和体制转化成实质为帝政的"元首制"（princep）。在公元410年哥德人劫掠罗马之后，所谓罗马的基础与权威等保守式的思考便不再可能。奥古斯丁的《上帝之城》便是此种秩序瓦解的时刻，以基督教原则彻底改造希腊罗马以降的政治社群观。对他而言，罗马人所重视的荣耀只不过是一种蔑视上帝作为存在根源的傲慢，不但不是值得追求的德行，根本就是罪恶的根源。奥古斯丁并直接批判西塞罗对 res publica 所提出的定义，认为没有通过更高的对象之信仰，不可能产生对于正义的共识协议。故他以对上帝之爱为中介所形成的上帝之城以及彼世的救赎为核心，建构了中古的政治社群观念。[23]

当中古神学政治秩序式微，近代思想家开始重新面对政治秩序

---

[23] 关于这个思想转变，请参考厄尔（1967: 122—128）之讨论。中文资料请参考蔡英文，1999: 90—94。

的建构以及其所蕴含的道德议题时，不可能如古典时期的目的论或中古的超越性宗教权威为基础，而必须在世俗化的条件下，以此世导向重新进行理论建构。然而，阿伦特（Arendt, 1977: 159—160）指出，世俗化虽然将政治社会诸领域由教会的管辖解放出来，但这并未让俗世领域自动地重生，获致古典时期的崇高性。相反地，世俗化反而产生了一个普遍性的正当性危机：现代思想家必须填补原由基督教所提供的绝对基础，否则政治秩序与法律规范将缺乏稳定的基础。

基于这个分析观点，马基雅维里秩序论的政治道德观之原创性乃得以充分展现。他所提出秩序创建超越一般道德的主张，乃是下一章将处理的议题。

第四章　马基雅维里论现代共和的政治秩序[①]

一、前言

　　检视当代共和主义复兴的过程，有两个相关因素：第一是历史学者对于美国立宪精神的诠释，逐渐由强调洛克式个人主义与自由主义之影响，转而强调公民共和主义的重要性；第二则是透过对于文艺复兴时代人文主义的政治思潮，特别是马基雅维里思想之重新诠释，而逐渐恢复在自由主义影响下被遗忘的公民共和主义传统（Haakonssen, 1993：568）。经由思想史家波考克（Pocock, 1975）与斯金纳（Skinner, 1978, 1984, 1990, 1998）的历史研究与理论辩护，将公民共和主义由遗忘的状态唤醒，带回当代政治哲学的论述中。

　　马基雅维里思想之重新诠释是当代共和主义思潮复兴的主因之一，然而马基雅维里思想之内涵，在政治思想史研究上向来是众说纷纭，莫衷一是。马库斯·菲舍尔（Markus Fischer, 1995：1—36,

---

[①] 本章为节省征引篇幅，引用原典缩写如下：
　　P.：*The Prince*, tran. Harvey C. Mansfield, Chicago: University of Chicago Press, 1985.（本章缩写为 *P.*，并以章节数征引之，例如 *P.* 20：1 即代表 20 章第 1 段，以便于参考其他译本。）
　　D.：*Discourses on Livy*, tran. Harvey C. Mansfield & Nathan Tarcov, Chicago: University of Chicago Press, 1996.（本章缩写为 *D.*，征引方式同上。）
　　C.W.：*Machiavelli, Chief Works and Others*, tran. Allan Gilbert, 3vols, Durham: Duke University Press, 1965.

esp.3—7）尝试用两组标准来分类众多的马基雅维里诠释：第一组标准乃是方法论层次的，争议点在于马基雅维里的政治理论究竟是开启了现代政治"科学"的前身，抑或是该理论本身便是对于人类政治活动的一种价值判断；另一组标准是关于其实质的政治理念，争议点在于其政治主张究系公民共和主义抑或是现代权力政治（power politics）。造成诠释上如此纷杂的主因乃由于马基雅维里重视探讨关于政治的"有效真理"，着重事件的具体因果关系，从而不易由此种具体的论述之中抽释出一般性的原则。马基雅维里的两本主要著作《君主论》以及《李维罗马史疏义》似乎蕴含了相当不同的政治观，要将二者的关系作适当的诠释是一个困难的课题，却也是任何一个研究者不得不面对的挑战。本章的目的乃是检视马基雅维里的文本，探究其政治秩序观念之内涵及其原则性。马基雅维里思想应该尽量避免被归类于特定的意识形态阵营，因为思想家的原创性往往在此种特定取向的诠释中消失殆尽。本章所欲探究的主题，乃是马基雅维里所预设的政治秩序观，以及人类行动政治性的基本判准（Meier, 1990: 4—5, 17—18）。无论是君主治术或公民自我统治的政治艺术，都预设了某种政治图像。在马基雅维里思想中，公民共和自由有着崇高的价值，但《君主论》所处理的一人统治（one man rule）却同时是贯穿《李维罗马史疏义》的核心论述之一。这两者的关系将是本章研究的主要课题，通过厘清二者之关连，将可深入理解马基雅维里的政治观。

二、马基雅维里政治秩序论之相关文献

如前所述，马基雅维里思想之内涵诠释向呈百家争鸣的局面，而其中较为一般人所熟知的看法，则为贝奈戴托·克罗齐（Benedetto Croce, 1946: 45）所提出的："马基雅维里发现了政治的必要性及自主性，也就是超越了（或低于）道德性善恶的政治观

念。"克罗齐认为此种政治观的可能性与内涵,以及其对当时宗教性、道德化政治思想之批判为马基雅维里原创之处。在这个意义之上,马基雅维里实开启了近代政治思想之新局,也对神圣法与中古经院哲学所发展的自然法体系做了彻底地决裂。值得注意的是,此种对于马基雅维里思想所标举政治自主性的一般见解,却对公民共和主义诠释者带来相当程度的困扰。因为"政治自主性"之理解将马基雅维里思想关联到其后近代政治有关"国家理性"、权力政治以及革命等概念,而公民共和主义者则尝试将马基雅维里思想关联回14世纪以降意大利人文主义的政治思潮,并向前追溯至亚里士多德及西塞罗所型塑的公民共和主义传统。这样的争议在表面上看来,仅是思想渊源与思想之影响两个不同的面向,也就是"观念史"、"概念史"以及"影响史"间之差异(张旺山,1995:78—80)。然而此三者间之歧异,事实上深刻影响了马基雅维里思想真义之诠释,其中尤以本章所欲探讨之政治秩序观为然。

基于人文主义精神与共和主义对政治的理解,惠特菲尔德(J. H. Whitfield)在其具有开创意义的两篇短文《马基雅维里的政治学》("The Politics of Machiavelli", Whitfield, 1969:163—179)以及《论马基雅维里对"秩序"一词的使用》("On Machiavell's Use of Ordini", ibid., 1969:141—162)中,建立了讨论这个议题的基本脉络,而且明白标举公民共和主义的制度观。关于马基雅维里的政治观,他指出在《君主论》一书中从未出现与"政治"(politico-)这个词根相关联的任何词汇,而在《李维罗马史疏义》中则出现了七次,且在这些出现的脉络中,均与秩序(ordini)以及法律(leggi)之振兴有所关联(ibid., 170—171)。惠特菲尔德检视相关文本,说明了马基雅维里仍然固守着古典公民共和主义的基本论旨,亦即"政治的"必然与"公民的"(civil)有所关连。此种主张可上溯至希腊的政治观,而据阿伦特所述:"政治的,亦即居于城邦之中,乃意味着所有事务均经由言说与说服的过程来决定,而非经由力量

（force）与暴力（violence）来决定"（Arendt, 1958: 26）。惠特菲尔德在讨论马基雅维里"秩序"一词之用法时，进一步指出秩序、法律以及宪政（constituzioni）乃是贯穿马基雅维里整个政治思想的核心理念。他认为"创建或恢复能够维系公民的公共及自由生活之秩序"是马基雅维里思想之主要旨趣，也是马基雅维里在价值判断上曾赋予良善的（buono）意涵的政治行动（Whitfield, 1969: 146—147）。换言之，马基雅维里的政治观并非权力政治取向，而是具有关怀政治自由的理想主义色彩（ibid., 151），良善秩序（buoni ordini）与任何绝对权力的政治生活事实上全不相容（ibid., 153）。惠特菲尔德认为此种以良善秩序为主轴之价值取向不只存在于《李维罗马史疏义》中，即使在《君主论》中仍然存在，绝非如一般人所理解的，《君主论》以具有绝对权力的政治领导者为分析对象。

史学家赫克斯特（J. H. Hexter）在其《掠夺性的视角：〈君主论〉与"地位"》（"The Predatory Vision: Niccolò Machiavelli, Il Principe and lo stato"）一文中，以相反的角度来诠释马基雅维里的"国家"（stato）观念。他指出，在《君主论》中，马基雅维里很少将"stato"一词视为客观自存的实体，若有提及，则往往是以受格形态出现，而其所关联的动词大部分是一组具有剥削关系（exploitative relation）的动词，例如取得、扩张、维系、失去，等等（Hexter, 1973: 156—157）。他将马基雅维里的国家观称之为"掠夺式"理念，它既突破了中古自然法传统，也与近代以"国家理性论"诠释马基雅维里的思想（如 Meinecke, 1962: 30—45）有所不同，因为马基雅维里的 stato 并没有客观的存在地位，而是以君主本身地位维系为前提。赫克斯特未曾明示指出的，乃是他的分析也颠覆了惠特菲尔德共和主义式论述，因为以维系个人利益为主轴的掠夺式政治，并不以制度化考量作为观照点。

波考克在其影响深远的思想史名著《马基雅维里时刻》（The Machiavellian Moment）之中，则以"政治创新"（political innovation）

为核心，尝试诠释马基雅维里思想之整体立场（Pocock，1975：156—218）。他认为赫克斯特的说法并不能取代共和主义的诠释，因为《君主论》中所铺陈"君主个人以非正当化政治为核心的治国术"乃是一种短程的思考方式，在长期的历史进程观照下，便很容易显现出其基本的困境：由于无法制度化，新君主的政治权力必定会随着个人生命的结束或客观环境的变化（所谓机运的变化）而土崩瓦解（ibid.，175—176）。波考克（Pocock）指出，如欲追求长期的政治稳定，只有两个途径，一是将个人支配变成一种习俗传统，另一则是公民共和主义所铺陈出的超越历史常规之政治社群，波考克将之称为"德行之政治化"（politicization of virtue），也就是在政治参与之中，使得公民的个人德行与政治社群的政制合而为一，并克服机运所带来的变化，而能达到集体的历史光荣（ibid.，184—185）。

毛里齐奥·维罗利（Maurizio Viroli，1990，1992）则基于惠特菲尔德之说明，试图采取另一种折中的诠释，认为马基雅维里的真实信念乃是共和主义式的，并举出前述"political"与"civil"的同一性作为一项证据（Viroli，1992：486）；"公民政治生活"（*uno vivire civile e politico*）乃是排除了暴君与专制政治的可能性所建立的特定的公民自治之政治组织。然而，共和政制仅是政治生活的可能形态之一，广义的支配关系在马基雅维里思想中以"*stato*"加以表达。不过治国术（*arte dello stato*）并非由马基雅维里创始，而有着悠久的传统，只是向来被视为统治者的密术（*arcana imperii*）不轻易传播出去。马基雅维里《君主论》一书中基于特定的政治需要，也就是博取美第奇家族的信任，是以他亟欲表达他虽有共和主义之信念，但由于丰富的政治经验使得他对于美第奇家族所需要的治国术相当熟稳，甚至具有原创性的见解而能有所贡献（ibid.，487—488）。

维罗利乃年轻一辈共和主义派学者，但是他所提出的调和式主张，其实仍只是将核心议题再度呈显，而未对此议题提出**理论性**的解决。这个核心议题正指向本章所欲探究的主题：《君主论》中治国术之终极目标在于新君主如何可能取得并保存其支配地位（acquire and maintain "*lo stato*"）；而《李维罗马史疏义》中所论创建公民共和主义式自由的政治社群所需之政治艺术，二者所蕴含的政治秩序观究竟是相同的或相异的，而若有所歧异，则二者之关联究竟为何？

三、马基雅维里政治秩序论的基本范畴

在回顾了有关马基雅维里政治秩序观的文献后，将可进一步探讨其分析政治秩序所运用的基本范畴。马基雅维里虽然对于"政治"并没有提出本质主义式的定义，但是他对于政治艺术的对象与课题却有着清楚的说明。在《李维罗马史疏义》第1卷序言之中，他在批评何以现代的君主以及共和国均不尝试效法古代的典范时，列举了下列六个关连于政治的课题，包括"创造共和秩序、维系国家、统治君主国、创造军事秩序与执行战争、审判臣民以及增加支配权"（"ordering republics, maintaining states, governing kingdoms, ordering the military and administrating war, judging subjects, and increasing empire"）（D.I. Preface : 2）。任何关于马基雅维里政治秩序的诠释，都必须能够在建立特定的理解观点后，将其诠释关联到此处所列举的政治课题。

对于研究这些政治性议题所采取的角度，马基雅维里其实也有清楚的说明。在《论佛罗伦萨政府之重建》一文的结尾部分，马基雅维里一方面鼓励教皇利奥十世能不囿于习俗传统及其他人的意见，彻底改造佛罗伦萨政府以臻于最高的荣耀，但同时他也以夫子自道的方式指出：

> 对于那些仍然一心一意追求此种荣耀的人，若他们无法在现实上型塑一个共和国（form a republic in reality），则他们将在他们的作品中加以完成，如同亚里士多德、柏拉图以及许多其他人所

做的。他们希望昭告世人，假如他们并未能如梭伦以及莱库古所做的创建自由政府，那并非源于他们的无知，而是因为他们没有能力将之付诸实践。（C.W., 114）

换言之，如柏拉图、亚里士多德、马基雅维里这些政治哲学家，他们所缺的并不是治国的能力，而是实践之可能，这牵涉到马基雅维里指出利奥十世能永垂不朽的两个条件，即"权力"（power）以及"质料"（material），是政治哲学家所不具备的。后者正指向马基雅维里政治思想的第一组基本范畴——**形式**（form）与**质料**之对立。

马基雅维里思想一个为人所知的特色，乃是强调以政治行动者的德行（*virtú*）来克服机运（*fortuna*）的变化无常，而依据波考克的诠释，在佛罗伦萨思想史传统中往往将德行与机运的对立，类比于亚里士多德思想中形式以及质料的对立关系（Pocock, 1975: 40—41, 77—78, 106—111）。波考克进一步主张，马基雅维里政治艺术的基础正是在于以德行／机运以及形式／质料的架构来探讨政治创新的样态，并以共和政制作为一种最特出的政治创新之本质（ibid., 1975: 169—170, 183—185; cf. Pitkin, 1984: 54—55）。

马基雅维里的确常运用形式／质料的对立关系，而且往往在具有关键性的文本中出现。兹举其荦荦大者如下：

> 当我们研究他们（按：指摩西、居鲁士、罗慕路斯、提秀斯等伟大创建者）的行动与生平的时候就会知道：除了获有机会外，他们并没有依靠什么幸运，机会给他们提供质料（matter），让他们把它塑造成为他们所喜欢的任何形式（form）。如果没有这种机会，他们精神上的德行（*la virtu dello animo*）就会浪费掉，但是，如果没有那样的德行，有机会也会白白地放过。（P. Ⅵ: 2）

现在考虑了上面讨论过的全部事情，并且自己思量：意大利此时此刻是否为能授予新君主以荣誉的时刻，是否现在有质料（matter）为一位贤明而有德行者提供一个机会，让他引进能够为他带来荣誉并给该社群的人带来良善（good）的形式（form）。（P. XXVI：1）

我们可以得到如下的结论：当质料（matter）未腐化之时，冲突及其他纷扰不会带来伤害；而当质料腐化时，良好秩序的法律亦无所助，除非这些法律被一个具有极端力量的个人所推动，使得质料变成好的。（D. I. 17：3）

假如有人希望在一共和国中取得权威并赋予其一邪恶的形式（wicked form），那他必须去找到由于时间而已失序，而且一代一代地导向完全失序的质料。这个发展会成为必然的，除非如前所述，此共和国常常定好的典范或新的法律而回到其根本原则（principio）。（D. III. 8：2）

在这些文本中，形式/质料的架构均用来解释政治共同体之创建，以及腐化的共同体之改革更新，这毫无疑义乃是马基雅维里思想之核心，而与前述政治课题息息相关。这些文本亦皆具有关键性意义：《君主论》第6章乃其第一部分（第1章至第11章）之论述高峰，说明伟大创建者之德行及其创造活动；《君主论》第26章则为全书之最后一章，呼吁意大利政治家完成统一大业。《李维罗马史疏义》所引之两处文本亦皆有类似之性质，只是更为强调质料之被动性及腐化之可能性。

形式与质料必须配合，这是政治现象界一个重要的通则，马基雅维里指出，"我们必须在坏的对象与好的对象之上，创造不同的秩序以及生活样态，因为在相对立的质料之中不能有着相近的形式"（D. I. 18.4），"在考虑了时间与人的不相近之后，没有比相信吾人能将相同的形式印记在如此相异的质料上更大的错误"（C. W., 105）。沃克（Leslie Walker, 1975, 1：140）认为，马基雅维里由中古经院哲学借用了亚里士多德四因论的架构并将之政治化，因为经院哲学主张形式与质料必须配合，腐化的质料是无法与良好的形式配合的。[2]

然而，马基雅维里并非一命定论者，也不认为在腐化的质料中绝无可能建立良善的政治秩序；因为若他持有此种观点，则意大利当时处于完全无秩序的腐化状态，岂非意味着在意大利无法实现马基雅维里式创造秩序的政治理念？事实上，马基雅维里论述治国术时大抵遵循了形式/质料相对应的基本原则；然而，创建者的政治艺术明显地超越了这个一般性律则：操纵人类事务的机运成为纯粹的机会（occasion），人民存在于奴役或腐化状态也不足以构成任何阻碍。皮特金（Pitkin, 1984: 54）指出，创建者超越了历史的因果律则，成为在政治界之中亚里士多德式的"不动的主动者"（unmoved mover）。这个理论格局指向马基雅维里政治秩序论另外一组基本范畴："常态"（ordinario）以及"**超越常态**"（straordinario）的对立，而在这组基本范畴观照之下引进了马基雅维里思想的重要面向，也就是激进的政治改革之可能性。曼斯菲尔德（1996: 245）指出，马基雅维里刻意地将"常态"（ordinario）以及"秩序"（ordini）关联起来，因为对他而言，秩序并非仅是合法性对非法之支配，而是将暴力做审慎的计算以及经营而得到的结果。换言之，任何稳定的秩序以及法律常态地运用，都可追溯到一些超越常态的政治时刻，于其中常态的政治秩序被创造出来，或由现存无效的状态带回其根源，并重新建立有效性。曼斯菲尔德即曾提到，"对公民而言，法律决定了非法的性质；但对明智的君主而

---

[2] 这个主张可能渊源于亚里士多德《物理学》第2卷所揭橥的原则，即"质料是对某者而言。因此相对于不同的形式，质料也就不同"（Phy., 1994b）。沃克（Walker）以及波克克等学者已经注意到亚里士多德四因论对马基雅维里思想之影响，但是目前仍欠缺充分的思想史研究显示马基雅维里如何受到亚里士多德主义之影响。伦敦·费尔（A. London Fell, 1983）汇集了亚里士多德、罗马法学以及中古经院哲学迄文艺复兴的相关论述。但他在实际进行马基雅维里思想的诠释工作时（Fell, 1993），仅指出其可能受到当时著名的新柏拉图学派学者菲奇诺（Ficino）的影响（ibid., 44—66），而未对马基雅维里的文本提出具有原创性的诠释。

言，超越常态才意味着促成常态方式之可能性"（ibid.）。

正如同形式/质料之对立般，马基雅维里并未对常态/超越常态作出本质主义式的界定，也并未正式地对之作一系统性探讨，但吾人仍能由其论述中整理出这组范畴之内涵及重要性。他在分析公共控诉（accusation）制度对于共和体制之重要性时指出，贵族与平民两个阶级，即使在法律约束之下，仍需要有制度内得以宣泄的出口，否则两方都会寻求超越常态的活动形式而导致共和国的覆亡（$D.I.7:1$）。此种情境造成了政治秩序的内在不稳定性：当个别野心家尝试用私人的方式结党营私以取得政治权力时，反对此野心家之公民若无法在法律内找到抑制其野心的公共途径，则将不得不诉诸超越常态的方式加以对抗，最终导致兵戎相见（$D.I.7:4$）。换言之，马基雅维里以 *animo*（近于柏拉图的"*thumos*"）为人性基本倾向，认为人本身有内在倾向运用超越常态的方式进行政治斗争，公共控诉制度正提供了此种倾向一制度内的管道，使得冲突得以加以解决，不致因为冲突的私化而引起共和的覆亡。马基雅维里更进一步主张，为了要避免个别的政治人物或派系运用超越常态的活动途径，法律需要定期地实施超越常态的活动，也就是在公共控诉结果确立后，对公民认定有罪者施以具有杀鸡儆猴效果的刑杀以矫正腐化的民风（$D.I.7:2$）。

此种在常态之中仍须定期发挥超越常态政治力的思想，深刻贯穿了马基雅维里政治秩序论的各个面向，从秩序的创建、制度及风俗习惯的维系，乃至腐化政治共同体的更新等，都将经由此种超越常态的力量加以完成，其重要性不言而喻。马基雅维里在讨论立法家、公民自治以及新君主的活动时，均指出此种超越常态力量的作用，虽然其运作方式有别，进而造成不同的政治效果，但其作为政治变迁（也就是波考克所说的政治创新）之根源却并无二致。这个超越常态的时刻，乃是先于任何常态政治秩序的起始（*principio*/beginning），且于其中没有任何规范的限制。在《李维罗马史疏义》中马基雅维里明白指出，要是常态的秩序本身已经是坏的，则必须以超越常态的方式加以更新，而超越常态的手段他列出两点：暴力（violence）以及军队（arms）（D. I. 18：4）。在《君主论》中，他也主张：

> 君主必须把自己建立在好的基础（good foundations）之上，否则必然招致灭亡。而一切国家的主要基础……乃是良好的法律和良好的军队，因为如果没有良好的军队，便不可能有良好的法律，而若有良好的军队，便一定会有良好的法律。（P. XII：1）

评论家往往困惑于军队如何可能造成良好的法律（Gilbert, 1968：65），[③] 而根据笔者的诠释，唯有依循前引《李维罗马史疏义》第1卷第18章的论点，将军队关联于超越常态创造秩序所必须使用的暴力才能建立二者的关系。这个诠释并可印证《君主论》第18章所论运用法律以及运用武力两种斗争方法之真义。马基雅维里指出，运用法律的斗争方法虽然是人类所特有的，但在现实界中，此种方式往往有所不足，所以常须诉诸属于野兽的武力斗争方式，才得以保持其支配。武力斗争的战争状态可以被理解为任何超越常态性冲突时无法逃避的必然性，而运用法律的斗争则是秩序内冲突的常态；此两者之辩证关系构成马基雅维里政治秩序论之主轴之一。

马基雅维里虽主张"超越常态的活动"以及"武力斗争方式"是任何常态化的政治秩序不可或缺的前提基础，但他并非讴歌暴力至上论，并且深刻地意识到其主张在伦理上之紧张性。马基雅维里指出，新君主之道不仅为基督教道德之敌，而且与任何人类生活方式均不相容。想要从此困境逃离的人都应该隐遁于私人的地位，不应成为政治人物而毁灭他人；但任何真想为社君谋福祉的政治领

---

③ 斯金纳与罗素·普林斯（Russell Price）在剑桥版《君主论》译本中也指出，或许此处好的法律应了解为好的秩序，马基雅维里之立场才较有说服力（Skinner & Price, 1988：43注a）。

袖，却又不得不采取此种罪恶（evil），俾求维持自身的地位（D.I. 26）。与亚里士多德力主的"中道"精神相反，马基雅维里认为那些采取中间路线的人将非常不利，因为他们既不知如何全然为恶，亦不知如何全然为善（D.I.27）；即无能力完成秩序之创建，也无法维持自己的支配地位，使个人与社群均濒于危殆。马基雅维里的政治伦理指向一个人类政治场域所特有的内在紧张性，也就是政治活动（无论其目的乃在为善或为恶）无可避免地将使用超越常态或邪恶的手段，这对任何具有反省力的行动者均将构成无可回避的良知挑战，所以也只有非常少的人能够在政治场域中克服此紧张性，达到真实的光荣。马基雅维里指出，此紧张性之根源在于：

> 将城邦重新建立秩序成为政治的生活方式预设了一个好的人，而经由暴力途径成为共和国之君主预设了一个坏的人；我们将发觉下列两种状况都非常少发生：其一是一个好的人希望经由坏的方式成为君主，即使他的目的是好的；其二是一个坏的人成为君主之后希望从事好的工作，因为以坏的方式取得权威的人，将不可能在其心灵中思考如何去善用此权威。（D.I.18：4）

马基雅维里理想中的政治人物正是能克服政治场域的紧张性，在超越常态的活动中结合良善的目的以及邪恶的手段，而没有任何良心上的不安者。正因为马基雅维里认为，凡是成功的政治行动者，无论是立法者、共和国的全体公民或新君主都具有这个"超越善恶之外"的特质。

四、马基雅维里论政治秩序之构成

如前节所论，形式/质料以及超越常态/常态秩序的辩证两组范畴，乃是马基雅维里政治秩序论的基础，我们可以进一步思考政治秩序的实际构成方式。马基雅维里对于"秩序"一词有着相当清楚的界定：

> 我主张在罗马有三种政府秩序（order of the government），或国家秩序，然后才有法律，而此二者加上执政官共同制衡（check）了公民。国家的秩序包括了人民、元老院、护民官、执政官的权威，选取与创造行政官员的方式，以及立法的方式（mode）。这些秩序很少或几乎不随着偶发事件而有所变迁。（D.Ⅰ.18:2）

秩序、法律以及风俗习惯三个元素构成制衡人性之中腐化倾向的三个主要力量，而政治艺术的主要课题便是如何在创建以及改革的时刻，将这三个元素加诸于既存的政治社群成员之上，使形式与质料能够在这些超越常态的时刻规定下来。

在马基雅维里思想中，"质料"乃指涉政治支配的对象，也就是人民及其所构成的社会关系之总体。大部分政治思想史之研究均指出，马基雅维里的人性论属于主张人性本恶的悲观主义阵营（Schmitt, 1976:59；吴庚，1981:79—80）；值得注意的是，他并非由形而上的角度论述人性之本质，而是就着立法家创造制度的观点，主张在创造秩序时必须"预设所有的人都是坏的，当他们一有机会便会使用其精神中之邪恶"（D.Ⅰ.3:1）。由此预设出发，马基雅维里将人区分为两种基本形态：一种是权贵分子（uomini grandi），一种是一般平民（uomini populari）。这个区分有时被理解为贵族阶层与一般平民之对立，但事实上，马基雅维里所强调的乃是人类精神（animo）之中，两种最根本的秉性（humor）所显示的不同样态（Mansfield, 1996:24）：权贵分子的主要秉性在于支配他人的权力意志，而一般平民则追求自由以及不受支配的欲望（D.Ⅰ.5:1）；前者的权力意志很容易导致侮慢性的心态，而后者追求自由的意志往往演变成对于可能破坏自由生活者之过度疑虑。由于任何一个共同体之"质料"均由这两类人所构成,马基雅维里政治艺术的主要课题正在于如何由此种具有内在矛盾的质料当中建立具统一性且可持续存在的政治秩序。此外,马基雅维里并将这个由人民组成的"质料"区分为两种存在样态:腐化的以及未被腐化的,腐化与否的主要指标在于人民的社会关系是否平等。若有极端的不平等存在,特别是在不平等的社会条件中却有着一个不事生产的士绅阶级时,则为腐化的表征。在腐化的社会条件下,追求自由的共和政制几乎不可能实现($D.\,\mathrm{I}.\,55$),除非以超越常态的方式重新改造质料。

相对于质料,"形式"指的是政治秩序构成后所实际具有的形态,即如本书第一章所述,在古典政治思想传统中,"政制"(politeia)构成城邦的形式。而亚里士多德所关心的问题乃是在城邦中谁应拥有最高权力(Pol., 1279a),是以他主张掌握此最高权力的不同统治集团(单个人、少数精英分子或一般平民)决定了政体之形式。马基雅维里虽然在《李维罗马史疏义》第1卷第2章援引波利比乌斯的政体循环论,但这并非表示他继承了亚里士多德六种形式的政体论(Mansfield, 1996:82—83)。当代学者也有尝试系统性地重新建构马基雅维里不同形式的政体理论者,如马库斯·菲舍尔(1995:183—233)即以个人统治及制度性统治(以法律为枢纽)作为根本区分,重新整理马基雅维里文本,认为个人统治包括了新君主、教会的君主、继承式君主以及混合君主制;而制度性统治则包含了创建、共和国以及市民的君主国等,他并为各种统治形态找出内部公民服从以及政治权威强制的不同机制。在菲舍尔此种系统性的建构之中,虽然马基雅维里仍以新君主作为政制变化的根本动因,但在价值上显然偏向于制度性统治,可说是相当巧妙地结合了权力政治以及公民共和主义式的诠释。

然而,此种系统性分类仍有其限制,容易让人忽略在马基雅维里思想中,"形式"的根源并非仅如亚里士多德政体论所述存在于

"政制"或城邦统治团体的权力分配结构中,而是存在于创建者的超卓德性以及行动能力之中。形式存在于政治领导者自己的心中,并透过行动将之加诸质料之上,从而创造新的政治秩序。马基雅维里明白指出,"当质料未腐化之时,冲突及其他纷扰不会带来伤害;而当质料腐化时,良好秩序的法律亦无所助,除非这些法律被一个具有极端力量(extrema forza)的个人所推动,使得质料变成好的。"(D.I.17:3)换言之,相对于质料,政治行动者代表一种能动的"极端力量",而能使人民质料成为善的并服从法律。此种能动性力量在超越常态的时刻得以引介任何政治形式,如他在《君主论》所说的"除了独有机会外,他们(按指摩西、居鲁士、罗慕路斯、提秀斯等伟大创建者)并没有依靠什么幸运,机会给他们提供质料,让他们把它塑造成为**他们所喜欢的任何**形式"(P.Ⅵ:2—3)。换言之,马基雅维里的形式概念,终极地看来,依赖于政治行动者的创造活动本身。

创造者代表四因中之动力因,能够造成运动或静止得以开始的本源(arche)。然而,创造者心中所思及的形式或许完全根源于其自身,如欲将之于现实世界中实现,则仍遵行一定的途径,特别是必须寻找克服前述人性悲观论的主要工具。秩序的创造既然预设了人性本恶的事实,而此种倾向又根源于人类精神活动之本然欲求,马基雅维里认为政治无法将此种人性彻底改变(如性善论者所主张的),是以唯有透过"制衡"的方式,将人邪恶的本性设法导正,而成为可以从中创造出秩序的质料。关键的问题,当然是此种"导正"(correction)如何可能(Gilbert, 1968:43—45)?马基雅维里在不同的脉络中提出数种可以运用的方式。首先,他主张立法家应运用人民质料内部两种相对立的秉性(权力意志以及追求自由的欲望),让二者互相制衡。这个分析观点引入了马基雅维里著名且备受争议的主张,亦即罗马贵族及平民的不和(disunion)非但无害,反而构成罗马共和制度得以繁荣持续扩张的主要原因(D.I.4—

6）。其关键性的论证在于，罗马为了达成光荣而必须扩张，不可免地须将人民引入政治场域之内，而不能如斯巴达及威尼斯，将人民排除于政治场域之外。如此一来，有必要为人民的野心找到适当发泄的管道，以使之成为自由的护卫者（guard），并制衡贵族的权力意志（D.I.5:1）。

第二个重要的制衡机制则是法律，由他称"法律乃为自由生活方式之神经以及生命"（D.I.33:2）可看出（cf. Skinner, 1981: 67—72）。事实上，马基雅维里在《李维罗马史疏义》一开始便论述法律的重要性，于第1章将城邦建址之选择以及法律秩序之创造同时标举为政治开端（beginning）最重要的两个课题。为了日后扩张之需要，马基雅维里主张建址于丰饶之地方能有足够之资源，然而必须加以防范由此容易滋生的好逸恶劳的惰性以及腐化问题。自然环境既不足以驱迫人辛勤工作，立法家遂必须"创造法律秩序成为一种必要性（necessity），以限囿（constrain）人的安逸惰性"（D.I.1:4），而马基雅维里指出，法律的此种制衡功能具有"设定恰当限度"的作用（D.I.1:5）。唯有经由必然性的驱使，人才有完成善业（good work）的动机（D.I.1:4；3:2；cf. Mansfield, 1996: 13—16），所以立法家最重要的任务乃是"通过其所独有的政治权力去型塑法律，以达成共善的目标"（D.I.9:3）。

然而，徒法不足以自行，为了使法律能持续发生制衡人性的力量，马基雅维里认为必须建立相应的风俗习惯使人民得以服从法律秩序，不致回到无秩序前的混乱状态。基于此点考量，他主张以宗教改变人性，宗教遂成为政治创造者所能运用的第三个制衡机制。马基雅维里指出，"努马所建立的宗教乃是罗马城幸福的主要原因之一，因为宗教造成了好的秩序，好的秩序带来好的机运，而有好的机运则产生了志业的愉快成功"（D.I.11:4）。宗教如何可能造成良善秩序？马基雅维里认为只有诉求于上帝，一个秩序创造者方有可能引进超越常态的法律于人民的身上，否则，他们是不可能接受的（D.Ⅰ.11:3）；也就是说，马基雅维里借重宗教影响人心的力量，以达成引介超越性法律之目的。他同时并反对基督教当时存在的形式，主张回到基督教兴起前希腊罗马的异教（pagan religion）。马基雅维里批评基督教为人所知的理由，乃是其为造成当时意大利分裂以及腐化的祸源（D.Ⅰ.12；D.Ⅱ.2:2）；但他之所以称扬异教，则有更深层的理论原因，即他试图将异教中献祭（sacrifice）的仪典政治化，成为足以在人民心中引起恐惧，进而养成守法习惯的动力。献祭的政治化所映在马基雅维里著名的"杀害布鲁图斯之子"观点中（D.Ⅰ.14；D.Ⅲ.3），此为罗马共和创建最关键性与戏剧化的一刻，这不但是超越常态的创制时刻，且其描述方式事实上相当接近于异教献祭的仪典。马基雅维里在第一次讨论"杀害布鲁图斯之子"的前一章（D.Ⅰ.15），讨论罗马的敌国萨谟奈（Saminates）人在战争危急时采用最原始的人祭仪典，强迫每一战士发誓绝不脱逃，看到任何脱逃者均格杀勿论，并发誓绝不将此时的情境泄漏。这个献祭仪典由于其"景象的野蛮性"（ferocity of the spectacle），在参与者的心中造成了无比的恐惧，也激发出他们的战斗力。要不是他们遇到的是罗马这一支更加野蛮的民族，此种宗教力量必能造成战争的胜利。④

而马基雅维里在说明"杀害布鲁图斯之子"时，明指其为"令人永志不忘的刑杀"（memorable execution），因为"父亲在审判席上，不仅判决其子之死，且在场目睹行刑，这在人类对事务的记忆中是非常罕见的事例"（D.Ⅲ.3:1）。皮特金（1984:250）指出，马基雅维里在此似对《圣经》中亚伯拉罕与以撒的故事有所影射，这是很有可能的。依据其诠释，亚伯拉罕能够基于信仰牺牲其子，这样超越常态的活动使得耶和华与亚伯拉罕建立了盟约，其子孙

---

④ 马基雅维里在比较基督教与异教之基本性格时（D.Ⅱ.2:2）指出异教将世界内之荣耀视为最高善（sommo bene；亦即中古经院哲学之 summum bonum），乃得以激发人性中之野蛮性及勇气，他并强调献祭仪典于此之重要性。

后世皆为上帝之选民而得以繁荣滋长(《创世纪》22章)。相对于亚伯拉罕,布鲁图斯的行动可谓更加超越常态,其子不像《旧约圣经》亚伯拉罕献祭以撒的故事中,由于耶和华在最后一刻的介入,使得以撒得以维持生命并得到永恒的祝祷,而是实际上以死亡作为新生罗马共和的献祭。马基雅维里或许用此传说来抗衡基督教选民说的论述。由布鲁图斯的事迹,可见马基雅维里所称借由宗教之力能够引进任何超越常态的法律并使人民服从之,并非虚言。换言之,我们若要详尽分析马基雅维里对统治形态的分类及其中政治领导与人民服从的样态,可能有必要将法律的建制(常态性秩序)以及宗教的运用(非常态性时刻)同时作为区分标准,方能全面掌握马基雅维里政治序论的真实意向。⑤

而以四因中之目的因而言,马基雅维里主张扩大公民参与。即使他对参与之扩张必定意味着冲突之深化有所洞悉,却不选择走回亚里士多德所倡议的小国寡民之城邦政制"自足"理想,而认为罗马向外扩张的帝国主义政策较能配合全民参与的共和政制。对马基雅维里而言,攫取是人性之本然(Mansfield, 1996: 47),唯有扩张所带来的繁荣昌盛能够满足此种本能。希腊政治哲学所主张的"自足"(self-sufficiency)虽然符合目的论哲学对人类活动必须有所界限的观点,但要确保自足的状态必须与外在世界彻底隔绝,并维持政治共同体之内完全的平等。观照人类历史,这是不太可能发生的情境,因而斯巴达以及雅典都在扩张的过程当中日趋式微,唯有罗马的共和政制能够在扩张中持续地维持自由的生活以及繁荣昌盛。对马基雅维里而言,由于主宰人类事务者半为德行、半为机运,要想在此变动不居的世界中成功,必须要积极地克服机运的变化,故应采取罗马的典范所代表的扩张政策,提倡以集体的德行克服机运

---

⑤ 马基雅维里的讨论,应对比于本书第二章所述西塞罗《论共和国》第2卷讨论努马以及布鲁图斯。西塞罗的论述所强调的是人民的同意以及自由抵抗暴政的正当性,毫无马基雅维里所强调的"超越常态"性。

的变化，而达到真实的荣耀。在这个意义上，马基雅维里所建构的是一个现代的公民共和主义论述，在本质上完全突破了亚里士多德政治统治的古典理念。

当秩序与常态建立之后，成员的生活仍然可能随着各种偶发事件与时间的进程而不断变迁。因为对马基雅维里而言，人类事务是永远变动着的（D.I.7:4），所以秩序与法律会逐渐失去原来得以约束人性的制衡力量。法律可以因应现实的需要而与时俱进，但秩序形成之后便很难改变；所以马基雅维里强调，随着事态的变迁，不仅法律需要变革，连根本秩序亦须因时制宜："假如罗马希望维系其自由生活不致腐化，那么就必须创造新的秩序，正如同在其生命历程中它创造了新的法律。因为吾人必须在坏的对象与好的对象之上创造不同的秩序与生活方式；而在完全相反的质料上也无法有相似的形式。"（D.I.18:4）

值得注意的是，马基雅维里此种不断更新政治秩序的主张，使得他与古典亚里士多德式"*politeia*"以及近代以来宪政主义所主张基本大法不应轻易变革的想法大异其趣。马基雅维里的主张是，任何政治秩序（包括共和政制）及良善法律皆无法自然生成，必须有外在的力量加以创造以及持续地加以维持。换言之，马基雅维里的共和主义既非如近代自由主义所主张为了确保个人的消极自由而试图削减政府的权威，亦非完全如波考克等公民共和主义者所称，在政治参与之中能够建立积极意义的政治德行；他所主张的乃人民参与统治活动的共和政制要件符合之后，政治权威的行使仍能如王政一般有效能。换言之，《君主论》中所讨论的一人支配仍存在于共和政制之中，但是经过了制度化的中介过程，成为不与人民政治自由抵触的政治权威（Crick, 1970:19）。此种统治权威至少有三种样态存在：第一，公民自治无法自我生成，必须在创建者透过其英雄德行的转化而加以创造（D.I.9—10）；第二，在共和政制平时运作时，此权威由人民所享有，而在紧急状况发生时，则必须依照宪政的程序指定独裁者（dictator），于特定的时间之内集中政治权力于一身，以期消弭紧急状况（$D.\text{I}.33—35$）；第三，共和政制逐渐腐化时，有必要实行定期的改革，而"将事务带回其根源"则有赖于具备德性的政治领袖楷模所带来的风行草偃之效（$D.\text{III}.1$）。

五、公民共和主义和政治决断论？
——马基雅维里政治观的现代意义

本章前言已指出，在英语世界当代马基雅维里思想诠释的主轴乃是公民共和主义。但笔者在探究马基雅维里政治秩序论及其所预设的基本范畴后，主张纯粹的公民共和主义并无法穷尽马基雅维里思想，因为其思想中蕴含了相当浓厚的政治决断论以及权力政治色彩。这并不令人意外，因为在公民共和主义的诠释由文艺复兴史学家（如 Hans Baron, 1988）开始重新提出之前，马基雅维里思想向来被视为近代权力政治与国家理性论的先声。然而，笔者亦不主张将马基雅维里再一面倒地推向权力政治论的阵营，因为他毕竟提出了大量关于共和政制所应具备的德行基础等论述，不容抹煞。而我们所关怀的是理论问题的探讨，亦即马基雅维里对于政治作为一种活动领域所特有的根本原则之见解。最近学者尝试重新诠释西洋政治思想中两个重要的思想典范，亦即公民共和主义传统以及近代民族国家所本的地域占有概念（以施密特所提出的政治决断论为代表）（Ely, 1996；蔡英文, 1997），吾人是否能由本章的论述进一步探究马基雅维里政治秩序观的精神？对于这个问题，可由公民共和主义对马基雅维里的诠释有意或无意忽略之处来探究公民共和主义如何压抑了马基雅维里思想中政治决断论的成分。这个色彩在波考克以及皮特金的诠释之中是最为明显，而值得注意的是，他们的研究取向均受到阿伦特之深刻影响，笔者认为波考克及皮特金乃以不同的方式尝试克服阿伦特对马基雅维里之批判。

阿伦特在分析西方政治思想中"权威"（authority）概念之时，以马基雅维里的创建政治观作为古典传统之终结以及现代革命理念的发轫（Arendt, 1977：136—141）。她并对马基雅维里思想中政治创造必然蕴含着暴力的政治观念加以分析，指出在此点上马基雅维里悖离了罗马的传统，不再将创建视为过去之事件，而是一最高之"目的"，由此证成达成此目的之手段，特别是暴力的手段。阿伦特于此独排众议地指出，马基雅维里的政治创造其实接近柏拉图将政治活动视为技术性"制造"（making）的结果。而由本章所述马基雅维里政治观的基本范畴为形式／目的之对立，的确与亚里士多德在《物理学》第2卷所讨论的四因论，在自然以及技艺诸领域中之制造活动有相近之处。阿伦特对马基雅维里的批评根植于她在《人的境况》（The Human Condition）之中所铺陈的哲学人类学的分析架构。她区分人类活动的三个基本样态：劳动、工作以及行动。劳动乃是人由于具体的需要而对自然所采取一种反复式的欲望满足过程；工作则是人类可依其心灵中设想的目的或蓝图而制作出客观的事物；行动则深植于人的多元性，以及必须透过与他人的平等关系建立起政治性沟通网络，而从事以语言、表现等为主轴之互动。这三种活动虽然都是人类存在所必不可免的，但阿伦特认为它们仍有高下之别：因为劳动过程其实只是自然循环的一个部分，而工作以及客观化的原则过分强化之后，将造成人类世界技术化的结果，唯有行动尊重人类存在所本有的多元性以及随时自我创新并与他人沟通的根本能力。[6] 阿伦特前述对马基雅维里政治观作为一种技术性制造概念之批评，事实上呼应了她对工作领域一般性的批评，也就是人的技术制造活动必然导致将外在事物当作其自身之质料与对象，而所谓"将目的加诸质料之上"，乃意味着以暴力的方式改变事物之本然（Arendt, 1958：139—140）。在这个意义之上，

---

[6] 关于阿伦特的行动理论，可参考江宜桦，2001，第八、九章，以及蔡英文，2002a。

阿伦特强调希腊城邦公民政治活动的实现（energia；actuality）性格（ibid., 197—198, 205—207），而反对含有目的论、制造色彩的立法活动（ibid., 188—190, 194—195），将之视为柏拉图哲王说在西方政治思想史上所创造出影响深远的负面遗产，而马基雅维里之创制说亦为此负面传统之一个著例。

波考克诠释的根本意图，即在于设法克服阿伦特所指出马基雅维里思想中的"制造"色彩。而他采取的诠释策略有二：一方面压抑一人统治在公民共和主义中之地位，另一方面则将公民自治的政治社群由政治制度升华成为具有历史意义的超越常态之存在。以第一个面向而言，我们可清楚地看到在处理《李维罗马史疏义》之专章中（Pocock, 1975：183—218），他几乎没有碰触该文之中关于一人统治的论述，例如创建者、改革者或者是"杀害布鲁图斯之子"等重要课题。他将关于一人统治的诠释放到前一章讨论《君主论》的部分（ibid., 167—176），而将伟创建者的活动（即能创造也能稳定地制度化）视为是一种"拟似的解决"（"quasi-solution"）（ibid., 168），因为创建者超卓的存在意味着他完全不受现存政治社会的制约，而波考克征引亚里士多德所称德行卓著、超越城邦限囿之个人为"野兽或神祇"（ibid., 167），而对此创建者实际出现之可能性加以质疑。透过这种方式，他强化了马基雅维里思想的第二个面向，亦即共和社群的存在意义。特别是成为足资怀念的集体回忆之对象，达成了历史荣耀，而这个诠释完全呼应了阿伦特对于行动所称许的终极价值（Arendt, 1958：198）。

皮特金也采取类似的进程，切断创建者与公民自治间之理论关连，而称"创建者乃是马基雅维里在阅读罗马古史所得的想象上，所投射出的幻想（fantasy）"（Pitkin, 1984：54）。她进而主张区分马基雅维里思想中具有两种不同取向的政治观：一是以为一人的创建乃父权式的，无法转化为平等公民的自我统治；另一取向则不将罗马的创建视为一人独自的创造活动，而是一个持续集体共同建构的过程。皮特金强调后者，主张马基雅维里所力主罗马贵族与平民的冲突乃是政治自由的根源之说法，代表一种"持续创建的过程"（ibid., 276—280），如此一来便克服了阿伦特对马基雅维里政治观作为一种单一行动者制造取向理论之严厉批评，从而将马基雅维里思想铺陈为一套公民自治自我生成的政治哲学理论，有别于亚里士多德城邦自然发生论以及创建者一人创造论，而由于其强调人类存在之多元性与开放互动，形成适合现代多元文化情境的公民共和主义政治观。

波考克与皮特金的诠释虽然巧妙，但是均刻意减低一人统治在马基雅维里公民共和主义论中之枢纽地位，这等于是指出其实马基雅维里的思想有着根本的矛盾（由一人创造无法过渡到制度性政治统治），压抑此种矛盾，而强调公民自治的自我创造。此种诠释路径显然是有所偏颇的。我们不难想象一个相对立的诠释，亦即接受同样的矛盾，但压抑公民自治，强调其对立面的一人统治在马基雅维里思想中之枢纽地位，从而将马基雅维里描述为政治决断论或权力政治论者。事实上克劳斯·黑尔德（Klaus Held, 1996）及曼斯菲尔德（1996）正是采取此种进程，而曼斯菲尔德再进一步以古典政治哲学的角度对马基雅维里思想加以批评。

事实上，本书第一章讨论亚里士多德共和政制理论时，已经指出他尝试整合民主式公民身份以及寡头式统治团体两种论述，而公民参与和立法家的创建也同时并存。值得注意的是，公民共和主义与政治决断论表面上虽为完全对立的诠释策略，然而二者却有着某种深层的亲和性：二者均强调超越常态事例的重要性。施密特的"例外状况"以及其间根本政治"决定"的优先性，已是我们耳熟能详的课题；而阿伦特其实亦强调行动以及基于行动所形成的政治领域（公民自治）本身相对于日常生活的超越常态性格（Arendt, 1958: 197）。而波考克将公民自治描绘成超越习俗之外历史上的光荣时刻，实继承了阿伦特思想的基本精神。

假如政治决断论以及公民共和主义者均强调超越常态活动在政治场域中之重要性，则我们如何理解马基雅维里的政治秩序观究竟较接近哪个典范？或许这个问题自身就是一个错误的提问方式，因为二者所强调的超越常态性在马基雅维里思想中本来同时并存，但它们所具有的理论意涵并不相同。政治决断论所强调的超越常态之决定乃是**具体政治脉络**中实际上能够引起政治变迁的权力；而公民共和主义所谈的超越常态，则是以**世界史的观点**来诠释公民共和这个政治理想本身的特殊性格。这两者不但有可能结合，而且马基雅维里的政治秩序论，更铺陈了现代共和主义的论述基础。⑦

---

⑦ 本书以下所论近代共和主义的进程，包括卢梭、《联邦论》以及西耶斯等，都有面对决断论与规范论的这个议题。除此之外，韦伯的政治思想也继承了马基雅维里的思想遗产，因为克里斯玛（charisma）的支配方式乃是马基雅维里论述一人统治的现代版本（吴庚，1981：79—80），而公民共和主义的超越常态性，则可见于韦伯将西方城市公民自治列举在"非正当的支配"的范畴，而作为西方近代自由观念的根源。此种结合既能掌握政治场域内在的能动性，又能以世界史宏观的角度掌握价值性的制度与事务，应是值得进一步探索的问题。在这个课题上，韦伯学者威廉·亨尼斯（Wilhelm Hennis）指出，"韦伯属于近代政治思想的不同传统，而与马基雅维里、卢梭、托克维尔有所关联"（Hennis, 1988：196），笔者完全赞同这个判断。

第五章　卢梭的民主共和主义[①]

一、前言

研究现代政治理论，必须先确定所谓的"现代性"（modernity）之意涵，而一般均以自由主义与宪政民主作为现代政治的主要特质。但近年来由于民族主义以及多元文化论述之冲击，使得现代性本身成为重新检视的理论对象。当代德国思想家哈贝马斯（Jürgen Habermas）即指出，法国大革命带来了新的政治意识以及正当性原则，包括：突破传统主义的历史意识、政治被理解为一种自决（self-determination）以及自我实现（self-realization）的活动等。在此种现代政治意识的冲击之下，政治制度自然有着相应的巨大变化，其中包括了资本主义经济系统以及市民社会之发展、现代国家

[①] 本章为节省征引篇幅，引用原典缩写如下：
D.: "Discourse on the Origin and Foundations of Inequality Among Men", in *The Discourses and Other Early Political Writings*, tran. Victor Gourevitch, Cambridge: Cambridge University Press, 1997.（本章缩写为 D., 并以章节数征引之，例如 D.II.1 即代表第 2 章第 1 段，以便参考其他译本。）
S. C.: "Of the Social Contract", in *The Social Contract and Other later Political Writings*, tran. Victor Gourevitch, Cambridge: Cambridge University Press, 1997.（本章缩写为 S. C., 征引方式同上。）
S. W.: "The State of War", in *The Social Contract and Other Later Political Writings*, Tran. Victor Gourevitch, Cambridge: Cambridge University Press, 1997.（本章缩写为 S.W., 征引方式同上。）

统治机器之逐渐完善、民族国家之发展以及宪政民主制度的完善化（Habermas, 1996: 464—467）。然而这些现代社会政治制度乃根源于不同基础，在历史发展中，也因特殊的进程而导致完全不同的体制。自从1980年代末期社会主义国家瓦解，市民社会、民主制度乃至民族主义在中欧浴火重生，重新检视这些现代政治制度之正当性基础遂重新成为重大的理论课题。

哈贝马斯进一步观察到，政治现代性的各种理论课题，均可追溯到卢梭的政治哲学。诚然，以思想史的角度而言，许多当代政治论述，如激进民主论、民族主义、普遍人权论等，均可在卢梭政治秩序论之中找到理论根源（Habermas, 1996: 472）。然而，在此种纷杂的思想史进程之中，是否能还原卢梭政治哲学之原始样态？笔者认为，欲理解共和主义、自由主义、民主政治以及民族主义之复杂关联，实有必要重新厘清这些理念在卢梭系统中的原始意涵。理解原始意涵并非纯然基于一种历史旨趣，而是通过了解卢梭概念建构的进程，我们得以进一步思索现代政治的困境及出路。

本书前两章论述了马基雅维里的共和主义如何突破自然法的范围；但将公民共和主义论述与近代意志哲学相结合并建立规范意义，则以卢梭思想最具关键性。本章切入的角度，正在于"自由政制如何创造以及维持"这个核心议题在卢梭政治思想中，通过社会契约转化为现代民主共和主义的理论进程。"自由"为卢梭政治思想之核心概念已为中外学者之通见（朱坚章, 1972; Masters, 1968: 69—73; Cullen, 1993: 3—30），故本章不拟复述此一课题，而着重于探讨维持政治自由所需的制度，及其生成之条件与过程。卢梭政治秩序论的原创之处，在于将历史性的"奠基性迷思"加以转化（沈清松, 1995: 52—56），并将前此社会契约思想着重程序主义性格，转变为以民主过程的意志形成（democratic will formation）为核心之理论。

二、普遍意志与政治权利——共和原则之证成

卢梭在《社会契约论》开宗明义地宣示其所欲探讨者乃"具有正当性（legitimate）以及确定性（sure）的行政规则"。为此，他说明其建构途径乃是"人之实然（men as they are）以及法律所可能者（laws as they can be）"。这个纲领式的宣示蕴含了卢梭政治哲学的特殊方法论，也唯有恰当地解读此方法，吾人方有可能深入地理解卢梭政治秩序论将实然与可能性结合为一的根本目标。显然地，卢梭心目中的政治秩序能够同时结合正当性以及规则的稳定性，但此种结合如何可能？这个问题牵涉《论人类不平等的起源和基础》的第二部分，卢梭描绘了社会的演化进程，在其中政治制度由于缺乏正当性，从而无法具备稳定之基础，必定朝向更坏的可能持续发展。《社会契约论》所揭示的政治秩序原则，便是足以克服此种现实社会政治矛盾的"政治权利之原则"，而这正是《社会契约论》的副标题。

《社会契约论》之政治正当性论述预设了卢梭前作《论人类不平等的起源和基础》对社会的批判。后者提出两个有关现实政治辩证过程的重要主张。第一，卢梭运用"人性"（human nature）一词时，并不指涉一组特定不变的特质，既非自然人的素朴性，亦非公民国家的道德人。事实上，贯穿《论人类不平等的起源和基础》与《社会契约论》的主要论旨，即为人性的可变性（Plattner, 1979: 109—110）。笔者认为，当卢梭于建构社会契约论时，声称将考虑"人之实然"（men as they are）（S.C., I : 1），所指的正是此可变性。换言之，卢梭的主要理论取向，并非将人类带回原始素朴的纯粹自然状态，而是要善用人性可改变的特质，塑造真正具有正当性与稳定性的政治共同体，克服未加控制的自然在社会中对人类所产生的负面影响。

第二，政治乃是足以克服社会不平等的艺术，其方式并非对现实世界不平等状态加以局部改良，而是要奠立全新的基础，使得正当的政治权威成为可能。卢梭将此种政治艺术称之为一种可能的

艺术，也就是人类运用"完美的立法"（perfect legislation），克服自然的背反性，创造出人为的政治世界（S.W. 21—24）。卢梭指出"道德事物方面可能性的界线，并不像我们所想像的那么狭隘"（S. C., Ⅲ. 12: 2）。在说明罗马共和以及各民族早期历史中，由人民行使主权的事例后，他强调，"无论如何，这一无可辩驳的事实本身就回答了一切难题。根据存在（existence）来推论可能（possible），我以为这是个好方法"（D. Ⅲ. 12: 5）。可能性的领域乃是社会契约与普遍意志所运作的领域，其构成的根本原则乃是"权力"（droit；right）观念。卢梭如何克服前此社会演化所展现出的恶性辩证，创造出以权利为依归的正当性支配？这是本章所欲处理的主要课题。

《社会契约论》与《论人类不平等的起源和基础》之关联，卢梭仅以一段简短的文字加以带过："我假定，人类曾达到过此一时点，其中自然状态不利于人类自我保存的种种障碍（obstacles），在阻力上已超过了每个个人在那种状态中为了自存所能运用的力理（forces）。于是，那种原始状态便不能继续维持，而人类如果不改变其生存方式，就会灭亡"（S.C., Ⅰ. 6: 1）。这个社会契约的起点，相应于《论人类不平等的起源和基础》中的战争状态，无论此状态为国家发生之前（D. Ⅱ: 29），或者为政治制度辩证发展到极致的专制状态〔卢梭称之为"新自然状态"（D. Ⅱ: 56）〕，都是接近于霍布斯所描绘的自然状态。在霍布斯的思想中，人类得以克服此种自然状态乃源于每个人均有的对死亡之恐惧（fear of death），使得人们逐渐了解到不能够单纯地诉诸自保的绝对自然权利，因为后者会造成每个行为者均无限地累积自保所需之权力，使得每个人对其他人的威胁益形严重，从而不断升高冲突的可能，而和平将无由获致。解决之道，在于人类诉求于自然法（natural laws）来追求和平的律令，然后借由创造一不可侵犯之主权者作为保障自然法落实于实证法之中，来解决自然法缺乏制裁力（sanction）的根本问题。卢梭很早就指出，自然法学派（包括霍布斯的理论）在讨论社会契约时，都预设了行为者精微的理性能力，这是在自然状态中的个体所不可能具备的（D.Ⅰ.6）。

换言之，卢梭所论述的社会契约尝试克服理性主义的建构方式，而能基于意志主义以清楚且明晰的单一行动来完成政治社会的建构。在一段著名的文本中，他指出其社会契约所欲解决的根本课题乃是：

> 要寻找出一种结合的形式，使它能与全部共同的力量来卫护和保障每个结合者的人身（person）和财产（goods），并且由于这一结合，而使每一个与所有其他人相联合的个人又只不过是在服从自己本人，并且仍然像以往一样的自由。（S.C., Ⅰ.6:4）

卢梭一再强调此处的各条件决定了社会契约作为一种行动的根本性质（the nature of the act），因此不能有任何的更改，否则社会契约将无效作废（S.C., Ⅰ.6:5）。此处的措辞让我们注意到，其社会契约的真实本质并不在于某种法律所规定的交换性契约关系，而是一种"行动"。[②]

至于社会契约的基本条款，卢梭做了以下之说明：

> 我们每个人都将其自身（person）及其全部力量（puissance; power）共同置于普遍意志（volonté générale; general will）的最高指导之下，而且我们在共同体（corps）之中接纳每一成员作为全体不可分割的一部分。（S.C., Ⅰ.6:9）

---

② 卢梭曾对人的自由行动（free action）提出说明，认为有两种原因的结合方能产生此种自主行动，一为道德性原因，亦即决定此行动之意志（volonté; will），另一则是物理性原因，亦即执行此行动的力量（puissance; power）。他作此区分的主要目的在于将政治共同体分出两种构成元素，而由立法权体现意志的层面，另由行政权体现力量的层面，唯有二者的结合，才能产生共同之行动（S.C., Ⅲ.1:2）。然而此自由行动理论事实上构成其社会契约的论述基础，而不仅限于政府论的议题之上。笔者认为，唯有从行动的角度来解析社会契约论的几个关键环节，方足以恰当理解卢梭思想的特殊性。

卢梭将此社会契约称之为"结社行动"(act of association),由此行动能够从个别的私人中创造出一个集体的道德性共同体,并产生了此共同体的"统一性"(unity)、"共同的大我"(*moi commun*)、"生命"以及其意志(S.C., I. 6:10)。卢梭进一步论述此公共人格(*personne publique*, body politic)即为以前的城邦,也是现在的共和国(republic)或政治共同体(*corps publique*);而卢梭所要研究的即为此政治共同体之制度以及组成成员的活动。很显然地,"结社活动"或社会契约乃是卢梭政治体系当中最根本的活动,也就是自由的政治共同体之构成。

如此所建构出道德性的政治共同体,其最显著的特质乃是主权者为全体人民所构成。这个集体的人民不但具有同一性,而且拥有一个共同的"普遍意志"(general will),让民主共和主义在主权论的层次得到证成。《社会契约论》最重要的论述策略,就是将之前绝对主义者如博丹与霍布斯等依据王权所设想出的至高无上主权概念,彻底改造成为一个能在民主邦国运作的政治力量。所谓的"普遍意志",一究其实,乃是全体公民在放弃其私有性之后,所将产生的、每个人都相同具有的共同意志;这个意志将永远关联到政治共同体共善之保存,并持续克服个人私有利益的浮现,而后者便是共和主义所批判的腐化现象。

正因为"普遍意志"的概念源自于绝对主义的理论体系,卢梭虽然将之重构成为民主共和主义的理论核心要素,但是其主要属性却在在显示出绝对主义的影响。卢梭对于"普遍意志"属性的说明,除了是社群最高的主权者外,还包括"不可转让"(S.C., II. 1)、"不可分割"(S.C., II. 2)、"不可能犯错误"(S.C., II. 3)以及"不可摧毁"(S.C., IV. 1)等。基于这些独特的属性,吾人可清楚看到,卢梭民主共和主义的出发点并不在于权力的节制,而是将绝对主义的支配结构,转化成为绝对主义式民主的支配形态。卢梭共和主义的精义,正在于这个绝对主义的民主化。

值得注意的是，卢梭此处所论偏重于法理（juristic）而非事实的层面，也就是政治正当性之根源。在此意义上，卢梭的政治权利理论，相较于前此所有的非正当性支配，提出了一个根本原则：正当的政治权利只存在于依法统治的国家，而法律仅能是普遍意志的运作。"法律"则被界定为：

> 当全体人民对全体人民作出规定，它仅考虑其自身，且此时若形成了一种关系，它是某种观点之下的整个对象相对于另一观点之下的整个对象间之关系，但全体并没有任何分裂。也就是当立法的对象以及立法的意志同时具有普遍性时，我将此种行动（act）称之为法律。（S.C., II. 6:5）

唯有在依普遍法律统治的国家中，公共利益统治着一切，公共事务（chose publique）③才真能名副其实，这是卢梭现代共和主义的基本主张。卢梭对他的政治权利原则最简明的一句话乃是"一切正当的政府都是共和制"（*Tout Gouvernement légitime est républicain*. Every legitimate government is republican. S.C., II. 6:9）；是以我们将"共和原则"作为卢梭政治秩序论基于普遍意志所铺陈的正当性基础。

以普遍意志之构成而言，真正关键的行动在于每个参与者将其自身的一切权利全盘让渡（total alienation）给整个社群（S.C., I. 6:6）。全盘让渡乃是用以克服到成立社会契约为止，前此社会不平等所累积的所有结果。透过所有成员同时放弃其所拥有的一切财产、权利以及人身（生命），此种"突然灵机一动而达成的共同一致"④，能够瞬间由战争状态转化成为普遍意志所主导的政治共同体。

---

③ 这是对西塞罗"*res publica*"一词最适切的法译。
④ 笔者仅借用卢梭表达方式，此文本卢梭处理的乃是立法之问题（S.C., II. 6:10）。

卢梭本人深刻意识到此处的理论困难，因为他在批评格劳秀斯（Hugo Grotius）的"臣属之约"时（格劳秀斯主张个人可以让渡自己的自由使自己成为某个主人的奴隶，准此全体人民亦可转让其自由而成为某个国王的臣民），已经详细分析批评此一"让渡"观念在臣属之约中的谬误（S.C., I. 4）。卢梭指出，臣属之约中所让渡者乃个人之自由，但自由系人作为人之基本特质，而放弃自由无异是放弃作为人之资格，这无法经由任何交换关系而得到等值之补偿。是以，自由不能成为契约关系之标的物；臣属之约实为无效且自相矛盾的约定（S.C., I. 4:6）。然而，"让渡"此一被卢梭彻底批判的观念，竟会在两章之后被他自己加以激进地运用，而主张**全盘**让渡构成社会契约之基础。这如何可能？而此论述又如何克服卢梭自己对臣属之约中自由之让渡所提出的批判？这是我们必须加以解决之课题。

若用黑格尔的语言来说，卢梭的社会契约不啻为一种社会成员集体的自我否定而完成向更高层次"普遍意志"的过渡。唯有通过对每个个人特殊性的彻底否定，方足以克服文明社会长期累积的剥削与不平等。而集体的自我否定下，由于没有任何一人能承受所让渡之权力以及意志，所以势必由另一个更高的第三者承受这些让渡的事物。这个思考的取向明显地受到霍布斯之影响，因为后者所称之主权亦为一更高之第三者。卢梭原创之处乃在于否定了任何一个个人或少数人能够取得此主权，并成为政治共同体普遍意志之载体。所有成员让渡出之权力与意志，由于特殊性已被否定，所留下来的乃是共同性，因而指向社群共善（common good）的意志之总体。此种普遍意志不是个人特殊意志或偏好之总和（此为卢梭的 *volonté de tout*；will of all），而是每个共同体成员均享有的普遍性（S.C., II. 1:1）。也就是说，通过社会契约，人民由无定形的群众（multitude）构成了人民（People），成为一个足以依据普遍意志从事自由行动的整体。"全盘让渡"的两端，亦即社会契约之两造，乃是人民的两种不同存在样态：群众透过否定其特殊性而创造出一个政治共同体，在其中唯有人民共同形成的普遍意志，才具有主权者的地位，而人民亦由之而成为一个整体。

《社会契约论》的第 1 卷，即在于证明此种人民主权论，而论述方式，学者指出乃是一种政治神学的方式（Schmitt, 1985a : 46—49）。其终极目的在于阐明人民的普遍意志乃是政治领域中至高无上之权力根源，此论述根源于神学中讨论上帝作为世界之创造者与支配者的古典议题（ibid., 46），而政治神学乃考察政治领域中"绝对性"（absolute）之根源（Arendt, 1990 : 158—165）。⑤ 卢梭运用"人民与自己订约使自己成为至高无上之主权者"此一特殊之社会契约，同时说明了政治社群客观制度以及其正当性之根源。既然社会契约的两造都是人民，他们所形构的普意志以及主权，将永远在自己手中。所以，卢梭强调主权即为"普遍意志"之运用，除了具有至高无上、不可分割以及永远以公共利益为依归等特性之外，并特别强调主权的不可让渡性（S.C., II.1）。其原因在于，主权是一种意志，所以权力或可移转，但意志却绝不可能转让。卢梭由主权的不可让渡性，进一步推论出主权是不能被代表的（S.C., III.15）。他强调，代表概念起源于中古封建时期，并暗指在这个黑暗时代产生的制度乃是荒谬而不具有人性尊严的。而在古代的共和国，甚至古代的君主国之中，人民是从来没有代表的观念。所以，卢梭坚持人民的普遍意志不能够被代表；公共事务，特别是立法，必须由人民亲自为之。他嘲笑英国的宪政制度："英国人民自以为是自由的，他们是大错特错了。他们只有在选举国会议员的期间，才是自由的；议员一旦选出之后，他们就是奴隶，他们就等于零了。"

---

⑤ 值得注意的是，在中国介绍卢梭政治思想最早的作品中，"sovereign people"被翻译成"帝民"。参见马君武《帝民说》[2000 : 120—123；原文刊于《民报》第二号（1905 年 5 月 6 日）]。本文的论述虽然相当粗疏，但"帝民"一词无疑地在清末君主政治的脉络下明白地凸显卢梭民主理论的精髓。

(S.C., Ⅲ.15:5)。

由于卢梭强烈反对代表观念以及代议制度，使得其共和主义产生了与古典民主之间的联系。这也带来了贡斯当在法国大革命之后，对于卢梭以及雅各宾党的批评，认定他们误解了自由的真谛，将古代参与政治的自由毫无批判地运用于现代商业社会，从而产生了重大的弊端。然而，从思想史的角度而言，卢梭对于代议制度的批判其实并非现代共和主义的主流。本书第七、八两章将论述，无论是美国立宪先贤对于共和政府的讨论，或西耶斯对于现代国家宪政制度的论述，共和的概念都与代议政府关联起来。这是在理解卢梭思想在代表制方面的独特观点时，不可不察的思想进程。

通过人民主权的论述，卢梭的社会契约论将个人意志关联到普遍意志活动所完成之法律，并构成了"政治生活的原则"（principle of political life；S.C., Ⅲ.11:3）。若就《社会契约论》的副标题"政治权利之原则"而言，似乎卢梭的普遍意志、人民主权以及依法统治诸理论已经完成了其政治秩序论之课题：同时结合了人民主权的意志论以及依法统治的形式，构成一完整之政治共同体，并以共和主义作为唯一的正当性根源。

然而，卢梭的论述在证成共和原则后，却赫然出现了戏剧性的转折。他指出"确切说来，法律仅为公民结合的**条件**（conditions of the civil association）"（S.C., Ⅱ.6:10）。法律之所以为市民社会的条件，乃是因为唯有通过法律来规约具体的事件或个别人之行动，方能完成社会存在之整体。然而，卢梭的普遍意志论述描绘的，仅是政治意志以及法律的普遍性，特殊性则尚未处理；而普遍意志，就其定义而言，不可能直接关联到特殊性之上，因为如此将违反其普遍性格（S.C., Ⅱ.4:4）。普遍意志往特殊性之进程，必须要由前述自由行动中意志的层次过渡到力量（force）的层次（S.C., Ⅲ.1:1）；而在政治共同体的层次，公共力量虽要由普遍意志所指导，但公共力量既系"个别的行动"（actes particuliers），并不属于法律的管辖范围，从而也非主权者能直接控制，因为主权者之行动仅能制定普遍法律（S.C., Ⅲ.1:3）。为了要让法律所规约的市民社会能够由纯粹的可能条件发展成完全的现实性，前述的公共力量必须有其自己的"代理人"（agent），此即为政府（government）。而由于政府这个新的共同体（corps; body）的存在理据，引发了普遍意志与政府活动间之可能矛盾，以及此矛盾如何可能克服的重大理论课题，这是卢梭政府论（《社会契约论》第3卷）的讨论焦点。卢梭另一个由普遍通过特殊的个别行动来完成整体之构成的理论进程，是立法家与民族之型塑，则将于下一章处理。

三、政府之特殊利益

卢梭的政府论，表面上看来接近于古典政治哲学的政体论，也就是以掌握政治权力者之数量多寡来决定不同的政体，如民主政体、君主政体以及贵族政体等（S.C., Ⅲ.3—7）。然而卢梭真正关怀的，并非如亚里士多德般，由统治团体之数量与追求共善与否来决定政体的形式以及其相应的法律，而是各种形式的政府均需具备唯一的正当性根源。在此议题上，他进一步发展了依法统治的共和原则，主张民主原则乃任何正当政府的构成要件。但从古典政治哲学的角度而言，民主乃是一种特定的政体，也就是多数平民统治的政体，它如何可能成为**所有**政府的正当性根源（Miller, 1984: 105—122）？

从这个角度观察，《社会契约论》第3卷其实可分成两部分，第3章到第9章有着古典政治哲学的外表，亦即不同政体内在构成原则及存在样态。但在前两章以及第10章到第18章，卢梭处理他真正关切的课题：政府乃是由普遍意志过渡到特殊事务所产生的代理人，然而当它生成之后，马上有可能被滥用（abuse）与篡夺（usurpation），使得社会契约原来已经克服的特殊利益重新得到滋长的温床,并由于政府乃是公共力量的辐辏点,使得整个社会契约所建立的权利世界可能土崩瓦解。而他在《论人类平等的起源和基础》中早已批评政府之滥权为社会不平等加剧之主因,此处卢梭如何加以克服乃是其激进民主共和论最重大的理论课题。

卢梭将"政府"界定为:

> 政府就是臣民与主权者之间所建立的一个中介体(corps intermédiaire),以便二者互相调整,它负责执行法律并维持公民(civil)以及政治(political)自由。(S.C., Ⅲ.1:5)

构成此中介体的成员一般称之为行政官(magistrates)、国王(kings)或执政者(governors),而此中介体整个地被称为君主(prince; S.C., Ⅲ.1:6)。[⑥] 政府的产生在卢梭系统中带来了一个新的理论课题:社会契约论原始的设计乃是破除成员的个别利益与意志,建立一个具有同质性的政治共同体;但政府现在成为共同体内一个独特的共同体(corps);若不像传统君主派理论将此统治者安置于支配性的顶点,则其难处理此种政治共同体内另有一共同体的奇特情境。卢梭深刻了解这个理论困境,他指出此种"政府作为国家之内的一个新的共同体,截然有别于人民及主权者"(S.C., Ⅲ.1:18)的核心议题,在于"这两种共同体之间有着一种本质上之差异,即国家由于它自身而存在(exists by itself),而政府则只能是通过主权者而存在(exists through the sovereign)"(S.C., Ⅲ.1:19)。

换言之,政府(或卢梭所称的"君主")应该仅以普遍意志或法律为其主导,而其力量应仅为公共力量透过政府的体现。然而面临此种情境的"君主",极有可能意图为自己争取某种绝对与独立的行动(absolute and independent act),也就是脱离普遍意志与法

---

⑥ 卢梭将政府整体称为"君主"反映了他对所有统治者之根本敌视。

律的支配。此时政治共同体的联系（普遍意志与法律）便会开始涣散瓦解，而导致一个极端危险的情境：

> 如果君主居然具有了一种比主权者的意志更具动能（more active）的个别意志，并且他竟然使自己所掌握的公共力量服从于此个别意志，从而可说是导致了有两个主权者——一个是权利上的，而另一个则是事实上的。于此时刻，社会的结合（social union）亦即消逝，而政治共同体也随即解体。（S.C., Ⅲ.1:19）

卢梭在《社会契约论》第3卷试图解决的，即为政府此种"臣属性整体"（subordinate whole）在政治共同体内所应有之地位，而其重点在于确定政府的存在理据时，必须始终能够区别以保存国家为目的之公共力量以及以保存自身为目的之个别力量，绝不能牺牲前者来成就后者，因为如此将导致政治共同体宪政体制之变更（S.C., Ⅲ.1:20）。

然而卢梭了解产生此问题之原因在于共同体所需之政治艺术与人性的基本倾向有所冲突。他在意志的层面上分析行政官员具有三种不同意志：个人之固有意志（倾向于特殊利益）、行政官员之共同意志（common will of the magistrates）（关系到政府或"君主"的权益，卢梭亦将之称为团体意志［*volonté de corps*］），以及人民或主权者之意志（S.C., Ⅲ.2:5）。他指出，第三种意志无论就国家之整体考量或政府作为整体的一部分而言，均为普遍的；而第二种意志则不然，它就与政府之关联而言，可称之为普遍的，但就与国家之关系而言则为私人的。政治艺术与自然秩序相冲突之处在于，在自然秩序中意志愈为集中则愈具能动性，是以个人意志强于团体意志，而普遍意志最为微弱；但在完美的立法中，普遍意志必须居于支配性地位，团体意志尽量居于臣属性角色，而私人意志应当趋近于零（S.C., Ⅲ.2:6）。

由卢梭此处之论述，吾人可察觉政府的存在有一双重性格，使得政府权力之滥用几乎成为无法避免的结果：政府作为公共力量集中的辐辏点，其具体力量超过了普遍意志运作所产生的法律；但后者构成政治共同体整体关系之构成要件，又必须克服政府这个更具能动性的危险力量（cf. Shklar, 1985: 200—209）。此理论困境，依吾人之诠释，其实根植于卢梭社会契约"全盘让渡"所导致的特殊困难。参与缔结社会契约的行动者所让渡之事物，包含了个人之财产、人身、自然自由以及自然状态中之"力量"。社会契约所完成者，乃是将所让渡之事物中具有普遍性者形构成为指导政治共同体的普遍意志，并由此克服自然状态中个人特殊意志所导致的战争状态。然而，卢梭在完成依共和原则建构政治共同体时，同时指出法律乃市民社会之"条件"。要将条件现实化，势必要关连于共同体中个别事务以及成员个别行动之规约；而普遍意志既无法直接关联于特殊性事务，就必须借由国家的公共力量加以执行。然而关键问题在于，在卢梭论述中，此处公共力量似乎是由普遍意志实现自身时所产生的中介性力量，是以政府必须无条件臣属于普遍意志之支配。但若细查前节所引述社会契约条款，吾人将可察觉，所让渡之事物可区分为属于意志的普遍性，与属于力量的特殊性两种形态，而特殊性须由普遍性加以支配。由此亦不难发现，社会契约所达成者为普遍意志之形成，但是力量之特殊性本质并未有根本转变，并以政府作为此特殊力量集中的辐辏点，是以政府乃特殊性的总和。换言之，**自然状态中每个个人的特殊利益间之冲突，通过社会契约转化为普遍意志与政府官员特殊利益的两元对立结构**；在理想中，普遍意志应当能支配特殊利益，但在现实中，特殊力量的集结自然有维护特殊利益之倾向。

阿伦特指出，卢梭面对此情境的解决途径乃是透过建构一个"敌人"（enemy），以作为普遍意志凝聚成员的着力点（Arendt, 1990: 77—78）。她援引《社会契约论》中非常重要的一个注释（ibid., 78, 291 注 24）：

> 阿根森（Argenson）爵士说："每一种利益都具有不同的原则。两种个别利益的一致是由于与第三种利益相对立而形成的。"他可以补充说，**所有利益的一致是由于与每一个人的利益相对立而形成的**（the agreement of all interests is formed in opposition to the interest of each）。如果完全没有不同的利益，那么人们就很难感觉到那种永远都碰不到障碍的共同利益，一切都将自行运转，政治也就不成其为一种艺术了。（S.C., Ⅱ.3:2；黑体强调为笔者所加）

卢梭的政治本体论，不仅像一般政治群体化过程中所经常使用的"敌友区分"，来构成政治共同体的同一性（cf. Schmitt, 1976; Koselleck, 1985:159—197），此处引文蕴含着**将特殊利益化为敌人概念，而成为政治共同体内部之它者**。[7] 基于阿伦特的诠释，我们认为在卢梭系统中特殊利益之存在，使得普遍意志之支配益形重要，二者事实上成为互相对立但又缺一不可的辩证关系。而由于特殊利益的辐辏点在于政府，是以普遍意志如何支配具有更大能动性之政府，乃卢梭所关切"政治问题"之核心。

据此，卢梭的政治本体论势须有所修正（Charvet, 1974:128—129），因为当他依古典目的论的取向，来说明唯有普遍意志能够依共善来指导国家的力量时，曾指出：

> 如果说个别利益的对立使得社会的建立成为必要，那么，这些个别利益的一致才使得社会的建立成为可能；正是这些不同利益的共同处才形成了社会联系。如果所有这些利益彼此并不具有某些一致之点，那么就没有任何社会可能存在。因此，治理社会应当完全根据此共同利益。（S.C., Ⅱ.1:1）

---

[7] 此种将特殊利益绝对化的神学倾向，并不存在于马基雅维里的政治秩序论之中。卢梭的理论影响了其后黑格尔以及青年马克思的共和主义论述中，关于特殊利益与普遍性相对立之观点。

但根据前述的说明，卢梭还有未曾明示的进一步主张：欲使普遍意志之支配由可能成为现实样态，则必须有一敌对的它者与之关联，此即特殊利益之整体（政府）；而政治共同体也正由于普遍意志与政府的特殊性二者并存，辩证发展成为一具有能动性之行动者。但这如何可能？于此，卢梭发展了复杂的政治神学论证，来说明人民主权与政府的关联。

四、激进民主与政治神学

由于政府作为中介团体的双重性格，使得普遍意志之控制成为关键课题。是故，卢梭在说明政府的特殊性格，以及滥权的必然性之后，必须重新考虑政府设置的过程及其意涵，方有可能解决普遍意志控制政府的问题。而他在此引进了一种公民直接参与的激进民主理念，吾人称之为"**民主原则**"，成为补充"共和原则"的政治权利之第二原则。

卢梭在《社会契约论》第 3 卷第 16 章至 17 章讨论"政府的创制"（institution of the government）时，再次批驳了传统自然法中以臣属契约来说明建立政府的谬误，认为此种契约违反了最初的社会契约，因而不可能成立（S.C., Ⅲ. 16）。他进一步指出，政府的创制是一种"复合的行动"（complex act），其中包含了两个环节，一为法律之制定，另一则为法律之执行。由前者，主权者规定了政府共同体（corps de Gouvernement）依照某种特定形式建立起来，而此种行动便是一种法律。另一环节则由人民任命首领来管理业已确立的政府。值得注意的是，创制政府的复合行动中所包含的两项环节，是完全不同层次的行动：前者具有普遍性，从而符合卢梭依法统治的共和原则；但后者对特定政府官员的指定，则是一种特殊的活动，而依据普遍意志及法律的定义，此种行动无法由普遍意志及法律自身完成。卢梭本人清楚意识到此处之困难，因此他指出"此一任命只是一种个别行动（particular act），所以它并非第二种法律，而仅仅是前一项法律的后果以及政府的一个职能"（S.C., Ⅲ. 17：3）。此处两个行动间之关联构成了卢梭政府论最重要的一个理论辩证：从普遍意志与法律如何设置政府，也就是由普遍性建立特殊性的辩证发展过程。

卢梭的解决之道，完全依照政治神学的论证进程，主张主权者作为普遍意志之主体，能够将完全相对立的属性（此处为普遍性法律以及特殊活动）加以调解，而达成一种"关系上之转变"（change of relation）。这个转变的关键在于：人民作为主权者，能够在特定的情境之下成为君主或执政官（S.C., Ⅲ. 17：4）。这是一个极为重要的辩证过程，因为在此之前，卢梭对主权的运作一直强调其普遍性，是以法律乃人民作为整体以及国家作为整体之间所发生的"关系"；但在政府的创制过程中，为了克服臣属契约之谬误，以及证成普遍意志之支配地位，**卢梭赋予了普遍者在某种例外状态中，瞬间转变为特殊存在的可能**。他指出：

> 也正是在这里，才能够发现政治共同体最令人惊异的性质之一，此性质即它能调解表面上相互矛盾的运动（it reconciles apparently contradictory operations）。而在此事例中，这个运动乃经由主权猝然转化（sudden conversion）为民主制（Democracy）而告完成；从而，并没有任何显明可见的变化，仅仅是由于全体对全体的一种新关系（a new relation of all to all），公民就变成了行政官员，于是也由普遍的行动过渡到个别的行动，由法律过渡到执行。（S.C., Ⅲ. 17：5）

换言之，唯一符合社会契约的政府建制方式乃是，在社会契约创造出主权者之后，主权者由于其超越常态的绝对力量，能由普遍过渡到具体，由主权转化为民主，指定特定的政府官员之后，再转变回普遍意志的样态。这个理论进程的原创处，除了赋予主权者一个真正至高无上的权力（同时具有制定宪法的权力与运作宪法所制定的政府权力，亦即同时具有本书第八章所论西耶斯区分的 *pouvoir constituant* 以及 *pouvoir constitué*）之外，同时赋予民主制以一种**基源性**功能。民主制不再是如古典政治哲学所论述的，乃由多数平民支配的特定政体，而是任何政体要建制政府时必须经历的环节：此基源民主制可指定一人作为统治者而构成王政，亦可指定少数人作为统治者而构成贵族政体，当然更可指定多数人统治而成为民主政府。这样的理论进程否定了本文第一章所论从亚里士多德以降，将政体视为政治共同体中，由统治团体所形成的宪政体系之观点，在现代意志哲学（voluntarism）的基础上，重新建立了希腊民主派"多数即整体"的坚强理据，并确立了政府除了全体人民同意之外，不可能有任何其他的正当性理据。是以，虽然在《社会契约论》第3卷第4章中，卢梭将民主制是为一种特定的政府体制，提出了许多批评，甚至说出了"如果有一种神明的人民，他们便可以用民主制来治理。但那样一种十全十美的政府是不适于人类的"之评断；但事实上他运用特殊层次否定民主政府的论述，来掩盖他将民主理念提升到基源性正当性唯一可能原则的民主共和主义。[⑧]

卢梭并据此进一步建构了其激进民主理论，将所有政府视为一

[⑧] 施密特（Schmitt, 1985a：48—49）主张，卢梭的主权论虽运用政治神学之论治方式，但"人民"作为主权之主体只能以民族意识构成国家之有机整体，缺乏了"决断"（decisionistic）与"位格"（personalistic）之面向。施密特的观察，乃基于他认为只有主张人性本恶的悲观主义政治哲学系统（如马基雅维里、霍布斯、黑格尔以及反对法国大革命之思想家），方有可能发展决断论（Schmitt, 1976：58—59）。卢梭由于"意志必然与行动者之善业相关联"的公设，而必须对普遍意志作出关于质的规定（qualitative determination），降低了普遍意志的决断成分（Schmitt, 1985a：48）。施密特认为只有绝对王权足以行使主权之决断。这个思想史之论断，显然低估了卢梭民主共和主义的决断性格。卢梭的主权者不仅展现于普遍性立法活动，而且能在创制政府时，由普遍者转变为其对立面，以控制政府之特殊利益。卢梭政治神学的决断论性格进一步展现在将政府（以及所有统治者）均"敌人化"，导致一切政府均为临时政府以及反对基本法等激进之主张中。在此议题上，阿伦特的观察较为允当。她认为卢梭及受其影响的法国大革命理论家西耶斯的理论问题不在于缺乏决断成分，而在于过分追求政治领域之绝对根源，反而无法由此单一根源（selfsame source）建构有效之政治权威（Arendt, 1990：164—165）。

种"临时政府"（provisional government；S.C., Ⅲ.16：7），他尝试透过公民的定期集会，重现构成普遍意志以及建制政府的主权者，来抗衡执政者可能滥用政府所拥有之公共力量的必然性。他主张正当的政治共同体必须有定期的公民集会，特别是不需要由政府召集，而在原始公约中即规定的定期集会，而政府不能以任何理由取消或延缓此种公民之定期集会（S.C., Ⅲ.13：1）。公民集会乃人民主权直接展现其权能的时刻：

> 当人民合法的集会成为主权者共同体（corps Souverain）的那个时刻，政府的一切权限便告终止，行政权也就中止（suspend）；于是最渺小的公民身份便和最高级行政官的身份，同样地，神圣以及不可侵犯，因为当被代表的人出现时，便不再有任何代表了。（S.C., Ⅲ.14：1）

而人民合法集会，即构成政治共同体历史进程中一种"中断期间"（intervals of suspension），构成对于政治共同体的保护（aegis），以及对于政府的限制。卢梭即依次中断期间之定期出现来制约政府；而统治者必然会试图腐化人民，并以种种说辞抗拒公民的集会。前者乃是普遍意志的唯一力量，后者则是政府的反抗力量或反作用力（force of resistance）。若反作用力不断滋长，主权之权威便会慢慢消逝而造成政治共同体的倾覆与灭亡（S.C., Ⅲ.14：2）；[9] 而普遍意志的作用力则透过定期集会之持续举行而得以维系。此公民集会之唯一目标乃在于维持社会契约，因此集会必须全体公民对下列两个议题依序个别地投票：第一，"主权者是否愿意保存现有的政府形式"？第二，"人民是否愿意让那些目前实际在担负行政职务的人们继续当政"？公民集会的这两个关键提问，一为普

---

[9] 此处卢梭运用牛顿物理学的概念来理解政治界力之作用。而由此亦可知，卢梭作品中何以常常运用"力量"（force）这一观念。关于此点可参考 Masters, 1968：287。

遍性，一为特殊性，象征着全体人民定期地对社会契约之所成，以及政府之所建制的普遍性主权者／特殊性的君主的两重身份之不断再现，保障了共和国能定期如马基雅维里所述"将事务带回其根源"。而卢梭在此宣称：

> 我在这里假定，我相信我已证明过者，那就是：在国家之中，并没有任何根本法是不能予以废止的（revoke），即使是社会契约也不例外。因为如果全体公民集会起来一致同意毁弃这个契约，我们就不能怀疑这个契约之毁弃实为非常正当（legitimate）的（S.C., Ⅲ.18:19）。

此处卢梭回应了《社会契约论》第1卷第7章所论主权者不能自我设限，从而可宣告任何根本法甚至社会契约之无效。卢梭未曾说明，若主权者将构成其自身同一性的社会契约都加以宣告无效，那么此人民作为主权者如何可能继续存在？如此将产生先于社会契约便存在的主权者，这似乎与卢梭政治秩序论无法相容。我们认为，卢梭为了对抗特殊意志与政府之专断，强调主权者之能动性与至高权能，使得自我设限的立宪主义成为他极力反对的理论取向；这却造成了社会契约可以被普遍意志废止，甚至产生"人民可以自我伤害"（S.C., Ⅰ.12:2）此种奇特的理论困境。然而，公民共和主义传统的旨义在于追求能存之久远并保障自由的政治制度，不应为了理论之一致性而牺牲现实政治之稳定性。共和原则与民主原则说明了现代政治秩序之正当性基础，但"行政规则之确定性"（S.C., Ⅰ.1）仍未得到证成，基于此，卢梭乃引入伟大立法家创建行动的理论，方有可能说明政治稳定性之根源，我们将于下一章仔细检视一议题。

五、卢梭理论建构之检讨

基于本章的分析，卢梭对共和以及民主两项原则的证成，均各自面临着特殊的理论困难。我们先就卢梭本人对这些问题的表述加以说明，再寻求解决之道。

第一个理论困难乃是社会契约的形态。卢梭所主张的，并非如传统自然法中个人与个人缔约或人民与君主间所订之臣属契约，而是成员与其"自身"订约。所谓的与其自身订约，指的乃是特殊性个体与作为普遍意志一部分的公民成立契约。然而，政治共同体、普遍意志与公民身份乃由社会契约创造出来，在订定社会契约时似乎不能预先假定其存在。换言之，契约的另一造乃是因社会契约而生，这是《社会契约论》第一个吊诡（cf. Althusser, 1972: 128—134）。在这个议题上，卢梭的社会契约完全脱离了传统的观点，而同时具有二元性格，吾人可比附于卢梭在说明政府建制时所区分的两个行动环节：社会契约一方面乃是构成政治共同体的结社行动（契约的另一造也同时因此而生），而另一方面也是同一个体的特殊性与普遍性相互缔约，全盘让渡其特殊之一切属性及所有物于普遍性之下。前者为一构成性活动，后者则仍是一种交换关系（S.C., I. 9: 6）。卢梭以这种方式来克服他批评格劳秀斯的臣属之约时所指出的根本问题：人民在让渡其自由给君主之前，必须有一构成性活动使得人民成为一个真正构成整体的人民（S.C., I. 5: 2），卢梭称此为社会的真正基础。

《社会契约论》的另一个理论困难在于政府成立时所预设的建制活动。用卢梭的话来说：

> 困难在于理解，在政府出现之前，人民何以能有一种政府的行为；而人民既然只能是主权者或者是臣民，如何可能在特定情况之下，成为君主或行政官。（S.C., III. 17: 4）

仔细观察此一问题，可以发觉与第一个理论困难有相近的形式。也就是说，在用以解释某种事态所产生的行为时，却又预设了该事态之存在。在前例中，社会契约作为个人与其普遍性之自我订约而产生政治共同体，却需要预设某种只有政治共同体才能赋予的公民身份。而在此例中，卢梭在说明政府作为一种有别于普遍意志的特殊性中介机构时，却又预设了人民在没有政府的状态下仍有可能从普遍性过渡到特殊决定，从而选定政府官员。前例可称之为"**构成活动与交换关系之两难**"；后者则可称之为"**普遍性与特殊性之冲突**"。

我们若对这两个理论困境仔细加以考察，不难看出卢梭亦无法完全克服他对格劳秀斯所犯之谬误的批评：要证成人民有可能将自由与权利让渡给君主，必须预设一先在之活动。但卢梭自身的理论进程则证明，当我们对此预设之活动加以分析时，似乎无法避免使用此活动已经产生的结果；但用结果来解释原因，显然逻辑上是有问题的。

这个理论困境指向更根本之政治哲学议题。卢梭所欲证成的，乃是政治权利的正当性原则及其生成。在回顾了《社会契约论》的理论进程后，我们可了解到卢梭企图以完美的立法（一种人为的创造物）来克服自然的秩序，也就是将政治作为一种技术推到其极限，以克服自然与习俗（convention）的对立。然而卢梭所说的自然，乃是一般意义中的经验与事物之实然，而他所说的权利原则，乃为规范性的律则。卢梭本人否定古典政治哲学通过目的论使得自然法得以成为万事万物律则的理论，而接受了现代观点，亦即"法律"乃是道德性存在物所特有的行为律则（D.I: 5—6）。卢梭政治秩序论的根本问题乃在于如何将具有正当性的权利原则，建筑在符合人自然本性的经验基础之上；用他自己的观念来说，则是由特殊意志过渡到普遍意志如何可能的问题。而**前述两个理论困局均指向普遍性得以生成与持存，永远会落在一种预设了它自己存在的循环论证之中**。然而，由卢梭自己对格劳秀斯之自然法理论——将征服权（right of conquest）、在战争状态中杀死敌人的权利以及奴役权等互相关联——称为"恶性循环"（a vicious circle；S.C., I. 4: 12）可看出，卢梭对于理论逻辑的一致性要求相当严格。然则吾人是否有可能克服《社会契约论》证成其二个政治原则中所蕴含的"因果置换"之理论问题，不至于犯了传统自然法学派无法避免的"恶性循环"逻辑谬误？

笔者认为，卢梭虽未能完全克服此处的逻辑矛盾，但他已经刻意地将其中难解之处加以厘清。依据吾人之理解，社会契约以及政府论中所产生的理论困难，通过立法家创建行动的终极特性而降低。简单地说，成立社会契约以及创建政府之特殊个人，并非存在于一种与文明状态相对立的自然状态，或当代政治哲学所称的"原子式个人主义"之存在情境。社会契约之发生时刻，乃是《论人类不平等的起源和基础》第二部分所批判的文明状态，以及其中社会政治之不平等。卢梭虽然对后者提出极其严厉之批判，但他亦指出，在政治剥削及战争状态产生之前所曾存在的"自然状态之最后阶段"中，已经有着个人因开始定居而相互接近，并进而在各个地方形成有共同风俗和性格的个别民族。只是这些民族之形成乃基于自然性的原因（生活方式、食物、气候条件等），而非源于规章和法律（D. I : 15）。如果说其后的政治制度建立乃第二次之"改变人性"（D. II : 57），立法家乃是于此时介入文明发展的外力，遏止人性在文明社会的自然进程中堕落，而进行**第一次**之"改变人性"（S.C., II. 7 : 3）。而卢梭本人已说明，改变人性乃是将特殊个人整合到一整体之中，而此处之整体显然是立法家所创建出来的民族共同体（national body），而非社会契约所产生的政治共同体。有了立法家所创造之民族共同体为基础，个人便不再是自然状态中完全独立以及文明社会中相互排斥的社会个体，而已具有初步基于自然原因以及立法家所提供的规章制度而完成的同一性。在此基础上，特殊个人在从事社会契约缔约以及政府之建制活动时，前述两个理论困境即得以消解，因为在从事这些活动的个人是同一民族之成员。至于这样的解决是否恰当，将是下一章的主要课题。

第六章　卢梭论立法家与民族文化[1]

一、前言

在卢梭政治理论之中，人民主权以及立法家两组观念之关联，向为一争议极大之议题。其中之关键课题，在于人民主权预设了公民个人与集体意志之自主性（autonomy），而立法家则似乎带有传统政治思想父权论（paternalism）之色彩，此两组看似矛盾的观念

---

[1] 本章为节省征引篇幅，引用原典缩写如下：
C.: "Constitutional Project for Corsica", in *Rousseau Political Writings*, tran. F. M. Watkins, pp. 277—330, Toronto: Thomas Nelson and Sons Ltd., 1953.（本章缩写为 C.，以页数征引之。）
D.: "Discourse on the Origin and Foundations of Inequality Among Men", in *The Discourses and Other Early Political Writings*, tran. Victor Gourevitch, Cambridge: Cambridge University Press, 1997.（本章缩写为 D.，并以章节数征引之，例如 D. II : 1 即代表第 2 章第 1 段，以便参考其他译本。）
G. M.: "Geneva Manuscript", in *The Political Writings of Rousseau*, vol. 4, tran. Judith R.Bush, Roger D. Masters, and Christopher Kelly, Hanover: University Press of New England, 1994.（本章缩写为 G. M.，征引方式同上 D.。）
P.: "Considerations on the Government of Poland", in *The Social Contract and Other Later Political Writings*, tran. Victor Gourevitch, Cambridge: Cambridge University Press, 1997.（本章缩写为 P.，以页数征引之。）
S. C.: "Of the Social Contract", in *The Social Contract and Other Later Political Writings*, tran. Victor Gourevitch, Cambridge: Cambridge University Press, 1997.（本章缩写为 S. C.，征引方式同上。）
V.: "Discourse on the Virtue a Hero Most Needs.or On Heroic Virtue", in *The Discourses and Other Early Political Writings*, tran. Victor Gourevitch, Cambridge: Cambridge University Press, 1997.（本章缩写为 V.，征引方式同上。）

如何可能在卢梭思想中同时并存,值得详加探讨。

一般而言,强调卢梭思想与现代民主政治和人民主权之关联的研究者,着重于探讨社会契约之形式、普遍意志与政治自由之关联等议题;而研究卢梭与现代民族主义之研究者则较为偏重卢梭的立法家、爱国主义、民族文化等论述。前者如查维特(John Charvet, 1974)在重建卢梭社会政治思想体系时,主要依赖《论人类不平等的起源和基础》中有关自然自由以及社会腐化的论述、《爱弥儿》的自我教育理念,以及社会契约论所建构的道德性政治共同体等论述,而对于立法家以及民族文化之塑造等议题着墨甚少。相对地,研究卢梭与赫尔德政治思想的巴纳德(F. M. Barnard)则以普遍意志与立法家两个议题的对立关系为主轴,分析并批判卢梭政治理论中所蕴含的两种正当性概念——审议民主的理性正当性以及民族社群的情感式正当性(Barnard, 1988: 55—67)。

在中文文献中也有着类似的观点冲突,唯大部分均偏向社会契约与普遍意志之论述,对立法家诸理论则怀疑有加。张翰书以大量篇幅分析社会契约与"共通意志"[②]之后,简单地提及卢梭立法家理论,其评论为"上述卢梭的理论,可谓新颖而动听。但谈到实际立法工作时,他的见解却颇陈腐而令人失望。……卢梭企图调和自由与权威的勇敢抱负,结果乃变成对古希腊立法家的崇慕。而前言后语,恍若两人"(张翰书,1997: 47—48)。中国大陆学者朱学勤则认为,卢梭将政治国家给道德化,其中立法家(一种先知型半人半神的人物,也就是韦伯的 charisma)以古典"牧羊人统治"的方式行使统治,"俯视众生,只听从内心的召唤,而他个人内心独白经过广场政治的放大,却能对全社会产生暗示性催眠效果"。如此一来,把统治范围从公民的外在行为扩及到公民的内心领域,再一次把政治统治改变为道德统治(朱学勤,1997: 155—156)。朱坚章

[②] 即 *volonté générale*; general will。本书译为"普遍意志"。

的分析则远较上述之评论中肯,他指出:

> 卢梭显然以置身政治体系之外的立法家来解决所谓人人参与全意志的形式与实质、实然与应然间的困难。……在形式上法律仍然必须是全体人民人人平等参与的全意志的记录,非经人民投票通过不能发生效力,但其内容则为立法家之睿智的结晶,并且利用宗教使之实现。……诚然,卢梭的立法家,就今日民主政治的价值观念而言,颇难令人接受,但是就18世纪的欧洲,而要使人人平等积极参与政治,或可说是唯一可能的设想了。(朱坚章,1972:197)

卢梭的社会契约与普遍意志诸理论诚然重要,本书前章亦已详论其概念架构,但我们不能如部分学者刻意忽视或贬抑他的立法家与民族主义等观念,因为即使以《社会契约论》而言,这部分理论所占的篇幅超过三分之一以上,若无法得到恰当之诠释,则将导致部分学者之困惑,完全无法理解卢梭何以花巨大之篇幅阐释罗马的宪政体制。[3]

本章将分析卢梭立法家观念的理论架构,并扣紧立法家的创建活动与普遍意志行使其主权的政治活动间之理论关联,俾能提供对《社会契约论》更为全面性之诠释。我们将尝试以黑格尔式的"内在批判"(immanent critique)方法,分析卢梭文本,由其理论建构之脉络,尝试深入研究伟大立法家及其创建艺术何以在卢梭完成普遍意志以及国民主权等论述之后,浮现成为另一组平行的理论议题。本章之主旨在于论证卢梭政治秩序论与政治创造论之二元性格:**规范论**即系前章所述之民主共和主义,卢梭在此议题的理论建构奠立了现代政治的正当性原则,主张自主的公民以平等方式缔

---

[3] 请参阅 Masters, 1968:305,注释21所罗列的沃哈(C. E. Vauhan)、德拉特(Robert Derathé)等学者之意见。

造社会契约、创造并控制政府权力,且在其中完成集体的政治自由以及个人的道德自由。但在**秩序论**层次,则于此公民自主活动所形成的政治领域底层,却有着伟大立法家的政治艺术,以及超卓能力所形成的基础(包括型塑风俗习惯与公共舆论、外于宪法的政治机制、民族文化以及公民)。这个二元性格进一步发展出第二章与第四章所析论的古典和现代共和秩序论。

本章在详细分析此二元体系在卢梭思想之形构后,进一步指出后者乃卢梭思考政治正当性原则的实现(realization)议题时不得不导入的概念。他将马基雅维里的政治秩序论述与近代意志哲学相结合,从而把"自由政制如何创造以及维持"这个共和主义的核心议题转化为近代民族主义文化理论,产生了深远的影响。

二、立法家:议题的脉络及其人格特质

《社会契约论》虽然区分为四卷,但是就其根本意向而言,卢梭意欲处理两个层次的议题。在《社会契约论》的初稿(通称为《日内瓦手稿》)中,他明确指出此两层次之议题:其一为"公民国家的理念"(the idea of the civil state),另一则为"立法家之科学"(science of the Legislator; G.M., IV: 6)。前者的目的在于分析权利的构成及其根本原则与运用,后者之目的则在于分析依据权利原则所构成的政治共同体,如何可能生成并维系其长治久安。在《社会契约论》中,这两个层次的议题分别被称为"政治权利之原则"(principles of political right)以及"政治之律则"(maxims of politics),二者之精神与《日内瓦手稿》并无二致(Masters, 1968: 305—306)。值得注意的是,此两层次之理论取向其实是互相对立的:在讨论政治权利之原则或市民社会的理念,亦即普遍意志之构成与运作时,平等与自由乃是论述的前提;而在处理政治之律则与立法家之科学时,却由不平等与政治控制作为论述的基础。二者之

关系乃构成理解《社会契约论》的核心问题。[4]

通过人民主权论述之建构,卢梭的社会契约论将个人意志关联到普遍意志活动所完成之法律,并构成了"政治生活的原则"(principle of political life; S.C., Ⅲ. 11: 3)。若就《社会契约论》的副标题《政治权利之原则》而言,似乎前章所述卢梭的普遍意志、人民主权以及依法统治诸理论已经完成了其政治秩序论之课题:同时结合了人民主权的意志论以及依法统治的形式,构成一完整之政治共同体,并以共和主义作为唯一的正当性根源。

立法家议题之浮现,在于卢梭建构了公民国家的理念后,进一步研究人民订定法律的可能性。他观察到,服从法律的人民应为法律之制定者,而只有正在形成结社者方有**权利**规约社会的条件;但这些人是否具有真正相符的**能力**来完成此课题呢?在此卢梭提出相当悲观的观察结论,而与《社会契约论》第1卷的理论进程大相径庭。他指出群众(multitude)并不知道自己真正想要的东西,因为他们不知什么东西真正对他们好,这样的群众似乎无法执行像系统性立法这样重大而困难的事业。卢梭进一步提到"普遍意志"观念的内在紧张性:

> 就其自身而言,人民永远盼望着自己的幸福,但人民就其自身而言却无法永远都看得到自己的幸福。普遍意志永远是正确的,但是那指导着普遍意志的判断(judgment)却并不永远是明智的(*éclairé*; enlightened),所以必须使它能看到对象之实然,有

---

[4] 关于《社会契约论》的论述结构,可参阅吉尔丁(Gildin, 1983: 13—17)详细的讨论。笔者则采取一种黑格尔辩证式的理解:第1卷1—5章为引论及既有理论之批判;第1册第6章至第2卷第6章为"普遍性"政治原则的论述,讨论社会契约与普遍意志;第2卷7—12章为第一次"特殊性"论述,讨论立法家及民族;第3卷为第二次"特殊性"论述,讨论政府的特殊性及普遍意志控制之道,实际上亦可直接衔接第2卷第6章;第4卷则为第一次"特殊性"论述的落实,讨论罗马政制与公民宗教。以黑格尔辩证法的角度阅读,即可见《社会契约论》有着由"普遍性"到"特殊性",终至"具体"政治现实性的理论结构。是故本书将卢梭的共和主义论述分成两章来处理。

时还得让它看到对象所应呈现的假象；必须为它指出一条它所寻求的美好道路；保障它不至于受到特殊意志的诱惑；使它能看清时间与地点；教导它能以遥远的隐患来平衡当前切身利益之引诱。(S.C., Ⅱ.6:10)

换言之，无论为个人或集体，我们都不能假定其意志与善业（good）直接相关，因为在行动中，不仅是意志的行使而已，而且还有智慧与理性的问题（Melzer, 1990:240—244）。普遍意志的运作要能够真正关连于共善，必须在相应的知性条件之下方有可能，而让社会体的知性与意志相统一，需要有"公共的启蒙"（public enlightenment; S.C., Ⅱ.6:10）。但是共同体成员无法实现自我启蒙之任务，必须由一外在更高的力量加以完成，于此卢梭导入了"立法家"（Legislator）的观念。

卢梭虽然提出了社会契约、普遍意志等着重普遍性的观念，但值得注意的是，他对特殊个人的创造活动亦向来甚为关注。在早期一篇讨论英雄所特有之德行的短文（V.）中，卢梭不认为传统四基德（正义、节制、勇气与智慧）能够用来说明英雄之德行，而唯有用"灵魂之力量"（the force of the soul）方足以形容英雄与一般人或智者相异之处，此种英雄即其后期立法家论之原型（cf. Cameron, 1984; Kelley, 1997）。他区分政治家所具有之智慧、公民所应有之正义以及哲学家所特有之节制，指出唯有英雄才具有灵魂之力量（V.16—24）。而卢梭将此力量界定为"永远能强力行动的力量"（*pouvoir toujours agir fortement*; always being able to act forcefully; V.35）。具有灵魂之力量者方足称为自己的主人（*maitre de soi*），因此得以"将精神加以启蒙，将天才加以扩大，并且将活力（energy）与元气（vigor）贯穿到所有其他德行之中"（V.38）。此自为主人之英雄在培植其灵魂力量时，终究会达到一特殊时刻，将自己的幸福与其他人的幸福结合为一，他异于常人的力量便将发挥，而成为伟大立法家，并完成政治创建之行动。

大部分人类永在于当下的情境中，偶尔会有以未来荣耀为导向与全人类幸福（*heureux*；happiness）为职志的超卓个体产生。立法家可以完成连哲学家均无法企及之任务：

> 矫正那些鄙夷哲学家的贵族或不听其忠告的平民。人并非由抽象观点所统治；唯有强迫人们才能让他们达到快乐，而且唯有让他们经验到快乐，才能够让他们喜欢它。（V.5）

也就是说，立法家或英雄的职能乃是能透过其自身的超越性——即"灵魂的力量"，从无中创造有，让从未经历过幸福的人类能够初尝幸福的滋味，并进而自主地珍视并愿以死维护之。然而，在未经历幸福之前不会真实体悟其珍贵，要让人们愿意第一次争取幸福，不能光靠抽象地描述幸福的情境来加以完成；唯一的可行方式，便是卢梭描述立法家通过宗教等超越力量所达到的"不以暴力而能约束人、不须说理却能使人心悦诚服"的结果（S.C., II. 7: 9）。

卢梭并未将立法家的特殊英雄性格进一步作自然主义式的分析，而如同亚里士多德所称"在人群中之神祇"一般，保留其超越常态的特性。但可确定的是，其人格特质在于能够克服自然，基于其追求未来荣耀的动机，发挥伟大的政治艺术，型塑政治空间以及民族共同体，使得人类的发展能够脱离自然性宰制的状态而臻于自由。

三、立法家以及政治空间之建构

当吾人深入考察前述立法家议题浮现的理论转折，将注意到这不仅适用于公民是否有能力自我立法之议题，更令人困惑的将是，若缺乏智慧与理性，人民何以可能完成社会契约之缔结，以克服《论人类不平等的起源和基础》中所描述社会演化所产生的不平等？

事实上，类似的理论困境存在于任何政治创建的时刻，也就是如何由处于腐化的状态的人民创建出新的政治共同体。卢梭本人清楚地意识到立法家之创建活动所蕴含的理论吊诡：

> 为了使一个新生的民族能够爱好健全的政治准则（healthy maxims of politics），并遵循国家理性（raison d'Etat）的根本规律，**结果必须成为原因**（effect would have to become cause）；使本来应该是制度之产物的社会精神，在创建时便成为主导者，并且使人们在法律出现之前，便已经成为本来应该由于法律才能形成的那种样子。（S.C., Ⅱ.7:9；黑体强调为笔者所加）

此处"因果置换"的理论情境意味着卢梭说明立法家之创建活动时，有着非常独特的、结果必须成为原因之论证方式。而我们在前章讨论过，此种理论困局其实相当接近卢梭本人批评格劳秀斯所犯的错误：要证成人民有可能将自由与权利让渡给君主，必须预设一先在之活动（S.C., Ⅰ.5:2）。

卢梭对于立法家的活动，主要集中于讨论民族之创建以及公共舆论之塑造。然而，当吾人仔细阅读《社会契约论》文本，可察觉他在讨论普遍意志之腐化系源于着眼于私人利益的众意（will of all）在社会中占据优势；而这种现象之所以发生，最重要的原因在于政治共同体之内产生了派系。卢梭提出了如下的观察：

> 为了很好地表达普遍意志，最重要的是国家之内不能有派系存在，并且每个公民只能是表示自己的意见。伟大的莱库古的独特而高明的制度便是如此。如果有了派系存在的话，那么就必须增殖它们的数目并防止它们之间的不平等，就像梭伦、努马、塞尔维乌斯所做的那样。这种防范方法是使普遍意志可以永远处于明智的状态（éclairé; enlightened），而且人民永远不至于受欺骗的唯一好方法。（S.C., Ⅱ.3:4）

此处所述让普遍意志处于明智状态，显然与前引立法家之"公共启蒙"作用相同。本文提及的历史人物，莱库古是斯巴达立法家，梭伦为雅典的立法家，努马根据马基雅维里的说明，则为创造罗马宗教而与罗慕路斯同列为罗马之创制者。此段引文中特别值得注意的是罗马王政时期第六位国王塞尔维乌斯，也被列在运用防范派系不平等的治国术之实践者。

而根据马基雅维里《李维罗马史疏义》的论述，平衡贵族与平民政治利益，使贵族之野心与平民追求自由的欲望不致妨碍政治共同体之共善，乃罗马得以长治久安最重要的因素。然而，马基雅维里从未将塞尔维乌斯列为重要的立法家型人物，反而将之视为无法视穿塔克文家族之野心而失去权力的国王（Machiavelli, 1996：215—218）。卢梭对这位国王的评价显然有所不同。在《社会契约论》第4卷第4章论罗马人民大会（Comitia）的文本中，他的讨论重点并非以罗慕路斯所创建的原始制度为主，反而详论罗马由于异邦人口的移入，打破了原始阿尔班人与萨宾人的部落平衡状态，而塞尔维乌斯的主要贡献便在于"针对这种危险找到补救的办法，就是改变划分方法；他废除了基于种族的划分，代之以另一种根据每个部族在城邦中所居的地区而进行的划分"（S.C., Ⅳ. 4：5）。⑤

我们认为卢梭将塞尔维乌斯与梭伦、努马并举，表示他们乃同属于立法家之范畴的政治典范。而从卢梭对塞尔维乌斯的讨论，可以看出立法家最重要的职能，乃是基于人民既存的社会分化，创造

---

⑤ 在《社会契约论》第4卷第4章，卢梭详论塞尔维乌斯的改革措施，包括百人团（Century）的征集、在四个城市部族之外增加乡村部族，最后达到35个部族之多，以及在传统的库里亚制度之外，另外依财富将罗马人民区分为六个阶级，富人占有过半的阶级，而构成罗马居民过半的无产者却仅占了最后一级。这些区分的改变，深刻地影响了罗马人民聚会所依据的制度区分，其结果造成了三种人民大会：传统的部族大会（Comitia by Tribes）、百人团大会（Comitia by Centuries）以及库里亚大会（Comitia by Curiae）。在这些制度的兴革之中，塞尔维乌斯所创造的百人团大会对贵族较为有利，部落大会较有利于平民政府，而库里亚大会则成为暴君的温床。

出一个可行的制度性划分,使得全民得以参与政治,公民大会有办法举行。换言之,立法家系居于文明自然演化最后期所产生的不平等的情境,以及社会契约所创造的道德性政治共同体之间所存在的转化性力量。卢梭清楚地意识到,若要使人民的意志能够处于明智的状态,并非将人民聚集起来开会(无论为从事社会契约之缔结或从事立法之活动)即可;各种政治性的划分以及投票的方式,均将深刻影响政治共同体是否能依据普遍意志实施公民自治之可能:

> 由此可见,除了如此众多的人民由于投票时各种不同的分配方式所产生的秩序(order)之外,这些分配方式不能被认为是无关重要的,因为每一种区分都会产生效果,影响及于人民对它有利的态度。(S.C., Ⅳ.4.33)

此处卢梭以古代社会由血缘性的氏族团体演化到地缘性的政治组织所发生的重大社会变迁为例,说明古典立法家的职能。而依据笔者的诠释,这个论述可加以抽象化来说明立法家最重要的政治职能,便是在人民既有的社会状态(财富、阶级区分、血缘团体的政治力量等)与政治共同体所要达成的共善之间,建立一个稳固并可行之久远的政治划分(political division),让其后的公民大会、普遍意志等得以顺利运作,不至于被派系所形成的特殊利益所腐化。

我们将立法家此种从事于政治空间最原始划分的活动,称为**政治空间之创造**。在人民"质料"的现存状态以及共善"目的"之间,通过立法家所创造的种种制度划分,成为其后公民政治活动所可能的前提与基础。⑥ 而在古希腊最原始的意义而言,法律的确象

---

⑥ 这样的思考(由划分来创造秩序)深刻地影响黑格尔以后的德国哲学,用黑格尔的语汇来说,所谓的判断(Urteilung;judgment)乃是对最原始统一的总念(Notion)作出分割以及特殊化的过程,也就是把德文的 Urteilung 理解为 Ur-teilung,即最原始的区分之义(《小逻辑》,第166节)。

征着某种边界之确立，特别是将公共领域与私人领域区分开来的制度最为重要，因为公共领域之中以法律为基础，自由的政治行动方为可能，而行动者之德行亦由此才可能发扬光大（Arendt, 1958：63—64）。本书第一章也论述了雅典城邦政治空间建立和民主制度兴起的紧密关联。[7]

四、立法家的创建行动与宪政体制之二元性

卢梭对于立法家治国术之论述可进一步区分为两个层次：《社会契约论》系由政治共同体成员的角度来看待立法家的创建活动；而在《论科西嘉宪法》以及《论波兰政府》，卢梭自己采取立法家的立场，对立法家之治国术提出了基于基本然特性所做的系统性说明。此两层次之差异在于，**对政治共同体而言**，立法家属于一种外部的力量，也就是说它虽不是宪法构成的一部分，却能创造并维系使政治共同体之宪政体制得以持续存在的条件。而立法家之治国术，**就其自身而言**，此种外在性不复存在，而成为相应于"政治权利之原则"规范理念的现实性原则，吾人可称为"政治创造之明智"（prudence of political innovation），也就是卢梭所说的"政治之律则"。以下便就此两层次略述卢梭的立法家理论。

卢梭指出，立法家的超越常态特性（extraordinary），不仅在于他是一个天才（genius），亦在于其职能超越了主权者以及执政官：

---

[7] 然而，在本书第一章所述亚里士多德的城邦理论，无论是《政治学》第1卷的自然发生论，或第3卷的公民身份论，亚里士多德都没有论述克利提尼斯所发挥立法家对于政治空间（重新）划分的重要性。亚里士多德仅强调民主与寡头混合之重要性，罗马共和主义则尝试混合王政、贵族与民主之元素。然而，卢梭对塞尔维乌斯的论述，其实指向克利斯提尼所创立的艺术，也就是政治空间之创造。何以这一个关键的议题被亚里士多德与西塞罗所忽略？笔者认为，这牵涉到民主政治的激进政治策略，也就是通过政治空间的重新划分来创造真正的公共空间。亚里士多德与西塞罗的贵族取向使其回避采取此策略，但卢梭的民主共和主义则继承并发挥了这个古典民主的理念。

此职能缔造了共和国（constitute the republic），但又不进入共和国的宪政之内。它乃是一种独特（particular）与超然（superior）的行动，与人类的支配毫无共同之处。因为号令人的人便不应号令法律，而号令法律者，便不应号令人。（S.C., Ⅱ.7:4）

立法家外于宪政制度，但又缔造宪政制度以及号令法律；然而卢梭在《社会契约论》前半部已说明，法律乃是普遍意志现实化的结果，是以他以起草法律作为立法家之职责，以避免"在普遍意志之外存在着另外一个法律根源"的困境（S.C., Ⅱ.7:7）。关键在于，若立法家所起草的法律不为普遍意志所接受，或普遍意志产生一个与立法家草案不同的法律时，此种矛盾如何克服？卢梭的立法家理论的原创处，即在于转化马基雅维里式的一人统治成为一种教化性力量，而能与公民自我统治的政治活动相结合（Masciulli, 1986：277—279）。

在《社会契约论》中，立法家最显著的特色乃在于其作为一种外于政治共同体的更高层次之力量。卢梭指出，"要为人类制定法律，神祇是有其必要的"（S.C., Ⅱ.7:1），"并不是人人都可以代神祇立言，也不是当他自称为神祇之代言人时，他便能为人们所相信。唯有立法家的伟大灵魂才是真正的奇迹（true miracle），从而证明自己之使命"（S.C., Ⅱ.7:12）。而在批评俄罗斯彼得大帝的文本中，卢梭对立法家的说明甚至趋近于能够创造并维系一切创造物的上帝："他（彼得大帝）并没有真正的天才（true genius），亦即他缺乏那种可以从无之中创造与制造一切（creates and makes everything from nothing）的天才。"（S.C., Ⅱ.8:5）换言之，真正伟大的立法家是具有"灵魂之力量"的"伟大灵魂"，其所产生的能动性，乃足以在现实世界中成为政治创新之源头的真实天才，而此种能力超越了自然秩序的因果律则，足以被称为一种奇迹。

然而，伟大立法家的任务并不在于创造出人类已经可以安居乐业的理想国度；因为如此一来，人的自由便失去了意义，自主性原则无法建立，而《社会契约论》第 1 卷所论述的共和正当性原则亦将失去意义。因此，立法家的任务具有一种矛盾的性格：一方面它是超越于所有成员之上的政治力量，但此力量不能直接替代人类自主之选择，其主要目标乃是在成员未意识到的状态下，创造出其自主行动（透过社会契约创造普遍意志）得以生成以及持续存在的条件。卢梭指出：

> 吾人发现在立法工作中似乎存在着两种不相容的事物：它既是超越人力之上的事业（une entreprise au dessus de la force humaine；an undertaking beyond human force），同时，就其执行而言，又是一种形同无物的权威（une autorité qui n'est rien；an authority that is nil）。（S.C., II.7:8）

换言之，此特殊之政治权威能够将其超越一般人性的巨大力量加以自我隐藏，并借一种间接的活动方式而达成最大的政治效果（cf. Melzer, 1990: 244—252）。此事业不仅非任何共同体成员所能独自完成，甚至连其总体力量（也就是普遍意志）亦无法完成。

对照于《社会契约论》第 1 卷所建立的民主共和论，卢梭原已通过社会契约将个人意志关联到由普遍意志活动所完成之法律，而建构了"政治生活的原则"以及激进民主。但在其关于立法家的论述中，我们察觉，普遍意志虽为政治共同体至高无上之主权者、正当性以及法律之根源，却还有着它所无法完成的政治活动，而须诉诸立法家。究竟有什么行动是普遍意志所无法完成的？这是我们必须解决的根本问题。

在此议题上，卢梭政治思想存在着一个重要的伏流。在说明主权者无法自我设限的至高权能的论证之中，他预设了主权者不能事先对其自身之**未来活动**加以自我设限（S.C., I.7:2）。其原因在于主权存在于公民大会，而现在的公民大会虽有绝对之主权，却不能限制其后公民大会主权之绝对性，是以卢梭指出，"主权权利虽然是完全绝对的、完全神圣的、完全不可侵犯的，却不会超出，也不能超出普遍协约"（S.C., II. 4:9）。

换言之，主权的绝对性乃是当下的，超越现在时刻主权自我决定之外者，必须由主权持续地作出基本的决断而持续其绝对性质；对于未来的事态，即使是绝对主权者，亦无从置喙。而由此可看出，**卢梭的主权者永远存在于现在式的当下时刻，无法规约未来事态**（Strong, 1994: 91）。对主权者而言，只要其当下之自我决断能够成为政治共同体中排除其他意志之最高存在，便证成了其绝对性；但是，政治共同体乃存在于历史之中，当下的绝对性并无法保证在历史中永续存在，而这也是普遍意志限制之所在。[8]

在《社会契约论》第1卷第6章中，卢梭指出通过社会契约的结社行动产生了具有同一性、共同之大我、生命，以及意志之政治共同体（S.C., I. 6:10）。然而到了第2卷第6章，他修正了自己的立场：

> 通过社会契约，我们赋予了政治共同体以存在（existence）和生命（life）；现在就需要由立法来赋予它以运动（movement）

---

[8] 事实上，卢梭政治规范论中主权者之绝对性有两重限制：一为政府论之中已提及的，无法由普遍性过渡到特殊性（请参前章之论述）；另一则为此无法由现在规约未来的存在处境。前者是相对的，因为在创制政府时，基源民主结合了普遍性与特殊性；后者则是绝对的。事实上，后者不仅是卢梭普遍意志论之问题，而系所有决断论的政治神学的限制。主权作为政治领域之绝对者，仅能**类比**于上帝与世界之关系，二者之主要差异在于时间与历史。在基督教创世论中，上帝乃超越世俗时间（secular time）之外，居于一"永恒之当下"（*nunc-stan*; eternal now）而能观照过去、现在与未来（Pocock, 1975: 7, 39）。相对地，主权者即使能成为政治领域中之绝对者，也不可能如此超越历史与时间之外。用黑格尔的语汇来说，主权者只能居于客观精神之内，其存有层次内在于历史，而低于超越历史之上的绝对精神。换言之，主权者受制于历史辩证，也就有着兴衰成败，因而与上帝之永恒持存完全不同。施密特式政治存在主义（political existentialism）中之主权者，终极而言必将面临如何在历史中**持续**创造其绝对性之课题。这或许是西方现代性必须借助古典政治哲学的关键问题。

和意志（will）。**因为使政治共同体得以形成与统一的原始行动，并未就此决定它为了保存自己所应做的事情。**（S.C., Ⅱ. 6 : 1；黑体强调为笔者所加）

换言之，社会契约并未确立政治共同体在历史中的自我保存。这是一个重要的理论转折，而这正是立法家的主要志业。

基于此，我们察觉了卢梭普遍意志论中一个必须补强的理论环节：**普遍意志作为主权者，并无法创造其持续存在（未来之事态）所不可或缺的条件**，而此种政治创造，正是伟大立法家活动之主要课题。相对于普遍意志永远存在于当下，立法家的主要特性乃是指向于未来之识见："立法者的判断不能只基于他所见的（what he sees），而应当依据自己所能预见的（what he foresees）。"（S.C., Ⅱ. 10 : 2）也唯有在伟大立法者此种贯穿过去、现在以及未来的实践智慧之中，能够创造出政治共同体以及公民政治活动，得以持续存在并繁荣滋长的条件。立法家之所以能够完成此创造活动，其关键课题在于型塑风俗习惯以及公意（public opinion）。卢梭指出：

> 除了政治法与民刑法之外，还要加上第四种，而且是一切之中最重要的一种法律；这种法律并非铭刻于大理石或铜表之上，而是铭刻在公民的内心（coeur；heart）之中，它形成了国家真正的宪法（genuine constitution of the state）；它每天都获得新的力量；当其他法律衰老或消亡的时候，它可以振兴或取代那些法律，它可以保持一个民族在创制时之精神（preserves a people in the spirit of its institution），并且在不知不觉中（*insensiblement*；*imperceptibly*）以习惯的力量取代权威的力量。我说的就是风尚（*moeurs*；morals）、习俗（customs），尤其是舆论（opinion）。这是我们的政论家所不认识的，但其他一切方面之成功均有赖于此，这就正是伟大立法家秘密地在专心致力的方面了。尽管他好

像把自己局限于制定个别的规章，其实这些规章都只不过是穹窿顶上不可动摇的拱心石。(S.C., Ⅱ.12:5)

型塑风俗习惯及舆论，使普遍意志得以持续存在并妥善发挥其作用，乃是立法家的核心议题，但普遍意志正由于其作为绝对之主权者，势必无法接受其恰当行使必须基于一个非由其自身活动所能创造的基础。为了避免与普遍意志扞格不入，同时也为了要维系政治自由之基本原则，立法家的活动必须是"秘密"地，使普遍意志在"不知不觉"中，能够为相应的风俗习惯所型塑（Kelly, 1987：324—327）。

卢梭对于立法家所提示的课题在于创造与型塑风俗习惯与公共舆论，从而他放弃了马基雅维里所标举立法家及创建者所必须依赖的基础——暴力以及军队。卢梭指出：

由于立法家既不能使用武力，也不能使用说理（reasoning）;[⑨]因此就有必要诉诸于另一种权威，从而得不以暴力而能约束人、不须说理却能使人心悦诚服（to rally without violence and to persuade without convincing）。(S.C., Ⅱ.7:9)

唯一能达到这种效果的权威乃是宗教，而如同马基雅维里，卢梭提出了政治性的公民宗教作为风俗习惯与公共舆论所依托的基础（S.C., Ⅱ.7:10—11; S.C., Ⅳ.8）。并在此基础之上，卢梭设计了三个以罗马共和政制为基础，用以维系政治共同体持续存在的政治机制：护民官制（tribunate; S.C., Ⅳ.5）、独裁制（dictatorship; S.C., Ⅳ.6）以及监察官制（censorship; S.C., Ⅳ.7）。

---

⑨ 卢梭清楚地意识到一般人民所使用的语言与哲学家是不同的，是以政治行动者不能仅靠理性的力量来说服平民，而要以平民所能接受的方式来从事政治的创造活动（S.C., Ⅱ.7:9）。这个问题牵涉古典政治哲学关于政治领导的重要假定，可参考阿伦特之讨论（Arendt, 1977:131—132）。

第六章 卢梭论立法家与民族文化　193

　　无论这些政治制度实际运作的方式为何,有一点是我们必须注意的:它们均为**外于宪法**(extra-constitutional)的政治制度,其功能在于维系宪政体制以及普遍意志的稳定运作(Gildin,1983:174—190),我们可以将之称为**宪法的守护者**。卢梭本人在论述个别机制时,也强调此种外在性格:监察官为公共判断之宣示者,正如同法律为普遍意志之宣示(S.C., Ⅳ.7:1),这等于是持续了立法家的公共启蒙任务(S.C., Ⅱ.6:10),而能在政治共同体之内,继续维系风俗习惯与公共舆论。在讨论护民官时,则直指其并非宪政体制之一部分,而系"法律与立法权之保存者(conservateur)"(S.C., Ⅳ.5:2),其职能在于恢复宪政体制各环节之恰当关系,也就是在政府与人民间,以及政府与主权者间形成另外一个联系或者是中介者(S.C., Ⅳ.5:1)。[⑩] 至于独裁者则由于重大危机之产生,使得祖国的生存(salut de la patrie)遭受威胁,使得必须冒变更政治秩序以及暂时中止法律的危险来克服危机。在此种罕见而又极端的情况下,政治共同体才能用一特殊之行动(acte particulier),将维护公共安全(public security)的责任托付给一个值得信赖的人,因此而成立之独裁者系一委任关系(commission;S.C., Ⅳ.6:3)。在极端状态中所委任的特别领袖,虽能使法律沉默并使主权权威暂时中止,他并不因此形成政治共同体中新的政治权威;卢梭清楚指出,"(最高领袖作为独裁者)仅能支配(dominate)而不能代表主权权威;独裁者可做任何事情,但却不能立法"(S.C., Ⅳ.6:4)。[⑪]

[⑩] 护民官的中介性乃是外在于宪政体制的;因为在政治共同体之内,政府本身便是主权者与人民间之中介者。

[⑪] 此处存在一个值得注意的问题:在马基雅维里思想中,政治危机时所不可或缺的独裁制,其存在理据根源于创建者在创造政治共同体时,必须集中所有权力,甚至不惜使用暴力以克服危机。但卢梭在论述伟大立法家时,并未提到此种超越常态暴力之运用以及权力之集中。然而,我们可提出一马基雅维里式之问题:由挽救共同体必须依赖独裁制之事实来推论,卢梭将伟大立法家描绘为不使用武力以及理性的、单纯诉诸型塑风俗习惯的间接力量,是否真的足以完成其所欲达到政治创建之课题?据此,教化性力量似乎不足以穷尽立法家活动之样态。在此议题上,马基雅维里与卢梭共和主义的差异明确地彰显出来。

是以，公民宗教、护民官、监察官以及独裁者等制度构成了维系政治共同体以及普遍意志运作的必要条件。在讨论普遍意志与个人关系时，卢梭曾提出常为人所诟病的一个观念：为使社会契约不致成为一纸空文，它潜在地包含一种规约，即任何不服从普遍意志之成员，全体则需迫使他服从公意，也就是说"**人被强制自由**"（be forced to be free；S.C., Ⅰ.7:8）。我们认为相同的关系发生于公民宗教等外于宪法之制度对于宪政体制之关联：这些"宪法守护者"的主要功能在于强制后者持续地维系其自由的生活方式，不至于腐化而造成共同体及普遍意志之消灭与覆亡。

五、民族精神与公民结合作为政治现实性之动力

从共同体之宪政体制及成员的观点而言，立法家及其所型塑之风俗习惯与外于宪法之制度乃是一种异己的力量，因而呈现为一种更高的智慧：也就是能洞察人类的全部感情却又不受任何感情所支配的智慧，且为了未来的光荣（future glory），能在当下行动却不寻求当下的满足（S.C., Ⅱ.7:1）。若从立法家自身及其所具有之治国术来看，此种外在超越性便不复存在，而构成一种"治理的伟大艺术"（great art of government；C.327）。

卢梭在《论科西加宪法》的最后一部分（C.325—329）以及《论波兰政府》的前四章中，对此种伟大艺术做了精要的讨论。卢梭指出，由于人性自然地会受到热情（passions）之宰制，再好的法律也因此而有被滥用的可能。为了要使宪政制度得以传之久远，那么便需要借由立法家的力量，将法律的精神铭刻在公民的心灵之中。激励公民心灵的主要途径乃创造祖国之爱（love of fatherland），使得公民与宪政制度紧密地结合起来，而这正是伟大立法家政治艺术的主旨（P.Ⅰ:6—7）。卢梭以摩西为例指出，为了型塑祖国之爱，关键在于创建一个民族共同体（corps de nation， national body；P. Ⅱ: 3），因此吾人可称立法家的伟大任务乃在于民族之创建。

此"**民族原则**"为卢梭秩序论的根本原则，并构成本书前章所述其规范论中"共和原则"以及"民主原则"所依赖的终极根源。而正当性所倚的"政治权利原则"也因此得以落实于公民的活动以及风俗习惯之中。卢梭指出立法家之主要课题在于"国民之创建"（*instituer un peuple*），他并提出如下之著名说明：

> 敢于创建一国民者，可说是必须自己觉得有能力改变人性；能够把每个自身都是一个完整而孤立的整体之个人转化为一个更大整体的一部分，这个个人就以一定的方式，从整体里获得自己的生命与存在；能够改变人的构成（constitution）使之得到强化；能够以作为全体一部分的道德性存在，来取代我们人人得之于自然界的生理性以及独立之存在。总之，他必须取走人类自身固有之力量（forces），俾能赋予他们以他们本身之外的而且非靠他人之帮助无法运用的力量。这些自然的力量消灭的越多，则所获得的力量也就越大、越持久，制度也就越巩固、越完美。从而每个公民若不靠其余所有的人，便什么都不是，也不能完成任何行动；如果整体所获得的力量等于或者优于全体个人自然力量的总和，那我们可以说，立法已经达到其所能达到最高之完美程度。（S.C., Ⅱ. 7: 3）

在《论波兰政府》之中，卢梭以摩西、斯巴达的莱库古以及罗马的努马为典范，指出他们均有着相近的精神（*esprit*；spirit），"他们均能找寻出可使公民与祖国相结合以及公民间互相结合的联系，而此联系存在于独特的惯行，在宗教仪节之中，就其本质而言，永远是排他性（exclusive）以及民族性（national）的"（P. Ⅱ: 7）。他进一步指出，其于公民宗教以及民族精神，统治的艺术即在于透过各种公共的仪节、教育以及公共娱乐来激发公民的荣誉感与力量，并发挥一种"模仿的精神"（spirit of emulation），亦即模仿仪节、公民教育以及娱乐所展现的典范。而在此种集体的模仿之中，民族的特殊性慢慢形成，祖国之爱也得以型塑完成。卢梭拒斥民族特性具有自然之基础，而主张它是政治艺术的产品，此种能够穿透人心的治国术，他称之为"提升灵魂的艺术"（art of ennobling souls；P. Ⅲ : 6）。

而在《论科西加宪法》中，卢梭使用了更加抽象的理论分析，指出立法家活动的主旨在于能操纵恐惧以及希望两种最重要的统治工具；法律的惩罚及所创造出来的恐惧虽有其必要，但真正精微之处则在于如何激发整个民族集体性的希望以型塑其认同。他指出"要激发一个民族的活动力，必须提供它伟大的希望、伟大的欲望，以及积极行动的伟大动因"（C.325）。换言之，民族共同体的形成不仅在于排他性以及特殊性，更重要的是能创造出巨大的能动性（mobil, movement；C. 325）。创造民族能动性的方法，在于巧妙地运用人性之中所不可免的自尊自大之心（amour propre），此自尊心包含了自豪（orgueil；pride）以及虚荣（vanité）。[12]

卢梭特别强调要运用自豪这种情感，因为它乃是由具有内在伟大或庄严美丽等对象之中所产生出来的积极情感；激发此种公民之自豪，便能指导公共舆论（C.326），也就完成了卢梭在《社会契约论》中所指出，立法家所应完成的"公共启蒙"志业，从而使得

---

[12] 本来自尊在卢梭思想中代表的是文明社会所产生之恶德，使个人依赖其他人的意见（opinion）而行动，从而丧失自给自足的自然自由［请参照查维特（1974）第一章之讨论］。然而，在政治著作中，卢梭却尝试运用 amour propre 来激发爱国情操与德行。其原因在于，立法家的志业在于型塑舆论（public opinion），而舆论为意见之一种，必定为他律的。但若缺乏此种他律性之舆论依托，普遍意志亦无法持续存在，这是政治共同体存在之悖论。于是导正此自尊自大，朝向认同共善，而不停留于虚妄之虚荣，遂成为立法家"改变人性"之主要课题之一。在《政治经济学》中，卢梭提出如下之观察："祖国之爱的确产生了最伟大之奇迹。这个甜蜜而强烈的感觉，由于结合了自尊自大（amour proper）的力量以及德行（virtue）的美，取得了巨大的能量而无损于其形貌。这使得祖国之爱成为最具英雄性格之热情（passion）。"（Rousseau, 1997b : 16）

公民的判断力得以被间接地导引到足以行使普遍意志立法所需之品质，并能服从其自我立法（Kelly, 1993: 522）。

换言之，民族的存在，其特质乃是通过特殊性、排他性以及能动性而成为历史进程中得以持续存在的集体行动者。它的终极目标乃是权力（*puissance*）与独立自主（*independence*），而卢梭强调公民共和主义式的政治共同体，正需激发公民此种追求自尊之权力意志，来取代追求财富的欲望（C. 326—327）。

六、结语

卢梭的立法家理论根源于政治哲学传统，特别是柏拉图以及马基雅维里之政治秩序论（Masters, 1968: 359—368）。事实上，卢梭立法家与普遍意志的两元体系，是为了调解古典政治哲学将政治作为一种基于真实知识的技艺的观念与近代意志哲学所主张之政治义务必须基于人民的同意所产生的结果。卢梭在讨论立法家时提到柏拉图的《政治家篇》，在其中柏拉图主张政治艺术乃是一种"指导性以及生产性的技艺"，因为它创造了政治生活的必要条件，而未建立这些条件所运用的用途或目的。柏拉图认为只有少数政治精英才能真实拥有这种统治的知识或技艺。卢梭的立法家概念虽然有着此种柏拉图主义的色彩，但由他强调立法家之权威必须是间接而自我隐藏的运作方式、能缔造共和国但又不进入其宪政体制之内，以及立法家起草法律由人民公决等的种种主张，说明了他对公民自主性意志也同样地强调。

至于马基雅维里则强调创建活动必须基于武力以及德行，而为了缔造稳定制度，必须采取超越常态道德之外的非常手段加以完成，这也是一般视马基雅维里为政治邪恶之导师的原因。卢梭对马基雅维里抱持着相当高度的赞扬（S.C., Ⅲ. 6: 5），但其立法家理论的强调重点，却已由纯粹政治武力转化为教化式以及基源政治划分的建构者。

总结本章论述，卢梭的政治权利论奠基于力量（force）与权利的特殊辩证关系之上。他认为由力量之中无法产生权利，因为类似强者的力量仅是一种物理的力量（physical power），是以卢梭声言，"向力量服从只是一种必要的行动，而非意志的行动。它最多也不过是一种明智的行动（act of prudence）而已"（S.C., I.3:1），而这是无法真正形成权利义务关系的。卢梭的结论乃是，"力量并不造成权利，而人们只有对正当的权利才有服从的义务"（S.C., I.3:4）。但是卢梭的体系终极地看来，**政治权利仍然依赖于立法家的特殊力量，只是此种力量已不再是通常的物理力量，而是足以完成伟大行动的灵魂力量**。从这个角度，吾人便可理解在卢梭致米拉博（Mirabeau）的著名信函所提出的悖论。卢梭强调政治的最伟大课题，乃是能找到将法律高于人的政府形式，而若这困难之课题无法完成，则：

> 我认为那么应当走向另一极端，也就是说，立刻将人尽可能的提高于法律之上，结果建立一种专断的，甚至是最为专断的专制统治：我将期望这个专制者能为上帝。总而言之，在最严格的民主与最完美的霍布斯主义之间，我看不到可忍受者：人与法律的冲突会导致国家之内永久的内战，而这是所有政治国家中最坏者。（Rousseau, 1997b: 270）

《社会契约论》即是卢梭对这两个极端所做的理论调解。

然而，立法家的个人力量只能创造自由生活的条件（民族共同体），它并不直接创造自由生活自身（社会契约及政治共同体），更不能进入宪政体制之中成为至高无上的统治者。自由生活的创造，仅能通过成员之间创造普遍意志的社会契约方式才有可能完成，而统治者也必须由成员依据民主原则加以选定。立法家的力量，唯有在维系风俗习惯的公民宗教及监察、护民官等活动中间接存在，或于自由生活濒临瓦解时，通过独裁者的支配救亡图存。换言之，灵魂的力量只能作用于风俗习惯以及公共舆论的塑造，而不能成为直接的物理性力量，也不能成为正当性的政治权威自身。

终极而言，卢梭的民主共和主义可以分成**自由生活的规范论以及自由生活之条件的秩序论**两部分，而创造后者要依赖于与自由相对立的个人力量，这是卢梭思想的一个根本特质。卢梭论述特殊处，在于将创建者的个人力量严格限制于体制之创造以及"宪法守护者"等第二序（second-ordered）的政治制度，而将政治生活完全交付已经创建出来的公民，平等而自由地行使。这样的两元体系，似乎也是在"政治创建所必须的超越性特质"以及"公民自我统治的共和主义理想"之间，所作出的理解调解。他将公民共和主义论述与近代意志哲学相结合，从而把"自由政制如何创造以及维持"这个共和主义的核心议题，转化为近代民主政治以及民族主义文化理论的两重结构，产生了深远之影响。

第七章 《联邦论》中的两种共和主义[1]

一、两种共和主义

马基雅维里曾经讥嘲哲学家只会处理"想象的共和国";卢梭则谓,若他是君主或立法家便不会浪费时间来空谈政治权利的原则,而只会致力于行动。在西洋政治思想史的经典之中,真正具有马基雅维里或卢梭所想望的现实意义,而且是用立法家的角度全盘处理政治事务的经典作品,首推以"普布利乌斯"(Publius)为笔名所发表的《联邦论》。其中的两位主要作者麦迪逊(James Madison)以及汉密尔顿(Alexander Hamilton)均参加了费城立宪会议,麦迪逊更在会议中发挥了极为重要的角色,赢得了"美国宪法之父"的美名。依据会议决议,宪法草案需经过当时十三邦中至少九邦人民的批准方能生效,《联邦论》便是以纽约州为基地,集结当时作者们发表于报纸上的文章,捍卫新宪精神,阐释其基本原则,以期宪法草案能够顺利地得到批准。

《联邦论》不仅如一般学者所强调,在美国政治思想的地位仅次于《独立宣言》以及《宪法》本文;更重要之特色或许在于其多

---

[1] FP 代表 The Federalist, ed. Jacob E. Cooke, Middletown: Wesleyan University Press, 1961. 征引时代以¶代表号数,之后再分别注明英文本(e)以及中译本(c)页码。中译页码用"猫头鹰版",但笔者常对译文有所修改。

元的分析角度：汉密尔顿以及麦迪逊参与立宪会议的资格，使得他们绝对可以阐释宪法的原始精神，这是"立法家的角度"；由于宪法草案犹待批准，必须影响民意以获得支持，这是"公民的角度"，通过平等地参与公共论述，形成公共理性并凝聚共识；宪法草案公布之后，对于其条文若干法理以及哲理上的批判，使得作者们必须运用"宪法解释者的角度"来厘清草案中之若干疑点；最后，作者们时常援引古典政治思想的经典作为佐证，其中最重要的首推孟德斯鸠所著《论法的精神》，而由于孟德斯鸠所论述的共和体制之构成原则被宪法草案之批判者［一般称之为"反联邦派"（anti-federalist）］所援引，作者们必须运用我们现在称之为诠释学的方法，厘清古典文本的真义，是为"经典诠释者的角度"。由于这四种角度所交织而成的意义网络极为复杂，遂使得后世读者的诠释工作困难程度远超过一般想象之外。

由于对《联邦论》的理解包括了政治思想、公法理论以及历史的各种诠释可能，二手文献繁多，本章尝试将这本经典放在现代共和主义的思想传承中加以考察，并分析《联邦论》之中蕴含着两种不同取向的共和主义观念：其一为宪政共和主义，包括代议政府、联邦制度以及三权分立的政府组织，通过制衡机制来确保人民的自由以及政府的效能得以同时兼顾；另一则为民主共和主义，强调在特殊的重大时刻，必须诉诸人民的集体参与政治秩序以及宪政制度之基本构成。自20世纪以来，宪政共和主义乃诠释《联邦论》的正统观点，基于全书第10号对派系的分析，建构出一套全新的现代宪政制度论（Carey, 1989：6—8）；但自从阿克曼（Bruce Ackerman, 1991：165—199；1995）提出新诠释以来，民主共和主义观点之影响力逐渐增加。前者是通过对孟德斯鸠政治理论的创造性转化，后者则承继了美国革命精神所确立之政治正常性原则。吾人认为，这两个看似冲突的论述，在《联邦论》之中得到了理论的调解：宪政共和式的民主政治，将政治秩序生成的根源——人民主权——在常态化的政治过程中加以隐蔽；但在特殊超越常态的政治时刻，又必须将人民正身（We the People）请出，发挥创造宪政秩序的能动性以解决体制之危机。以下便依据这两种共和主义之辩证为主轴，来讨论《联邦论》之中宪政主义与人民主权的辩证关系。

二、超越孟德斯鸠：从古代到现代共和

汉密尔顿在《联邦论》第 1 号开宗明义地说明即将讨论的内容大要时，指出：

> 我准备在陆续发表的文章中，讨论后列有趣的细节问题：联盟（Union）对国家繁荣的效用；目前的邦联政府缺乏效率，不能维持统一体；要达到此一目标，政府最少必须具有新宪法中规定的权力；新宪法符合共和政治的公共原则；新宪法与各州宪法之对比；最后将讨论新宪法的采用，对于保护此种政体，保护自由和财产所可能提供的额外保障。（FP¶1, e7/c3）

衡诸其后论述之发展，"新宪法符合共和政治的真正原则"成为讨论的主轴。在共和主义思想史的传承中，《联邦论》最主要的贡献在于尝试结合共和主义与代议制度，并通过联邦原则将公民自治以及国家统一性之建构同时完成。普布利乌斯能够完成这个历史的转折，系基于之前孟德斯鸠所提出的理论，并作出创造性的转化。普布利乌斯明确地理解并护卫现代性的精神：

> 很多原理的功效古人根本不知道，或是所知有限，但今天我们有了很好的了解。权力在各部门间的正规分配；立法制衡的采用；由一些行为公正的法官组成法庭的制度；由人民选举立法机构中的代表：这些都是崭新的发现，或是经过重要改革日趋完善

的办法。通过这些有利的手段，我们可以保存民治政府（popular system of civil government）的优点，同时避免或减少它的缺点。（FP¶9, e51/c37）

这个文本的上下文，讨论孟德斯鸠的联邦共和国观念。虽然论者早已指出孟德斯鸠在美国立宪时期重大的影响力（Shklar, 1990），但实际上，普布利乌斯对于孟德斯鸠的论述提出了相当重要的修正，转化了现代共和主义的进程，值得吾人注意。

孟德斯鸠身处于路易十四扩张王权之后的法国旧政权时代，他提出了宽和的君主政体观念（moderate monarchy），尝试结合君主在行政方面的决断能力以及贵族通过代议机构所能发挥的中介制衡力量，来确保政治权力不受滥用。1748年其《论法的精神》（Montesquieu, 1989）一书刊行之后，轰动一时，通过类似现代比较政治的研究途径，对于政体的种类、自然法的体系，以及政治与社会风俗和自然条件间之关系等议题，提出了详细的分析，可说是18世纪政治理论最为完整的系统性作品。对于共和主义的议题，孟德斯鸠有三个主张与美国立宪时期的宪政论辩特别相关。

首先，他依据统治权的"性质"（nature）以用"原则"（principle）[2]，区分出共和、君主以及专制三种政体，而共和政体又细分为民主的共和制（在其中全体人民握有最高的政治权利，并直接行使统治）以及贵族政治两大类。孟德斯鸠主张，民主共和国的原则在于德行，特别是热爱法律以及祖国，并将公共利益置于个人利益之上（Montesquieu, 1989, 4:5）。他进一步提出，此种民主共和政体仅在小国寡民的共同体方有可能实现，因为只有在狭小的领域之内，公民和政治可以有较密切的关系，公共福利也才有可能为人民所理解（ibid., 8:16）。孟德斯鸠对于民主共和制并提出批判，

---

[2] 类似现在所称的"公民文化"。

指出直接民主的运作方式，由于将立法者与法律的执行合而为一，极有可能导致多数专制的结果：

> 试看这些共和国的公民是处在何等境遇中！同一个机关，既是法律执行者，又享有立法者的全部权力。它可以用它的"一般的意志"（general wills）去蹂躏全国；因为它还有司法权，它又可以用它的"个别的意志"（paricular will）去毁灭每一个公民。在那里，一切权力合而为一，虽然没有专制君主的外观，但人们却时时感到君主专制的存在。（ibid., 11：6）③

孟德斯鸠主张现代世界两个最重要的变革力量在于贸易的发展以及代议制度的兴起；而在这两个议题上，民主共和制都没有贡献。孟德斯鸠运用了类似"知识社会学"的角度，将共和政体划归为前现代的统治形态，其直接民主观以及公民德行观均不符合现代黄土众民国家的需要。

其次，孟德斯鸠指出，民主共和政体唯一可以降低前述疆域限制的方法是通过"协约"（convention）的方式联合起来，建立一个大型的联邦共和国（federal republic），而成为"几个社会联合而产生的一个新的社会"（Montesquieu, 1989, 9：1）。这个主张在美国立宪时期发挥了重要的影响力，因为美国独立运动前后十三邦分立的情况，依据当时的理解，正好符合联邦共和国的统治形态，但强调各邦具有独立主权的邦联制度（confederation）。

最后，孟德斯鸠所倡议的三权分立论，深刻地型塑了美国开国先贤的宪政思想，这也是最为人所知的直接影响。孟德斯鸠以此理论描述当时最为先进的英国政制，他称之为"外表是君主政体，实际上却是共和政体"（ibid., 5：19）。由于在孟德斯鸠的观念

---

③ 这个文本中所出现的"一般的意志"和"个别的意志"，以及对共和国的批判，可以和卢梭的普遍意志论作为政治思想史上重要的对比。

中，君主政体的性质乃是有着贵族作为中介权力，并依照基本法来治理国家的政体（ibid., 2:4），所以他对于英国政制的描述实际上便是古典共和主义传统所提出的"混合宪政"之理想。孟德斯鸠指出："这就是英格兰的基本政制：立法机关由两部分组成，它们通过相互的反对权彼此钳制，二者全都受行政权的约束，行政权又受立法权的约束。"（ibid., 11:6）他并进一步分析，唯有此种具有权利分立的政府，才是宽和政府（moderate government），也只有在这样的国家中，政治自由（比较接近于当代所说的消极自由，而非积极性的民主参与之自由）才有被确保的可能。在自由国家中，人民爱好和平并致力于从事贸易活动。除了制度安排外，孟德斯鸠并进一步分析英国自由政制所形成的民族性格，指出人民的各种激情（passions）在自由的环境中解除了束缚，但是其结果产生了党派（party）的对立，虽然若有国外威胁的力量产生，个别利益仍将服从更大的公共利益（ibid., 19:27）。

对于孟德斯鸠这三个论述，《联邦论》的作者在共和政体以及联邦共和国两个议题均作出重大修正，进一步建构一个全新的宪政共和理论。而即使对于三权分立理论，美国的开国先贤也将之由古典"混合宪政"的理想转化为现代意义之下，政府部门的分工合作以及相互制衡的理论（Diamond, 1992: 33—34, 58—67）。普布利乌斯所作的创造性转化，在下列三个议题上最为明显：（一）共和政体与代表制度之结合，（二）邦联原则转化为联邦国家，以及（三）党派政治的重新评价，兹略述如下。

（一）共和政体与代表制度之结合

在孟德斯鸠的分析中，代表观念与共和政体没有关联，因为代议制度系中古哥特人（Goth）移居西欧后，因领土之扩大而发展出的贵族与君主政体混合的制度（Montesquieu, 1989, 11:8）。孟德斯鸠力主强化发挥代表制度的精神，特别是在君主制度中，贵族作为中介阶级所形成的议事机构，因为这可以制衡君主的滥权。此分析观点构成孟德斯鸠改良法国君主体制成为宽和政府的最重要主张（Althusser, 1972：65—74）。

然而，普布利乌斯并未依循孟德斯鸠对代议制度起源的看法，相反地，却将共和制度与代表制加以结合。麦迪逊在《联邦论》著名的第 10 号之中，区别"纯粹民主国"（pure democracy）以及"共和国"。所谓纯粹民主国指的是"一个包括公民数量不多的社会，这些人集合地一起，亲自管理政府事务"（FP¶10, e161/c44）；共和国则是具有代表制度的政府。二者的主要差别为，在共和国之中政府工作系由公民所选举出来的少数人管理，而且具有代表制的共和国可以包容较大数量的公民以及较大幅员的国家，而构成了符合现代性的"**扩大共和国**"（extensive republic），超越了纯粹民主之疆域限制。

麦迪逊似乎不愿意对孟德斯鸠的理论直接加以批判，而仅指出宪法反对者混淆了共和国以及民主国，并把民主的特性推论到共和制之上，才得到共和政体必须小国寡民的结论（FP¶14, e83—84/61—62）。对于代表制度，麦迪逊则强调，其原理虽然是现代欧洲的伟大发明，但"即使在它的地区内，也找不出一个完全建立在这一（代议）原理上的民主政府"（FP¶14, e84/c62）。换言之，只有美国，才通过"非混合的扩大共和国"（unmixed and extensive republic）之建构，将代议机构与民治政府顺利地结合为符合现代条件的新型共和国家。

（二）邦联原则转化为联邦国家

为了继承立宪前邦联制之精神，普布利乌斯提出中央与地方政府的二元结构，形成一种"复合共和国"（compound republic；FP¶51, e351/c254）或"复合政府"（compound government；FP¶23, e149/c107），中央与地方政府具有共同权限（cuncurrent jurisdiction；FP¶32, e203/c146）或同等权威（co-equal authority；FP¶34, e209/c151）使得全体的共同利益以及各邦的个别利益均能同时兼顾。这一方面固然反映当时美国邦联制度之式微，但《联邦论》的提法也创造了现代宪政国家中央与地方政府分工的雏形。

（三）对于党派政治的重新评价

在现代诠释《联邦论》的文献中，麦迪逊在第 10 号所讨论的派系或党派问题往往被标举为诠释全书的出发点，至于其思想渊源则被追溯到英国哲学家休谟（David Hume）的政论作品（Adair, 1998：132—151）。的确，在立宪会议之前麦迪逊的个人笔记中，吾人可以看到他对于当时各邦之内党派政治的横行深恶痛绝，并认为是邦联制度效能不彰的最大原因。麦迪逊将之归因于纯粹民主国的弊病：由于无论是全体中之少数或多数，由共同的情感或利益所结合起来的党派，永远会与其他公民的权利或社会的永久利益相冲突，是以民主制无法避免公民的党派之争（FP¶10, e57/c42）。不过，麦迪逊并未将党派现象视为完全不能解决的负面现象，而尝试将共和政体通过代议制以及联邦原则的中介，使各州党派之徒不易密商阴谋，并扩大公民的见解，并对国家的真实利益作出最好的判断（FP¶10, e61/c45）。④

三、宪政共和主义：隐蔽的人民

在区分了纯粹民主与共和政体，并对孟德斯鸠思想体系作出修正之后，麦迪逊对于共和政体作出了如下的定义：

这是一个一切权利**直接或间接**导源于广大人民的政体，管理

---

④ 值得注意的是，在孟德斯鸠的论述中，党派精神是英国三权分立自由政制的结果，但麦迪逊不但将党派精神归咎于纯粹民主，并倒过来尝试运用三权分立的宪政设计来降低党派精神的影响。三权分立制与党派问题的因果倒转也形成了一个重要的思想史转折。

政府的人的任期是一段有限的时期,或其忠实履行职责的期间。⑤
（FP¶39, e251/c182）

他并指出设计政府运作机制的两大课题,一方面必须使政府有力量,并获致具有判断社会共同利益的最高智慧统治者;另一方面则是要让政府能够受到控制,也就是使统治者在担任公职时能够维持德行（FP¶51, e349/c253; ¶57, e384/c280）。前一要求,麦迪逊称为"稳定性和能力",后一要求则构成"共和主义的自由精神"。后者要求"不只是要求一切权力必须来自人民,而且要求必须使那些获得人民授权的代表,在短暂的任期内**依赖人民**（dependence on the people）"（FP¶37, e234/c169）。然而,麦迪逊的论述的主要影响却偏重另一个面向:"无疑地,依赖人民是控制政府最基本的办法;但是经验告诉人类,我们还必须采用**辅助的预防办法**（auxiliary precautions）"（FP¶51, e349/c253）。事实上,《联邦论》对于现代宪政主义的主要影响,反而在于通过这些"辅助的预防办法"之详细设计,建构了现代宪政共和主义的蓝本,其光芒掩盖了麦迪逊所称的依赖人民之民主共和主义精神。直到艾克曼才强调民主之面向,其中的相关议题将是以下讨论之重点。

《联邦论》的宪政理论已经广为人知,本章将不予深入讨论。⑥简而言之,普布利乌斯所提出的"辅助性预防办法",包含了四个最主要的机制:代议政府、中央与地方分权的联邦原则、三权分立彼此制衡,以及司法机构诠释宪法的权力。我们已经略论了代议政府以及联邦制两个政治原则;对于政府的权力,麦迪逊承继了孟德斯鸠的理论,将之区分为行政、立法以及司法三个主要的部门,各自有独立的意志。在组织方面,其成员必须通过互不相干的管道加

---

⑤ 中译本少译了"或忠实履行职责的期间"的片语,容易引起误解,因为美国宪法原始规定,总统作为民选的官员是可以无限制连选连任,所以在《联邦论》观念中,"有限的期间"并非共和政体原则的唯一标准。
⑥ 中文文献可参考钱永祥（2001）以及张福建（2001）。

以任命，以使个别部门人员对于其他部门人员的任用权力缩减到最低程度。为了防止政府权力集中到同一部门，麦迪逊提出了"**用野心来对抗野心**"（"Ambition must be made to counteract ambition"）这个著名的主张（FP¶51, e349/c253）。[7] 政府每一部门的人员，都必须"具有抵抗其他部门侵犯的宪政途径与个人动机"，唯有如此，政府权力才能够被控制，不至于被滥用。另外，由于在共和政体中，立法权必须占有优势，所以麦迪逊进一步主张，将全国议会区分成为两院，并同时加强行政部门的力量。通过这些宪政机制的建立，共和主义传统着重公民德行的论述遂逐渐被转化为自由主义以及多元主义的利益均势观念：在多元化的利益之中折衷调和取得均衡，而由于没有任何个人或集团的特殊利益可以在宪政体制中取得独大的地位，权利滥用之可能遂降到最低。

除了三权分立的政府，美国宪政共和主义另外一个重要的特征是，由于具备了诠释宪法的特殊使命，司法权在宪政国家之中取得了枢纽性的地位。在宪政秩序*之内*，关于立法机关所制定的法律或行政机关对于法律之执行是否符合宪法，必须由法院作出终极的判断。

麦迪逊指出，即使是基于三权分立的政府，仍然有可能发生"篡夺"（usurpation）的状况：

> 倘使国会误解宪法中这一部分的意义，行使与其原意抵触的权力，后果如何？我的答复是这与它误解或扩大任何一项宪法赋予它的权力的后果相同。这与一般权力（general power）变为特殊权力时，其中任一者皆受到破坏的情况相同。……此种篡夺行为

---

[7] 事实上，孟德斯鸠已经指出相同的原则："一切有权力的人都容易滥用权力，这是万古不易的一个经验。有权力的人们使用权力一直到遇有界线的地方才休止。……从事物的性质来说，**要防止滥用权力，就必须以权力约束权力**。"出自《论法的精神》，11：4。

的成功,有赖于行政和司法部门的合作,后者有权对议会法案加以解释,而前者则是执行此种法案的机构。(在这种分立的三权结合起来产生滥用权力的篡夺行为时)**最后的辅助办法必然来自人民,他们能够通过选举,选出一批更为忠实的代表来废除这些篡夺者所制定的法案**。(FP¶44,e305/c220,黑体强调为笔者所加)

这种人民依据其宪法权利来重选代表并废除篡夺情况的方式,系民主政治之常轨。所以,对麦迪逊而言,似乎自由主义的权力分立原则以及共和主义所主张通过民主参与来保障个人权利,二者乃是相辅相成、缺一不可的,这也符合前述"依赖人民"的基本办法。

然而,从麦迪逊对杰斐逊所草拟《弗吉尼亚宪法草案》的批判可以看出,麦迪逊对公民宪法权利过分民主化的行使有所保留。杰斐逊的草案规定,"任何时候只要政府三大部门中的两个表示同意(每一部门均需取得其成员三分之二多数的赞成),认为有必要召开代表大会修改宪法,或纠正破坏宪法的行为,就必须召开这个会议"(FP¶49,e339/c245;原文见Jefferson,1999:348)。麦迪逊对此议题主张,"纠正破坏宪法的行为"与"修改宪法"乃是两个不同层次的问题。然而,他不得不承认共和主义的民主原则:

既然人民是权力的唯一正当性根源,既然政府各部门拥有的权力所根据的宪章也是导源于人民,因此不仅在政府权力需要扩大、缩小或重新加以安排的时候,应该取决于同一的原始权力,并且在任一部门侵犯其他部门宪法所规定的权威时,也应当诉诸同一个原始权威。这**看来似乎**完全符合共和主义理论的办法。不同部门既然已经被他们共同的(宪法)授权以完美的协同工作,很明显地,他们之中没有任何部门可以宣称具有独占或更高的权利来解决它们彼此之间权力界线的问题。假如不去诉诸人民自身,如何防止强者(按:指强势的政府部门)的越权,或补偿弱者所受的损害;毕竟人民作为授权者,其自身才能决定授权的真正意义并强制其遵守。(FP¶49, e339/c245—246;中译文有所修改,黑体强调为笔者所加)

但麦迪逊马上反对将此共和主义正当性原则运用到纠正政府个别部门破坏宪法的行为之上。是以,麦迪逊与杰斐逊最主要的差别在于:杰斐逊保有人民通过民主机制来纠正政府部门破坏宪法的行为;而麦迪逊则加以否定,认为如此一来政府将丧失所需的稳定性,而且将宪法问题提交社会解决,将激动群众的情感,产生的结果无法达到宪法的均衡(FP¶49, e340/c246—247)。即使某种周期性的诉诸群众的方式,麦迪逊也加以拒斥(FP¶50)。值得注意的是,从这个议题,麦迪逊切入了三权分立相互制衡,用野心对野心的第51号之讨论。

然而,麦迪逊前引论述触及了一个根本的政治问题:**假如宪法体制产生了争议,谁有权做最后的决定或判断?** 麦迪逊所提出三权分立政府的"辅助性预防办法",似乎并未直接回答这个宪政争议时"谁做判断"的根本问题。类似议题曾经出现在汉密尔顿讨论联邦政府与州政府权限区分的脉络。《宪法草案》第1条第8节最后一款授权国会"在行使本宪法赋予合众国政府或其各部门或其官员的种种权力时,制定一切必须的和适当的法律",这个条款产生了极大的争议(FP¶33, e206/c147—148)。汉密尔顿指出,联邦政府行使其权力需要制定法律时,由谁来判断这些法律的必要性和妥适性,这显然是在联邦原则的脉络中所浮现关于"谁有权做最后的决定或判断"之议题。对此,汉密尔顿提出了两个回答:

第一,这一问题的发生是根据单纯的权力授予以及前述的声明条款;第二,像其他任何政府一样,全国政府必须首先判断其权力之行使是否恰当,而其**选民**(constituents)最后才加以判断。若联邦政府超出了其权威范围,而暴虐地运用其权力,则创造这些权力的**人民**(people),必须诉诸他们所形构的标准,并依照事情的严重程度以及审慎思虑的状况,采取措施来弥补宪法所遭遇的损害。(FP¶33,e206/c148—149;中译文有所修改,黑体强调为笔者所加)

在联邦原则的脉络中,"谁做判断"的议题转化为,联邦政府依据其自认必须和适当的方式来制定法律并加以执行,遇有争议时也是由联邦政府决定其妥适性,若仍有不当,方由选民终极地加以矫正。而在此文本中,人民与选民二者是等同的,这与麦迪逊前引第44号所述"最后的补助办法必然来自人民,他们能够通过选举,选出一批更为忠实的代表来废除这些篡夺者所制定的法案"如出一辙。

由于汉密尔顿在第33号讨论的是联邦与各邦政府间之关系,这样的回答是不够完整的。事实上,既然宪法草案所设计的是一个三权分立的政府,则在立法时应当由国会判断其法律的必要性与妥适性;但是在这个必要性与妥适性产生争议时(以及推而广之,其他政府各机构权限产生争议时),做判断的并非第33号笼统指称的联邦政府,而系汉密尔顿在第78号所论述的,为司法机关之职责。换言之,关键性的"政治"问题,在宪政体制之内找到了一个承载者,也就是司法权;虽然司法权不具有立法机关之意志(will)以及行政机关之力量(force),它却有判断能力(judgment),而能在宪政争议产生时,依据宪法的文本以及精神,作出恰当的判断。

这样的解决办法,是美国宪政共和主义的最具原创性的贡献之一。因为在孟德斯鸠的论述中,对于司法权力独立性所提出的理由,乃是它与行政或立法任一权力结合时,均必然产生权力滥用的结果(Montesquieu 1989, 11:6)。但是孟德斯鸠对于司法权自身的本质并没有积极的论断,而指称"在上述三权中,司法权在某种意义上可以说是不存在的"(ibid.)。但在美国立宪的讨论过程中,由于成文宪法的产生并作为人民意志与行政、立法两种政府权力之中介,遂使得司法权的积极功能首次被确立下来。《联邦论》第 78 号对于法院可以宣布一切违反宪法原意的法案无效之讨论,便成为美国宪政共和主义的核心论述。

汉密尔顿指出,政府权力作为被授权的机构(delegated authority),若违反了授权的原意,其法案便必定是无效的。这是一个不证自明的根本原则,因为假如我们接受与宪法抵触的议会法案可以具有效力,则无异承认"代表大过本人、仆人高于主人、人民的代表优位于人民自身,其结果将是所谓的代表不但可以做未受授权的行为,甚至可以做这些权力所被禁止的事项"(FP¶78, e524/c380)。当然,关键的问题在于由**谁**来诠释法案是否违反原始的授权。汉密尔顿认为,议会作为立法权,不能同时具有解释法律妥适性的权力,当然"也不可能假定宪法的意思是要使代表能够以他们的意志取代其选民的意志"。假如我们接受共和主义关于"依赖人民"的原则,那么在这个议题上,似乎判断授权原意的行动者,应当是人民本身。然而,汉密尔顿(如同麦迪逊所撰的第 49 号)并未如此主张;相反地,他指出:

> 比较合理的假设是以法院为人民与议会之间的中介团体(intermediate body),借以约制后者,使不超出其指定的权力范围;解释法律是法院特有的恰当职务。法官认为宪法是一种基本法,证诸事实确是如此。因此,确定宪法的意义和议会制定的任何特殊法案的意义,乃是法官之职权。若二者之间发生不能调和的冲突,则应以较高社会责任与有效性者为准;换言之,应取宪法而舍法律,应依据人民的意向而非代理人的意向。(FP¶78, e525/c380)

这个说法有着明显的理论问题,所以汉密尔顿马上加上如此的解释:"这一结论绝未假设司法权力优位于立法权力,**它只是假设人民的权力优于二者**。只要议会在它所通过的法案中所表现的意志,与人民在宪法中所表达的意志冲突,法官应以后者为准……他们应该以基本法作为判断的标准。"(FP¶78, e525/c380)

汉密尔顿的主张,似乎不能如他所说的"绝未假设司法权力优于立法权力",因为只要设想如下之情况:若立法机关或行政机关对于法院所作出违宪的裁决有所不服,则并没有更高的权威以解决争议。换言之,汉密尔顿所谓"这个结论只假设人民的权力优于二者"在司法权的面向上是有疑义的;我们认为,真正的理据应当是:美国的宪政共和主义了解到立法机构以及行政机构滥权之可能,遂将关于解决宪政争议权限交到作为体现公共理性以及政治明智的"判断性机构"。[⑧] 进一步而言,最高法院的释宪行动,作为一种政治权威,在某种程度上超越了被授权的政府权力之范畴,而系一种持续制宪的机构。

综合本节的论述,无论是麦迪逊"依赖人民"与"辅助的预防办法"之建构,或是汉密尔顿关于司法权之说明,均呼应了麦迪逊一个奇特的说法:

> 古代人既不是不知道代表制的原则,也不是在政治组织方面完全忽视它。这些政府和美国政府间真正差别并不是**前者在政府管理工作内完全排除人民代表,而是后者在其自身内完全排除人民的集体力量**(*the total exclusion of the people in their collective capacity* from any share in the *later*)。(FP¶63, e428/c312;黑体与斜体强调为原文所有)

[⑧] 在这个议题上,阿伦特用不同的理论进程加以诠释(Arendt, 1990: 178, 199—201)。她认为美国的最高法院宪政权威意味着人民具有权力(power),但是司法权具有权威(authority);这成功地转化了罗马共和体制中"权力在人民,权威在元老院"(*potestas in populo, auctorits in senatu*)的权力分配。关于阿伦特的分析,本书第十章将予讨论。

第七章　《联邦论》中的两种共和主义　　215

　　姑且不论麦迪逊此处推翻了他在第 10 号讨论古代纯粹民主制缺乏代表观念的重要主张，仅就其主张美国宪政共和主义最重要的制度结果是"在其自身内完全排除人民的集体力量"，便是一个耐人寻味的格律。因为，作为立宪主体的美国人民（We the People of the United States），其集体力量在宪法正常运作时是隐蔽的，他们不被任何一个"被授权的权威"所代表，而只被他们批准的宪法文本所"代表"；但是在常态的民主政治中，对于宪法的诠释不能由人民自为，而必须由表面上最没有力量的司法机构，在宪政秩序之内终极的决定关于宪政的争议。[9] 依据上下文的脉络，麦迪逊很显然地要在人民可能滥用权力的民粹主义以及代表可能出卖人民利益的两极之间，确保政治自由，而他的一般性观点乃是"不仅滥用权力可以危害自由，滥用自由同样地可以危害自由"（FP¶63, e428/c312）。[10] 而以传统的共和主义观点而言，最大的差异是将主权与立法机构加以区分。由于不同的选举与派任途径，作为被宪法所授予权威制的政府三权分立机构，和美国人民的整体被区隔开来。[11]

　　《联邦论》的宪政共和主义论述似乎留下了一个重要的疑点：宪法作为基本法以及人民集体意志的体现，自然优位于由宪法授权的立法机构；但是遇到与宪法相关的争议时，[12] 判断者并非人民的正身（如杰斐逊所主张的），而系三权分立政府机构之一的司法机关。然而，司法权不也是被授权的权威（delegated authority）之一吗？但它却被赋予了在正常的民主政治中，判断宪法以及人民意

---

[9] 依据阿克曼（Ackerman, 1991: 183）之诠释，这个文本意味着，在常态的政治活动之中（也就是宪政体制之内的政治活动），没有任何一个权力机构（无论是国会、总统或司法机关）可以宣称代表了全体美国人民的"真实声音"。
[10] 我们此处所提出的诠释，从另一个角度呼应了钱永祥（2001: 260—265）的观点。他主张《联邦论》的代表理论，由于强调客观利益以及政治领袖对认识、判断这些利益的特殊能力，而具有国家理性传统之特色。
[11] 汉密尔顿便将美国的"有限宪法"（limited constitution）定义为对立法权明白地加以限制的宪法。请参考 FP¶78, e524/c379—380 之讨论。
[12] 综合我们曾经提到的例子，与宪法相关的争议包括了政府权限的争议、联邦与地方政府的争议以及代议机构的法案是否违宪等。

志真意的机构。假如我们借用西耶斯的观念，汉密尔顿此处不啻主张，被宪法制定的权力（pouvoirs constitué）可以决定宪法争议，从而代为行使国民制宪权（pouvoir constituant），似乎犯了西耶斯所指称的"恶性循环"（vicious circle）之谬误。[13] 司法至上虽然是美国宪政共和主义最重要的创新，但是否如一些强调民主价值的理论家所言，这样的进程违反了民主政治的根本原理？这是以下两节将尝试解决的问题。

四、民主共和主义：人民正身的展现

如前两节所述，《联邦论》提出了宪政共和理念，一方面通过代议制度及三权分立相互制衡等机制，来防止政治人物滥权，而落实了"以野心对抗野心"的现代宪政主义；但另一方面，普布利乌斯对于派系问题的疑惧，也让他们提出了将人民集体力量排除于政府之外，以避免公民滥用自由的问题。这样的宪政共和主义是否正好印证了民主政治支持者所强调的，美国宪政体制具有"抗多数决困境"（countermajoritarian difficulty）的反民主倾向？这是一个长久以来便为美国政治学界所探讨的重大议题。近来激进民主论者内格里（Negri, 1999：157）也对此点提出尖锐的批判，认定美国宪法以及《联邦论》背离了《独立宣言》所揭示的公民积极参与政治事务的取向，将之转变为在法律的权威之下从事政治活动。美国制宪权的观念，遂由立宪之前的积极、民主取向转变为消极、法治的取向。

限于篇幅，吾人在此无法处理提出此种批判的众多文献；我们的讨论将集中在《联邦论》文本之探讨，因为在宪政共和主义强调分权制衡的政府机制之下，《联邦论》有部分"伟大而晦涩的文本"

---

[13] 所谓的"恶性循环"，系西耶斯对于法国当时政治改革的困境所指出的，由部分来决定整体之谬误。详细论证请参阅本书第八章之讨论。

（great dark passages）[14] 中，展现了普布利乌斯思想的底层，的确潜藏着"民主共和主义"伏流，值得深入探讨。《联邦论》之中存在着这个激进民主的面向，这可由汉密尔顿清楚的陈述得知："**共和政治的一项基本原理承认若是人民发现宪法与大众的幸福发生矛盾；他们有权可以修改或废除宪法**"（FP¶78, e527/c381—382）。当然，在宪法草案中的确存在着关于宪法批准以及修正程序的规定，但是此处所蕴含的变更宪法秩序的政治观念，可能超越了宪政体制之内的修宪活动。

麦迪逊在当时的历史脉络中也清楚地认知到，其所护卫的宪政草案绝对必须符合革命的精神：

> 依着自然秩序，第一个要讨论的问题是政府的一般形态是否严格符合共和主义的精神。非常明显，没有其他形式能够适合美国人民的特征、能够适合革命的基本原理、能够适合那种鼓舞每一个醉心自由者的崇高决心；这种决心要把我们的一切政治实验建筑在人类的自治能力（self-government）上面。若是立宪会议提出的计划不符合共和主义精神，则其拥护者应该放弃它，因为立宪会议将无法为它辩护。（FP¶39, e250/c181）

虽然，如前节所述，麦迪逊马上将共和制界定为政府权力"直接或间接导源于广大人民的政体"，而将重点转移到权力间接导源于人民的宪政共和主义之上。但是麦迪逊明白揭示的"自治能力"却不是前节所述宪政共和主义所能完全加以满足的。特别是在《独立宣言》中，明白揭示政府权力必须根源于人民的同意，而当政府违背这些目标时，人民就有权改变或废止这些旧体制，并重组新政府。这一种更为激进的"依赖人民"，如麦迪逊所言，是控制政府

---

[14] "great dark passages" 系借用自阿克曼（Ackerman），1991：191。

最基本的办法。但关键的问题在于，此处的"依赖人民"并不只限于麦迪逊在第44号所指称的，当政府代表发生篡夺行为时，人民能够通过选举而选出更符合民意的代表，来废除篡夺者制定的法案（FP¶44, e305/c220）。这些是人民在宪政体制之内所享有的基本政治权力，还没有牵涉"改变或废止政府"的制宪权力。

值得注意的是，麦迪逊并不否认更为激进的"依赖人民"：虽然人民整体被排除在宪政体制正常运作的常态政治活动之外，但人民整体仍将在于宪法的制定以及修改时刻展现：

> 在美国，大家对宪法与普通法律的分别都有一个很好的了解。前者系由人民制定而政府不能改变它，后者由政府制定，政府可以改变它。（FP¶53, e360/c261—262；黑体强调为笔者所加）⑮

然而这样的说法，似乎仍有一个需要进一步解决的疑义。在普布利乌斯所宣称共和主义基本原则必须"依赖人民"时，他所指的是作为"整体"的人民还是作为"分殊"的人民？前者具有改变宪政体制的能力，后者则具有宪法所赋予的政治权利；前者是全体人民的制宪权，后者则是公民所拥有的公民权。在《联邦论》一书中，并未对这个区别作出概念上的严格区分与定义，但是在论述之中却隐含着这两种完全不同的政治观念。于此，我们有必要重新检视麦迪逊批判杰斐逊《弗吉尼亚宪法草案》的第49号的论证。麦迪逊对于这个民主共和主义的原则有所保留，因为他反对诉诸人民正身来防止政治部门的越权。然而，在这个反映宪政共和主义精神的论述之

---

⑮ 这个区别，当然是相对于英国议会主权的政治体制而言，也就是作为最高立法权力的议会，拥有改变政体的充分权力。而既然"议会具有一种超越的、不受控制的权力"（FP¶53, e361/c262），我们可以说，在英国人民整体以及代表人民整体的议会，乃是在政治领域直接控制政治事务的上帝，麦迪逊将此种英国政制称为"具有无限权力的政府"（unlimited government；FP¶53, e361/c262），这与前节所述宪政共和主义完全不同。

中，却潜藏着两个关键的文本，我们可以看作一种重要的"例外状况"：首先，他对于杰斐逊的批判只限于诉诸人民防止政府部门越权；"至于它们（按：指诉诸人民正身）在修改宪法方面的作用，我将不予讨论"（FP¶50, e344/c249）。其次，更重要的是他确认了：

> 此项推理（按：指诉诸人民正身）确实具有很大力量，它证明对于某些重大而超越常态的事件，应该有宪政之途被规划并开放给人民决定。[16]（FP¶49, e339/c246，笔者对译文有所修改）

显然，麦迪逊承认在"某些重大的事件"发生时，人民具有修改、废止或创造新的宪政秩序之根本权力。虽然在《联邦论》之中这个面向不常出现，但是在两个关键议题上——费城立宪会议的正当性基础及其权限，以及新宪法草案应该得到何种程度人民的同意（也就是如何被批准），却是一个麦迪逊无法回避的关键性议题。

麦迪逊在通论性的第39号中，为自己的系统论述提出三个基本的议题：确定新政府的真正性质、人民赋予立宪会议多大权力来设计新政府，以及在正规权威（regular authority）有所不足时，人民对国家的责任能够加以弥补（FP¶39, e253/c183）。[17] 由于第一项系检讨政府的普通权力（ordinary powers, FP¶39, e253—254/c183—184），也就是我们已经讨论过的联邦主义以及三权分立两个宪政原则，此处以后两个议题比较具有相关性。

《联邦论》必须诉诸美国革命精神来证成宪法之共和主义原理，实有特殊的历史因素。关键在于制定《宪法草案》的"费城会议"（1787）所从事的立宪活动自身正当性基础的问题。简而言之，英国军队被击败后，十三邦于1781年订立了《邦联条例》（*Articles*

---

[16] "A constitutional road to the decision of the people, ought to be marked out, and kept open, for certain great and extraordianry occasions."
[17] 请参阅爱泼斯坦（Epstein, 1984：9）对于《联邦论》内容纲要之整理。

of Confederation），并且在 1781 至 1787 年之间，为合众国之基本法。美国实施此种孟德斯鸠所称联邦共和国体制，一般称为邦联时期。各邦均以其成文宪法，拥有公法上的主权。然而，由于北美十三邦已经因为抵抗英国而形成了命运共同体，所以各邦议会有派遣代表组织邦联国会。但由于邦联国会并非代表人民意志，自身也不拥有主权，所以没有征税以及直接立法治理人民的政治权力，而必须经过各邦政府的中介。经过这个时期的政治实践，其结果是各邦追求自身之特殊利益，无法形成有效治理。而在十三邦以外西部疆域拓展时所蕴藏的土地投机问题，更不是各邦所能单独解决的重大问题。[18] 在此种政治分崩离析，各邦政府党派利益泛滥的情况下，由弗吉尼亚州发起了一个"安纳波利斯会议"（1786），作成决议，指派代表，经合众国国会与各邦会议的同意，来修改《邦联条例》。邦联国会也决议："在费城召集各邦指派的代表举行全国会议……其唯一目的是修改《邦联条例》，并且将所作的修改条款呈报国会与各邦立法机构，其目的在于，在国会同意以及各邦批准之后，能使得联邦宪法足以应付政府的急务和保持联盟（Union）。"（FP¶40, e259/c187—188）根据这几项授权，麦迪逊**推定**费城会议的权力在于建立一个能够应付政府与联盟危机的全国政府，并且改变邦联条款的形式，使它们能实现这些目标。

　　费城会议所依据的授权，应当是在《邦联条例》的体制之内，设计一个具有能力的全国性政府；但费城会议所拟具的《宪法草案》却取消了各邦所具有的主权。这将使得各邦原来所具有的主权在实质上被取消，邦联共和国的政体更动为单一国家（consolidate state）。问题是：假如费城会议召开之目的是为了修改《邦联条例》，则其草拟新宪法的决议有无逾越其授权？即使以制宪而言，原《邦联条例》系经十三邦议会全部通过而取得有效性，现在实质上废止《邦联条例》的同时，新宪草案却仅需要九邦之同意，新宪

---

[18] 关于邦联时期历史概要，可参考 Morgan, 1992：113—128。

法便可生效，这是否让新宪法相对于《邦联条例》并不具有优越的正当性基础可以将之取代？最后，新宪草案第5条对于未来修宪的程序规定，当有参众两院三分之二的议员认为必要，或三分之二的邦议会提出申请，联邦议会便须召开立宪会议提出草案，并得到四分之三邦议会或四分之三的邦立宪会议批准，修正案便成为宪法的有效部分。相较于宪法草案第7条所言"九个邦的立宪会议批准即可在批准的邦之间树立这部宪法"的规定，似乎确立宪政秩序的同意程度尚不及未来修宪的程序，其正当性何在？[19] 由于费城会议规定《宪法草案》需经过邦联议会以及至少九个邦人民的通过，从费城会议结束到各邦陆续通过的这段时间，美国的公共舆论便以此关键议题为主轴展开了热烈的论辩。

麦迪逊在重述了安纳波利斯会议以及大陆议会的建议案后，他归纳出四个结论以及一个重要的演绎。这个结论是：

> 第一，这个会议（按：指费城会议）的目的是要在各邦间建立一个坚强的全国政府；第二，这个政府要能够应付政府危机并保存联盟（Union）；第三，实现这些目标的办法，按（邦联）议会决议案的说法是修正并增加《邦联条例》，或按安纳波利斯决议的说法是（对《邦联条例》）作出必要的进一步规定；第四，这些修正与新增条款必须呈请会议及各邦，以得到前者的同意以及后者的批准。（FP¶39, e259/c188）

整理两个召开费城会议的授权之后，麦迪逊指出，由于这些法源有好几种不同的表达方式，而经过"比较与公正的解释"，可以推断（deduce）费城会议所据以行动的权威（或正当性基础以及目

---

[19] 此处所述的正当性问题仍有进一步讨论之空间。我们基本上依循阿克曼1991：167—169 的分析。此分析在阿克曼和凯亚尔（Ackerman & Katyal, 1995）的文章中，针对相关批判提出了回应，并将其分析做了扩大补充。

的）为[20]："他们（按：指费城会议代表）要设计一个能够应付政府与邦联危机的全国政府，并改变邦联条款，使其形式能够达成这些目标"（FP¶39, e259/c188）。

麦迪逊此处充分发挥法律解释的技巧来解决费城会议所面临的正当性问题。他在《联邦论》第 40 号提出两种不同的辩护策略：立宪会议作为"**咨询建议的权力**"（advisory and recommendatory powers）抑或是"**制定美国宪法的真正最高权力**"（real and final powers for the establishment of a Constitution for the United States）。

麦迪逊在大部分的论述中，均将费城会议诠释为仅具有"咨询建议权力的授权性改革"。由于会议之召开的确具有授权之依据，是以，麦迪逊强调对于各邦原来所具有的独立甚至主权，在《宪法草案》中都仍规定，在未列举的情况中由各邦享有各自的主权和管辖权（FP¶40, e262/c189—190），所以他强调"制定宪法的行为不是一种国民行为，而是联邦行为"（FP¶39, e253/c183）。

然而，作为"咨询建议权力"的费城会议，要实现宪法的有效性，必须要通过"接受者正式的批准，否则只不过是一纸空文"（FP¶40, e264/c190）。关键问题在于，此处所谓的"接受者"（addressed）系指美国人民而非号称拥有主权的各邦，因此才会有宪法草案序言中的主词"我们合众国人民"（We, the People of United States）。[21] 换言之，通过人民正身及其特别代表对于宪法的批准（而非原来具有主权的各邦代议机构之批准），显示出了美国立宪的确蕴含有着一种"正当性的转化"之过程。如同塞缪尔·比尔（Samuel Beer, 1993: 249—255）的分析，麦迪逊所持之"依赖

---

[20] 此处所牵涉的议题，并非如中译本所译之"立宪会议的权力"，而是意指立宪会议自身的正当性基础。
[21] 是以，反联邦派者帕特里克·亨利（Patrick Henry）便质疑宪法草案序言中所宣称"我们合众国人民"（We the People）的说法应当改为"我们合众国各邦"（We the States）。就正当性转移之议题而言，这是一个关键性的争议。请参考 Beer, 1993: 253—254；更完整之讨论，则可参阅 Corwin, 1914。

人民"的观点其实有两个面向：一种是在宪政体制之内，人民通过正常选举所发挥的主权，是一种"**政府性主权者**"（govermental sovereign；ibid., 245）。然而，此处所牵涉到宪法正当性的议题，则已经超越了政府主权的层次，进入比尔所称的"**制宪性主权者**"（constituent sovereign）的运作层次，也就是"不被任何实证法所约束，但自身规定其自我统治条件的制宪性主权"（ibid.）。

在正当性的转移之后，麦迪逊提出了他在《联邦论》之中罕见地、直接处理人民（及其代表所组成的立宪会议）所具有的"制宪性主权"，用麦迪逊自己的话说，即"把立宪会议的权力看作制定美国宪法的真正最高权力，并用同一的严格态度，同一的标准，对这些权力加以分析和批判"（FP¶40, e263/c190）。这个时候，已经不是授权改革或咨询性权力的问题，而是直接政治改革的实质目的，以及目的与手段间之关系。麦迪逊挑战宪法草案的反对者，直接回应下述之问题：

> 让他们明白地告诉大家，撇开《邦联条例》不论，来建立一个适当的政府，保存联盟，对于美国人民的幸福而言，是不是一件最重要的事情？让他们公开的告诉我们，是否应该以改革政府作为手段，来实现保存《邦联条例》的目的；抑或是成立一个能够获致全国幸福的政府原是这些条款的目的，既然这个手段不能达成这个目的，就应抛弃这手段。（FP¶40, e260/c188）

这个直接的二元对立，乃是用"美国人民的幸福"这个最高的目的，来质疑宪法草案反对者所坚持的《邦联条款》之程序合法性。这个合法性的主要焦点在于，宪法草案规定所需之批准只要九个邦的人民，而邦联条款原系由全体十三邦立法机构之全部批准；如此一来，新宪法岂不是将"邦联制度代表各邦之间的一项郑重契约，不经组成各邦的全体同意而对此制度加以更替"，而产生了

"非常复杂微妙的问题"（FP¶43, e297/c214）？对于跨越《邦联条例》所规定的正当性程序，麦迪逊指出：

> 这是由于事实上的绝对需要（absolute necessity）。这种做法根据的是人类自保的伟大原则；根据超越性的自然法以及自然界之上帝，它（按：指自然法）声明一切政治制度的目标（objects）是社会的安全与幸福，它们（按：指各种政治制度）必须为了这些目标牺牲自己。（FP¶43, e197/c214；笔者对译文有所修改）

我们清楚地看出，在《邦联条例》过渡到合众国新宪法的过程中，"人民制定宪法的真正权力"所依据的是实质目的之正当性，并以此否定了程序的合法性，是以，麦迪逊明白指陈："我们所追求的最高目标（supreme object）是公善（public good），人民大众的真正幸福；任何一种政治制度有无价值，就看它是否适宜于完成这个目标。若是宪法草案不利于公共幸福，我们主张拒绝它；若邦联本身与公共幸福之间有矛盾，则我主张废除邦联。"（FP¶45, e309/c224）

显然地，美国立宪时刻的危机性脉络，正是麦迪逊前述在第49号批判分析杰斐逊的《弗吉尼亚宪法草案》时，所承认的"对于某些重大而超越常态的事件，应该规划宪政之途，并开放给人民决定"。换言之，麦迪逊虽然反对用人民自决的办法来防止政府权力部门的越权行为，但是他显然必须接受民主共和主义的根本原则："既然人民是权力的唯一正当性根源，既然政府各部门拥有的权力所根据的宪章是导源于人民，因此，在政府权力需要扩大、缩小或重新加以安排的时候，也应该取决于同一的原始权力。"（FP¶49, e339/c245）[22]

于此，我们通过某些"晦涩的文本"的诠释而彰显出，在《联

---

[22] 麦迪逊反对将此民主共和主义的原则运用到处理政府部门的越权行为，但是他应当并未否定此原则在宪政秩序变迁时作为根本的原理。

邦论》探讨宪政共和主义的主论述之下，潜藏着"人民在特殊的时刻具有制宪主权"的民主共和主义。无论对麦迪逊或汉密尔顿而言，这均为不可违背的理论出发点，也是宪政体制所依赖的正当性基础。而正在这一部分的讨论中，我们不只看到麦迪逊需要诉诸人民正身，而且在运用法解释学时，必须依赖本书第四章所论马基雅维里的根本主张：在政治秩序的重大变革中，本质应该重于形式，目的决定手段。只不过这个观点是放在超越实证法之上的自然法、上帝的神学以及契约语汇来取得其说服力。

五、制宪权的驯化：审议民主或正当性的持续奠基

在确立民主共和主义原则的正当性及适用性之后，麦迪逊可以在一定程度上接受：

> 必须承认在某一点上，立宪会议背离了他们被授权的原意（depar-ted from the tenor of their commission），㉓ 该会议所提出的计划并不需要所有各邦议会的批准，只要九邦批准它就可以生效。值得一提的是，此项反对意见虽然看起来似乎最为有理，但在反对立宪会议的大批出版物中，却很少提到它。（FP¶40, e263/c190）

因而，麦迪逊的结论是采实质正当性优位于形式合法性的观点："若是他们（按指立宪会议代表）曾经越权，根据当前情况而

㉓ 麦迪逊愿意直接承认（并非假设条件）费城会议背离了他们授权的初衷；这是非常重大的理论转变。只需对比于本文已经讨论过，汉密尔顿在第78号所言"被授权的权威，若违反了授权的原意，其法案便必定是无效的（that every act of a delegated authority, contrary to the tenor of the commission under which it is exercised, is void），这是一个不证自明的根本原则"（FP¶78, e524/c380）便可察觉理论的重要性。值得注意的是"the tenor of the commission"同时出现两个文本，但两位作者的结论完全不同，而主张违反了授权的原意无疑者为麦迪逊，益发引人注意。

言，不仅确实有必要，而且作为其国家忠实的仆人，在当前环境的需要下，这是他们所必须自由采取的行动。最后还有一点，若'他们提出宪法'这件事，超出了他们的权力范围以及义务，则只要这个宪法能够实现美国人民的愿望与幸福，我们还是应该接受它。"（FP¶40, e267/c192—193）

根据麦迪逊此处的说辞，阿克曼（Ackerman, 1991: 173—175）明白指陈，费城会议本身的确系一"不具合法性"（illegal）的机构，但这对于他能够就着实质的政治目的，来创造一个具有正当性的宪政秩序并无碍。这样的诠释，显然需要解决一个核心问题：**具有制宪主权的人民在行使创造宪法秩序的权力时，有没有越权的问题。也就是说，他们是否具有绝对的权力可以型塑任何其所欲求的政治秩序。**[24] 对于这个议题，《联邦论》并没有完整的论述。笔者认为对此关键议题，有两个解决可能，其一即阿克曼（Ackerman, 1991: 175—179, 197—199, 266—290）所提出的，普布利乌斯对于制宪**过程**的描述，的确显示出他对于制宪活动抱持着一种"审议民主"（deliberative democracy）的理想：通过公民自发性的讨论沟通以及议决，所形成的宪政制度应当是符合人民共同的幸福，而只有人民本身才能够判断什么制度是符合其幸福的。另一种可能，则比较接近阿伦特（Arendt, 1990）对美国立宪之诠释，也就是美国开国先贤的政治观祖述罗马的"奠基"（foundation）概念。在《联邦论》的文本，则为"授权性改革"（authorized innovation）以及"篡夺性改革"（usurped innovation）之区别，并使得立宪之正当性得以延续，不致产生断裂的问题。

关于审议民主的诠释观，我们可以从汉密尔顿在第 78 号以及麦迪逊在第 40 号较为详尽的论述中看出端倪。在讨论法官作为

---

[24] 对于主张美国立宪传统迥异于欧陆制宪权观念者，这无疑地是一个必须面对的关键问题。参阅阿克曼（1998: 11—12）对施密特的批评。

"宪法的忠实监护人"（faithful guardians of the constitution）时，汉密尔顿虽然表面上看来是明确主张，多数选民暂时的倾向与宪法规定冲突时，民意代表不可以违反宪法规定而迁就选民的暂时倾向，他并将此称为有限宪法的精神。然而，在同一个脉络中他提出了如下的主张：

> 除非人民曾经通过郑重以及权威性的行动（solemn and authoritative act），对现存宪法加以废除或修改其形式，否则它对人民的集体和个人便永远具有约制力量。在这种行动发生以前，代表不得以人民之情感为借口——甚至真确地知晓——而违背宪法。（FP¶78, e528/c382）

这个论述所强调的重点在于，在宪法秩序修改或废除之前应当永远有效；但是对于宪法秩序的变动，他提出的条件是"人民通过郑重以及权威性的行动"加以进行。诚如阿克曼（Ackerman, 1991: 195）所强调，汉密尔顿这个文本没有使用类似"郑重、权威性而**合法的程序**"这样的陈述，也就是说，并非依据《宪法草案》第5条所规定的宪法修正程序。只要人民真的克服其暂时的情绪倾向，而通过郑重与权威性的程序进行审议后，法官可以依据这样汇聚的意见而从事重要的司法判决。换言之，在本章第三节所述的宪政共和主义体系之中，司法权除了具有拟似制宪的权力之外，汉密尔顿同时也赋予了法官以"遵循人民的郑重、权威性意志"而作出判决的权力。所以虽然在这个文本中所提的宪法对于人民的**集体**和个人永远具有约束力量，与麦迪逊前述"美国政府在其自身内完全排除人民的集体力量"若合符节；但是人民的集体力量，只要是真正以郑重和权威性的从事审议表达，却恰恰构成了麦迪逊在《联邦论》第49号所述的"某些**重大而超越常态**的事件"，而必须由人民的原始权力加以决定。

基于此，除了现行宪法秩序所规定合法的修改程序外，普布利乌斯接受某种超越合法程序之外的人民制宪主权之运作，因为费城会议所行使的，正是此种超越合法性程序的制宪活动。除了汉密尔顿这个简略的说明外，麦迪逊也就着美国历史经验的描述，而接受了此种人民的"非正规的假定的特权"：

> 要人民自发地采取偕同一致的行动而向着他们的目标前进，是不可能的事情。因此，这些改革必须由有名望的爱国人士提出**非正式且无授权的建议**（*informal and unauthorized propositions*）已开其端。他们必然已经注意到，第一次把各邦团结起来抵抗旧政府威胁所形成的危机的，正是这种非正规的假定的特权（irregular and assumed privilede）。一些人使用它，向人民提出如何实现他们的安全与幸福的计划；接着，他们组成了委员会和历届大陆会议来集中力量，保护他们的权利；之后**一些邦选举了代表会议**（*Conventions*）来制定各自的宪法，这就是今天各邦的最高法律。他们一定记得在这一切发展中，从未看见过不合时宜的顾虑和拘泥于普通形式（ordinary forms）的固执……他们一定知道，他们授命制定的宪法，最后将提请人民自己（submieeed *to the people themselves*）决定。这个代表最高权力的宪法若被否决了，它便永远完了；若得到批准，它可以消除从前的错误与缺点。他们甚至可能曾经想到，在喜欢吹毛求疵者面前，若是他们在执行被授予的权力时有所疏忽，或是提出任何一项超出他们任务许可范围以外的建议，就会引起责难。（FP¶40，e265—266/c1912—192；黑体及斜体强调为原文所有）

在这个详细解释立宪会议如何着重实质甚于形式地落实《独立宣言》的正当性原则中，我们看到了民主共和主义在制宪活动落实中的实际运作过程。[25] 假如我们将之置于共和主义的传统加以

---

[25] 请参阅阿克曼（1991：173—175）之讨论。

检视，此种论述最重要的原创性在于**突破了马基雅维里宣称"个人适合创建、人民集体适合维护共和制度"的铁律，以及卢梭用伟大立法家之手来型塑国民的想法**。美国革命以及自由政制之型塑，虽然不免需要"有名望的爱国人士"倡议，但是其后的过程，则是一种审议民主的落实。也就是说，在宪政制度的创建以及未改变或废除此制度时，所谓"依赖人民自身"，就其制宪主权的层面而言，乃是回归到人民在革命时期所展现的民主审议的共和主义精神。

以上审议民主取向，是阿克曼的民主共和主义对制宪活动的驯化。但阿克曼的解决途径，似乎仍无法完全克服"We the People"民主决定所导致正当性断裂的理论困境。阿克曼所忽略的另一面向，则为阿伦特（Arendt, 1990：207—208）所强调的共和主义"扩而广之"的罗马权威概念在美国立宪的落实。㉖ 以《联邦论》的语汇来说，则为"授权性改革"的主张，吾人已于前一节说明费城会议法律授权的历史背景，麦迪逊则进一步在第 39 号最后一段说明宪法草案的性质、正当性基础、政府普通权力的根源、权力的运用、权力的范围以及修宪权力的形式个个面向，指出新宪法是国民宪法与联邦宪法的混合品（FP¶39, e257/c186）。通过这样的论述，麦迪逊尝试说明《邦联条款》的基本精神，在新宪草案中仍然存在并发扬光大：

> 立宪会议所提出宪法的伟大原则，与其说是一种全新的东西，毋宁说是《联邦条例》所根据的原则之扩充（expansion）。在后一制度下所发生的不幸，是这些原则太过软弱，处处受到限制，反对者指责它无效率确系事实，所以必须加以扩大。如此一来，就使新政府的形貌，看来和旧政府完全不同。（FP¶40, e262/c190）

这个正当性的扩大与转移过程，何以并不构成"篡夺性"的政

㉖ 请参考本书第十章第五节之讨论。

治权力？麦迪逊诉诸《独立宣言》而陈述了下列共和主义的信念：

> 在所有政府的一切重大改革中，本质应该重于形式（forms ought to give way to substance）。在此种情况中，若毫无变通地拘泥于后者，则人民"改变或废除政府，以期实现安全和幸福"的超越性以及珍贵的权利，就会变成有名无实，失去意义。（FP¶40, e265/c191）

在此文本中，麦迪逊将宪政秩序改革的正当性根源追溯到《独立宣言》所揭示的革命原则，来证成在**当前的危机之中，不遵守《邦联条例》所规定合法程序有其正当性基础**。费城会议的召开，表示全国人民已经承认发生了根本的危机，"这种危机使全国发出了几乎是一致的呼声，要求进行一项独特而庄严的实验，来改正产生此一危机的制度上之错误"（FP¶40, e264/c191）。

在美国立宪的讨论中，引述《独立宣言》意义，不但具有正当化作用，而且构成了宪法政治的权威性文本基础，本书将于第十章检视阿伦特对美国立宪诠释的细节，在此仅将阿克曼关于代表理论的论述加以扩充，以简要说明本议题的旨趣。阿克曼（1991：183—186）区别两种"代表"的样态：一为"模仿性代表"（mimetic representation），一为"象征性代表"（semiotic representation）；前者将代表视为被代表人物的直接模本，而后者则通过象征的中介，能够像艺术般再现出被代表物的精髓。阿克曼用这个区分来说明，常态政治中的代表为前者，而由于他们只直接代表部分利益，所以不能宣称代表美国全体人民（"We the People"）。相反地，成文宪法的文本体现了在"宪法时刻"中，全体人民超越个人利益所达成的公共精神，及对政治原则的共识，成为可大可久的基础，从而宪法真正地象征地"代表"了美国**全体**人民。

阿克曼对代表样态的区分，主要目的在于说明在常态政治过程中，没有任何政府机关或代议机构可以宣称代表全体人民，否则即构成"篡夺"；但在宪法时刻中这种人民高度动员的审议民主，由于系人民正身之展现，超越了这两种代表观念的框架。然而，笔者援引麦迪逊关于"授权性改革"的论述，适足以说明在《联邦论》的脉络中，关于宪政的讨论辩难仍然不是纯粹民主（即使阿克曼所力主的审议民主亦然），而也有着"象征性代表"的中介过程。《独立宣言》在美国立宪的论辩中，正具有此种象征功能。而只有在公共讨论中，具有正当性基础的"象征性代表"持续存在，不被颠覆，才有可能在此基础上，"扩而广之"，创造共识，完全宪政规划与自由秩序之宏图。[27] 当然，此处所述的二元结构，有着西方宗教的背景。如同史学家波考克（Pocock, 2005: 56）所指出，美国历史假如被视为一种有意识的审议奠基之行动，则此行动可以进一步区分为两个行动：1776年的独立宣言乃是"缔约时刻"（moment of the Covenant），而1789年宪法的复决则构成了"律法的时刻"（moment of the Law）。

六、结语

本章的论述分析了《联邦论》中所蕴含的两种不同取向的共和主义观念：其一为宪政共和主义，这是较为人所熟知的主张，其通过代议制度及三权分立相互制衡等机制，来防止政客滥权，而落实了"以野心对抗野心"的现代宪政科学；而普布利乌斯对于派系问题的疑惧，也让我们提出了将人民集体力量排除于政府之外，以避免公民滥用自由的问题。但另一方面，我们也指出了在此种三

---

[27] 换言之，历史是一个持续的过程，法权变化亦复如是。"We the People"并不是在一种绝对的正当性开端作自我决定，而是在历史的进程中为自由的政治体制作持续的奠基工作。这是阿伦特式共和主义与阿克曼民主共和主义最大的差异。假如吾人由美国立宪再往前看《独立宣言》的法权，其是否代表着完全激进的开端？这样一来便上溯到将近半个世纪美洲殖民地对英国母国的诉愿的宪法问题，值得进一步探究（cf. McIlwain, 1958）。

权分立的宪政主义之底层,有着另一种民主共和主义的精神,在特殊的重大时刻,真正落实"依赖人民是控制政府最基本的办法"之激进民主精神。而在制宪权理论层次,《联邦论》有着审议民主与正当性持续奠基两种诠释观点,成为有别于欧陆制宪权传统的思想典范。

第八章　从共和主义到革命宪政主义：
西耶斯的制宪权概念[①]

一、前言

民主政治、民族主义以及自由宪政主义间之关系，向来是一个最为复杂的议题。民主政治所依赖的正当性原则乃是人民主权论（popular sovereignty）；无独有偶地，此种关于"人民"或"国民"的政治想象，同时也是现代民族主义的根源（Taylor, 1997: 37—38）。自由主义者则往往强调宪政主义与法治价值的优先性，将人民主权安置于宪政体制之内的政治参与活动。是以，民族自决与民主政治，通过"国民具有制定宪法的终极权力"之前提而产生关联；而自由主义者则将制宪视为体制外的革命活动而有所保留。[②] 就台湾公共论述的未来发展而言，无论是哪一种政治思潮，显然均有必要对国民制宪权概念提出精密的理论分析。

[①] 为节省篇幅，本章对西耶斯作品采取下列缩写：
W.T.E.=*What is Third Eastate*?, tran., S. E. Finer, New York: Praeger，并标示英文本页码以供参考。我们并未标示中文译本页码，因为中译本依据第一版，少了第二版西耶斯所加的材料（英译本则依据第二版）；对于其译本，我们也仅加以参考而未直接采用。
R.E.=*Reasoned Exposition of the Rights of Man and Citizens*, in Goldstein, 1997: 134—150；法文原本收录于 Sieyès, 1994: 189—206。

[②] 关于国民制宪权与民族主义之复杂关系，可参考 Yack 2001 以及蔡英文 2002b 的讨论。

考察思想史，"制宪权"（*pouvoir constituant*；constituent power）系法国大革命理论家西耶斯（Emmanuel-Joseph Sieyès，1748—1836）在其名著《论特权 第三等级是什么？》（*Qu'est-ce que le tiers état? What is the Third Estate?*）中，首先提出并加以系统性分析的宪法政治概念。中文世界除了吴庚师早期的短文外，[③]对于这个极为重要的概念似乎仍鲜见基于政治理论与思想史进行深入分析的作品。[④]本章之目的即在于匡补此项阙漏，对于"国民具有制定宪法的终极权力"之政治律则，提出基于政治理论的概念分析；并在思想史层次，检视西耶斯对卢梭民主共和论之批判，借以了解在民族主义兴起的时代，共和主义论述的形构。

《论特权 第三等级是什么？》发表于1789年法国大革命前夕，被历史学家塔尔蒙称为"历史上成功的政治手册"（Talmon, 1970：69），并称许其对现实政治之影响力，甚至超过《共产主义宣言》。全书批判贵族与教士特权，主张第三等级构成国民之整体，并对国民的制宪权提出系统分析。由于西耶斯犀利的笔触以及深入洞察的理论心灵，遂能把卢梭关于普遍意志作为政治共同体唯一正当性基础的观点加以转化落实。巴扎克（Baczko, 1988：106）便指出，"制宪权的学说将社会契约原则关联到政治实践，并将这些原则转化为行动"，并将西耶斯的制宪权理论称为"法国人民的社会契约"（social contract of the French）。[⑤]

诠释西耶斯思想的文献在取向上可区分为两个阵营：对其理论采取批判态度的学者，强调西耶斯标举不受节制的国民主权原则，从而导致了现代"**极权民主**"（totalitarian democracy）；[⑥]但另一方

[③] 吴庚，1977。吴师较后期的观点，可参阅《政治新浪漫主义》，页124以下。扼要的介绍请参考 Furet & Ozouf, 1989：313—323。
[④] 就笔者所知，只有公法学者许志雄（2000）依据日本以及欧陆法学文献所作引介。
[⑤] 福赛思（Forsyth, 1987：59—65）则强调西耶斯对卢梭思想之批判。
[⑥] 持此说者如塔尔蒙（1970：73）："社会真实的原则乃是人民无限制之主权"、芬纳（Finer, 1997：1543）："民族等同于人民导致了极权民主"，以及坎贝尔（Campbell, 1963：10）："民主的民族主义主张民族统一、人民主权以及代议政府的同一性"等。

面，由于西耶斯反对卢梭基于普遍意志的直接民主理念，主张代议制度乃是在现代社会中落实民主唯一可能的机制，亦有学者（如Pasquino, 1994）便据此将西耶斯的理论理解为"**宪政共和主义**"（constitutional republicanism）。他指出，西耶斯在1789—1791年所提出的宪政蓝图和世袭君主制并不相容；另一方面，西耶斯是一个自由主义式的现代共和主义者，因为他所运用的语汇是权利、政府权力的限制以及代议政府等。这两个相反的评价显示出西耶斯思想的复杂与歧义，值得深入探讨。

本章将指出，上述两种诠释观点均有其限制，并提出**以自由主义为基底的革命宪政主义**（revolutionary constitutionalism）之分析角度，全盘诠释西耶斯思想的精义。笔者主张，西耶斯的制宪权概念中，蕴含着两个层次的论述（Máiz, 1990: 3）：其一为**政治/法律论述**（politico-juridical discourse），另一则为**社会/政治论述**（sociopolitical discourse）。前者分析国民如何通过制宪权之行使，在其自然权利指导之下创造宪政体制以维护个人自由；后者则论证唯有第三等级构成作为制宪主体之国民整体，并由社会分工所形成的代表，通过国民会议，在现代社会条件下行使制宪权。由于西耶斯的著述并非以学术系统为志业，他往往会在不同的论述层次跳跃，增加解释上的困难。本章将由制宪权作为政治/法律的范畴为出发点，阐释其内涵；其次通过与卢梭与阿伦特的不同观点之对照，深入探讨其中的理论问题；最后再分析西耶斯如何引入社会/政治论述，来解决制宪权在政治/法律层次的理论困难，以及此种解决之时代意义。

二、国民、宪法与制宪权：基本概念之初步考察

自1786年夏季，财务大臣卡隆（Charles Alexandre de Calonne）禀告法皇路易十六，若不立即进行财税改革，国家即将濒临破产

的窘境起，法国便进入了旧体制解体最后期的政治动荡。由于贵族议会经过长时间的论辩，主张除非通过等级会议（Estates-General）的同意，否则拒斥任何增税的主张，法皇遂不得不召开已经超过150年都未曾举行的等级会议。法国的政治人物以及公共舆论便随着此种特殊的政治环境而动员起来，对于国家处境以及危机解决提出各式各样的方案以及实践主张。西耶斯提出制宪权的时代背景，正是此旧体制即将解体，意识形态冲突极为剧烈的最后阶段。[7]

由于等级会议系由教士、贵族以及第三等级平民所组成，三个等级各自拥有相同数量的代表且分开议事。在此种情况下，贵族与教士的联盟可轻易地取得政治议题的主导权。但随着公共论辩的进行，逐渐产生了对于等级会议自身正当性基础的争议：其政治权力分配乃基于传统社会秩序的理想，是否反映了18世纪新的社会政治实情？假如此种基于中古的政治有机体观念所实施的等级代表制本身已经成为有疑义的制度，如何建立新的宪政体制并产生政治正当性？

对于法国当时政治改革的困境，西耶斯指出了一种"**恶性循环**"（vicious circle）的基本困境。巧妙地运用了罗马法谚"任何人均不可为自己事务的法官"（Nemo debet esse judex in propria causa）的精神，他指出：

> 你们所看到的法国宪法，它的各部分之间意见不一致是经常发生的。**那么应当由谁来作出决定呢？** 由国民，由必须独立于任何实证形式的国民来决定。即使国民有了定期的等级会议，这个由宪法建置的机构也不能对于宪政体制作出决定。如果这样做便是逻辑颠倒（petitio principii）的恶性循环。（W.T.E., 130；黑体强调为笔者所加）

换言之，宪政体制之内的冲突（例如代表行政权的国王以及代

---

[7] 关于历史背景，请参考 Lefebvre, 1967 以及 Sewell, 1994：2—8。

表立法权的等级会议），不能由当事的两造来判定孰是孰非。因为，政治秩序之内的个别组成要素若有权力对宪政体制做决断，则无异于部分可以决定整体、被制定的权力成为创造政治秩序的权能、被造物成为创造者；这显然构成一个恶性循环的逻辑谬误。此种对于政治危机的针砭有其实践上的考量，因为如此一来，无论是国王或等级会议都成为宪法所建置的权力机构，没有权限处理宪政秩序正当性危机时所必须从事的重构工作。

西耶斯指出，欲突破此种恶性循环的政治危机，必须回答下述的根本问题：在宪政危机时，"**谁是最高的仲裁者？**"（*W. T. E.*, 129）或"**应当由谁来做决断？**"（*W. T. E.*, 130）。基于此，其根本主张为：解决宪政危机的唯一可能途径乃是，由"国民"（nation）[⑧] 整体的特殊代表所组成之国民会议（National Assembly），作为制宪权的行使主体，必须在政治正当性危机时刻展现，依据人类的自然权利来制定新宪法，解决当下的宪政危机，进入下一阶段的常态政治；之后具有制宪权的国民随即隐没，迨下次宪政危机再重复同样的过程。

这个看似简单的主张，蕴含着复杂的理论问题。本节以下分别就国民之构成、制宪权与宪法之关系，以及制宪权的运作等三个议题加以讨论，简单说明西耶斯的基本观念，再提出较深入的理论分析。

（一）国民之构成

《论特权 第三等级是什么？》中将"国民"界定为"生活在共同的法律之下并由同一个立法机构所代表的人们之联合体"（*W. T. E.*, 58）；这个说法过分简略，他在《论人权与公民权》的说

[⑧] 值得注意的是，西耶斯所论述制宪权之主体并非全体公民（*citoyen*；citizen），而使用了同时具有"国民"与"民族"意涵的"nation"一词。西耶斯又于其他文本指出，nation 与 people 同义（Van Desen, 1970：76，注 5），所以有不少语意上的疑义。本章第六节将说明，"nation"一词所包含"国民"与"民族"的两重意义是西耶斯结合政治/法律论述以及社会/政治论述的关键。以下将视文义以"国民"、"民族"甚至"国民/民族"来翻译"nation"一词。

明较为充分：

> 国民乃是参与结社者的总和整体，被法律所统治，而这些法律乃是他们的意志之产物；所有人都具有平等的权利，自由地彼此沟通并进入个别的约定关系。另一方面，统治者由于其统治之事实而形成了由社会所创造的政治体。然而此（政治）体需要被组织以及设定权限；也就是说，需要被构成（constitué）。(R.E., 198)

这个定义以政治／法律论述为主轴，强调现代意义的平等公民身份（citizenship），也就是国民乃是由共同的法律以及具有平等政治权利的公民所组成的整体。但由于在当时法国旧体制中，第三等级并不具有与其他等级相同的平等权利，这个定义便产生了强烈的革命意涵。西耶斯完全排斥特权等级的存在理据，主张当任何政治社群的部分成员享有与其他人不同之权利时（例如教士与贵族的特权），便是自外于国民构成的共同秩序。若他们以历史等理由捍卫其特权，便等于是坚持"国中之国"或"主权中之小主权"（*imperium in imperio*），将破坏全民所共同享有的政治秩序，而成为国民之公敌，而非国民之成员（W.T.E., 58）。

另一方面，潜藏于此政治／法律论述所定义的公民身份之底层，有着意义完全不同的社会本体论，也就是《论特权 第三等级是什么？》第 1 章的论述：第三等级自身构成国民的整体。在这个脉络，西耶斯心目中的国民其实是市民社会布尔乔亚阶级的工作与劳务网络所形成的整体（W.T.E., 53—55）。然而，布尔乔亚阶级只是社会身份而非政治资格，仅能作为政治行动的资料而不具有积极的能动性。如何在当时的政治场域中争取个人自由之保障（这是市民社会稳定运作不可或缺的基础）以及政治参与的权利？西耶斯的原创性，便在于用"国民"来政治化布尔乔亚市民身份；而唯有通过此种政治化（亦即社会／政治论述与政治／法律论述的辩证结合），以资产阶级为主体的现代政治革命以及宪政主义方有可能加以同步建构。

（二）制宪权与宪法之关系

"政治宪法"（constitution politique）是西耶斯政治理论的第二个核心概念。其观点仍以《论人权与公民权》之陈述较为清晰完整：

> 政府被区分为几个部门，分析这些区分属于宪法。宪法自身同时包含了不同公共权力的形成以及内在组织、它们必须的互动以及交互独立性，以及最后，虽然具有主动性而能克服障碍却绝不能产生危险。以上乃"宪法"一词的真实意义指涉，也就是所有的公共权力以及它们彼此之间的分离。（*R.E.*, 198）

换言之，宪法的第一个功能乃是组织政府之公共建制（public establishment），使得政治共同体具有持续的存在以及行动之可能。作为"基本法"的宪法，在组织政府方面首先由国民意志建立一个代表机构，其次是行政机构的建制（*W.T.E.*, 125）。此外，宪法的第二个功能在于保障公民自由与利益，并防止被授权的公共权力反过来伤害授予其权力的国民（*W.T.E.*, 123）。西耶斯指出，虽然组织政府是宪法必须首先处理的课题，但在实际上，由于公民的权利乃是人类共同政治生活之目的，因此宪法保障公民权利的功能其实更为根本（*W.T.E.*, 125）。

西耶斯坚持社会仅能有一个共同意志以及普遍利益（RE, 143），也就是通过宪法所完成的法治状态，法律的主要作用则在于保障既存的事物并防止对于共同利益有害的情况产生。西耶斯对于法律作出了一个传神的比喻：

> 我将法律比作一个庞大球体之中心；所有公民无一例外，在圆周上均与中心保持同等距离，所占位置相等；所有的人都同等地依

存于法律，所有的人都将其自由与财产交由法律保护；这就是我所称的公民的**普通权利**，在这点上他们完全类同。（*W.T.E.*, 162；黑体强调为原文所有）

西耶斯对宪法保障个人权利（自由以及财产权）的面向虽然高度肯定，但是他对于宪政变迁却也同样看重。关键在于，虽然所有宪法均具有保障个人权利的相同目的，但是政府等公共建制却会因宪政设计而有所不同。当宪政体制中被设置的政府权力机构彼此间有权限上之冲突时，宪法势必需要修正，而这与制定一个新的宪法并无二致。

宪法秩序的变动不能由体制内被设置的政府机构来决定，而必须回到制定宪法的基源性政治权力。"制宪权"这个西耶斯政治理论中最具原创性的观念，正是介于国民以及政治宪法之间的**中介力量**：它一方面是国民意志之运作，另一方面其运作结果即为宪法。值得注意的是，制宪权虽为西耶斯理论体系的核心概念，但他并未对之作出正式的定义。制宪权出现的脉络，均是对比于宪法所设置的权力：

假如我们想对实证法权（*droits positive*）的序列如何根源于国民意志有着明晰的概念，那么，首先便是宪法性法律，其中规定立法机构以及行政机构的法律为基本法。这些法律被称为基本法并不意味着它们能够独立于国民意志之外，而是因为这些基本法所赋予存在及行动的机关不能够修正基本法。宪法的两个面向（按指立法与行政机关）都不是由**被制定的权力**（*pouvoirs constitué*）所创造，而是由**制宪权**所创造。（*W.T.E.*, 124；黑体强调为笔者所加）⑨

换言之，制宪权乃是在宪法所制定政府权力之外，而且位阶在其上之整体权力。假如我们依据西耶斯理论的精神对制宪权加以界定，则应为"**能够创立宪法的国民意志之整体运作**"。

---

⑨ 《论人权与公民权》也用此种对照方式阐释制宪权之理据，请参阅 *R.E.*, 142—143。

（三）制宪权的运作机制

在阐释了国民的意义以及制宪权与宪法的关系后，吾人必须进一步分析制宪权的运作机制。在这个议题上，西耶斯的主张简洁而有力：在宪政危机时，体制内立法机关**一般性**代表的权限仅局限于政府治理，因而没有权限解决体制重构问题；唯有召开由**特殊性**非常态性代表（extraordinary representatives）所组成的国民议会，才能行使制定或修改宪法的终极决断权（W.T.E., 130）。他认为由于社会发展，在广土众民的现代国家中，全体公民直接参与普遍意志之形成这个卢梭式的理想，实际上是不可行的；是以，国民制宪权之行使必须基于**代表制度**。

对代表制，西耶斯提出如下说明。首先，传统的等级区别必须加以扬弃，代表的选举应以区域为原则（W.T.E., 133—134）。其次，他主张无论是非常态性的国民会议或常态性立法机关，由于代表的作用永远是代替国民之正身，所以代表机构与被代表的国民应当具有"同样的**性质**、同样的**比例**以及同样的**规则**"（W.T.E., 137；黑体强调为原文所有），也就是说任何代表机构都应当是反映其代表对象的小宇宙。但是代表一经选出，便必须代表全体国民而非其特定选区（W.T.E., 79）。[⑩] 最后，关于国民会议议决的程序，西耶斯认为除了**简单多数决**之外，不可能有其他方式。他将此称为"一目了然的原则"，也就是"共同意志乃是多数人的意见，而非少数人的意见"（W.T.E., 136）。换言之，他认定若将制宪程序规定为超过简单多数决的绝对多数，将造成少数垄断决定的局面，反而违反了民主精神。[⑪]

在初步考察了西耶斯制宪权理论的基本概念之后，我们可以进一步深入检视其理论在政治/法律层次的内涵及意义。

[⑩] 参见吴庚（1977, pp. 195—196）对于西耶斯代表理论与现代民主政治关系之讨论。
[⑪] 霍布斯的基源民主论确立并证成了这个政治原则。请参阅萧高彦，2009。

三、制宪权作为政治／法律概念：西耶斯的革命宪政主义

基于前节所述，西耶斯强调，由非常态性代表所组成的国民会议并不是全体国民意志的一般性承载者，而仅具有一种"特殊权力"（pouvoir special），也就是制定宪法的权力。由于此权力之运作超越了宪政规范的常态，西耶斯对之提出较为详尽的说明：

> 它（按：指国民会议）在**独立于任何宪法形态之上**与国民相近。没有必要采取预防滥权的措施，因为这些代表仅是为了单一的目标而被选任为代表，而且仅在有限的期间之内。我坚持他们不受宪政形式的约束，因为这些形式恰是他们需要作出决断的。是以，第一，代表的职责在于确立已经产生争端的宪政形式，若他们受宪政形式之约束，便会自相矛盾。第二，对于已经确立了特定形式的事务，他们没有发言的权利。第三，他们处于应该亲自制定宪法的国民位置。如同国民一样，他们具有独立性；如同处于自然状态下的个人一样，他们仅需要意欲便足够了。无论他们以什么方式被委派，怎么集会，怎么进行议决，只要人们能够知道（国民既然委托他们，又怎能不知道？）他们是基于国民**非常态性的委托**（commission extraordinaire des peuples），他们的共同意志就与国民自身的共同意志具有同样的效力。（W.T.E., 131；黑体强调为原文所有）

此一关键文本清楚地揭示了，在政治／法律层面，西耶斯制宪权理论主张国民作为创造实证法的根源性权力，虽然永远不会体现在实证法体系之内，且仅在宪政危机时展现；但是当国民意志展现时，现有法秩序便失去效力，静待国民意志对新的宪政秩序与规范进行决定。笔者将之称为"**革命宪政主义**"（revolutionary constitutionalism）的二元体系，在其中制宪权与宪政体制互为中

介：前者创造后者以落实自身；后者通过前者取得适应历史变迁的动力。[12] 此种革命宪政主义主张，在宪政秩序的变迁过程中，必须区分决定秩序的革命时刻以及宪政秩序确立之后的常态政治。此处的革命不必然指涉用暴力手段推翻现有秩序，而是广义地指涉全盘更新现有政治秩序。[13] 此种二元式的宪政民主观，将革命时期全体国民意志的行使作为宪政体制正当性之基础。[14] 但是其自身并不进入宪政体制之内，只能留在宪法之外，等到下一次宪政危机时方才重新展现。在常态政治时期，则是由宪法所设置的权力机构发挥其权限，包括立法权依据共同意志在宪法的架构之内所完成的法治状态，以及行政机关据此而治理国家的公共事务。

对于西耶斯的革命宪政主义，下列三个理论意涵特别值得加以讨论。

（一）西耶斯的国民制宪权概念并非吾人所熟悉的"国民主权论"

西耶斯将国民意志之行使界定为制宪权而非主权，这表示对他而言，制宪权并非主权。[15] 这是一个值得注意的重要特质。自 1789 年法国《人权与公民权宣言》第 3 条规定"主权原则本质上只能存

---

[12] 本书前一章所述，美国制宪时期《联邦论》的两种共和主义论述，在此得到了理论的综合。
[13] 以共和主义之传统而言，此种定期改革政治秩序的想法应当渊源自马基雅维里，特别是《李维罗马史疏义》第 3 卷所提出的"将事物带回其根源"以防止腐化的主张。关于此议题可参考本书第四章之讨论。
[14] 在西耶斯之后不久，罗伯斯庇尔提出了著名的革命政府（revolutionary government）与宪政政府（constitutional government）之两元区分："宪政政府的目的是为了保存共和；革命政府的目的则为共和之建立"（Rudé, 1967：59）。罗伯斯庇尔的观念显然也有着类似的二元结构；进一步而言，施密特的"政治决断论"（political decisionism）以及阿克曼的"二元民主论"（dualist democracy）均有二元主义色彩。这似乎是主张政治创新优先性的理论体系很难避免的思考结构。不过，可以确定的是，因为西耶斯的革命宪政主义是以自由主义权利概念为基底，因此绝对不会像罗伯斯庇尔所提出的革命道德那样：为了纯化德行（virtue）对付自由的敌人，而将恐怖（terror）作为德行一体之两面（Goldstein, 1997：567）！
[15] 事实上，《论特权 第三等级是什么？》一书中并未运用"主权"一词。Cf. Máiz, 1990：8—10。

在于国民"以来,国民主权(national sovereignty)便成为现代世界重要的政治价值之一。[16] 然而,西耶斯从未使用"国民主权"概念,而一致地运用"国民制宪权"一词。他对于"主权"一词保持着深刻的怀疑态度,并曾经指出"主权,即使是人民主权,仍为王政与君主制度残留的观念;它是一个摧毁自由的观念"[17]。

换言之,在西耶斯的体系中,国民意志的对象必须是也仅能为宪法。这样的理论取向其目的在于克服卢梭民主共和主义的内在问题。对卢梭而言,普遍意志作为主权者,其标的为一般性法律;对西耶斯而言,国民意志作为制宪权的承载者,其标的为宪法而非一般性法律,因为后者系立法机构所制定,而立法机构为宪法所设置的权力,不得从事制宪的大业。换言之,卢梭以普遍意志作为主权之承载者,乃是在政治共同体**之内**,一切法律正当性之基础;西耶斯以国民作为制宪权之承载者,则是在政治共同**体之外**,一切正当性之根源。卢梭主张普遍意志直接规定法律的结果,导致了法律与人民集体意志直接关联,缺乏任何中介。这不但对于个人造成"强迫使其自由"(forced to be free)的吊诡,并且对于所建置的政府行政权必须经常性地实施直接民主之控管,造成政治的不稳定性。相对地,西耶斯的革命宪政主义,由于将制宪权之标的界定为宪政体制,有了宪法的中介之后,国民意志便不是经常性的展现在法秩序之中,而仅在现有宪政体制无法运行的危机时刻方能展现及运作。[18]

在区分了由国民会议所行使的制宪权以及立法机构所行使的立法权之后,西耶斯遂为"宪法"这个在卢梭系统中缺乏存在理

---

[16] 关于《人权与公民权宣言》的国民主权论,可参考贝克(Baker 1994)以及赖特(Wright 1994)之详尽讨论。
[17] 转引自 Máiz, 1990:8。
[18] 事实上,由卢梭系统的角度来观察,西耶斯国民制宪权的理论特征比较接近卢梭的"立法家"观念,特别是其超越宪政体制的特殊职能:"此职能缔造了共和国,但又不进入共和国的宪政之内。它乃是一种独特与超然的行动,与人类的支配毫无共同之处。因为号令人的人便不应号令法律,而号令法律者,便不应号令人"(S.C., Ⅱ.7:4)。不过,西耶斯将国民视为宪政秩序的创造者以及保护者,于是将此种超越性的政治能力交付到集体的国民手中。

据的概念，建立了理论基础。制宪权因而是一中介性的政治权力，这是吾人指称西耶斯体系为"革命宪政主义"的"宪政主义"面向。

（二）西耶斯的理论乃是正当性与合法性完全分离的二元体系

西耶斯指出，假如宪法乃是关于政府组织的根本大法，而宪政规范又是一切实证法律的根源，则在逻辑上，国民自身显然独立于任何实证法及程序："如果国民非要通过实证性存在物的方式才能出现成为国民，那么至今都不会有国民之存在。国民只依赖于自然权力而形成。相反地，政府只能隶属于实证权利。国民的一切属性均仅渊源于它存在的事实"（*W.T.E.*, 126）。换言之，制宪权的理据乃是，作为正当性根源的国民意志，其意志的运作以及宪法规范具有同一性；这与政府组织由宪法取得其存在的合法性状况完全不同：

> 政府仅有在具备合宪性时，方能行使实际的权力；它仅有在忠于它被强加的法律时才具有合法性（legal）。国民意志则相反，它仅需要其存在的现实性（*realite pour etre*）便永远是合法的，而且它是所有合法性的根源（*W.T.E.*, 126）。[19]

国民意志虽然透过制宪权而创造了宪法，但它永远处于并高于宪法及其以降所有的实证法。换言之，国民意志乃是一切实证法体系的正当性基础，后者则仅规约合法性，两者之区别在于：

---

[19] 西耶斯此一文本所述"国民意志仅需要其存在的现实性便永远是合法的，而且它是所有合法性的根源"，实际上乃是讨论今人所称的正当性。虽然西耶斯的确运用"正当性"一词（如 *W.T.E.*, 157；*R.E.*, 138），但他似乎并未对"正当性"与"合法性"两个观念作有系统的区分。笔者认为，西耶斯此一文本应理解为：作为宪法规范根源的国民意志永远是正当的，而宪法必须以国民意志为基础、政府则必须以宪法为基础才具有合法性。更重要的是，国民意志由于存在即真理、实然即应然，其基于自然权利的意志运作便等同于实证法之根源，不需要也不能有其他超越性规范或程序原则来规约国民意志之运作。

> 正当性与合法性在概念上可以作如下的区别：正当性是政治权威或国家权力的存在，经过规范上的认可，或是事实的承认；……合法性与前者不同，指政治权威或国家权力的行使及运用，合乎法定的条件。（吴庚，1981：145）

依据这样的概念区别，西耶斯的政治理论可以"宪法"观念为中点区分为两个部分。往前追溯，宪法必须以国民意志作为正当性的唯一可能来源；往后推导，则一切宪法法规以及实证法律均需以宪法作为其合法性基础。所以，国民意志具有实质的正当性，宪法则提供了形式的合法性。当现有的合法性体系产生危机时，可以召开代表国民意志的国民会议重新奠定政治秩序的正当性基础，但国民意志不得介入其后依据宪法所推导出的合法性法律体系。唯有在宪法所制定的权力之间产生根本矛盾或宪政破毁等情况发生时，必须回归制宪权这个正当性的根源，重新启动国民意志的整体运作，来改革或制定新的宪法。

（三）制宪权除了国民的自然权利外，不受任何现存宪政程序与实证法律的限制，从而国民意志乃是实然与应然的结合

此点为诠释西耶斯制宪权概念最为重要之枢纽。西耶斯的两元体系中，关键议题显然在于：在国民行使制宪权的时刻，其自身通过革命行动建立新体制的正当性基础为何？西耶斯的回答将是，制宪权系国民的自然权利，高于一切实证的宪法秩序与实证法律之上。进一步而言，在此种二元体系之中，创造者（制宪权）以及受造物（宪法）能够关联起来之关键在于，国民意志乃是应然与实然的结合：

> 国民存在于一切之前，它是一切之本源。**它的意志永远是正当的**，因为它自身便是法律。在国民之前和其上的，只有**自然权**

利（*droits naturel*）。[20]（*W.T.E.*, 124；黑体强调为笔者所加）

作为宪法与实证法律根源之国民，本身既然优先于一切法权状态，所以它处于自然状态（实然），而其意志通过制宪权之运作而成为宪法规范（应然）。

西耶斯假设反对者可能提出如下的问题："能不能说，国民可以通过其完全不受节制的意志之初始行动（*premier acte*），来自我约束，使得其后意志之表达仅通过某种特定的方式？"（*W.T.E.*, 127）。对这个问题，他断然予以否定，至于所提出的理据，主要是卢梭式的：国民不能让渡或放弃行使其意志之权利，所以不能将其自身意志之行使置于任何形式束缚之中。不令人意外地，西耶斯的结论是"国民永远有自由去修订其宪法。更重要的是，它不能放弃将具有争议性的宪法赋予确定性"（*W.T.E.*, 134）。国民不能订定程序、规则或法律来范围其自身意志之运作，因为这将限制了国民的存在有样态。

西耶斯进一步主张，"我们必须将世界上各国民／民族理解为身处于社会之外的存在物，或如人们所说，**处于自然状态**。他们意志的行使乃是自由并独立于所有的文明形态（*formes civiles*）。它既存在于自然秩序中，其意志仅需具有意志的**自然**特征，便可发挥意志的全部效用"（*W.T.E.*, 128；黑体强调为笔者所加）。从这个"自然状态论"，他强调制宪权的行使即为国民意志之运作，而国民意志之运作不受任何实证法之约束，"无论国民用何种方式表达其意志，只要它行使其意志，足矣（*il suffit qu'elle veuille*；it is

---

[20] 值得注意的是，英译本与中译本均将此文本中，构成制宪权或国民意志唯一限制的"自然权利"（*droits natural*）翻译成"自然法"；这似乎意味着有某些独立自存的基本规范可以限制制宪权之运作，也就是说无论是制宪或修宪，均有自然法之限制。其结果恰恰颠倒了西耶斯制宪理论的根本主张。笔者认为，西耶斯的 *droits natural* 是运用了霍布斯的 natural rights（自然权利）概念，恰与 natural laws（自然法）相对立。请参阅《利维坦》第14章。

enough that it wills）；[21] 任何形式都是好的，而其意志永远是最高的法律（la loi supreme）"（W.T.E., 128）。这个特质构成了西耶斯"革命宪政主义"的"革命"面向。

综合本节论述，西耶斯的革命宪政主义结合了国民意志的民主原则以及宪政主义的程序性格，成为一种辩证发展的系统。然而，在其思想体系中，宪政变迁以及正当性的根源仍在于国民的集体意志，从而在革命时刻优位于宪政规范与程序。西耶斯运用自然状态理论来描述国民意志的行使（亦即制宪权）优位于任何实证法，并借此导出两个极为重要的结论：第一，国民独立于一切实证性的程序规章之外；第二，国民意志开始运作时，一切实证法便在它的面前失效，因为国民意志乃是所有实证法的根源以及最高主宰（W.T.E., 128）。通过这样的理论进程，西耶斯取得了"阿基米德点"克服"恶性循环"，来面对当时关于宪政的政治斗争。对于根本的争议：谁是最终的判断者以及决断者？西耶斯的答案再清楚不过：只有国民意志所体现的制宪权，作为宪法以及政府机构存在的正当性根源，才能够通过改变宪政体制来解决政治冲突。

四、西耶斯制宪权理论的自由主义精神

在阐释了西耶斯革命宪政主义的基本论旨后，仍有必要进一步讨论其体系的自由主义性格。费里（Lue Ferry）和雷诺特（Alain Renaut, 1992：62—66）曾经称西耶斯为卢梭思想的"自由主义批判者"，虽然他们认为西耶斯思想仍继承了太多普遍意志论述的成分而有其限制。笔者认为，西耶斯思想的自由主义色彩比费里和雷

---

[21] 施密特也引述西耶斯的这个名句，以德文而言则为 Es genugt, das die Nation will 来说明制宪权虽然确立了政治统一体的形式，但国民意志的制宪权力本身是没有具体内容也不受限于法律形式及程序（Schmitt, 1983：77—80），施密特在页 79 引述西耶斯之名句。

诺特所承认者为多,表现在以下三个议题最为明显:以个人自由与权利为基础的市民社会论述、代议政治的理想,以及以自然权利为基础的政治观念,兹略述如下。

(一)以个人自由与权利为基础的市民社会论述

《论特权 第三等级是什么?》一书中,国民制宪权论述基调在于批驳贵族与教士之特权,故显现出强烈的革命色彩。但在《论人权与公民权》之中,我们能更清楚地看到西耶斯社会／政治思想的全貌以及逻辑进程。西耶斯认为"社会"是人类共同生活最重要的组织形态,能够发展自然所赋予人类之能力,而其本质在于人类的自由以及互利(mutual utility)。是以,任何人类的正当结社都必须建立在自由、自愿以及平等互利的契约之上(R.E., 138)。社会的建立使个人权利迅速发展,西耶斯特别强调的首先是财产权,而其证成的方式几乎与洛克的劳动价值理论若合符节;其次则为个人自由,特别是通过法治架构确立的群己权界,使得每个人的自由不至于妨碍其他人的自由。西耶斯明白指出,自由、财产以及社会互动的福祉构成社会之目的,而为了持续维护并拓展这些目的,有必要建置政府作为实现这些目的之手段。在这些前提之下,西耶斯才进一步建构了前两节所述革命宪政主义的体系。

秉持着洛克式的自由主义精神,西耶斯主张人类在社会状态中已经发展了不可侵犯的自然权利,其主要内容包括对于个人的安全、自由以及共同福祉之保障。国民意志行使,也就是国民会议所制定的宪法,乃是为了确保这些不可侵犯的个人权利;国民的制宪活动相较于公民的个人自由,在本体上并没有优先性,后者反而是国民意志的必然对象:

> 什么是国民意志?它是个人意志的产物,就像国民是所有组成者的个人之聚合。不可能去设想一个正当的结社不以共同安全、

共同自由以及最后,共同福祉作为目的。(*W.T.E.*, 156—157)

由这个文本,我们清楚的看到西耶斯的个人主义色彩,这也是在分析制宪权概念表面上的集体决断成分时,必须正视的理论前提。

在论述国民意志的**对象**时,西耶斯曾指出,"当我们说一群加入联合的人之所以集会,是为了处理与他们共同相关的事务,这就解释了促进各成员的唯一动机,说出了一个如此简单的根本道理,以致越想证明这些道理,结果反而削弱了这些道理"(*W.T.E.*, 157)。在第二版以后,西耶斯随即作出进一步的陈述:人民集会之目的乃在于共同事务,而唯有与共同事务有关的集体意志才是公共利益以及共同意志的对象(*W.T.E.*, 157)。换言之,任何一个正当组合(association légitime)之国民意志,其对象无非为"共同安全、共同自由,以及共同福利"等三者(*W.T.E.*, 156—157)。诚如福赛思(1987:105—127)的分析所指出,西耶斯通过革命活动所欲创建的新国家,其目的乃在于确保并增进个人自由,这显然接近自由主义的理念。福赛思引用西耶斯下列的笔记作为佐证:

> 政治秩序之目的乃是个人自由,或私人事务(la chose privé)。那些抽象思考政治秩序的人,设想一种不属于任何个体的公共幸福,这其实是一种自我欺骗,而几乎所有所谓的共和主义体系都犯了这个错误。对他们而言,公共事务只不过是一种抽象的存在,一种迷信,一种需要加以献祭的偶像。请好好注意:只有个体的幸福才是真正的幸福。(Forsyth, 1987:63)。

福赛思(ibid., 48—58)并强调,西耶斯由于受到古典政治经济学的影响而克服了卢梭以政治领域为主轴的共和主义理想,转向以市民社会、社会分化以及个人自由的保障等古典自由主义之理想(cf. Sewell, 1994:94—108)。

第八章　从共和主义到革命宪政主义：西耶斯的制宪权概念　　251

（二）代议政治的理想

代表乃是西耶斯政治思想的核心范畴，它也是联结政治／法律论述以及社会／政治论述的枢纽。因为在西耶斯的心目中，代表一方面是地域性选举所产生的政治信托关系；另一方面又同时是社会分工的自然结果。不像卢梭社会契约论坚决反对代表制，西耶斯将代议制度整合到其宪政体系中，可以说开创了19世纪法国自由主义思想之先河。这与当时狂热的雅各宾党人追随卢梭的脚步，主张信任人民并依赖人民自然的德行，不顾法律制度的客观机制，有着天壤之别。[22]

代表观念的重要性在于，通过代议机关的以及多数决程序的采行，卢梭式追求普遍意志同一性之理想被较为中庸的政治理念所取代。西耶斯虽然仍主张"法律仅能是普遍意志的表达"（R.E., 148），但他马上加上但书，在人口众多之国家，普遍意志的形成只能通过直接或间接选举且任期有限的代表机构加以决定，这些代表必须具备两种重要的特质：个人能力以及公共利益之追求。在这个基础上，我们方能理解西耶斯强调代议机构中，沟通议决可带来一种**经过中介的一致性**（unanimité médiate）[23]：

> 代议机关成员……聚焦起来以便平衡其并修正意见，并由其中淬炼出所有人的启蒙，一个多数意见，也就是说，创造法律的共同意见。为了产生可欲的结果，这个过程中个人意见的混合发酵确有其必要。是以，意见能够被协调、让步以及互相修正是极为根本的，缺乏这些就不存在审议大会（deliberative assembly）了。（Forsyth, 1987: 134）

---

[22] 在1792年以后革命进入雅各宾"自由的专制主义"（despotism of liberty）之恐怖统治时期，西耶斯在他的笔记中非常敏锐地指出，这样的国家，已经不再是一个**公共性的社群**（ré-publique）而是一个**全体性的社群**（ré-totale）。此处可以观察到西塞罗 respublica 共和语汇对于西耶斯的具体影响。可以说西耶斯在雅各宾的专政中，已经感受到20世纪所谓的"全体国家"或极权国家的首次出现。请参考福赛思（1987: 64）的引文。

[23] 这个词见 R.E., 148。

然而，不像他对制宪权论述所显示的追根究底之思辨取向，西耶斯对于代表制较为关心实践议题，也就是通过何种机制能够使得在国民会议多数决所获致的共同意志能够符合全体国民的意志。

西耶斯认定由特殊代表行使制宪权的结果，必定**等同于**在相同条件下由全体国民来行使制宪权所欲实现的公共利益（*W.T.E.*, 132），这显然只能是一个期望。要让两者真的可能等同起来，至少必须去除这个特殊代表机构自身的集团利益（corporate insterest）。[24] 西耶斯对此困难亦有所意识，才会以修辞的方式指陈贵族无法克服其成员之特殊利益："贵族表面上高谈阔论其荣誉，骨子里却是追求其自私的集团利益"（*W.T.E.*, 145）；并接着说"第三等级（也就是国民）的利益却必定是具有德行的"。关键问题在于：如何让此种普遍利益能够真正落实？

他首先指陈，由于国民会议不像君主制度所谓的"统治密术"（*arcana imperii*）或"国家理性"（*raison d'etat*）具备密室政治性格，"国民会议乃是真的在全体公民面前集会并表达其意志，在这种情况下，他们如何可能不按照全民的共同意志行使制宪权？"（*W.T.E.*, 130）似乎可以说，对西耶斯而言，国民会议作为公开审议的制宪机构，由于其开放性的**剧场性格**，相较于密室政治，已足以确保其与国民意志的同一性，并落实普遍利益。

西耶斯进一步提出孤立（isolating）个人利益的观念，来确保制宪代表多数决所形成的共同意志与公共福祉能够相符：

> 在利己主义似乎支配了所有灵魂因而民风日下时，我认为，即使在此种年代中，一个国民的议会也应当组织地十分良好，使

---

[24] 这个问题在台湾的宪政史，由于"国民大会"的作为，乃是众所周知的弊病。由早期作为"全国代表"的法统正当性以及选举正、副"总统"的权力所换取的政治利益，到民主化过程中抽取"修宪租"的恶劣行径（叶俊荣，2003：131—134），均为集团利益凌驾公共利益的著例。

这个议会中个人利益始终处于被孤立的状态，并确保多数人的意志永远与普遍善（bien general）相一致。当宪法有所依托时，此种结果即能被保障。（*W.T.E.*, 158）

他将利益区公为三类：共同利益（所有公民共享的利益）、集团利益（个人与少数成员联合起来所产生的利益），以及个人利益（处于孤立状态考虑自身所得之利益）。㉕ 西耶斯所说的透过"孤立"使得个人利益与共同利益不至于互相抵触，乃意指个人利益的杂多性使得当它们彼此被孤立起来，不互相联合形成集团利益时，便不至于影响共同利益的形成。㉖ 这个策略，基本上依循卢梭的观点："如果人民能够充分了解情况并进行讨论时，公民彼此之间没有任何勾结；那么从大量的小分歧中总可以产生普遍意志，而且讨论的结果总会是好的"（S.C., Ⅱ.3:3），也就是普遍意志作为"除掉这些个别意志间正负相抵消的部分以外，所剩下之总和"（S.C., Ⅲ.3:2）。

真正对于共同利益形成严重挑战的，并非个人利益，而是少数人所形成的集团利益。在这议题上，西耶斯仍然承续了卢梭基本的分析取向，但西耶斯却面临着一个卢梭系统所没有的困境。对卢梭而言，政治共同体之中主要的集团利益包括两种，其一为少数人所形成的党派，对此他极力主张加以去除；另一则为行使公权力的政府。而由于政治共同体不可能避免运用政府这个机制来行使统治，遂使卢梭在《社会契约论》第3卷以详尽之篇幅讨论如何运用公民大会的激进民主来制衡政府这个政治共同体之中最大的集团，防止其滥权。西耶斯所增加的困难在于国民会议自身

㉕ 这个关于利益的分类以及讨论，几乎完全援引卢梭对此议题之论述（S.C., Ⅱ.3; S.C. Ⅲ. 2:5）。
㉖ 关于派系利益与整体利益的关系，显然是任何关于制宪的讨论无法回避的根本议题。《联邦论》著名的第 10 号与第 51 号也在处理相同的问题。

的集团利益如何被控制。他对这个困难的议题提出两点程序上的机制加以预防。一方面,通过国民会议每年改选三分之一且短期之间不得连任的规定,来防堵国民会议自身建立集团精神(*esprit de corps*),堕落成一种贵族式特权机构的可能(W.T.E., 160)。另一方面,则必须防止国民会议以及政府这两个组织,以及行政与立法两个组织之间发生关联;也就是说,它们的各自成员均不得重复(W.T.E., 159)。在这两个机制保障之下,由国民会议代表所行使的制宪权力,方有可能实现国民的普遍利益,并通过宪法之创造来保障个人自由。

以上对于代表制的说明集中在制度层次确保代议机构的决议符合国民意志自身。可以说,西耶斯把卢梭基于共和主义精神关于利益的讨论运用到自由主义的方向,以确保代表性国民会议可以实现国民的意志或普遍利益。

(三)基于自然权利的政治观念

若同时考虑西耶斯的自由主义分析取向以及革命宪政主义,曾得到何种政治观?我们认为,他关注的焦点既非国民之历史形成(因为这是社会分工的结果),也不是国民意志应当如何运作(既然国民意志不能有任何程序上的限制,则只有国民及其代表有权利决定其意志运作的结果)。西耶斯真正的关注焦点,从而在于任何宪法都必须预设**后设规范**之上。这些宪政主义的后设规范,构成了人类与公民的自然权利,任何实证宪法都不能加以抵触,而只能用不同的组织原则加以落实。此种信念似乎为当时绝大部分法国的革命领袖所接受,几乎所有的党派都有他们自己的"人权与公民权宣言"草案。[27] 因为这些后设规范虽非政治宪法的

---

[27] 戈德斯坦(Goldstein, 1997)便搜集了多种版本。至于法国式《人权与公民权宣言》背后的政治观,则以贝克(1994:154—196)的分析最为深入,其中页158—160, 168—171对于西耶斯的《人权宣言》观念在不同时期的发展有深入的讨论。

内容，却构成宪法的"前言"（Preamble），其有效性直接根源于人类理性，从而为任何实证性的成文宪法所必须依循的政治价值。当然，政治形势的演变逐渐朝向谁能够定义这些自然权利，谁就能够主导国民制宪权的运作方向；所以连雅各宾党均提出其"人权宣言"草案。但无论如何，以西耶斯而言，他在《论人权与公民权》中对于"人权宣言"以及宪政主义的后设规范的分析，基本上是以自由主义作为核心价值的。

可惜的是，革命宪政主义的自由主义信念无法抵挡革命动能以及雅各宾党与巴黎无产阶级的结合所鼓动的革命热潮。法国大革命被罗伯斯庇尔的"革命政府"以及"德行共和国"诉诸群众的修辞推向暴力化。在法国，自由主义的理想只有在革命以及拿破仑帝政的废墟之上，由托克维尔以及贡斯当重新开始建构。

五、恶性循环的克服与再现

针对西耶斯的制宪权理论，20世纪重要的共和思想家阿伦特提出如下之批判：

> 在法国大革命志士中，以理论领域而言超越同侪的西耶斯突破了他滔滔雄辩所言之恶性循环：第一，作出了制宪权与宪法所制定之权力这个著名的区分，以及第二，将制宪权（也就是国民）置于一永续之自然状态中。如此一来，他**似乎解决**了两组问题，一为新权力的正当性问题：宪法所制定权力的权威无法被作为制宪权力的制宪会议所保障，因为后者自身的权力本身并非，也不可能是合宪性（constitutional）的，因为它先于宪法本身；另一则为新法律的合法性问题：这些法律需要"法源与最高主人"，也就是能够取得其有效性的"高等法"。权力以及法律二者均植基于国民，或毋宁说国民的意志，而后者乃永远外于并高

于所有的政府以及法律。(Arendt, 1990: 162—163；黑体强调为笔者所加)

阿伦特精要地阐释了西耶斯的分析取向，但却以"**似乎解决**"的断语表达对此取向的深刻怀疑。对她而言，西耶斯的解决乃是以民主取代了共和的精神，而民主的意志仅不过是群众永远会改变的意志。卢梭与西耶斯均过分强调意志以及法律的同一性，虽然这动员了强大的意识形态能量，但在实际上，无论普遍意志或国民都无法成为法律的稳定基础，反而是革命过程与变迁动能将成为法律正当性之根源（ibid., 1990: 183）。终极的结果是，宣称其自身"代表"国民意志的政治领袖，可以轻易地以独裁者之名撷取了民主革命的果实。是以，阿伦特指称，"拿破仑·波拿巴只不过是一系列民族政治家中，第一位在全体国民的掌声中宣称'我便是制宪权'者"（ibid., 163）。

阿伦特所指陈西耶斯对于"恶性循环"仅完成了表面解决的断言是否公平？西耶斯究竟是否在理论层次克服了他自己所观察到其他政治势力所犯的"恶性循环"？这是一个必须面对的深层理论问题。

西耶斯制宪权论述事实上包含了两组相互关联却又各自独立的主张：第一，在宪政危机的时刻，仅有国民这个超越性的整体可以重新展现自身，缔造新的宪政秩序；第二，在实践层次，只有国民会议的方式可以作为全体国民与民族之正当代表来从事制宪的工作。这两组问题的差异在于，前者是国民**正身**有何正当性基础从事制宪活动；而后者则是"**代表**"观念的理论基础为何。由于篇幅所限，我们接受第一个主张，集中考察其第二个主张。

的确，依据西耶斯自己的理论架构，其制宪权概念似乎也有某种"恶性循环"的问题：**行使制宪权的国民会议，毕竟只是由人民的一小部分代表所组成，相对于国民意志的正身，难道它不是一种"被构成的权力"**[28]？这显然需要依据西耶斯的思想体系来诠释委托代表关系之本质，方有可能判断他是否"前门拒狼，后门揖虎"，克服了一个恶性循环却又让另一个恶性循环再现。

诚如阿伦特所指出，在开创政治秩序的时刻，制宪权的正当性基础不可能来自于既有的政治秩序；而新的秩序尚未形成，也不能作为当下国民意志运作的法理基础。代表制之引入表示，非常态时刻所展现的并不是国民正身，而是能够完全代表国民意志的代表机构。然而，一个关键的理论困境必然浮现："制宪权必须由代表行使"如何与西耶斯"国民永远处于自然状态"的主张相调和？在这个时刻，为了形成制宪国民会议所进行的地域性代表之选举。究竟应当依据何种正当性原则？毕竟，很难设想"自然状态"可以举行选举，因为选举是一种政治秩序内的活动，其规则以及施行等均需有权责机构加以负责，因而接近"宪法所制定权力"之运作。但如此一来，岂非"制宪权"将依赖于"宪法所制定权力"？基源的权力倒过来依附于派生的权力，这显然是"恶性循环"之再现。

进一步而言，全体国民依据地域原则选举代表（我们可将之称为**构成**制宪权的活动，因为没有这个选举，制宪权便无法行使）的正当性基础假如是蕴含在国民的观念之中，则国民的理念便不可能像西耶斯所主张的，处于一种超越任何宪政秩序的**自然状态**；而是本身事实上必须已经构成一种**法权状态**之实体，并且包含了代表观念于其中。

㉘ 西耶斯同时代的巴纳夫（Antoine Barnave）便提出另一种看法："制宪权乃是主权的属性。人民在一个特定的时机转让给我们（按：指国民会议）。他们暂时放弃其主权使得我们能够完成他们对我们的要求（按：指完成制宪的大业）。"（Goldstein, 1997: 272）对巴纳夫而言，国民会议是由人民主权所构成的权力。事实上，巴纳夫的说法可能较接近于当时主流观点。《人权与公民权宣言》开宗明义地用被动语态（Les Représentants du Peuple Français, constitués en Assemblée Nationale...）来声明国民会议的代表地位，也就是西耶斯所谓的"被构成的权力"。西耶斯本人当然不会用 constitués 的表达方式，他的用语是"Les Représentants de la Nation Français, réunis en Assemblée Nationale..."。另一个显著的差别是 people 与 nation。

换言之，要让西耶斯的制宪权理论真正突破恶性循环，则"国民"的属性除了超越法秩序以上并以自然权利作为行动准则之外，还必须有通过代表来从事议决制宪活动的第二个属性。但此种**代表性的国民**（represented nation）如何形成？用何种理论加以证成？这些是我们必须面对的理论课题。

六、国民／民族建构的歧义：从构成论到历史主义

由于西耶斯的主要目的在于解决现实政治问题，是以，他宣称在当时旧体制濒临瓦解的时刻，既有秩序中被旧的宪政体制所设定的权力机关不具有正当性基础来解决宪政危机，而必须召开代表全体的国民会议来行使制宪权。西耶斯虽然运用超越性的国民观念来克服缠绕在实证法体系之内不易解决的恶性循环；但他的国民会议制宪的主张，其实是将这个恶性循环往前推移。

我们认为，西耶斯的主张，**在政治／法律论述层次**，的确无法克服"恶性循环"；因为，只要加上时间的面向，则将产生下述**"无限后退"**的逻辑问题：一个国民从不具有宪法的前政治阶段，第一次从事制宪时，应该依据何种程序来进行？这是社会契约论传统处理正当性问题，也就是政治共同体通过社会契约形成时，最为关键的议题。

国民首次制宪活动，似乎必须在下列两种理论可能取向中择其一：假如在首次制宪之前，国民还未构成一个具有同一性的政治共同体，则首次制宪便将是国民主体性的自我构成活动，这正是霍布斯与卢梭社会契约论所采取的进程；但假如国民在首次制宪之前已经存在，那么，这将意味着国民既存在于前政治的状态，也存在于首次制宪以后的政治状态。对于两种分析取向，我们分别名之为**"构成论"**以及"**历史主义**"。国民制宪权的正当性基础在这两种取向之下将完全不同：在构成论的观点中，首次制宪必定是社会契

第八章 从共和主义到革命宪政主义：西耶斯的制宪权概念

约，而且将设定其后宪政秩序变迁时，必须通过国民会议的代表来行使作为契约的条文之一；而在历史主义的取向之中，曾用某种政治社会的发展观点来诠释首次的制宪。

在这两种理论取向中，西耶斯不能采取构成论，因为它会导致一种"**自我设限**"的逻辑困难：首次制宪必须是全部的人参与才具有正当性基础，不能由代表行使；但全体国民若规定尔后制宪权之行使要交由国民会议之代表来执行，这无异于国民对其未来的活动提出了**程序性的限制**，这违反了西耶斯断言国民永远处于自然状态，可以依其**任何**意愿来创造宪法秩序的主张（*W.T.E.*, 127）。

换言之，为了彰显代表性国民会议具有除自然权利以外不受节制的制宪权，以克服"部分不能决定整体"的"恶性循环"，**西耶斯必须放弃社会契约论**。[29] 他若采取社会契约的构成论，将会面临如下的**双重困境**：首先，国民在行使其制宪权之前，必须有一构成性活动使得国民的同一性得以形成，方有可能行使制宪权；但西耶斯制宪权理论并未解释此种构成性活动，反而预设了此一构成性活动之先在性（即前述"无限后退"的逻辑问题）。其次，社会契约所规定日后制宪由代表行使将成为一个不能逾越的"基本法"，约束了尔后的制宪活动；但这岂不意味着国民并非处于自然状态，制宪权之行使也有某些规范性的约束（即前述"自我设限"的逻辑问题）？

为了让其制宪权主张能够得到确切的理论基础，西耶斯指出必须"回归根本的原则"，也就是寻找让社会生活成为可能的道德原则（*W.T.E.*, 120）。然而，在前述典范转移之后，西耶斯对于国

---

[29] 关于西耶斯思想中，国民的形成究竟是否通过社会契约，二手文献仍有不同见解。福赛思（1986：62—63）主张西耶斯仍有社会契约的观念，并列举此处第一阶段一群相当数量而孤立的个人想要统一的愿望，以及第二阶段共同意志之形成作为佐证；另外一个相关的文本是《论人权与公民权》之中，第24节，西耶斯简单地陈述共同意志为政治结合的基本要件。依据本章的论证，笔者认为将这三个文本扩张解释成社会契约论为国民制宪权的理论前提，有重大的困难，故不采取此种诠释观点。

民／民族之形成所阐释的根本原则，放弃了社会契约传统的同意理论，用社会生成或发展理论提出的描述性说明。他将政治社会的形成过程分为三个时期。第一期有一群相当数量的孤立之个人想要统一起来，这个意愿就已经构成了一个"国民／民族"，虽然在这个时期仍然是以个人意志为主的活动，但这些国民乃是所有权力之本源，享有所有的权利，只是他们还不知道如何行使集体的政治权利。第二期则开始了共同意志（common will），国民期望将其联系加以巩固，由于权力当存在于个别的个人时将由于分立而趋于无力，是以共同体需要此种共同意志，也因此权力便有了承载者，"权力仅存在于集体（ensemble）之中"（*W. T. E.*, 121）。在第三期则由于人口繁衍以及分布区域扩展，国民／民族无法如第二期一般集结起来讨论共同事务，而必须将行使权力的权限委托给全体国民之代表，这便是现代委托型代议政府（*governmente exercé par procuration*；government by proxy）体制。第三个时期不再如前一期有着实在的（real）共同意志，而具备着代表性的共同意志。西耶斯强调此种代表性共同意志的特点有二：一方面此共同意志并非完全更非无限地赋予代表，它们仅是国民的大共同意志之一部分；另一方面代表们绝非行使自身所具有的权利，而仅是行使由国民所拥有但委托给他们所行使的共同意志（*W. T. E.*, 122—123）。

笔者认为，这三个"历史"时期划分其实是自然状态、古代直接民主的政治共同体以及现代代议政府的"理想型"（ideal type）区分。西耶斯后来提到，民族第一次制宪的行动乃发生在第二期（*W. T. E.*, 125）。换言之，在第二期"人民期望将其联系加以巩固"（give consistency to their union）便是制定宪法。值得注意的是，此时代表制度尚未产生。也就是说，虽然西耶斯并未明白地论述，但第二期所制定的宪法以及所形成的政治共同体应当即为全体公民参与的古代共和，也就是卢梭所向往的政治理想。到了第三期，才因为人口增加以及分布领域之扩大而产生了委托关系与代表制度。此处西耶斯做了一个饶富趣味的陈述：

> 共同体并未弃置其表达意志之权利：这是不可让渡的；共同体只能对这些权利之行使加以委托（*commettre*；delegate）。这个原则已经在其他地方加以处理。（*W.T.E.*, 122；黑体强调为笔者所加）

西耶斯究竟在何处以理论角度处理委托关系？笔者唯一能找到的可能相关文本如下：

> 我们了解到国民会议的真实目标；它的建置并非为了管理个别公民的私人事务；它仅从共同利益的观点来作整体考量。于此我们可以得出一个自然的结论，那就是公民所享有之**被代表的权利**，并非因为他们之间的差异，而是他们所共同享有的特质。（*W.T.E.*, 161；黑体强调为笔者所加）

他继续指出，在公民们具有**共同利益**的基础上才有可能"只有凭借这种利益并以这种利益的名义，他们才能要求政治权利，也就是要求积极参与制定社会法律；也因此这才能让公民成为**可被代表的特质**"（*W.T.E.*, 163；黑体强调为原文所有）。然而，此处所论述的是代议体制之内，被代表者与代表间之关系。这是一个体制内的问题，若用来说明体制形成的条件（西耶斯前述历史发展第三期委托型代议政府的产生），仍犯了他所批评恶性循环的谬误。

是以，西耶斯真正能够证成委托关系的，并非公民的共同权利秩序（也就是公民身份的观念），而是在社会中各个成员可以依据自由与平等精神所发生的互动以及契约、委托等关系（*R.E.*, 138），也就是社会分工。

在分析特权阶层对于第三等级的各种攻击时，西耶斯曾经提到"有人提出,第三等级的成员不具备足够的知识和勇气成为代表,而必须求助于贵族的才智"(*W.T.E.*, 77—78)。对于这样的诡辩,西耶斯指出第三等级的全体之中具有一些特殊的"可用阶级"(available classes)之成员,由于其富裕的生活条件而接受自由教育,培养理性并关心公共事务的人能够"以人民的利益为依据",因而在每个面向均足以成为国民的适当代表(*W.T.E.*, 78)。

从这个提法可以看出,对西耶斯而言,国民代表的理论基础乃在于现代社会分工的事实,而非在政治/法律层次的选举委任本身。西耶斯曾经自豪的宣称,他比亚当·斯密(Adam Smith, 1723—1790)更早发现分工的真实意义:

> 在我的例子中,我从1770年以降便比史密斯走得更远。我不仅将分工视为**同一个产业**之内,也就是说在同一种**更高的指导**之下可以作为降低成本以及增加产量最有效的手段;我也同时考量了主要的职业或行业之**分化**能够成为社会国家(social state)真实的进步原则。所有这些仅不过是我所称的个人之间的**代表性秩序**(representative order)。让个人被代表乃是文明繁荣的唯一根源。……这是社会国家中自由的自然成长。而此种成长乃自然地伴随着**代表性工作**的建立。(转引自Forsyth, 1987:56;黑体强调为原文所有)

在这个关键性的文本中,我们清楚地看到了,西耶斯"代表"的观念不是在政治/法律的层次完成,而是诉诸分工、进步这些社会价值。[30]

假如此种对于西耶斯思想的进程理解无误,则前述制宪权在

---

[30] 除了福赛思(1987:48—57)的论述之外,塞维尔(Sewell, 1994:88—108)有更为深入的讨论。事实上,在英文文献中,对西耶斯思想作社会哲学取向分析之作品,在数量上远超过对于"制宪权"观念的政治/法律分析。

政治/法律层次所面临的理论困境，被转移到另一层次的社会/政治论述，也就是历史主义的社会发展论加以解决。我们清楚地观察到，在政治/法律论述所界定的个体主义式"国民"（以平等公民身份为基础），被等同于社会/政治论述所界定的集体主义式"民族"（以共同的历史存在为基础）；而这正是西耶斯运用"nation"一词的巧妙之处。依据本章的诠释，西耶斯面对无限后退与自我设限双重的理论困境，改采历史主义观点，来解释**代表性**国民的生成，以消解构成论中不易解决的理论吊诡。在历史主义分析取向中，制宪不是**国民**自我构成的活动，而只是既存**民族**赋予其集体生活具体政治形态的共同决定；此时民族之形成将取代国民之构成，但由于在西耶斯的用语中二者皆为"nation"，遂得以通过这个语意的歧义，完成了典范转移。

是以，西耶斯并未在相同的理论层次真正的"解决"无限后退与自我设限的问题，而是采用不同的思考典范：以新兴的政治经济学（特别是其社会分工论）来"取代"或"扬弃"社会契约的构成论述。如此一来，国民/民族的形成变成历史主义与社会发展论的课题，无限后退与自我设限的谬误遂得以被压抑与转移[31]。也唯有从这个角度，才能充分理解在《论特权 第三等级是什么？》之中，前述政治社会发展论述所扮演的关键作用（*W. T. E.*, 121—123）。西耶斯对于自然状态、古代共和以及近代代议政府并不是通过社会契约的政治/法律论述加以建构，而是运用了类似马克思所提出的历史唯物论的上层结构与下层结构的二元论来消解制宪权观念在政治/法律层面难以克服的恶性循环。更确切地说，西耶斯在法国大革命的早期，似乎已经预见了其后黑格尔所提出的市民社会与国家之二元结构，甚至马克思的社会革命之可能。这并不令人意外，因为黑格尔和马克思的政治理论都受到法国大革命深刻的影响。

---

[31] 此处我们借用了阿尔都塞（Althusser, 1972：128—134）批判卢梭所用的语汇。

就本章之论旨而言，西耶斯的历史发展论表明，国民／民族并非通过制宪权的运作而构成的，因为在第一期就已经有了民族的存在。而诚如福柯的分析所指陈（Foucault, 2003: 219—237），法国大革命前夕由西耶斯所代表的新兴资产阶级的民族论述，除了法律身份之外，还成为一种历史性的存在；而且此民族历史存在的条件不再是传统中贵族与国王所主张的对外战争，而是社会生产与劳动的功能。福柯指出，通过西耶斯的文本，我们清楚看到新的政治话语的特征：确定民族属性的不再是与其他民族的平行关系，而是从有能力建构国家的个体到国家的实际存在本身间的关系。顺着民族／国家的纵轴或者国家的潜在性／现实性的横轴，民族将得以定性和定位。此种民族主义一方面产生了一种直线性的历史观，其"决定性的时刻"——民族集体的决断时刻——乃是民族作为潜在的整体向国家普遍性的过渡。制宪权创造了国家得以自我控制的结构，使**民族得以成为历史的行动者**。也在这个意义之上，西耶斯（而不是黑格尔）在政治领域之中创造了历史主义的辩证法；而这正是前述社会契约构成论朝向历史主义的典范转移。当然，历史主义真正的集大成者仍为黑格尔，他的思想与共和主义传统之关系，将是下一章所欲探讨的主题。

第九章　历史理性中的共和理念：黑格尔与宪政国家

一、前言

黑格尔《法哲学原理》①的相关文献不少，但大部分诠释者主张其政治思想虽极度强调"自由"（*Freiheit*；freedom）的概念，却缺乏一套完整的政治自由（political liberty）以及共和理论。这个结论不仅为右派威权主义及左派马克思主义者所抱持，即使强调黑格尔政治理论中自由主义成分的诠释家亦不能免。②一个值得注意的例外，是阿德里安·奥德菲尔德（Adrian Oldfield, 1990：78—114）的诠释，他对西方共和主义的思想史分析之中，将黑格尔与马基雅维里、卢梭以及托克维尔并列为现代共和主义的代表性思想家。奥德菲尔德通过历史作为自由与精神的进步展现，以及个人自由乃是在伦理共同体之中加以涵养等议题，来阐释黑格尔的公民共和主义。本章亦以此取向为基础，先略述康德的共和主义，并基于此脉络重构黑格尔理性国家论中的共和主义意涵，包括国家作为"理性公民共同体"以及"合理爱国主义"等两个核心命题。

---

① Hegel, 1991. 本章以下征引此书时缩写为 *P.R.*，并依通例标示节码（而非页码）。
② 参见 Pelczynski, "Political Community and Individual Freedom in Hegel's Philosophy of State", in Pelczynski (ed.), 1984: 71; Ilting, "Hegel's Concept of the State and Marx's Early Critique", in ibid., esp. pp. 112—113.

二、德国观念论与共和主义

本书前两章分析了美国与法国两大革命过程中，共和主义与现代宪政主义以及代议制度所发生的理论结合，并产生了全新的思想典范。然而，法国大革命中后期雅各宾党的专政，以及大革命所楬橥的"自由、平等、博爱"三大原则对于欧洲旧政权所产生的巨大冲击，导致法国大革命之后的数十年之间，欧洲的政治仍处于动荡不安、革命频传的状态。

在这个"后革命情境"中，德国观念论巨擘康德与黑格尔建构了精微的哲学体系。就与本书有关的议题而言，康德以及黑格尔对于"共和理念在后革命情境中，可以扮演什么样的角色"的关键议题，提出了相当不同的见解。本章以黑格尔的理论为主，但首先说明康德的共和主义架构，因为它对理解黑格尔的国家观念而言，是不可或缺的。

在哲学层次，康德接受卢梭关于自由以及公民自我立法的基本理念，但尝试摈除其激进民主之思想倾向，以诚成宪政共和主义的理据。康德在《永久和平论》第 1 项正式条款指出，依据理性原则，任何一个社会依照成员的自由以及平等所建立的宪法，便是"共和制的宪章"，这是所有实存宪法的原始基础。是以，"每个国家的公民宪法应当是共和制的"（康德，2002：179），表面上，这呼应了卢梭"一切正当政府都是共和制"之观点。然而，康德进一步区分国家的统治形式（form of state；*forma imperii*；*Form der Beherrschung*）与政府形式（form of govenment；*forma regiminis*；*Form der Regierung*）③：前者乃根据掌握国家最高权力的人数，可区别出一人独治（康德用"*Autocratie*"一词）④、贵族以及民主三种政

---

③ 这个区分渊源于博丹（Jean Bodin）的《国家六论》(*Six Books of the Commonwealth*) 第 2 卷对"国家"与"政府"的区分。请参阅 Bodin, 1955：70—75。
④ 中译本翻译为"专制政体"（康德，2002：179），有待商榷，因易与 despotism 混淆。在《道德刊而上学原理》第一部分法权哲学 §51，他进一步说明，"autocratical"与"monarchical"的区别可以参照（Kant, 1996：479）。

体；后者则根据领袖对人民的治理方式，也就是政府如何依据宪法运用其完整权力的方式，区别共和与专制（Kant, 1996: 324—325; 479—481）。康德将共和主义界定为"行政权与立法权分立"的政治原则（ibid., 324），并强调民主与共和不可混淆，而他认为这正是卢梭所犯的谬误。

康德主张，对人民而言，政府形式比国家形式还要重要（ibid., 325），预示出他认为权力分立的宪政主义优位于国家最高权力归属之议题。不仅如此，康德还进一步指出，民主制就其概念而言，不可能为共和制，而必然是一种专制政治。其原因在于，全体人民掌握行政权力意味着立法以及行政二者结合为一，此即违反了权力分立的宪政原则。另一方面，康德将代表（representation）界定为任何共和政府都需具备之机制，因为在权力分立的共和宪政中，行政权与立法权不能合一，所以其中行政权须为立法权之代表。但民主制度之中所有公民都要做主人，立法权涵摄了行政权，代表制遂不可能。质言之，康德就专制以及缺乏代议制形式两个方向，尝试推翻卢梭民主共和主义的"民主"前提。[5]

当然本章要旨不在于康德与卢梭之间的辩难，而在于康德的

---

[5] 康德此种法学论述是否成功地推翻了卢梭民主共和主义的政治论述，仍有待深入检讨。姑且不论其反对民主之先验论证显然存在着时代限制（Bielefeldt, 1997: 545—546, 552—553），即使以康德所提出的国家统治形式与政府形式之二元架构而言，吾人均可依卢梭文本提出相反的论证。在说明共和制时，卢梭特别强调所谓的依法统治乃依据普遍意志行使统治之意；而普遍意志是不可分割、不能被代表的，是以没有任何个人或一群人能够宣称掌握最高主权。在这个意义上，共和制是唯一正当的国家统治形式。对卢梭而言，只有政府的治理权可以授予一个人、少数人行使或全民共同享有，从而有君主、贵族以及民主政府之差别，这正是康德所指称的政府形式。换言之，康德国家统治形式与政府形式的二元性，与卢梭的观念完全相反：对卢梭而言，共和是国家统治形式，君主、贵族以及民主则是政府形式；对康德而言，则共和为政府形式，君主、贵族以及民主则为国家统治形式。在原则的应用上，两位思想家均认为君主政体可以为共和制，但其理据完全相反：卢梭认为在人民主权的共和正当统治确立之后，由全体人民设置一人行使行政权的君主政府；康德则主张在确立掌握国家最高权力为君主一人的正当统治后，具有立法权与行政权分立制度设计的即为共和宪政体制。这个微妙的差异，代表了民主共和主义与宪政共和主义的重大分野，不可不察。

政体理论，与本书所论自亚里士多德以降西方共和主义之关系。由思想史的角度来观察康德的政体论，可以观察到他混合了几个不同的思想史线索。首先，"国家形式"与"政府形式"的区别，如本章注③所述，系源于博丹的《国家六论》。其次，康德的三种国家形式，其实是祖述亚里士多德古典的政体理论。而与西方共和主义思想史最有关系的，是他将"政府形式"区别为"共和"与"专制"的二元对立。这个对立，一方面与古典共和主义所论"正体"与"反体"政制遥相应和，但另一方面专制的概念，乃是由孟德斯鸠正式提出而成为一个独立的政体范畴。不过，康德将"共和"与"专制"相对立，则是其理论创见；而他将共和制的本质界定为"行政权与立法权分立"的政治原则，则是针对孟德斯鸠三权分立的架构中，特别提出行政权与立法权必须分离的重要性。相反地，在专制政府中，则是"国家恣意执行它自己所制定的法律"，亦即个人意志凌驾了公共意志。所以，在康德的架构中，"共和"便与"宪政主义"（constitutionalism）的权力分立原则画上了等号。

康德的《永久和平论》刊行于1795年，与黑格尔的《法哲学原理》距离约25年，就在这段期间，大革命的浪潮逐渐停歇，德国也以普鲁士的政治改革为首，开始迈向中央集权的现代国家。而德国宪政传统于19世纪发展出的"君主立宪制"理论（constitutional monarchy），则与黑格尔的政治哲学密切相关。重点在于，从20世纪以后的角度来看，"君主立宪"与"民主共和"构成了互斥的政治选项，所以很少有读者会将黑格尔的政治哲学由共和主义视野加以诠释。然而，假如我们基于康德前述的政体论，则黑格尔的理性国家所具有的某些共和特质，将可得到善解。

黑格尔与康德主要的差别在于，黑格尔的理性概念，并不是基于理性的纯粹观念而抽象地提出某些政治的原则或蓝图。黑格尔作为历史主义的代表人物之一，其"理性"概念具有一种自我实现的力量，而历史便是此种实现的场域。所以对黑格尔而言，国家既不是康德式理性的纯粹观念，也不是原子式的个人通过社会契约所制造出来的。黑格尔指出：

> 国家制度纵然随着时代而产生，却不能视为一种制造物，这一点无疑问是本质的。其实，毋宁说它简直是自在自为而存在的东西，从而应该被视为神物，永世勿替的东西，因此，它也就超越了制造物的领域。（*P.R.*, §273Rem.）

这一段引文由于所谓的"神物"，往往被认为是黑格尔国家崇拜的具体例证。不过对本书之谕旨而言，黑格尔在这个脉络中所触及的关键问题，其实是前一章所述的制宪权议题。因为，黑格尔在该文本的前两段中，明确指出"国家制度应由谁来制定"这样一个看似重要的问题，其实是没有意义的，因为"它假定着不存在任何国家制度，而只存在着集合一起的原子式的群氓。至于群氓怎能通过自身或别人，通过善、思想或权力而达到一种国家制度，那只得听其自便了，因为概念与群氓是根本风马牛不相及的"（*P.R.*, §273Rem.）。所以，黑格尔否定任何形式的社会契约论，也拒斥制宪权的概念，但他承认国家的政治制度是民族精神在历史中的实现（*P.R.*, §274），所以他的政治理论也应该在这样的历史哲学脉络中加以理解。

三、市民社会的辩证与整合

《法哲学原理》一个重大的理论创见，乃是区分市民社会（civil society）以及国家。市民社会指涉现代商业社会（commercial society）在18世纪兴起后所形式的社会秩序。黑格尔指出，近代资本主义形态的经济社会若任其毫无节制地发展，将会造成贫穷以及财富不平等的滋长。黑格尔的分析架构，是将市民社会区分为三个环节：需要体系、司法以及警察权与同业公会。需要体系指的是现代经济社会，其中个人依其需要以及自利心（self-interest），通过交换关系而形成普遍互相依赖关系（universal inter-dependence）；至于交换关系所产生的争议，则通过司法体系来解决。

然而，黑格尔市民社会理论分析架构的最后一个元素，与古典自由主义或当代极端自由主义（libertarianism）相较之下，有着根本的差异。在极端自由主义者的分析中，经济社会和司法体系两者结合，已可构成一正常运作的国家。黑格尔市民社会理论的第三个环结（包括警察权、同业公会和等级），乃是针对经济社会可能的弊端所提出的整合制度（integrative institutions），试图增加个人福祉并强化伦理聚合力。在这个层次上，黑格尔的市民社会理论，实已超出了古典自由主义者所主张的最低限度国家（minimal state）或守夜者国家（night-watchman state）。事实上，这些整合制度负有相当重要的政治功能：警察权管理市民社会中各种偶发状况；等级制度培养群体意识；同业工会则可增进其成员的自我认同和互相肯认（mutual recognition）。尽管具有这些重要的政治功能，黑格尔仍仅将这些整合制度称为"外部国家"（external state；P.R.，§183），并主张此种外部国家不足以及构成合理的政治生活组织形态，唯有以政治国家（political state）为基础的集体生活，才有可能是合于理性的（P.R.，§273，§276）。

在讨论黑格尔关于政治国家和外部国家的区分之前，必须厘清相关的理论问题：何以黑格尔将具有政治功能的整合制度排除于政治国家的基本性规定之外？他为何不将这些制度列为国家组织的构成要素而使之存在于市民社会中？这些困难，指向一个更为根本的问题：政治国家的本质为何，使其有别于经济社会以及社会整合制度？

黑格尔认为就伦理整合之目的而言，市民社会整合制度所能达到的效果仍有其限度。他指出，警察权只能就普遍性与特殊的对立作出相对性（relative）的统一，而同业公会作为一种社会组织则只是有所局限（restricted）的整体（*P.R.*，§229）。依据黑格尔的分析，市民社会在下列三个层次上仍有其不足之处。首先，经济社会主要目的在于满足个人自利心。基于自利原则而形成的普遍互相依赖关系，诚然预设了行为者彼此对合理经济行为之预期，但除了此种工具性格以外，缺乏更高的价值。在这种观点下，黑格尔称市民社会为"需求国家"（*Nötstaat*；state based on needs；*P.R.*，§183）。家庭、等级及同业公会虽然提供了超越自利观点的可能性以及建立社会肯认的场所，但是仍局限于特殊的集团之内，而未能发展成真正普遍性的整合样态。

另外，市民社会处于本质与表象分裂的状态（Ritter, 1982：64—68, 118—19），因为在其中，普遍性乃是以经济规律的形态发挥其作用，并决定了个人经济活动之结果；然而个人并未意识到普遍性的作用，并自认为是独立的自利之极大化个体（Foster, 1935：153—54）。黑格尔称此种分裂状态的市民社会为"知性国家"（*Verstandesstaat*；state based on understanding；*P.R.*，§183）。以辩证法的角度来看，这种目的与手段、普遍性与特殊性倒错的割离状态必须得到调解，"知性国家"有必要过渡到"理性国家"。

市民社会的第三个不足处，即前述仅仅构成一种外部国家。此处所谓的外部关系有两层意义：一是整合制度之间缺乏有机性联系，因为它们只是为应付市民社会危机而专设的；二是由于整合制度（特别是警察权）的政治功能，而对个人呈现出一种外在必然性的样态（*P.R.*，§261），个人很容易将这些制度视为外来干涉。

黑格尔对市民社会的三个批评，在当代社群主义者的论述中似乎得到不少呼应：麦金太尔（MacIntyre, 1984a：190—95）认为自由主义国家不是一种实践（practice），而只是一种组织（organization），颇接近于"需要国家"的说法；桑德尔（Sandel, 1982：147—53）主张自由主义国家只有工具性价值无法形成其理想中的"构成式社群"（constitutive community），则类似于黑格尔所称的"知性国家"及"外部国家"。但笔者认为，黑格尔对市民社会的批评并不代表他对自由与宪政原理的全盘否定，而是主张必须将抽象的自由原则落实到国家制度和公民意识的共和主义观点。基于此，我们有必要进一步探讨黑格尔的国家观念。

四、国家作为"理性公民共同体"

确立了市民社会对国家辩证发展的必要性之后，必须进一步探讨现代国家之合理性。黑格尔对这个问题做了如下的说明：

> 现代国家的原则具有这样一种惊人的力量和深度，即它使主观性的原则完美起来，成为独立的个人特殊性的极端，而又使它回复到实体性的统一，于是在主观性的原则本身中保存着这个统一。（*P.R.*，§260）

换言之，对黑格尔而言，现代国家的本质在于主观自由和实体性伦理生活的统一。相较于当代社群主义，此种观点的特殊性在于不将主体性和伦理关系视为互斥的原则。黑格尔主张，在现代国家中的主观自由与伦理生活是相辅相成的。为证成这种观点，必须进一步探索在何种意义下自由与伦理生活互补，以及在何种制度安排下，此相辅相成关系成为政治生活的现实性。

《法哲学原理》的国家理论处理两个相关的基本议题：其一为合理的现代国家中，其宪政（*Verfassung; political constitution*）所须具备有机的权力分立状态；另一则为在此合理国家中，公民所具有的一种积极的政治认知，黑格尔称为爱国情操（patriotism）。此种爱国情操是一种公民理性国家之间所持有的反思式伦理／政治凝聚力（reflective ethico-political cohesion）。以下先论合理国家的宪政制度，再论爱国情操理论之内容。

在一般理解中，黑格尔的国家观念是一种"伦理共同体"（ethical community），其原型乃是以亚里士多德所述具有伦理基础的政治共同体，在现代社会条件下的发展。此种伦理共同体的理念如何与共和主义传统接轨？这样的问题，在社群主义与自由主义的争论脉络中，并不易厘清历史的真相。因为对自由主义的诠释者而言，黑格尔的国家理论，乃是一种基于浪漫主义、历史主义乃至于民族主义所发展出来的观念；相对地，社群主义者习于用浪漫主义的角度来理解黑格尔（如Charles Taylor）。然而，如本书第一章所述，亚里士多德在城邦理论中所提出的"政制"，以及培养具有伦理德行的公民，本来就构成了西方共和主义思想的渊源。所以，当共和主义的视野被重新开启之后，黑格尔许多看起来属于民族主义的保守思想，便可以得到另一种诠释之可能；而此种共和主义的理解方式，或许更能将黑格尔的国家理论回复到恰当的思想脉络中加以阐释。

在《法哲学原理》中，黑格尔对卢梭与孟德斯鸠等两位本书所讨论过的思想家，提出了批判性的观察。黑格尔完全拒斥卢梭的社会契约论，因为对黑格尔而言，国家是一种客观存在的事物，它不能由历史上事实的起源，或主体的个人意志产生出来。任何契约论所述的个人意志，无论经过何种形态的契约中介所产生的共同体，都不可能具有真实的普遍性，而只能是某种"共同的东西"（P.R., § 258 Rem.）。这个批判对于卢梭而言，似乎并不公平，因为这无异于主张，卢梭的普遍意志，只是多数人的众意（will of all）。然而，黑格尔对卢梭所提出的批判，可以视为是黑格尔基于西耶斯以及法国大革命以后历史主义与社会演化观念迅速发展的影响下，而对于前一两个世纪所流行的社会契约论所产生的根本质疑。这反映了时代精神的差异，并未指向真正的理论议题。

相对地，黑格尔对孟德斯鸠的分析就比较持平，而且具有丰富的理论内涵。在讨论政治国家的权力分立原则时，黑格尔论述了传统的政体分类论,也因而比较详尽地考察了孟德斯鸠的政治思想。由于孟德斯鸠相当注重历史,所以在某些根本预设上,与黑格尔具有亲和性。黑格尔强调,古代政治理论将国家区分为君主制、贵族制以及民主制,这是在国家作为一种统一体而尚未产生内部分化时,所得出的共同体观念以及政体分类。这样的政体分类,在历史发展到现代时期就必须扬弃。这个观察与孟德斯鸠政体论之精神相近。如本书第七章第二节所述,孟德斯鸠将政体区分为民主、贵族、君主以及专制四种,而前两者又合称为共和。黑格尔引述了孟德斯鸠以"德行"作为民主制的原则、以"节制"为贵族制之原则;而以"荣誉"为君主制之原则。其中,黑格尔特别重视民主与君主两种制度,他指出,孟德斯鸠所谓以荣誉为基础的君主制,是以中古后期的封建君主为本所建构的理想型,而非君主制的内在本质。更重要的是,黑格尔主张孟德斯鸠所述德行仅仅是民主制原则的说法并不真确;在古代民主中,此种德行是建立在公民的某种"心性"(*Gesinnung*;sentiment;*P.R.*,§ 273 Rem.)[6]之上,也就是说,就古典共和主义而言,"德行"是与"腐化"相对立的一种心性。黑格尔特别强调,孟德斯鸠所主张在民主以外其他政体就不需要德行原则的看法有误,因为任何健全的国家都需要有德行的要素。

　　黑格尔对于孟德斯鸠的讨论有两点值得注意:第一,他基本上赞同孟德斯鸠权力分立的政府理论,也就是说,在现代理性国家中,宪法以权力分立作为基本的特性是符合历史理性的,并且因此而形成有机体,这与前现代诸政体(民主、君主以及贵族)有别;第二,是黑格尔强调德行要素的普遍重要性,特别是他提到在古代民主中,虽然德行和公民的心性是直接相关的,但德行绝不是如孟德斯鸠所述只有古典民主体制有所需要,而是所有的合理国家都需要,也因此会产生公民的德行心性,亦即爱国情操。而这两个观点,构成了以共和主义的思想史视野来理解黑格尔理性国家观念的主要线索。

---

[6] 中译本翻译为"情绪",详见下节讨论。

第九章　历史理性中的共和理念：黑格尔与宪政国家

对黑格尔而言，现代国家的本质在于其宪政，而宪政的基本特质便是依据理性所产生的有机性政治权力分立（P.R., §271—272）。所以，在黑格尔的理性国家中，宪政的权力区分为三个环节：

> 政治国家就这样把自己分为三种实体性的差别：
> （1）立法权，即规定和确立普遍物的权力；
> （2）行政权，即使各个特殊领域和个别事件从属于普遍物的权力；
> （3）王权，即作为意志最后决断的主体性权力，它把被区分出来的各种权力集中于统一的个人，因而它就是整体及君主立宪之顶峰和起点。（P.R., §273）

黑格尔这个政治国家的权力分立原则，表现出君主立宪制的特质。虽然黑格尔本人在讨论王权原则（monarchical principle）时，驳斥了人民主权观念以及共和政府形式（P.R., §279, Pem.），然而，基于第一节所述康德的政体分类，吾人将察觉黑格尔的"国家有机体说"其实和康德的共和原则完全相容。首先，"君主立宪制"在康德的政体分类中，乃是一人独治的国家形式搭配共和的政府形式，因而具有宪法、权力分立以及代表制等几个要素，当然不是专制。其次，黑格尔对于人民主权的批判（P.R., §279, Rem.），其基本精神与康德关于民主必定形成专制政府形式的观点并无二致。最后，在王权之外，黑格尔提出宪政体制权力分立原则时所说，"立法权作为规定和确定普遍物的权力"以及"行政权作为各个特殊领域和个别事件从属于普遍物的权力"二者之分立，完全符合康德立法权必须与行政权分立的共和原则。所以，吾人不应因黑格尔权力分立原则中缺乏司法权的要素，⑦便批判其理论不符合宪政主义原则。

---

⑦ 司法权被黑格尔放入市民社会的第二个环节，cf.P.R., §209—229。

黑格尔主张在现代世界中，唯有立法权（以国会为场所所进行的讨论审议、公共舆论之形成以及立法）才可能是政治自由与爱国情操之制度根源。他并以确立普遍法律来界定立法权的主要功能（*P.R.*，§298）。值得注意的是，黑格尔虽明确区分宪法与法律，却又赋予二者相当紧密的互动关系。一方面宪法作为基本规范而非立法权行使的对象，因为立法权是宪法的一环（*P.R.*，§298）；但另一方面，立法过程的确可以重新诠释与反映国家制度的现实状态，从而间接地规定了整个国家制度的合理发展方向。

在立法功能之外，黑格尔视等级代表原则为立法权的另一个重要面向。立法机构则是市民社会中，由各等级组成的等级会议（Estate Assembly）。各等级的代表共同审议与决定有关公共事务的法律与命令，而其职权范围包括公民的权利义务、有关自治团体与同业公会运作之规则以及税率等（*P.R.*，§299）。等级代表原则的主要作用是将市民社会中，源于社会分化而产生的等级赋予政治功能，使之成为国家的一部分。他称此种作用为"中介"（*P.R.*，§302），吾人可称之为"政治整合"（political integration）。换言之，立法权有两个相当不同的作用，一为立法，一为政治整合；当黑格尔提出立法权可以"规定与确立普遍"时（*P.R.*，§273），他同时指涉了普遍性法律规范之建立以及政治整合，使普遍性规范内化于公民意识之中。

立法机关中有关公共事务的讨论以及此等议事记录之公开，便形成了现代国家所特有的公共舆论（*Öfentlichkeit*；public opinion）；政治自由之实现也就在于公民能自由地对公共事务参与讨论。一个国家要能称得上是"现代"国家，必须赋予其公民以表达意见及结社之自由，因为主观自由乃是现代世界的根本原理（*P.R.*，§153—§154）。除了作为意见表达管道之外，公共舆论也是现代国家的公民教育不可或缺的一环。黑格尔主张自由讨论可以使"公共舆论初步达到真实的思想，并洞悉国家及其事务的情况和概念，从而初步

第九章　历史理性中的共和理念：黑格尔与宪政国家

具有能力来对它们作出更合乎理性的判断"（*P.R.*, §315）。

不过，黑格尔认为公共舆论的真确程度并非伦理生活或主观自由的必要条件（*P.R.*, §317—§319）。大部分诠释者认为这反映了他对公共舆论的模棱态度（Avineri, 1972: 174; Habermas, 1989a: 120—22）。笔者认为黑格尔的理论，事实上是对于早期启蒙思想与议会至上主义（parliamentarism）的一种反动。后者基于过度唯理主义的假定，而认为自由讨论可以获致真理。[8] 黑格尔则认为公共舆论和公开讨论仅能达到比较合理的决策（*P.R.*, §315），因为公民是以普遍的角度考量问题。黑格尔所主张公共舆论存在的理据并不预设实质真理概念，这种对于公民活动（civic engagements）的看法恰恰落在当代有关理论——哈贝马斯与社群主义——之中点。哈贝马斯主张公共讨论必须以严格的论证程序进行，其规范性律则为论证的普遍化（universalization），目的在于达到互相肯认的真理（Habermas, 1990: 62—98）。相对地，社群主义者则认为公共对话的目标是相互理解（Benhabib, 1989—90: 22—23）。黑格尔则强调对话的前提必须是公共空间的建立以及个人中心观点之扬弃。也就是说，恰当的公共论辩唯有当个人由市民社会的"私人"提升至古典共和主义意义下的国家"公民"时才有可能。黑格尔的原创性也正在于将现代伦理生活植基于公共舆论之上，并将源于共和主义的政治审议原理与伦理，整合成为一种更丰富的社会政治生活形态。此合理国家建立了一种特殊的"具体自由"：

> 国家是具体自由的现实；但具体自由在于，个人的单一性及其特殊利益不但获得它们的完全发展，以及它们的权利获得明白承认……而且一方面通过自身过渡到普遍物的利益，他方面它

---

[8] 关于唯理主义式的议会至上主义，参见 Schmitt, 1985b: 33—39。哈贝马斯继承了此一论点（Habermsa, 1989a: 117—122）。

们认识和希求普遍物,甚至承认普遍物作为它们自己实体性的精神,并把普遍物作为它们最终目的而进行活动。(*P.R.*, §260)

此种具体自由一般很容易被误解为与自主主义不相容的积极自由,甚至遭致如波普尔所攻击的黑格尔为极权主义前驱之误解。但依据当代政治哲学论述,黑格尔所主张的具体自由实为收纳了社会脉络(social context)的自由观念,[9] 也可以说是一种制度化的政治自由。这在精神上接近于公民共和主义,而非近代各种极权主义的意识形态。黑格尔的理性国家是一种基于认知性观点所建构的政治共同体,依据史密斯(Steven B. Smith, 1989a : 234)的诠释,可称之为"**理性公民共同体**"(community of rational citizens)。在此共同体中,公民以主体际(intersubjective)观点从事政治事务之讨论,以形成公共舆论并作为立法的根据。如此形成的公共领域。乃是最适合黑格尔思想体系的共和政治社群。

黑格尔的共和理念乃是一种认知式(cognitive)的概念,因为他坚持在公共领域中,有关政治事务的讨论以及政治原理的证成,必须以主体际的公共角度出发,而不能以维护私人利益的意图从事讨论。虽然此认识的要件并不必然能形成一个足以为所有公民均接受的共善之实体概念,但它构成了一政治社群可能形成共享的共善概念之必要条件。当公民们理解了市民社会的利己观点和竞争心态会造成"个人私利的战场,一切人反对一切人的战场……私人利益跟社区的特殊事务冲突的舞台"(*P.R.*, §289 Rem.)的后果,并了解到所有其他人均同时放弃自我中心观点之可欲性时,他们应会主动地采取主体际的普遍性观点。这种转变接近于本书第五章所述,卢梭社会契约论所陈述的普遍意志之产生过程,有赖于所有参与

---

[9] 有关社会脉络与个人自由的关系,参见 Charles Taylor, "Atomism", in Taylor, 1985 : 197—199。

第九章　历史理性中的共和理念：黑格尔与宪政国家　279

者同时扬弃其自身之特殊性。然而卢梭的论述仍具有相当浓厚的政治神学色彩，黑格尔则强调认识和转变。泰勒在论述公领域之产生时，也以类似的认知性观点分析，主张语言的使用本身已经蕴含着公共观点之可能。[10] 这种从私领域到公领域之提升，乃是个人际关系（intra-individual relationship；泰勒称为 for-me-for-you）至主体际关系（泰勒称为 for-us）之辩证。[11]

黑格尔的共和理念与哈贝马斯所主张的理想沟通情境有别：后者认为无条件的普遍化是实践论辩的后设规范；而黑格尔则主张理性公民仍然从属于特定的政治社群，所以他们经由公共舆论所获得的共善概念仍是由此社群成员所共享的规范，而非超越性或绝对普遍善之理念。黑格尔观念赋予现代共和主义式政治共同体以较强的"构成"性[12]：公民一同从事对于共同规范之追求，乃是他们自我存在以及认同之根源。在此意义上，黑格尔认为个人与政治共同体的关系如同偶性（accidents 或 instances）与实体（substance）的关系（P.R., §145）。这个很容易被误认为极权主义的论点，事实上正表达了理性国家作为现代伦理生活一环的构成意义；而国家正如同家庭或社会团体提供个人建立自我认同的脉络。由于公共舆论所建立的是政治社群之共同规范，黑格尔将它视为现代国家的基本规定性，而无法接受如哈贝马斯将之归于**社会性**的生活世界之主张。对黑格尔而言；公共领域使国家成为普遍的根源：以形式义而言，立法机构制定的一般性法律构成形式的普遍性；以实质义而言，公共舆论所型塑的爱国情操构成实质之普遍性。如此构造的"理性公民共同体"具体化了黑格尔的共和理念，同时也使政治规范内化到公民的意识之中，从而超越了个体主义（individualism）与整体主义

---

[10] Charles Taylor, "Cross-Purposes: The Liberal-Communitarian Debate", in Tylor, 1995: 189—191.
[11] Ibid., 198.
[12] 此处所言之"构成"乃依桑德尔所定的意涵（Sandel, 1982: 150—51; 1984a: 86）。

（holism）的简单二分:"国家是依照那已被意识到的目的和认识了的基本原理,并且是根据那不只是自在的而且是被意识到的规律而行动的"(*P.R.*, §270),这实为古典共和 res publica 理念的现代表述。

五、"合理爱国主义"

将黑格尔所提出现代伦理生活的主客观两元素关联到我们所探讨的爱国情操议题,可发现根本的问题为:假如自由的自我意识乃现代性之本质,那么如何在此前提下创造政治共同体的凝聚力?[13] 这是社群主义者麦金太尔在《爱国主义是一种美德吗?》("Is Patriotism a Virtue?")一文认为不可能成立,也是我们基于黑格尔理论必须明确回答之基本议题（MacIntyre, 1984b）。麦金太尔主张爱国主义无法从普遍性的道德原则得到证成,因为普遍道德预设了从具体社会环境抽离,并以中立的观点批判地检视现存政治社会制度之合理性。他认为爱国主义必须在终极点上采取非批判的立场（ibid., 12—13）,我们可名之为"豁免伦理"（ethics of exemption）:一个有意义的价值判断之所以可能,乃建立于认同某些终极价值的前提之下,而终极价值通过传统、教育、社会化等方式形成个人认同。这些伦理制度既是自我认同之基础,则对之作理性批判只会造成怀疑论以及自我认同危机,缺乏正面积极的意义,故须豁免于理性批判之外。麦金太尔进一步主张爱国主义很容易地便建基在豁免伦理之上,因为它终极地要求为了公共福祉无条件地牺牲个人特殊利益,而唯有豁免伦理能支持此种无条件的奉献。[14]

---

[13] 关于爱国主义的理论的讨论,可参考 Dietz, 1989;历史回顾则可参阅 Huizinga, 1984。

[14] 另一位社群主义者泰勒在其所主张的"爱国式自由主义制度"（patriotic liberal regime）中,指出公民被一种"对共享的、直接的共善"（a sense of a shared immediate common good）所鼓舞（Taylor, 1995:191）。笔者认为公民意识存在于对彼此共同从事对共善的探索之理解,未见得需要有一对共同善的相同概念。

第九章　历史理性中的共和理念：黑格尔与宪政国家　　281

相对于麦金太尔所标榜的纯然社群主义式的爱国主义，黑格尔将爱国主义定义为：

> 政治认知（*politische Gesinnung*；political disposition），[15] 即爱国情操本身，作为从真理中获得的信念（纯粹主观信念不是从真理中产生出来的，它仅仅是意见）和已经成为习惯的意向，只是国家中各种现在制度的结果，因为在国家中实际上存在着合理性，它在根据这些制度所进行的活动中表现出来。这种政治认知一般说来说是一种信任……是这样一种意识：**我的实体性的和特殊的利益包含和保存在把我当作单个的人来对待的他物（这里就是国家）的利益和目的中，因此这个它物对我来说就根本不是他物。我有了这种意识就自由了。**（*P.R.*，§268；黑体强调为笔者所加）

从这段引文我们可看出黑格尔认为爱国情操为一种特殊主义样态的信念，而且是一种惯习性的伦理态度。然而他同时强调爱国情操乃建立于真理之上，且在成为伦理习惯之前是一种意向（*Wollen*；volition），也就是说乃一种合理意志；[16] 此种爱国主义乃是合理宪政体制之结果。换言之，对黑格尔而言，公民意识与政治共同体具有如下一种互相支持的关系：一个能被称得上是理性国家的政治共同体，必会保障公民的福祉与利益；而能运用理性认知的公民亦必肯认（recognize）国家的此种基础性角色（foundational role）。此种肯认形成了爱国情操，也就是使公民与政治共同体紧

---

[15] 中译本将 *politische Gesinnung* 译为"政治情绪"。作者感谢颜厥安教授在评论初稿时的建议，译为"政治认知"，不但较合原意，且支持本章之诠释。在本章第四节黑格尔讨论孟德斯鸠的文本中，笔者曾译为"心性"，因为彼处指的是古代直接民主国家中公民的心性或情操。

[16] 奥克肖特（1975：7）指出，黑格尔乃西洋政治思想三大宗之一，"理性意志"（rational will）论之代言人；另两个典范为柏拉图开启的"理性与自然"（reason and nature）论，以及霍布斯开创的"意志与人为"（will and artifice）论。

密结合的凝聚力。

当国家以合理方式构成时,其公民由于认知到此合理性,便不会再将国家视为一异化于己的组织,而将理解到合理国家是构成其自由与各种活动之基础。这是市民社会整合机制作为外部国家所无法达到的普遍性。黑格尔主张这种理性认知乃现代国家之中爱国情操的根源:爱国情操作为公民对其国家的忠诚,在现代国家中植基于公民认知其所在国家的合理性之后所产生的认同,可以称之为"合理爱国主义"。

这种认同的样态为"信任"(*Zutrauen*; trust),乃是黑格尔在《法哲学原理》§147节所论,透过个人的反省思考而克服行为者和客观伦理秩序之差别所建立的认同关系。黑格尔切入此问题的方式非常特别,值得吾人深思。他主张在现代理性国家中的个人会培养出一种"伦理性格",因为他们于其中能建立自我价值感(*Selbstgefuel*; self-awareness),这乃是一种比信仰(*Glaube*; faith)和信任更直接的关系(*P.R.*, §147)。表面上看来,这似乎是社群主义者的反原子论或社会构成个人认同基础之观点,[17] 然而黑格尔的说明却指向一个相反的方向:

> 信仰和信任是和反思(*Reflexion*)一同开始出现的,并以表象和差别(*Unterschied*; difference)为前提。例如,信仰多神教和是一个多神教徒这两者并不是一回事。伦理性的东西在其中成为自我意识的现实生命力的那种关系……诚然可以转变为信仰和信任的关系,和转变为由进一步反思而产生的关系,即通过一些有基础的合理识见(*Enisicht durch Gruende*; insights based on reasons)——这些基础在开始时可能是某些特殊目的、利益和考虑……然而恰当地认

---

[17] 关于社会构成说,除了 MacIntyre, 1984b 外,请参考 Sandel, 1982:179—83; Taylor, 1985:197—198。

识（*adaequate Erkenntnis*；adequate cognition）这种同一则属于能思维的概念的事。（*P.R.*, §147Rem；中译文稍有改动）

这是一段不易解的说明，也是《法哲学原理》一书中唯一以信仰作比拟的文本。对黑格尔而言，所有的认同关系（信仰、信任和自我价值感）都是以行为者和客观伦理秩序之差别（difference）为前提，但是透过个人的理性认知可以建立其间的关联。当然，人类的思维有各种不同的样态，由特殊目的与利益出发，通过不断反省思考可以提升到合理认知的层次。在提升的过程中，关键在于不自限于"道德观点"[18]；对黑格尔而言，主体的自我确定性必须在相应的、合理化的政治社会制度中得到证实，也就是通过客观化过程使个人对自己自由的信念（conviction）转化成真理（*P.R.*, §153），这是思考的一面。另一方面，合理的典章制度除了其客观合理性之外，也必须被个人所理解、承认，"使本身已是合理的内容获得合理的形式，从而对自由思维来说显得有根据"（*P.R.*, Preface, p.11）[19]。

理性认知在政治哲学中有两个不同层次的意涵。公民的认知乃是认识到其所存在制度的合理性，从而在差别中建立了认同；哲学家的认知则是进一步将国家的合理性与哲学思辨结合："哲学是探究理性的东西的，正因为如此，它是了解现在的东西和现实的东西"（*P.R.*, Preface, p.20）。爱国情操当然属于前者，也就是合理公民的政治认知。

从思想史的角度加以观察，黑格尔的"合理爱国主义"有必要与孟德斯鸠的理论加以比较。如前所述，黑格尔完全理解在孟德斯鸠的政治哲学中，民主指的是古代直接民主，而人民直接参与政治

---

[18] 也就是黑格尔诠释下康德实践哲学的观点——将主体自身的自我确定性作为衡量道德事务的唯一有效判准（*P.R.*, §136）。
[19] 泰勒（Taylor, 1989: 167—171）对主体际共同性（他称之为"we-identity"）之形成所提出的说明，实基于黑格尔的观点。

统治的运作，必须具有公民德行，因为腐化的公民团体必然导致民主的衰微。然而，黑格尔在那个脉络中已经指出，孟德斯鸠所谈的民主、贵族以及君主制，分别是古代以及中古封建时期的制度。到了现代，当自由的理念在历史中发展到了一个新的阶段时，在国家有机体之中，公民将会培养出对于普遍物认知的爱国情操。除了吾人之前所述，爱国情操的基础，从古代民主的某种公民的"心性"，转化成为现代公民的理性认知所产生之信任；更重要的是，黑格尔将"公民德行"的议题，抽离了孟德斯鸠民主制的脉络，成为所有符合历史理性所建构出的真实国家中公民所备的主观意识。在这个层次上，我们一方面需要借助黑格尔观念论的意识哲学来理解其爱国主义内涵，但另一方面，也需要由共和主义的思想史角度掌握其理论的精义。

综合本节论述，我们认为黑格尔提出了一种合理的爱国主义，其理论基础在于主张政治认同可以通过公民的理性认知而建立，若且唯若政治社群有合理的宪政结构。此外，我们也已就合理爱国主义的可能性提出了知识论上的论证。在这个议题上，黑格尔的观点与麦金太尔所主张的理性批判必会瓦解政治凝聚力的主张，形成了一个强烈的对照。麦金太尔似乎认为公民基于爱国情操所作出的无条件奉献，是一种直接而未经中介的（unmediated）、非反省的、情感的行为，黑格尔却指出它可能建立在内化了的合理意志之上，因而是中介了的（mediated）、反思的、合理的爱国主义。

支持麦金太尔的论者或许会从可欲性层次质疑合理爱国主义：一个不具备合理宪政结构的政治团体，是否即无法建立恰当的爱国情操？若果真如此，则此种限制极大之概念有何价值？对于这样的质疑，我们的回答是肯定的：黑格尔并非如保守主义者意图寻找一种适用于任何实存政治团体的爱国情操，而是对他称之为"真实的宪政"（wahre Constitution；true constitution）所产生之政治凝聚力作理论性探讨（黑格尔，1981，2：249—250）。他指出，爱国情操作为政治凝聚力，其基本的属性为稳定性与持久性（*P.R.*, §269）；而让此凝聚力丧失作用的原因可能是不合理的批评，也可能是特定的爱国主义及其所建基的宪政制度不合理，经不起理性的检视。麦金太尔则仅强调第一个原因，有意无意地忽略了第二个原因。对黑格尔而言，一个稳定持久的爱国主义必须兼顾此二层面，尤以后者为然。因为自现代主体性自我意识兴起之后，运用理性批判地检视统治之正常性已成沛然莫之可御的趋势，抵挡此潮流势将压制主体性的自由原则而违反了人心之所向。黑格尔所反对的不合理批评乃政治狂热主义（political phanaticism），因为从法国大革命的进程中，他观察到以德性之名而企图实现不切实际的绝对自由，会造成政治恐怖的相反结果。他在同时代的政治浪漫主义者身上亦看到类似的不负责任之政治伦理观，故在《法哲学原理》序言中予以严厉批判（*P.R.*, Preface, pp.15—17）。然而这些只是自由原则之滥用，并无碍于他将自由标举为法律秩序与权利的基础（*P.R.*, §29）。

针对合理的国家与宪政制度，黑格尔也提出了明确的判断标准：它必须是具体自由的现实；包括个人的单一性及其利益得到完全发展且作为权利得到明白承认，以及个人认识并肯认合理国家为其存在、活动以及认同之基础（*P.R.*, §260）。在这个意义上，吾人可说现代国家的本质乃"普遍物同特殊性的完全自由和私人福利相结合"（*P.R.*, §260 Add.）。当然，对黑格尔而言，主观自由原则并非如康德主义者将之视为"应然"而运用于对宪政组织原则的建构或判断，而是通过历史过程实现于各个民族的政治生活中。由于人类历史不可免地有偶然性（contingencies）与自然（非精神）的因素涉入，各民族与政治团体实现合理性的程度自有差异，历史则作为最终裁判所，判定一民族形构其宪政体制时，是否成功地落实了现代性所要求的合理原则。未能落实者即使能成功一时也无法长治久安，因为它不能形成恰当的政治认同与伦理凝聚力，其标榜的爱国主义只能依赖教条灌输以及武力恫吓而强迫人民服从。

伏尔泰曾发出这样的感叹：

> 凡是野心勃勃，想做市长、议员、法官、执政官、独裁者的人，都叫嚷着他爱祖国，而其实他爱的只是他自己。……每个人都愿意财产生命有保障；人人都这么想望着，私人利益也就成为公共利益了：人们为祖国的繁荣祝愿，也只是为他自己祝愿。（Voltaire, 1983：327—328）

卢梭更直接指陈，"当人民被迫服从而服从时，他们做得对；但是，一旦人民可以打破自己身上的桎梏并实际打破它时，他们就做得更对"（S.C., I.1：2）。

不允许人民的理性肯认，就没有信任及正常性基础，自然无法产生真实的爱国情操，而只有表里不一的虚妄。对于这样的政治团体。黑格尔不欲为其找寻爱国主义的基础，而是让历史辩证做其终结者：

> 如果一个国家的法制所表示的真理已经不符合于它的自在本性，那么它的意识或概念与它的现实性就存在着差别，它的民族精神也就是一个分裂了的存在。有两种情况可能发生：这民族或者由于一个内部的强力的爆破，粉碎了那现行有效的法律制度，或者较平静地、较缓慢地改变那现行有效的但却已不是真的伦理、已经不能表达民族精神的法律制度。或者一个民族缺乏理智和力量来做这种改变，因而停留在较低劣的法律制度上；或者另一个民族完成了它的较高级的法制，因而就成为一个较卓越的民族，而前一种民族必定不再为一个民族，并受制于这较卓越的民族。（黑格尔，1981，2：251—252）

一个不能将其宪政制度合理安排的政治团体，并不构成真正的"政治共同体"，因为其人民没有成为"公民"，他们之间没有在政治的层面形成有意义的"共同性"。而一个存在与理念悖离的政治团体不须侈言爱国情操，它要面对的是持续的生存危机：改革、革命甚至屈服于其他民族，也就是解体。这正是一种以历史理性重构共和主义基本信念的理论计划。

回到本节开始的问题，我们现在可以理解何以在一个不具备合理宪政结构的政治团体中，即无由产生合理爱国主义。合理爱国主义此概念表面上之限制，正构成其基于历史辩证的批判性，也是黑格尔的爱国主义论优于麦金太尔社群主义观点之所在，因为前者提出了明确的，但同时建基于历史的内在判准来评断实存政治社群之合理程度。

六、合理爱国主义与历史辩证

总结上节论述，我们认为爱国情操虽然为特殊主义样态，但是一个稳定而持久的爱国情操，则端视政治共同体是否建立了合理的宪政制度以及公民对此合理性之认知与肯认，而非建基于麦金太尔所主张的社群主义式豁免伦理。本章并以黑格尔的政治思想为例，说明以理性认知为基础所形成的爱国主义是可能而且可欲的。

以日常生活的用语来说，麦金太尔所欲证成的爱国情操乃是一种本能信念："我爱我的国家，因为它是**我的**"；合理爱国主义则欲证成一种经过反思的合理信念："我爱我的国家，因为它是我的**而且它有自由的政制**"。在黑格尔的体系中，自由乃政治合理性的主要标准自不待言，由我们所提出的诠释可看出其自由概念，实乃综合了共和主义的政治自由、自由主义的消极自由以及社群主义的社会构成说，而成为一丰富的政治认同论。回顾历史，似乎言之成理的爱国主义论述都必须将"我的"国家之存在理由表述为于政治理想或原则，以及宪政制度对此理想之落实。其原型可见于雅典民主领袖伯利克里的《在阵亡将士葬礼上的讲话》：他从对祖先和土地之敬意开始，但恰当的证成仍植基于雅典自由的国家制度与公民美德。中古时期的爱国主义也必须将基督教的普遍教义与特定政治社群的使命结合起来，而非靠该政治社群之传统即可（Kantorowicz, 1965：320—323）；近代以后则自由原则愈加发皇，成为恰当的爱国情操不可或缺之基础。

除了理性认知的根源外，黑格尔的合理爱国主义还有两个特点值得吾人注意。第一点乃是他强调爱国主义的**政治性**。这个看似平常的特性却也正是社群主义，特别是麦金太尔和桑德尔理论之弱点：对这两位思想家而言，社群乃指能构成个人认同的目的性（teleological）社会集团（MacIntyre, 1984a：187—203；Sandel, 1982：147—154），但他们却不像亚里士多德或黑格尔对不同类型的共同体及其组成原则做细密的探讨，从而忽视了个人认同的不同层面以及迥异的形成过程。是以麦金太尔在讨论爱国主义时，并未先说明他所理解的政治社群之基本性质以及其所衍生的政治认同为何，便马上进入普遍主义与特殊主义的对立，因而造成了上述混淆不同层次议题之结果。他也未说明从其特殊主义的豁免伦理所构成的爱国情操之对象究竟为何，界限何在：究竟是国家、民族、文化传统，抑或是地方性社群？在这个议题上，黑格尔的立场非常清楚：爱国主义的认同对象是已经组成政治共同体之民族，其基础则在宪政体制（Hegel, 1975：95—97）而非种族等自然性的集团。因为前者的构成有赖公民活动与客观精神相契合，后者则自限于自然（非精神）的因素。黑格尔的宪政（Verfassung）概念上溯至亚里士多德的"政制"（politeia），而如本书第一章所述为西方共和主义的基本信念：公民德性乃与宪政之良善与否是相互界定的。唯有在自足的政治共同体或理性国家中，才可能建立真实的德行、政治认同以及爱国情操。[20] 政治认同不是认同于抽象原则,也不是无批判地接受政治团体之习俗传统,而是宪政制度与自由意识互相中介的结果:

> 国家是一个被【公民所】意志(gewolte)和认知(gewuβte)的统一体。个体在国家中达成其独立性,因为他为一认知者(Wissend),有能力云分辨自我跟普遍之差别。在家庭里没有这种独立性,因其为出于自然冲动而使其成员结合起来;只有在国家里,他们才可能在自我的反省中结合起来。……这实在是理性达到高度发展之阶段,国家由此得以成为在其自身具体的存在。(Hegel, 1975: 101)

黑格尔的爱国主义建基于其客观精神理论(主体的自我确定性须在客观的、合理化的政治社会制度中得到证实),我们或可名之为"具体主义",以别于普遍主义以及特殊主义。"具体的统一体"(concrete unity)不是任何特殊的存在物(particular existence),而是存在符合其概念的现实性(actuality)。黑格尔强调合理国家必须为具体的统一体,实继承了亚里士多德的实践哲学,以政治共同体的政制与个人的理性言说能力与德行相辅相成[以黑格尔的用语,则是两者互相反思/映射(reflection)],同时实现二者之本性为最高的政治实践(Ritter, 1983: 56)。

第二点乃是黑格尔的爱国主义建基于更恰当的"构成"哲学。社群主义者一直坚持自由主义的政治原则乃建基于一种"原子式个人主义"(atomistic individualism)的基础上(Taylor, 1985: 189—210);相对于此,社群主义者则提出发生式叙事(enacted narrative)的主张,意指一种个人认同并非经由主体的意志创造

---

[20] 哈贝马斯所提出"宪政爱国主义"(constitutional patriotism)的理念,也是基于相近的政治文化考量。请参阅 Habermas, 1989b: 261—62; 1992: 6—7, 16—17。

与决定，而是通过对个人所植基的社群传统对话之后所"发现"（discover）的；此主张一般被称为着根论（embedded thesis）。我们认为社群主义者的着根论仍犯了他们所批判的现代相对主义之谬误，因为无法提出判准来解决不同的社群或传统争取个人认同时，所无法避免的选择问题。这是麦金太尔（1984b：6）批判自由主义道德论不能妥善解决的伦理冲突问题，事实上也无法从社群主义的主要论旨提出对治之道。举例而言，但丁与马基雅维里同样讴歌祖国，但是但丁强调意大利，马基雅维里却偏重佛罗伦萨；[21]美国黑人不可免地必须在其国家与种族认同间做优先性的考量；在台湾则有国家、省籍、政治、文化等不同层次的认同问题。普遍主义容或无法提出符合普遍律则的具体解答，特殊主义亦无法说明采用何者为最当，因为它们都可被视为构成各当事人的文化传统或社群。

从黑格尔哲学角度来分析，这个问题只能以历史哲学的方式来解决：判断一个特定社群伦理主张合理与否，只能根据历史所提供的内在判准——其宪政制度实现自由理念的程度（Hegel，1975：123—24）。这个主张会被解释为命定论，也被后现代主义者视为"后设叙事"（meta-narrative）的典型代表而遭拒斥（Rorty，1983：585）。笔者认为诚然命定论与目的论式的历史主义已不再可能，但是任何有系统的社会政治哲学仍建基于对现代性及近代历史进程的基本理解，如托克维尔所主张平等的发展为"势所必至，天意使然"（Tocqueville，1969：12），韦伯（1991：144—49）的合理化及世界除魅史观，或哈贝马斯对后传统意识产生的演化过程之描述（Habermas，1979：36—40）。这些理论不是一种实质的、决定式之目的论，而是规约（regulate）实践对谈基本立场的理念（Habermas，1979：8，40—43）。黑格尔自由史观之精髓在于指出一

---

[21] Cf. Parel, 1986：41—43。帕雷尔（Parel）指出，马基雅维里虽于《君主论》最后一章大力讴歌意大利之统一，但是由其分析意大利方言的作品可看出他设想的统一乃在佛罗伦萨的文化政治霸权下；但丁则否认任何方言的霸权乃能得出意大利总体之优先性。

更高层次的"构成哲学"：不仅社群及传统构成个人认同的脉络，历史作为自由精神的实现过程，更构成特定社群的伦理主张之合理性基础。[22] 这反映出一种以历史主义重构共和主义基本信念的理论计划，虽然黑格尔本人亦未必有此意识；但"理性的狡狯"（cunning of reason）的运作，本来就不一定会仅决定于行动者之意图。

七、结语

本章由黑格尔有关国家宪政的有机区分、立法权、公共与论及爱国情操的讨论之中，重构出"理性公民共同体"以及"合理爱国主义"的共和理念。这个理念提供了连接黑格尔思想以及当代对于后马克思主义的激进民主观念（post-Marxist radical democracy）以及古典共和主义的着力处。

以激进民主主义而言，墨菲（Chantel Mouffe）认为自由主义式公民资格概念（法律地位）和共和主义的公民身份概念（政治参与）均不够理想，因前者过分被动而后者要求过高，无法落实在现代政治生活中。[23] 她提出一种激进民主概念，"将公民权了解为通过对共和政治体（res publica）的确认而建立的政治认同"[24]。如本章所述，黑格尔的理性国家与爱国主义理论，正是一套细致的共和政治体以及认同理论。而他所强调公共认同须有合理的反思基础，则与社群主义的爱国情操理论大异其趣。

黑格尔政治理论的重要性在这个背景下清楚地展现出来。由于他将人类共同生活领域称为"客观精神"（objective spirit），其中制

---

[22] 当然，关键问题在于如何减低目的论之分量，却同时保留自由理念的枢纽地位。史密斯（Smith, 1989b）所提出的"修正黑格尔主义"（revisionist Hegelianism）即着眼于此。
[23] Chantel Mouffe, "Democratic Citizenship and the Political Community", in Mouffe（ed.）, 1992: 225—39.
[24] Ibid., 235.

度是行动的具体化，故在其政治理论中，宪政制度和政治参与不是对立的而是相辅相成的。[25] 而本章所重构的理性公民共同体之共和理念，更以权力分立原则所保障的公共空间以及舆论为基础，产生了合理爱国主义。[26] 换言之，黑格尔政治理论中蕴含着共和主义的思想要素，值得深思。

---

[25] 有关黑格尔"客观精神"的详细讨论，参见 Riedel, 1984：18—40。此种制度与行动相辅相成的看法根源于亚里士多德的伦理思想（Ritter, 1982：164—72; Ritter, 1983）。

[26] 笔者虽主张特殊利益和自我中心观点应该从规定普遍法律的立法权之中去除，这并不表示国家不保障特殊福祉。但后者唯有在前者已建立后才能执行。在黑格尔的体系中，行政权也是社会团体与国家互动的场所，其样态则是普遍规范的具体化。在笔者一篇英文文章（Shaw, 1992）中，对此议题有详细的论述。

第十章 共和主义、民族主义与宪政理论：
阿伦特与施密特的隐蔽对话

一、前言

卡尔·施密特以及汉娜·阿伦特为20世纪德国重要的政治思想家。前者活跃于魏玛德国，倡导以民族主义为基础的政治决断论，因为第二次世界大战时支持纳粹主义，战后被联军整肃，禁止于大学任教。相对地，阿伦特乃是海德格尔（Martin Heidegger）的学生，由于其犹太裔身份，二次大战时被迫流亡法国，最后定居美国，并以研究极权主义、发扬共和理想而闻名于世。虽然两位思想家有着共同的德国思想背景，而且核心关怀均为如何于现代社会以及群众民主中，振兴"政治"的自主性，但由于阿伦特所享有的名誉，使得两者的比较研究，至少以英文世界而言，数量相对有限。在文本方面，不像另一位犹太裔政治哲学家列奥·施特劳斯（Leo Strauss）有专文评论施密特《政治的概念》一书，可以直接比较二者的思想异同；阿伦特在刊行的著作中，只有在《极权主义的起源》中三次提到施密特。[①] 然而，笔者认为，阿伦特在《论革命》一书

[①] 虽然在《极权主义的起源》书目中罗列了四本施密特著作（Arendt, 1973：506），但实际上以后者1934年的 *Staat, Bewegung, Volk* 为主要征引文本（ibid., 251, 266）。比较

中对于美国与法国大革命制宪活动成败所提出的理论分析，几乎可以被视为是一个与施密特所进行之"隐蔽对话"（hidden dialogue）[②]。

本章尝试阐释两位思想家的典范意涵，而将焦点放在西方共和主义创建理论的脉络，对二者加以比较分析，并探究两位思想家如何基于现代民族国家以及共和主义的不同思想史资源，建构各自的宪政论述。施密特以深厚的公法学与政治思想史素养，将马基雅维里以降迄于法国大革命的"超越常态之政治决断论"视为基础，建构出一个完整的民族制宪权与同质民主的宪政理论。阿伦特则将公民权放在罗马共和古典意义的社会（societas）层次，拒斥主权原则的优先性，认为只要有人们集体地以公共自由作为行动导向，便可形成体现共同权力的政治体。除了探讨两者对革命制宪的不同观点，本章将进一步分析，阿伦特运用罗马共和思想来批判施密特的政治神学，而阿伦特将"权威"与"权力"加以分离的概念架构更是对施密特一元式权力观念（不论是民族的制宪或主权决断）的挑战。

二、问题的出发点：马基雅维里的政治创建论

如本书第三、四章所论，马基雅维里不仅是近代西方共和主义思想的开端，而且以本章所探讨的议题而言，其政治创建论也深刻影响了施密特以及阿伦特的理论建构。马基雅维里生于16世纪意

值得注意的是阿伦特在一个注释中对施密特之评论："最富兴味的是法学家卡尔·施密特，他关于民主终结以及法律政府的精细理论，即使今日仍然读起来兴味盎然。大约在1930年代中叶他便被纳粹自己的法政学者，如 Hans Frank 之流所取代。"（ibid., 339）阿伦特在此所讨论的是在极权政治体系中真正具有原创思想者（如施密特）往往不见容于当道，而为平庸之辈所取代。

[②] "隐蔽对话"乃是德国思想史家梅耶（1995）用来描述施特劳斯和施密特之间的思想史关系。笔者认为这也可以用来描述阿伦特与施密特的思想史关系。如同拜纳（Beiner, 1990: 238—239）所指出，阿伦特在批评柏拉图的政治哲学其实是对立于实际政治世界的思考时，很难不令人联想这是对于施特劳斯所主张的古典政治哲学之批判；同样地，阿伦特在《论革命》一书中对于西耶斯的批判（Arendt, 1990: 161—164），也很难不令人联想是一个与施密特的隐蔽对话，因为施密特是20世纪分析制宪权最重要的理论家。

大利四分五裂的动荡时代，却又向往着民族统一以及国家建立，从而恢复古罗马共和的荣光。是以，其政治思想的核心关怀在于：如何在腐化失序的状态中，创造全新的政治秩序。他强调"必须记住，再没有比引介新的秩序更为困难的课题，没有任何事情比此事之成败更加不确定，执行起来更加危险"（《君主论》第 6 章）。贯穿马基雅维里所撰《君主论》以及《李维罗马史疏义》两本巨著的核心议题，正是"**引介新的秩序**"（introducing new orders）：无论是君主的个人统治，或者是公民自治的共和政体，均需预设一个政治秩序的创建活动。

马基雅维里共和主义论述中，与本章最具关联性的厥为下列主张：

> 这应该是为概括性的规则：除非有某一个人〔单独〕规划，任何一个共和国或君主国不曾或很少发生从一开始就规划妥善或全面改革其古制这样的事。确实有必要由单独一个人赋予模式并且让他一心定夺任何这一类的规范。……此外，即便某一个体有组织〔秩序〕的能力，长治久安却仍不能依赖某一个体的双肩，而需仰赖许多人的呵护，其维系也有赖于许多人。虽然多数人没有组织的能力，因为他们由于意见莫衷一是而不晓得怎么样才是有益，但是他们在熟悉〔如何运作下〕以后，他们不会同意说放弃就放弃。（*D*. I. 9：2）

在这引文中，马基雅维里除了指陈"创建"作为现代共和主义的核心论旨外，更剖析了一个重大的理论困难：共和国以政治自由为核心价值，并以公民参政作为最重要的政治理想，但由于公民集体在意见方面的分歧，无法从事创建共和秩序的艰难课题，而必须通过一个德行超卓的个体独立地缔造政治秩序；等到共和体制稳定之后，公民在其中培养自我管理的政治经验，才会珍惜此种自由生活的基本价值并且愿意以死护卫之。马基雅维里所指陈的理论困难,简而言之,即在于"创建"以及"维护"所需的不同力量:共和秩序的创建需要单一个人(*uno solo*),但共和秩序的维护却需要多数公民集体的参与。这个观点之所以构成一个困难,其根本原因在于将一人统治的权力集中与共和主义的公民自治辩证地结合起来。以后来康德道德哲学的范畴而言,则无异于宣称公民自治作为一种自律性(autonomous)的政治理想,却需要靠着一种他律性(heteronomous),甚至父权式的个人力量加以开创(Barnard, 1988)。

马基雅维里的分析观点,并不能单纯地归因于其时代之限制——也就是说在文艺复兴时期,现代民主政治以及宪政理论尚未开展——而轻易地加以弃之不顾。笔者认为,马基雅维里的政治创建论述,非但不是历史限制之下的特殊思考方式,反而是影响西方近代政治思想的典范之一。基于本书第四章之分析,本章将此种思考方式名之为"**超越常态的政治决断论**",其根本精神存在于下列的辩证关系:任何一个常态性的政治秩序(包括共和式的公民自治),都必须在创建时刻依赖于一种超越常态之外,并且与常态活动完全对立的力量,通过权力的集中与决断来形构程序。

以下便基于这个理论脉络,检视施密特以及阿伦特的宪政思想。本章的主要论旨为:施密特继承并发扬了马基雅维里以降"超越常态的政治决断论"思考模式;相对地,阿伦特则尝试以美国革命与立宪的历史经验,来建构一个可以克服此种决断论,但又有别于自由宪政主义的罗马式共和主义论述。

三、施密特的宪政理论:民族之政治决断与制宪权

施密特以"敌友区分"的政治观以及"决断例外状态"的主权概念而为人所熟知。他对于马基雅维里的政治创建理论并未特别加以着墨,但笔者认为其政治决断论继承并发扬了马基雅维里

主义之精髓。特别是施密特在被联军整肃并禁止讲学之后，由柏林自我放逐到普莱滕贝格（Plettenberg），并将其书斋命名为"San Casciano"，以被美第奇家族所放逐的晚年马基雅维里自况，可见其与马基雅维里精神相近之处（Kennedy, 2004：35）。

在《政治的概念》一书中，施密特除了颂扬马基雅维里悲观的哲学人类学基设外，特别着重马基雅维里作为现代民族概念的前身，以及"马基雅维里主义"在民族存亡之秋时所发挥的巨大影响力：

> 这种不幸发生在马基雅维里身上，如果他是一位为了目的不择手段的人，他迟早会写出比他那本声誉不佳的《君主论》更富启发性的著作。事实上，马基雅维里像他当时的祖国一样正处于防守态势，在16世纪，意大利遭受了日耳曼人、法国人、西班牙人和土耳其人的入侵。19世纪初叶——在革命时期和拿破仑法国入侵时期——这种精神防御的状态在德国重演。当反抗以人道主义意识形态武装起来的强大敌人成为日耳曼民族（*Volk*）的重要任务时，马基雅维里被费希特和黑格尔恢复了名誉。（Schmitt, 1976：66；施密特, 2003：193）

以本章之内容而言，施密特对现代宪政主义的内在矛盾之分析，最具重要性。就其《宪法学说》的目次加以观察，他在第一部分讨论宪法的诸种概念之后，第二部分"近代宪法的**法治国要素**"以及第三部分"近代宪法的**政治要素**"明确地标举出其宪政思维所强调的对立性。宪政主义法治国的主要内容，包括公民的基本权利、政府的权力分立、代议政治以及政治参与等国民法治国的政治理想；一般均视之为自由宪政主义的基本内涵，施密特却独排众议地指出：

> 国民法治国致力于压制政治，用一系列规范来限制国家生活

的一切表现,将全部国家活动转变成权限(Kompetenzen),及严格限定的、原则上**受限制的**权力。由此可以得出如下结论:国民法治国原则只能构成整个国家宪法的一部分,另一部分则包含着对政治存在形式的实在决断。所以,当今公民国家的宪法总是包含两个要素:一是保护公民**不受**国家侵害的法治国原则,二是政治要素,从中可以推断出实际政体(君主制、寡头制、民主制或"混合政体")。(Schmitt, 1983:41;施密特, 2004:55—56;黑体强调为原文所有)

施密特认定,国民法治国的各项原则不具备积极能动的政治性,而仅有"被动性格",因为它着重通过对于国家权力的各种限制来保障个人自由。他总结法治国各项政治主张成为两个基本原则:其一为"分配原则",也就是"个人自由领域被预设为一种先于国家存在的东西,而且个人自由原则上不受限制;相反地,国家干预这个领域的权力原则上要受到限制",另一则为"组织原则",也就是"国家权力有几个机构共同分享,并被纳入一个受限定的权限体系中"(Schmitt, 1983:126;施密特, 2004:173)。分配原则体现在公民的基本权利之中,而组织原则乃是通过政府的权力分立让国家的权力运作具有可测度性(Schmitt, 1983:131;施密特, 2004:179)。

对施密特而言,在思想史层次,由16世纪的暴君放伐论者(monarchomachen)、孟德斯鸠、《联邦论》、康德,以及19世纪德国的自由主义者,过分强调这些宪政主义法治国的规范性理想,其结果导致了自由主义者忽视(或有意漠视)前述近代宪法的"政治要素";而施密特宪政理论的主要目的,便在于通过决断论的重新建构,恢复"政治要素"在宪政理论中之优越性。[③] 此处的政治要素,包括了国民制宪权以及主权。对施密特而言,国民制宪权之行使是一种积

---

③ 对这一议题,可参考蔡宗珍(2003:104—115)之详细讨论。

极的、意志性的行动，如此方有可能创造宪政规范，主权则是在规范出现例外状态时作出决断以重建规范的力量。相对地，法治国要素则仅限于一些规范理想，自身无法讨论宪政秩序开创之可能。

在施密特的《政治的神学》中，主权被界定为"在例外状态中作出决断者"（Schmitt, 1985a：5），从而具有创造秩序的力量。他并指出，主权之决断同时包含了是否发生了例外性的紧急状态，以及用何种手段加以排除。施密特并强调，主权者虽然"外于"规范性有效的法秩序系统，但仍然"属于"这个系统，因为唯有它才能决定宪法是否需要被终止施行（ibid., 7）。换言之，主权者所维护的乃是国家之根本存在及其自保权，这样的权力自然具有绝对性格而优位于法规范的有效性（ibid., 12）。主权者之权力，一言以蔽之，乃在于"例外状态最为清楚地决定了国家权威的本质。决断在这里与法律规范分道扬镳，若用一个悖论来表示就是，权威证明了无须在法律基础上制定法律"（ibid., 13）。

克里斯蒂（Cristi, 1998：184—185）认为，施密特这个著名的主权理论，亦即通过例外状态中所做之决断而创造秩序或法规范的主体定义，在《宪法学说》中有所修正。的确，在《政治的神学》中，卢梭的普遍意志与西耶斯的民族，尚被指陈为缺乏位格（personality）的有机式集体（Schmitt, 1985a：48—49）。这个相当接近马基雅维里认定人民无力创造政治秩序的观点，到了《宪法学说》中，由于施密特重构了国民制宪权与同质性民主的理论，而产生了根本的变化。在施密特较后期思想中，"人民"（*Volk*）具有两种可能意义：一为宪法之前与宪法之上的人民，另一则为在宪法框架之内行使宪法所规定的政治权利的人民（Schmitt, 1983：238—239；施密特，2004：319）。其中"在宪法之前与宪法之上"的性质，虽然等同于前述主权者高于有效法规范的特质，而在这个意义之下的人民所具有的权力即为"制宪权"（*Verfassunssgebende Gewalt*），施密特将之界定如下：

> 制宪权是一种政治意志，凭借其权力或权威，制宪权主体能够**对自身政治存在的类型和形式作出具体的总决断**，也就是说，能够决断整个政治统一体的存在。一切其他的宪法法规的效力，均来自于这种政治意志的决断。（Schmitt, 1983：75—76；施密特，2004：103—104，黑体强调为原文所有）

虽然在前现代的西方政治思想中，上帝或君主可以作为制宪权之主体，但是在1789年法国革命前后的思想转变中确立了现代政治的根本原则：唯有人民能够作为制宪权之主体。然而，在宪法之前以及之上的人民，显然其同一性并非通过宪法而产生，反而是具有创造宪法的行动主体。此种前于宪法的政治主体，即为民族（Nation）。民族被定义为：具有种族或文化意义上相关联合的"人民"，当他们意识到自身的政治存在，并具有共同的政治意志时，便形成了"民族"（Schmitt, 1983：79；施密特，2004：108—109）。施密特在制宪权行使的议题上，几乎完全继受了法国革命思想家西耶斯的论述[④]："民族"既为制宪权之主体，它在政治存在上便先于宪法，也凌驾于一切法规程序之上，所以不可能有一种程序规范来限制制宪权的行使（Schmitt, 1983：82—83；施密特，2004：112—114）。以第八章所述西耶斯的观念而言，则作为制宪权主体的民族永远处于"自然状态"，它可以通过不受限制的意志来行使制宪权并创造宪法；而在既存宪法体制所设置的政府权力之间产生无法解决的矛盾冲突时，便需回归民族的制宪权，重新缔造宪政秩序。

对于在施密特思想中作为实然存在与应然规范中介的"决断"，张旺山（2003：203—210）进一步区分为"主权决断"与"政治决断"两个不同层次，对于理解施密特决断论相当具有启发

---

④ 这个"继受"只限于制宪权之行使面向。本书第八章第四节所论西耶斯制宪权中的自由主义精神，施密特完全加以漠视。

性。依据此区分,民族制宪权显然应当属于政治决断之范畴。然而,存在意义上的敌友区分的政治决断,如何和型塑宪政规范的制宪权之行使加以关联?这显然是一个关键性的问题。施密特的解决途径乃是通过《宪法学说》第 1 章所提出的"绝对的宪法概念"来加以解决。他指出宪法乃是"政治统一体和秩序的整体状态(Gesamtzustand)"(Schmitt, 1983:3;施密特, 2004:3),也就是说,任何作为敌友区分的政治共同体均会具有"被自动给定的具体生存方式(Daseinweise)"(Schmitt, 1983:4;施密特, 2004:4)。在这个意义上,宪法乃是具有政治意识的民族自我决定其存在的整体样态。施密特并区分此种绝对意义上的宪法之三层含义:第一层含义乃是"宪法 = 一个特定国家的政治统一性和社会秩序的具体的整体状态"(ibid.);第二层含义则是"宪法 = 一种特殊类型的政治和社会秩序"(Schmitt, 1983:5;施密特, 2004:6),这其实是指涉作为统治形式的政体;第三层含义则指涉"宪法 = 政治统一体的动态生成原则"(Schmitt, 1983:5;施密特, 2004:8)。[5]

这个"绝对意义的宪法"是任何一个拥有统一意志的民族必定具备的,在这个先决条件之下,才有可能产生规范意义的宪法系统(Schmitt, 1983:10;施密特, 2004:15)。换言之,民族通过敌友区分的政治决断而成为一个可以行动(行使制宪权)的主体,从而可以制定该主体所认为恰当的**任何**宪政规范[6],因为这是民族自我决定其存在之整体样态,没有超越性的规范或程序可以约束这个决定,其他民族更不得干涉。施密特援引西耶斯的名言:"民族行使

---

[5] 关于施密特绝对以及相对宪法概念的区分,请参照蔡宗珍(2003:86—89)以及张旺山(2005:128—135)之讨论。
[6] 在《君主论》第 6 章中,马基雅维里指出,对摩西等伟大创建者而言,"机会给他们提供材料,让他们把它塑造成他们所欲的**任何**形式";而最后一章激励美第奇家族成员从事统一大业时,则谓"意大利现在不乏可以采取**任何**形式表现的材料"。由这两个关键的引文,可以明确地看出密特式政治决断论所称,在存在意义上绝对制宪权主体可以制定任何宪政规范的思想史渊源。此处《君主论》的引文,笔者依照曼斯菲尔德之译文(Machiavelli, 1985:23, 104)修改了潘汉典的译文(马基雅维里, 1994:25, 122)。

意志，足矣。"（Schmitt, 1983: 79; 施密特, 2004: 108—109）

除了民族的制宪权，人民在宪法体制之内也应尽量扩大其政治参与权，此乃其理论之民主面向。施密特将"民主"界定为"政治者与被统治者、治理者与被治理者、施令者与服从者的同一性"的政治体制，也就是基于人民的实质平等所实施人民自我统治的制度（Schmitt, 1983: 234—235; 施密特, 2004: 312—313）。在这样的同质性民主体制中，人民除了选举代表之外，还可以对实质性的问题作出决断，也就是通过公民投票的方式直接决定政治事务。施密特甚至描绘了一个永远并立于宪法之旁的人民，构成了公共领域以及民意，能够对于各种政治议题作出"喝彩"（acclamation），即一种简单的赞同或不赞同的政治表达（Schmitt, 1983: 242—243; 施密特, 2004: 324—326）。

施密特这套政治优先的宪政理论之主旨在于批判19—20世纪德国的自由主义思潮。他认为这些自由主义者在与君主的政治斗争中，忽略了政治决断的重要性，而在立宪君主制度中寻求妥协，通过"法治国"原则的建构，以议会主义来与君主抗衡。其结果导致了德国长期的"非政治化"以及关于制宪权主体决断之延迟。而在施密特心目之中，法国大革命不但在理论层次提出民族制宪权这个核心概念，而且在政治斗争的策略上也正确地坚持政治优位性，成为现代"民族式民主"（national democracy）的典范。他如此描述法国大革命的时代意义：

> 在1789年的法国革命中，诞生了以自由和民主这两种不同要素混合而成的近代宪法。这种宪法的思想基设是制宪权学说。……制宪权有一个先决条件：人民是以政治方式存在的实体。"民族"（Nation）一词精确地描述了政治意识已经觉醒，并拥有行动能力的人民。……但是，在宪法理论的层面上，必须将两个不同的过程和思想体系互相分开。首先，法国人民将自己建构为制宪权主体；

第十章 共和主义、民族主义与宪政理论:阿伦特与施密特的隐蔽对话 303

他们意识到自己的政治行动能力,由此而明确接受了现有政治统一体和行动能力的先决条件,并在此一先决条件下自己为自己制定了一部宪法。这个过程所以如此有效和果决,是因为根本政治决断的关键在于,人民**意识到**自己作为拥有政治行动能力的主体的身份,必欲自己决定自己的政治命运。从某种意义上说,法国人民自己建构了自己……法国革命的第二重意义在于,它产生了一部国民法治国宪法,及一部对国家权力的行使加以限制和监督的宪法。这样一来,它就赋予了法兰西国家一种新的、具体的政治生存方式。如果民族作为制宪主体与决断君主斗争并废除了绝对王权主义,他们会以同样绝对的方式取代绝对君主。在这里,绝对性延续了下来,其程度并未改变,甚至还有所提高,因为人民在自己的国家中达到了政治上的自我同一性。这个过程的**政治力量**导致了国家权力的增强,导致了极其严密的**统一性**和不可分割性。(Schmitt, 1983: 49—51;施密特,2004: 68—70;黑体强调为原文所有)[7]

以上这段引文,精要而深入地阐述了施密特分析法国大革命的政治意义,此意义存在于"虽然有自由和法治国原则,法国人民关于政治统一体的思想无时无刻不是决定性的基准点"(Schmitt, 1983: 51;施密特,2004: 70)。

于此,我们清晰地观察到施密特的决断论选辑:具有制宪权的民族优位于宪法规范,并且通过不受限制的意志运作,创造宪法秩序。从马基雅维里以降深刻影响卢梭乃至西耶斯的"创建理论",遂在施密特的理论中得到一个符合现代宪法学理的表述。其中的重大关键在于,马基雅维里和卢梭用神话方式所表述创建者或立法家之超越常态活动,施密特能够以现代公法学说的词汇加以重述。人民在形成"民族"之后,便成为创建制宪活动之主体,从而马基雅

---

[7] 中译本将 *absolutist* 翻译成"专制",笔者将之改为"绝对性"以符合原文之精神。

维里所指陈的人民无法缔造共和秩序之主张得以克服。施密特并且运用"主权独裁"（sovereign dictatorship）的范畴来理解创造宪政规范的制宪国民会议之行动的法学意义（Schmitt, 1983：59；施密特，2004：79），可见在创建活动的**样态**上，仍延续了马基雅维里的观点，即创建者需要将权力集中到自身。

四、"权力属于人民，权威存在宪法"：从政治神学到罗马共和主义

阿伦特在《论革命》一书中，对于施密特的制宪权理论没有任何直接的讨论；然而，她对于法国革命传统以及西耶斯的制宪权理论所提出的分析，足以构成一个挑战施密特制宪权理论的论述。前节所述施密特所颂扬法国大革命的时代意义，阿伦特却对其根本原则提出了尖锐的批判：法国大革命代表了一种现代政治的基本格局，群众民主和精英操控以"民族"或"人民"之名来实施大规模的暴力变革。阿伦特所珍视的古典共和主义之平等精神以及政治自由，也在这个过程中荡然无存。限于篇幅，以下将讨论阿伦特所标举的现代共和主义根本原则，以及这些原则如何在美国革命得到落实，构成足以与法国大革命相抗衡的理论典范。[⑧]

对阿伦特而言，马基雅维里所代表的现代共和主义过分强调政治秩序创建活动所蕴含的**不连续性**。由于"开端"（beginning）被构思成为历史或时间中之断裂点，欲在其间从事开创新局的活动便不可免地落入缺乏判准的任意性（arbitrariness）之中（Arendt, 1990：205）。无论是马基雅维里的创建者、卢梭的立法家或西耶斯的民族制宪权，其目的均在于设想一个历史断裂时刻，有权力创造

[⑧] 值得注意的是，施密特在讨论制宪权观念之历史根源时，否定美国立宪的重要性（Schmitt, 1983：78—79；施密特，2004：108）。

第十章　共和主义、民族主义与宪政理论：阿伦特与施密特的隐蔽对话

新秩序的根源。阿伦特认为这是一个完全错误的思考方式，因为这将宪政制度之创建视为一举而成的"制造"（making）活动，仿佛我们只要找到具有能力的"制造者"，将权力集中到其手中，便可以创造出一个具有正当性的宪政制度。这样的思考有什么问题？阿伦特认为这混淆了"权力"（power）以及"权威"（authority）两个完全不同的观念，遑论从马基雅维里到法国大革命对于"权力"以及"暴力"（violence）亦有所混淆。

阿伦特指出，从卢梭以降，法国思想界企图将国王的绝对权力转化为人民的主权（Arendt, 1990: 183）。这个思考进程，如同施密特所一再强调的，民族作为制宪主体与君主斗争并废除了绝对主义时，他们会以同样绝对的方式取代绝对君主。换言之，"绝对性"延续了下来，其程度不仅并未改变，甚至还有所提高，因为人民在自我统治的国家中达到了政治上的同一性："这个过程的政治力量导致了国家权力的增强，导致了极其严密的统一性和不可分割性。"（Schmitt, 1983: 51；施密特，2004: 70）。然而，阿伦特反对施密特通过"政治神学"的途径肯定此种绝对主义的思考方式，并针对此种民主的"绝对性"提出旨趣完全不同的分析（Arendt, 1990: 158—165）。

阿伦特指出法国思想传统最重要的基设乃基于政治神学，特别是权力与法律同一性的观点：

> 他（国王）的意志，因为被假定代表了上帝在地球的意志，遂成为法律以及权力共同的根源，而正是此同一的根源（identical origin）让法律具有权力而权力具有正当性。（Arendt, 1997: 156）

此种绝对君主时代所建构的政治神学范畴转化为人民主权理论时，便使人民的普遍意志成为一切政治权力以及正当性的根源（ibid., 181）。阿伦特指出，此种集中起来的单一性的权力，容或可

以成为扫除旧制度的暴力,却无法成为建构新秩序的真实权力。因为单一性的权力,必须被假定源于一个实际上未必存在的集体意志(如卢梭的普遍意志),然而,意志本身是变动不居的,由此种意志所产生的法律,虽然被视为具有正当性,但由于持续地变化,无力构建政治共同体中公众生活所需要的稳定制度(若用阿伦特的话来说则是无法形成持久的世界性)。

阿伦特认为法国传统忽略了古典共和主义对于政治共同体的**永续性**(perpetuity)之深切关怀。永续的共同体(perpetual union)必须具有稳定的法律秩序,而为了确保法律秩序的稳定性,阿伦特特别强调"法律的来源"(source of law)和"权力的根源"(origin of power)必须加以区分,如此一来,法律秩序(包括宪政根本大法)才不会随着集体意志的变动,落入不稳定的"不断革命"进程(ibid., 182—183)。阿伦特对卢梭以及西耶斯将"法律的来源"化约到"权力的根源"所提出的批判,笔者认为也适用于前述施密特有关于国民制宪权不受限制的理论。

政治共同体需要具备某种持续存在的性格,就像人的生命以及自保,是一个无可否认的事实。值得注意的是,"永续性"事实上也是博丹在描述主权时所列举的最重要特性之一,而在霍布斯的主权论中也有相同的看法。但阿伦特基于共和主义传统,强调以博丹和霍布斯为代表的现代国家主权论述,将主权设想为不受法律限制(legibus solutus)的最高权力,并无法因此便确保政治共同体的永续存在。阿伦特对法国大革命所提出的理论批判之关键便在于此:从卢梭开始,通过"普遍意志"所形构的民主革命论,并未真正超越绝对王权时代的主权观,只不过将超越法律之上的主权者替换为人民或人民所形成的普遍意志而已。然而,具有主权的人民意志同时成为政治权力以及法律的根源后,由于意志会不断地变动,所以法律(甚至宪法)都可以随时更迭,其结果导致了政治与法律的极度不稳定,甚至暴力化的倾向:

第十章 共和主义、民族主义与宪政理论：阿伦特与施密特的隐蔽对话

> 当法国革命者说所有的权力均存在于人民时，他们将权力了解为一种"自然"力量，其根源乃是外于政治领域，并构成一种力量且在革命中转变为暴力，如同飓风一般扫除了旧政权的所有制度。此种力量被体认为一种超越人性之外的，而且也被视为乃是外于所有政治组织的群众（multitude）所累积之暴力。（Arendt, 1990: 181）

阿伦特明白地指陈，法律所需要的正当性权威必须独立于人民的多数意志之外，方有可能施行可大可久的政治治理。美国革命的伟大之处，便是通过实际的历史经验以及所发展出的宪政理论，提供了此种权力与权威分离之典范。其宪政体制，在过去两个多世纪以来遭遇到无数新思潮之冲击，总能与时俱进，规范着日趋繁荣强大的国家。从马基雅维里到卢梭所向往却又无法企及的"永续性"，不需通过对于古代民主的思古幽情，在现实世界中便有此种事实之例证：只有美国革命摆脱了欧洲民族国家的发展进程，也就是扩张以及"不断革命"的恶性循环。

阿伦特指出，古典共和主义真正关怀的焦点其实是法律来源的议题，而法律的来源在于权威而非政治权力，因为只有权威才能赋予持久性的正当统治，所以她的关注焦点，除了政治权力的恰当概念之外，更着重于分析政治权威的不同作用。[9] 阿伦特的主要理论目标便在于尝试将权力与权威都成为内在于政治领域运作的元素，在人际的行动之间开展落实，所以他由罗马典范到美国革命，建构了另一种建立宪政权威以落实人民权力的共和理论。由意识形态批判的角度而言，则阿伦特遵循罗马的权威概念，可以说是诉诸一个比基督教神学更久远，政治性更强的传统。如此一来，施密特所

---

[9] 笔者认为，卢梭以降的法国革命思想家对这个问题其实是有所意识的，这也是本书第六章所论何以卢梭要在普遍意志之外另立一个具有启蒙作用的立法家，来教化未必具有正确议见的公民之原因。以阿伦特的概念架构来说，则普遍意志享有政治权力，而立法家则具有咨询、教化性的权威。但卢梭这样的分析取向，导致受其影响的法国传统将政治权威的承载者，落于一种外于政治或前政治的超越性实体，对于公共领域之中政治行动者的范围，从而是一种由外而内的行使很容易成为暴力的运用。

宣称"现代国家理论中的所有重要概念都是世俗化了的神学概念"（Schnitt, 1985a : 36）之奥意说法，经过阿伦特的"共和主义系谱学"的解构，其神秘色彩便自然地消解于无形。[10] 当然，阿伦特在此议题上乃遵循马基雅维里通过罗马共和来批判天主教的先例。

在《什么是权威？》一文之中（Arendt, 1977 : 91—141），阿伦特对于马基雅维里政治创建论以及现代革命背后所蕴含的行动理论，提出了基于思想史的深入剖析。她认为，在欧洲核心的政治词汇中，"权威"乃是特别困难而值得探究的观念。表面上看来，权威似乎只是表示被统治者服从统治者正当支配的简单事实；然而，究竟用何种概念架构加以理解，则其复杂困难度远远超过常人所能想象。阿伦特认为，其中之关键在于，唯有罗马的政治传统真正地实现了政治权威的完整面向，她称之为"权威／传统／宗教的三位一体"（Arendt, 1990 : 117）。罗马政治观念的出发点在于基业的神圣性（sacredness of foundation ; Arendt, 1977 : 120），因为罗马政治家将其城邦之创建与祖宗之基业等同起来，并赋予了神圣的宗教性格。在此基础之上，传统以及宗教所致力的，均在于将当前这一代的行动回溯地关联到祖先所奠定的基业。是以，"权威"穷其根源意义而言，意味着"扩而广之"（augment, 拉丁文字根为 *augere*）。在罗马政治体制中，元老院体现了这个向祖宗基业回溯的权威，因为元老院的成员均是具有显赫政治功业的贵族大家，他们所提供的，乃是具有智慧的审议与咨商，从而赋予政治决策以正当性。相对地，"权力"并不属于元老院，而为人民所有（ibid., 121—122）。

罗马的政治观念架构，解决了政治正当性的根本问题：权威之主要作用，如阿伦特所言，乃是"赋予世界以恒长性与延续性"，而由于罗马的权威向前回溯到祖宗基业，乃得以解决权威运作所需要的"外于并高于政治权力之力量，并足以作为政治权威之正当性

---

[10] 阿伦特并进一步分析指出基督教的权威观念承袭了罗马（Arendt, 1977 : 125—135），并利用了柏拉图的"彼世"观来增强法律之约束力。

第十章　共和主义、民族主义与宪政理论：阿伦特与施密特的隐蔽对话　　309

根源"（Arendt, 1977: 97），其实可以**内**于政治领域之中，不需要如希腊柏拉图的哲王概念、基督教的末世论或中古自然法的**超越性**标准，将政治置于外在标准之下。

阿伦特进一步指出，马基雅维里的政治创建论，虽然是对于罗马政治观念的重新发现（rediscovery），但是在这个重新发现的过程中，他也作出了完全不符合罗马真实精神的重新诠释（reinterpretation），并且影响了罗伯斯庇尔以降的现代革命观念：

> 如同罗马人，马基雅维里与罗伯斯庇尔将创建视为核心的政治行动，通过一个伟大的行动而建立了公共政治领域，从而使得政治成为可能；但不像对于罗马人而言，这个行动乃是过去之事件，马基雅维里与罗伯斯庇尔则认定，为了这个最高的"目的"，所有的"手段"，特别是暴力的手段，都可以因此而证成。（Arendt, 1977: 139）

换言之，对阿伦特而言，马基雅维里主义所犯的根本错误在于，将罗马存在于历史延续性根源的"基业"抽离出来，成为一个独立自存，必须要去实现的"终极目的"。这个终极目的或为意大利之统一（对马基雅维里而言），或为法国共和体制（对罗伯斯庇尔而言），而创建与革命行动便是运用暴力手段来实现这些终极目的。如此一来，"现在"便由历史延续性当中断裂而去，无所依傍，而个人或集体遂只能依其意志来从事政治活动。罗马原始权威概念的有机统一性便完全解体，并形成了决断论之政治观。

对于阿伦特"权力"与"权威"必须加以区隔的主张，可能系与施密特进行"隐蔽对话"的脉络，笔者认为应当从后者在《宪法学说》论述制宪权时一个重要的注解作为出发点。在本文第三节所引"制宪权是一种政治意志，凭借其**权力或权威**，制宪权主体能够对自身政治存在的类型和形式作出具体的总决断"（Schmitt, 1983:

75—76；施密特，2004：103—104）这个定义中，施密特对于其中"权力或权威"作出了如下的长注：

> 对本宪法学的进一步论述来说，没有必要区分权力（*Macht*）和权威（*Autorität*）这两个词。不过，鉴于这个区分对国家学所具有的重要意义，我们不妨稍稍提一下：与权力（必定是实实在在的）相对应的是主权和威严之类的概念；相反地，权威指的是一种本质上以连续性因素为基础的声望，涉及传统和持久性。在每个国家里，权力和权威两者都是同时起作用的。（Schmitt，1983：70；施密特，2004：103）

假如我们比较施密特的这个长注以及阿伦特在《什么是权威？》一文当中关于罗马权威的讨论（Arendt，1977：122—125），将会发现惊人的相似性：首先，两位思想家均将权威观念追溯到罗马的政治思想，并认为权威依赖于传统的延续性，特别是两位均援引德国19世纪罗马史家特奥多尔·蒙森（Theodor Mommsen）在《罗马公法学》同一个页码之讨论；其次，二者均提及中古时代罗马教宗与皇帝间之关系也成为权威与权力相对立的政治结构，而且二者均引用了《拉丁教父全集》59册公元第5世纪教宗基拉西乌斯（Gelasius）一世关于"此世之治理端赖二物：教宗神圣之权威以及帝王的权力"的说法（施密特前引注；Arendt，1977：293注40）；最后，施密特讨论一次战后日内瓦的"万国联盟"所具有的权力或权威时指出，他可以接受国际法庭拥有权威，但法院的权威因为要受到现行法律的拘束，从而并不具有真正的政治性。而施密特特别引用孟德斯鸠关于司法权概念的著名说法："在上述三权中，司法权在某种意义上可以说是不存在的。"（Montesquieu，1989：158）[11]

---

[11] 在《宪法学说》中译本中，这句话被翻译为"从某个方面来看是无效的"，超过了法文原始的意义。

第十章　共和主义、民族主义与宪政理论：阿伦特与施密特的隐蔽对话　　311

无独有偶的是，阿伦特在《论革命》一书当中所标榜的知识英雄即为孟德斯鸠，而且要将美国最高法院作为权威所在的共和精神，也恰与施密特此处之观点有所对立。

这些惊人的雷同性，相当程度上构成一个隐蔽对话的文本证据：阿伦特"权威"与"权力"分离的宪政体系很有可能的确是针对施密特制宪权理论而建构的。撇开思想史而进一步分析，笔者所关心的是理论性议题：对施密特而言，"在每个国家里，权力和权威两者都是同时起作用的"，他并将这个观念联结到《宪法学说》后来关于"同一性"与"代表性"的政治形式两个原则之论述（Schmitt, 1983: 204—216；施密特，2004: 273—289）。[12] 然而，笔者认为在《政治的神学》中，关于法律与权威的讨论更为相关（Schmitt, 1985a: 32—35）。他反对洛克所提出通过法律提供权威来克服君主个人命令的传统主张。施密特提出：

> 洛克没有认识到，法律并不能指明自己赋予谁权威。……法律规定以及决断规范所指明的只是如何作出决断，而不是应当由谁作出决断。在核心权威缺席的情况下，任何人都能诉诸内容的正确性。但是，核心权威并不是从决断规范中来的，所以，这个问题就成为一个权限（competence）的问题，从某个公理的法律性质的内容出发，既不能提出这个问题，更无法回答这个问题……或许我们可以根据是否意识到法律决断的规范性质，把法理学思想分为两类。决断论（请允许我创造这样一个词）类型的经典代表人物是霍布斯。这一类法理思想的特性说明了为什么恰恰是它，而不是其他类型，揭示出经典形态的对立面：*Auctoritas, non veritas facit legem*（权威而非真理制定法律）。（Schmitt, 1985a: 27—28；施密特，2003: 32—33）

---

[12] 由于篇幅的关系，本章无法处理施密特关于政治形式两个原则的理论。对此议题，可参考蔡宗珍（2003: 106—109）之讨论。

换言之，施密特所主张权威与权力"同时产生作用"的观点，乃是源于霍布斯在《利维坦》第 26 章中，将权威与真理相对立的著名说法。其结果是，"权威"消融于具有决断"权力"的政治行动者之中。如同施密特在《霍布斯国家学说中的利维坦》一书中所言，"这个陈述（按：指 Auctoritas, non veritas facit legem），显著之处在于霍布斯的结论：权威与权力之区分不再有效，便得最高权力（summa potestas）消融于最高权威（summa auctoritas）之中"（Schmitt, 1996：45）[13]。从罗马到中古时期的权威与权力分立之二元结构，由于主权国家的兴起而产生了根本的转变。国家的"权威"并不依赖先于国家的权威秩序；其"尊崇与荣典乃源于它组织了一个合理运作的命令系统"（Schmitt, 1996：47），而"任何能建立和平、安全秩序者，即为主权者并拥有所有权威"（Schmitt, 2004：61）。是以，"法律为主权者命令"这个重要命题预设了国家结合了最高权威（summa auctoritas）以及最高权力（summa potestas）。

施密特此种基于霍布斯式决断主义的权威与权力一元体系，套用哈灵顿的说法，乃一种"现代治国智慧"（modern prudence）；相对于此，阿伦特尝试重构罗马传统中二者分离的"古代治国智

---

[13] 施密特对霍布斯 auctoritas 的援引，贯穿了《政治的神学》（1922）迄于《霍布斯国家学说中的利维坦》（1938）。唯一的特例是《宪法的守护者》（1931）。在这本书中，施密特否定司法权作为宪法守护者的角色，主张魏玛共和的总统才是当时真正的宪法守护者。在这个议题上，他引用 19 世纪法国自由主义者贡斯当（Benjamin Constant）关于总统可作为"中立性权力"（pouvoir neutral）的著名理论。但施密特严谨的法学思想使他清楚地意识到，总统此种调解其他政治权力的，并非宪法所赋予的"权力"，而是宪政之"权威"。《宪法的守护者》最后之结论为"宪法特别试着让帝国（按：指魏玛共和）总统之**权威**有机能与德国人民之政治总意结合，并借此以宪法统一体之守护者、捍卫者及全体德国人的身份而行动。而当前德国的存在及存续即是以此种尝试之成功为基础。"（施密特，2005：284，黑体强调为笔者所加）。笔者的看法是，霍布斯以降的现代国家理论将权威消融在权力之中成为一元体系，乃是施密特的理论观点。在《宪法的守护者》之中二者又加以分离并赋予总统以权威的主张，是基于特定宪政状态所产生的具体看法，未必能推翻他长久所持的一元主义理论。何况，在更后期的霍布斯专书中，施密特又回归了权威与权力一元体系的观点（Schmitt, 1996：44—45，47）。

慧"（ancient prudence），并通过孟德斯鸠的影响，而在美国立宪的过程中得到现代宪政主义的表达方式。对阿伦特而言，权力和权威必须加以分离："权力的根源"虽然必须来自人民，但并不能等同于"法律的来源"亦须如此（Arendt, 1990: 182）。后者乃基于某些更高的权威，而在美国立宪时权威便被安置于宪法之中，所以权力和权威具有完全不同政治意义，两者非但不能如施密特所言必须"同时起作用"，而且必须严格地加以分离，在现代公共领域发扬罗马共和"权力属于人民，权威存于宪法"的精神，才可能造就一个可大可久、自由的政治共同体。

五、超越决断式制宪之外：美国立宪的延续性立宪

阿伦特在《什么是权威？》一文的结尾，提出了可以总结《论革命》一书的基本诠释观点：

> 或许更为重要的乃是奠基行动（也就是美洲大陆的殖民化），先行于《独立宣言》；是以，在形构宪法时，可以立基于既存的协约以及协议，确认并将已经存在的政治体合法化，而非创造一个全新的政治体。（Arendt, 1977: 140）

美国特殊的殖民地历史背景，反而使得其开国先贤得以回归罗马的原始精神，并避免了马基雅维里"引进新秩序"所导致的政治困境。

阿伦特特别强调历史的延续性，也就是美国在独立战争以及立宪之前殖民时期的自治经验的重要性。因为，从《五月花号公约》以降，美洲居民已经形成了繁复的自我管理之协议以及制度。当然，她并非主张殖民构成了公民自治或立宪的历史要件，而是强调在实际从事革命或创建行动*之前*，公民必须要已经具备了基本的政

治能力；而美洲人民在殖民时期所逐步建立的自我管理之传统，正铺下了美国立宪所不可或缺的基础（foundation）。

美洲殖民时期的自治经验有两个重要特性。首先，虽然还没有形式上的"创建"活动，亦无国家主权由上而下之支配管理，但人民已经可以自发地自我组织从事政治活动；并没有像霍布斯的社会契约论或西耶斯、施密特制宪权理论所认定，在创建之前乃是缺乏任何秩序的自然状态。阿伦特强调"政治"不需预设国家主权或敌友区分之决断；相反地，只要具有理性能力并了解共同生活与集体行动重要性的人们群聚以后，愿意平等地允诺守信，公共领域与政治行动便自然浮现：

> 从头开始，殖民地的居民便自我构成各种"政治体"（civil bodies politic）。进一步而言，这些共同体并不被视为严格意义之政府；它们并不蕴含着统治以及将人民区分为统治者与被治者……这些新的政治体乃真正的"政治社会"（political societies），而他们对于未来的极端重要性乃在于形成了一个政治领域，并**在不具有也不宣称主权的情况下，得以享有权力，并有资格主张应有之权利**。（Arendt, 1990 : 168；黑体强调为笔者所加）

值得注意的是，阿伦特在此处所发挥的思想史资源，显然是古典政治哲学传统将人视为政治动物，具有理性并形成共同体的主张，从而克服了前述马基雅维里以降"决断论"强调断裂所带来的问题。阿伦特指出罗马的"社会"（societas），其真义在于"结盟"（alliance）原则，也就是能够将散居各处的人们，通过平等的互动以及允诺与履约的沟通精神，来构成集体生活（ibid., 170）。阿伦特此处对于结盟的论述，几乎可以被视为是基于本书第二章第三节所述西塞罗的共和主义来批判施密特的"敌友原则"，并阐释社会权力形构时所允诺与履约之平等精神（ibid.,

170—71,175)[14],所以,美国革命的精义在于将创建活动导向人类的"建筑世界的能力"(world-building capacity),如此建构出来的宪政体制,便如同人类建筑自身之居所,不仅为了自己的存在,也是为了后代子孙。[15]

美洲殖民自治经验的另外一个重点在于,"创建"不再是一个绝对的开端。也就是说,美国革命立宪的基本物质不是一般理解中的"革命":用暴力的手段推倒旧体制,在一个全新的起点开创未来的政治体制。阿伦特提别强调美国革命立宪的进程:从寻求被剥夺的个人权利出发(这还是属于在旧体制"有限政府"架构中寻求权利的回复,也就是严格意义的"restoration");但自《独立宣言》开始就脱离了这个"消极自由"的时刻,进入了追求政治自由、人民公共幸福的参与性"开端启新"的集体活动。这乃是阿伦特所定义的"革命"时刻,以政治参与的积极自由作为集体行动之动因。这个革命过程,最终在立宪的时刻,将革命的动能化为垂之久远的自由宪政,整个的革命进程才算完成。美国革命结合了殖民时代已经发展出的社会权力,并通过公民的集体参与、慎思明辨的审议活动之后,借由自由政制的创建,能够将社会权力制度化,扩大并且垂之久远(Arendt,1990:154)。当然,在这个分析角度之下,革命的"开端启新"便不再是彻底打倒旧制度以便创造新体制,而是一种"重新奠基"(re-founding)的工作,从而消解了马基雅维里到施密特追寻绝对开端的危险后果。

除了殖民地的自治经验已经铺下了立宪活动所需要的社会权力基础外,《独立宣言》构成另一个美国立宪的正当性根源。由殖民时期的自我管理过渡到革命时期的立宪,乃是在人民权力的基础上

---

[14] 哈贝马斯后来将之抽象化成为"沟通性的权力"概念(Habermas,1977),虽然凯诺文(Canovan,1983)认为哈贝马斯将阿伦特行动理论转化为以语言为基础追求沟通共识的诠释有其内在问题。
[15] 阿伦特此种"社会"典范的历史延续性观点,和西耶斯用历史主义和社会发展来解决社会契约的构成论,其实有着异曲同工之妙。

进一步建立权威性宪政制度。在这个过程中,《独立宣言》扮演了关键性的中介角色。因为立宪时期的美国公民,无论其政治立场为何,但对于独立宣言所宣誓的政治价值,都加以接受。由麦迪逊在《联邦论》第 40 号的论述,可以清楚看出诉诸《独立宣言》的政治影响。《独立宣言》作为一个文本,联结了殖民时期的政治实践以及未来的成文宪法。不仅如此,通过此种具有中介的正当性基础,美国宪法的基础便不单纯是国民意志或直接民主的多数决,而可以独立发展证成。所以,《独立宣言》在美国宪政主义所扮演的角色和法国大革命的《人权与公民权宣言》是完全不同的。前者成为政治正当性的基础之一,从而导向宪政权威的建构;后者则在宣示法国国民的终极权力之后,宪法只不过是加以落实的工具而已。

阿伦特并进一步提出了对于《独立宣言》的重新诠释。在传统的理解中,一般均将《独立宣言》所宣示的:"我们将下列视为不证自明之真理:人民有追求生命、自由以及追求幸福之不可让渡的天赋权利"视为洛克天赋人权理论的落实。但阿伦特却强调这个声言中的**"我们"**,也就是说这些不证自明的真理,乃是在特殊历史情境下,成为北美十三邦人民所构成的"我们"所共同持有的信念。从而,美国革命的基础并非"自然的上帝"或"不证自明的真理"这些超越性的判准,而是"我们"在"奠基行动"中所协同建立的(Arendt, 1990:192, 196)。换言之,《独立宣言》构成了立宪活动主要的权威基础,使得美国立宪活动不再是由真空当中的国族自我构成政府之行动,而是确立一个有效的根本大法(law of the land; ibid., 193)。

对于美国立宪(狭义的制宪活动),阿伦特同时强调在立宪时期所进行的民主审议活动,以及随即产生的对于宪法的崇敬之情的集体记忆。阿伦特在此处刻意地将"立宪活动"和"对立宪之记忆"的重要性同时并举。立宪活动乃是一群人民集体地、审议式地创造了一个新的宪政体制;而在美国的经验中,这个创造活动的成果乃是宪法文本。阿伦特如此说明美国式的立宪活动:

第十章 共和主义、民族主义与宪政理论：阿伦特与施密特的隐蔽对话

> 那些具有制宪权力（power to constitute），也就是立宪的人们，已经是恰当地通过被构成的机构所选举出的代表；他们从基层得到了其权威，而当他们坚守罗马"权力在于人民"的原则时，他们并不是用一种虚构以及绝对的方式从事思考一个高于任何权威并不受任何法律限制的民族，而是通过一个已经在运作的现实为出发点，也就是一个已经组织起来的群众，其权力之行使乃依照法律并受法律之限制。美国革命志士坚持共和以及民主（或多数统治）的区别，这触及了法律与权力的彻底分离，二者有着可以被清楚辨识的不同根源、不同正当性以及不同的适用领域。（Arendt, 1990：166）

更重要的是，当立宪完成之后，美国宪法马上被视为一个值得尊崇的文献，从而提升到"一种虔敬尊崇的氛围之中"（ibid., 204）。阿伦特此处所强调的不仅是立宪行动自身，更在于对行动的集体回忆以及敬虔地转化所形成的爱国情操。虽然她并未用"公民宗教"来诠释美国这种崇敬宪法的开国精神，但放在她将宗教与传统并列的罗马政治传统来看，这种精神充分体现了前节所述罗马的 *religio* 或宗教精神，从而构成了一个足以传之久远的宪政传统与宗教精神结合的典范。

最后，在制度安排层次，美国成文宪法确立了三权分立的政府体制；阿伦特主张这个全新的政府形式乃是能够将"权力"扩而广之的结构，而非一般所认知的限制政府权力的有限政府。[16] 以本章的论旨而言，最重要的关键乃是对于司法权的讨论；因为，美国立宪还通过对于司法部门（特别是最高法院）的设置，完成了两个重要的宪政成果：**权威的安顿**以及**制宪活动的驯化**。以权威的

---

[16] 阿伦特的这个分析角度，系透过对孟德斯鸠的重新诠释所达到的（Arendt, 1990：148—151）。限于篇幅，本章无法处理阿伦特对于孟德斯鸠理论以及三权分立政府的论述，关于此议题的简洁讨论可以参考蔡英文，2002a，页206—208。

安顿而言,如前所述,阿伦特本来已经论述了"权威存于宪法"的观念,但在讨论司法权时,进一步指出,美国宪法权威真正的所在乃是最高法院。关于司法权力,从孟德斯鸠开始引入现代政府组织的讨论时,被他称为"司法权在某种程度上可以说是不存在的"（Montesquieu, 1989：158）。但如本书第七章第三节的分析,到了美国《联邦论》78号的论述中,就已经脱离了用"权力"的角度看待司法权：它既无力量（force）也无意志（will）,它所有的只是判断（judgment）。阿伦特除了征引《联邦论》第78号这个著名的说法外,还强调第16号所称"民族权威（national authority）必须通过法庭来表现"。通过对宪法的崇敬,使得"权威"能够立基于宪法,在制度层次则由最高法院的判断或判决活动重现了罗马式的权威决定,并足以取代了施密特的主权决断。她除了阐释美国最高法院体现了独立于人民权力或意志之外的权威,更将其判决称为一种持续的制宪活动。阿伦特指出：

> 以制度层次而言,其缺乏权力,加上任期的永续性,代表了美国共和之中权威的真正所在乃是最高法院。而且这个权威乃是通过一种**持续的制宪**（continuous constitution-making）而行使的,因为,以伍德罗·威尔逊（Woodrow Wilson）的措辞来说,最高法院的确是"一种持续会期的制宪会议"。（Arendt, 1990：200；黑体强调为笔者所加）

这个关键性的文本,让阿伦特与施密特的"隐蔽对话"画下了休止符,因为从西耶斯迄于施密特那种处于自然状态的制宪权,因此而被驯化了。

我们可以观察到阿伦特宪政理论的独特取向：在真正**革命制宪的时刻**,要将人民的权力驯化,虽然鼓励人民的政治参与以落实政治自由,但仍然需要通过可大可久的自由宪政体制的建立,来完成革命"开端启新"的艰巨任务；但是在**宪政体制之内**，反而将最高法院的裁决称为是制宪的活动。

若基于制宪权理论传统加以观察，阿伦特此处似乎犯了西耶斯所批判的逻辑谬误：最高法院作为政府体制的一环，乃是一种被宪法所制定的权力，不可能倒过来决定宪法秩序本身（部分不得决定整体）。阿伦特当然理解此处的理论问题，但她拒绝用制宪权理论传统作为考察的出发点，因为这正是她所欲批判的理论对象。不仅如此，美国革命以及"持续制宪"所体现的罗马典范，才能真正解决缠绕在制宪权理论的政治神学脉络（坚持开端的绝对性），真诚地面对并解决"永续的共同体"之课题。阿伦特认为美国革命特殊的历史环境，以及其开国先贤所采用的政治行动取向，真正落实了罗马"权力在于人民，权威则在于元老院"（*potestas in populo, auctoritas in senatu*）的政治观念（Arendt, 1990: 178），成为"**权力属于人民，权威存于宪法**"的现代结构（ibid., 200），而也正基于此种历史进程，美国革命能够建立一个**具有权威的自由宪政**，不致沦为不断革命或失败革命的困境之中。在这个脉络中，她称许美国开国先贤真正的落实了罗马的政治精神（ibid., 201—203）。

六、共和主义与民族主义之宪政原则

总结本章论述，施密特基于马基雅维里以降迄于法国大革命的"超越常态的政治决断论"，建构出一个完整的国民制宪权与同质民主的理论。阿伦特则将公民权放在古典意义的社会层次，拒斥主权原则的优先性，认为只要有人们集体地以公共自由作为行动导向，便可形成体现共同权力的政治共同体。阿伦特认为民族国家与主权原则对于公民权所做的二元区分（宪法之上的人民与宪法之内的人民）以及制宪权面对历史断裂而需通过型塑民族集体意志的理论进程，对于真正的、公民自发行使其权力的共和主义公民观，不但无益而且有害。

阿伦特所分析的美国殖民自治与立宪的历史延续性，提供了一个公民协同一致创造更大的权力基础的典范，而她所提出的"权威"与"权力"分离的宪政体系，乃是在制度层次克服制宪权思考的决断主义色彩，而构成阿伦特思想的原创性。对于决断主义式的政治创建论述，阿伦特提出四个对治的理论观点：第一，她强调历史的延续性来克服创建活动的任意性；第二，她主张政治体制的确立，必须基于既存社会权力之赋权（empowerment）；第三，她提出了一个全新的"权力"与"权威"的分离理论，以对抗制宪权理论所强调的"同一性"；第四，立宪不必然是一个单一性的政治决断，而可以是持续之过程。

在宪政**原则**的层次，阿伦特的理论的确有发人深省之处。对施密特而言，"决断"乃是终极的价值根源，所作之说明可以概括其基本精神：

> 主权决断乃是绝对开端，而开端（也就是 *arche* 之意义），也就是主权决断。（Schmitt, 2004: 62）

而阿伦特与施密特通过"隐蔽对话"所提出的批判，亦可概括于她对"开端启新 / 原则"（*principium*/principle）的说明，总结了她的共和主义期望在宪政制度实现的基本价值：

> 对开端启新的困境而言，存在着一种不需要通过绝对性来打破恶性循环这个似乎所有第一事务均困于其中的解决方式。让开端启新之行动得以回避自身任意性，乃在于它在其自身便具有原则；或更精确地说，开端启新（*principium*）以及原则（principle）二者，不仅相互关联，而且乃是同时而起（coeval）。开端启新需要由之取得有效性的绝对性，以及能够让开端启新回避其内在任意性的乃是

第十章 共和主义、民族主义与宪政理论：阿伦特与施密特的隐蔽对话　　321

此原则，通过它而在世界中可以得到彰显。（Arendt, 1990: 212）

这个"开端启新／原则"，终极而言乃是开端启新的创新者能够在公共领域中开始行动，但此行动的非任意专断性，必须展现在其有感召追随者的能力。也正在于此种行动的世界性中，阿伦特提出了与施密特"具体决断论"以及自由主义者追寻超越性原则作为宪法规范的外部标准两种思考形态均不相同的观点。我们可以说这是一种**存在主义化的共和主义论述**。而阿伦特之所以需要采用这样抽象的哲学语汇，除了受到海德格尔的影响之外，笔者认为此议题乃是与施密特具有政治存在主义色彩的决断论在进行"隐蔽对话"，或许是更为重要的原因。同样在存在主义的脉络中，阿伦特透过他者、世界性、协同一致的开端启新等，尝试克服决断论所带来的任意专断色彩。

然而，阿伦特这些批判观点是否构成一套符合现代宪政原则的理论？笔者认为，她毕竟是哲学训练出身的政治理论家，而不像施密特是公法学者的底子。所以，阿伦特和施密特的隐蔽对话，终极地看来，乃是尝试以共和式的多元主义来对抗民族主义以及主权国家单一性的政治权力观。在这个对话中，阿伦特通过对于美国革命背后价值重新考察来证成自己的立场，这是一种行动典范的重构，而非真正批判意义的历史。[17] 笔者并不认为阿伦特的共和主义真的能成为一个完整的宪政理论。因为一方面其目的为一种史诗式的重构，而非如施密特系统式的理论建构；[18] 另一方面，共和主义的政

---

[17] 在这个意义上，笔者认为肖伊尔曼（Scheuerman, 1998）所说，阿伦特受到施密特影响，而对法国革命有错误的认知或美国革命有不恰当的理解，这样的观点完全误认了阿伦特的理论目的。相对地，施克莱（Shklar, 1977）用尼采式的"碑铭式历史"（monumental history）加以理解，追溯人类历史当中足以传世的不朽活动之记录，才比较趋近阿伦特的撰述旨趣。

[18] 正因为如此，关于阿伦特政治哲学对于宪政理论的关连之讨论很少，而且有时水准参差不齐。举例而言，沃尔德伦（Waldron, 2000）虽为当代政治理论名家，但他对于阿伦特宪政学说的分析，笔者认为并未能掌握其精义。相反地，Burns（1987）比较早期的作品，反而能在整理阿伦特论证之余提出基于法学理论的反思。

治经验本来就是历史的例外状态:即使美国革命以及立宪展现了阿伦特心目中开端启新的精神,但终极而言,仍然有所不足,也就是没有把真正的政治自由所需之场域纳入到宪政结构之中,方才导致她在《论革命》最后一章分析革命传统作为一种"失去的宝藏"并以杰斐逊晚年的论述为基础,尝试建构一种"协议制度"(council system)加以补足。[19] 虽然这种具有乌托邦色彩的理论不易在常态政治中落实,但阿伦特并不因此而灰心丧志。毕竟,只要有新的人类进入集体生活,便有新的可能。协同一致的开端启新蕴含在人性之中,等待适当的历史条件以及人们的行为动机加心实现。

---

[19] 关于阿伦特的协议制度,请参考江宜桦(2001:220—226)之讨论。

第十一章　斯金纳与共和自由概念

一、政治自由的意义

斯金纳与波考克乃是引领共和思潮复兴的代表性史家，并对文艺复兴时代的共和主义振兴以及其后对英国以及美国革命之影响，提出了具有开创性的历史分析。在此之前，学界一般认为共和主义乃是一种过时的意识形态，因为它仅适合于前现代、小规模的政治共同体。共和理想仿佛是一种非历史的怀旧情怀，缺乏现实意义。波考克与斯金纳运用其深厚的历史知识阐明，共和主义并非如此地遥不可及，而毋宁深植于英国与美国的政治文化，只不过其影响力逐渐为自由主义思潮所取代。

波考克与斯金纳之著作虽以历史分析为主，但均曾就共和主义自由观对当代政治理论的意义作出分析。波考克接受关于共和主义政治自由观的通说，[1]认为它是一种强调政治参与和公民德行的积极自由：

> 修辞学家与人文主义者所运用的共和辞汇乃是一种积极自由

---

[1] 关于共和自由观的通说，可参考史学家赫克斯特（Jack Hexter）之讨论。他指出亚里士多德与马基雅维里的政治自由观为强调参与的积极自由，有别于以权利为核心之消极自由（Hexter, 1979: 294—297）。

的观念：它主张人作为政治动物，唯有在公共生活中践履积极的行动，其本性方能加以完成，而自由意指实现此种公共生活阻碍之不存。是以，城邦所拥有的自由乃在统治（*imperium*），而公民必须参与统治权以同时达到治理与被治。（Pocock, 1985：40—41）

对波考克而言，共和主义的着眼点乃是公民自治的政治共同体之存续，而非公民个人自由的极大化。共和思想家对政治权威之分析强调人民参与统治权之行使及其所需之德行，不像自由主义着重于公民必须具有统治者所不能侵犯的权利。

波考克进一步主张，共和论述（republican discourse）与法学论述（juristic discourse）构成了西方政治思想史发展过程中两个相对立的论述（Pocock, 1985：37—50）。此二论述之核心价值虽然同为"自由"（*libertas*），但前者强调的自由观是政治自由，主张自由的条件是公民参与统治权之行使以及政治德行之培育；后者则强调消极自由，其本质在于通过法律主治来免除统治者以及其他公民不当的干涉。而由于德行无法被化约为个人权利，波考克力主共和主义的精神与自由主义无法相容。

波考克的分析符合一般认为共和主义与自由主义具有根本差异的观点。然而，在此议题上，斯金纳对政治自由的性质及其历史根源提出了相当不同的诠释，主张共和自由观之本质其实在于免除干涉之消极自由，虽然共和思想家进一步强调，要维护此种自由必须培养公民的政治德行方有可能。斯金纳企图修正共和主义以补足自由主义权利论述之不足，这与波考克主张共和主义与自由主义无法相容的观点大异其趣。由于两位史学家同属于"剑桥学派"（Cambridge School），且同为振兴共和主义思潮的推手，因此他们对于政治自由所提出的不同诠释，值得深入研究。

在完成其名著《现代政治思想的基础》（Skinner, 1978）以及为牛津大学大师系列撰写《马基雅维里》小册子（Skinner, 1981）

之后，斯金纳开始撰写一系列以历史分析为经、理论辩正为纬的作品，企图重新诠释共和自由观之现代意义（Skinner，1983，1984，1986，1990，1992，1998）。[2] 虽然各篇作品有不同强调重点，但在基本取向上，斯金纳提出了三个主张：第一，他反对学界认为共和自由为一种积极自由的通说，认为无论就理论之本质或历史之渊源而言，共和自由所强调的重点，实际上为个人行动不受干涉的消极自由；第二，以马基雅维里思想之重新诠释为本，斯金纳尝试将共和自由与积极自由论所预设的自我实现理念或亚里士多德目的论加以区隔；第三，他主张共和传统所着重的德行以及善尽公民义务等理想，相较于自由主义过分强调个人权利的观点，更能处理如何维系自由制度于不坠的根本课题。然而，斯金纳认为德行必须通过强制法律加以型塑，并非如一般所论在民主参与过程中培育发展。基于这些观点，斯金纳对共和主义自由观提出了如下的论断：

> 共和主义思想家从来没有诉诸"积极"的社会自由观。也就是说，他们从未论证我们乃是具有特定目的之道德存在，以及我们唯有当这些目的之实现时才充分地具备了自由。我们已经看到，**他们持有纯粹的消极自由观，也就是在实现我们所选择目的时阻碍之不存**。进一步而言，他们断然地明示，任何对这些目的之具体规定均将违反人类追寻目标的多样性。（Skinner，1986：247；黑体强调为笔者所加）

由于斯金纳的观点有别于传统共和主义学者的主张，我们将之称为"**修正共和主义**"（revisionist republicanism），因为他改变了

---

[2] 其中斯金纳1983、1984两篇在修订后收入Skinner, 2002a：160—185, 186—212。不过，笔者仍采用斯金纳在1980年代的原始版本，因为原始刊行的版本较易理解其意图。

共和主义传统政治自由优先的立场,并尝试结合政治自由与消极自由,使得共和主义成为补足自由主义的论述,而非如波考克所述,共和主义乃与自由主义无法相容之思想典范。

斯金纳所欲证成具有消极意涵的共和自由观,显然根源于伯林(Isaiah Berlin)所区分的积极自由与消极自由之两元分析架构,以及其后学界一系列的论辩之上。为了评估斯金纳之理论,本章首先检视伯林对于积极自由以及政治自由之批判,然后进一步探讨斯金纳修正共和主义如何针对伯林的批判,提出理论与历史的理据以重构政治自由论述;最后,检讨斯金纳的分析如何导致了当代共和论述以德行与法律为核心的两种取向,以及其中所蕴含的理论问题。

二、斯金纳论述之脉络:伯林的消极自由论

当代关于自由概念之分析,最重要的首推伯林所提出"消极自由"(negative freedom)以及"积极自由"(positive freedom)的著名区分(Berlin, 1969:118—172;伯林,1986:225—295)。对伯林而言,消极自由乃是针对"行动者在何种限度以内应被允许不受他人干涉"此一问题所提出的答案;而积极自由则牵涉到"行动者应如何作出选择"这个完全不同的议题(ibid., 121—122;中译本,页229—230)。换言之,消极自由乃是"免于……的自由"(freedom from),而积极自由乃是"去做……的自由"(freedom to)。在其后的文献讨论中,这两种自由观被统称为免于被干涉之消极自由以及追求自我做主(self-mastery)之积极自由。[③]

伯林在区分了自由的两种观念之后,进一步将积极自由与西

[③] 对伯林而言,政治自由与观念论强调自我决定之形上自由均为积极自由的不同表现,此种历史观点引起了很大的争议。米勒(David Miller)便指出,伯林混淆了自由主义、共和主义以及观念论三种自由概念,并将共和主义的政治自由与观念论的自主观念合并处理,以思想史而言并非正确的论断(Miller, 1991:2—4)。

方形上学传统的一元论（monism）关联起来，主张积极自由的自主观念意味着将人性区分为理性与欲望两个部分，理性应当依据正确的原则来指导欲望的部分。对伯林而言，积极自由所蕴含的"形上学核心"乃是通过理性的认知了解并服从必然法则。是以，积极自由观乃是一种强调理性之自我实现（self-realization）或"理性解放"（liberation by reason）的学说，着重于自我导向与自我控制，也就是行动者按照理性之指导来作自己应做的事（ibid., 141—144；中译本，页254—259）。这与消极自由所强调的阻碍之不存是完全不同的。伯林认为，此种理性主义一元论发源于古希腊思想，一直到马基雅维里才开始提出多元的价值观加以抗衡（ibid., 45—54）。[4] 相对于积极自由观的一元主义精神，自由主义的消极自由乃建立在现代多元价值同时并存的事实之上，并且避免用法律来强制实施特定的道德规范。

伯林进一步指出，积极自由的政治观由于过分强调理性的指导功能，很容易由追求独立自主的原始理想转化为父权式的教化政治。他认为这种转变导致了19世纪以来各种政治意识形态均犯下的谬误，也就是政治精英自认为掌握到终极真理，从而将群众视为必须加以教化改造的材料。由此而形成了各种主张专政的政治运动，不但破坏了消极自由所主张的不受干涉之界限，甚至与积极自由原先所倡议之自主理想亦无法相容。伯林很传神地用莫扎特著名歌剧《魔笛》之中年轻的塔米诺（Tamino）一步步地被密教大宗师萨拉斯特罗（Sarastro）从黑夜导引至光明的教化历程，说明此种政治观的父权主义本质（ibid., 145—154；中译本，页259—271）。

伯林的自由理论引起了学术界大量的回应与讨论，[5] 其中加拿大哲学家泰勒（Charles Taylor）尝试重新辩护积极自由的根本价

---

[4] 值得一提的是，伯林将马基雅维里视为多元主义的先河，而不重视其共和主义思想。这与剑桥学派的诠释实大异其趣。
[5] 此一论辩具有代表性的作品收录于 Miller, 1991。

值与斯金纳的理论企图较有关联（Taylor, 1985：211—229）。泰勒的立场结合了亚里士多德式的实践哲学以及德国思想家赫尔德（Johann Gottfried Herder, 1744—1803）的历史主义，并描绘出与伯林完全不同的自由理想。对泰勒而言，消极自由仅仅是一种"机会式观念"（opportunity concept），着重于行动者可做选择的对象数量之多寡，数量越多则自由的程度越高，数量越低则自由的程度也就越低。他认为这种消极自由观无法恰当理解人类行动的真义，因为数量取向的自由观念无法处理行动或选择的价值问题。相对于此，泰勒将积极自由描绘成一种"行使式观念"（esercise concept），强调真实的自由乃是行动者在特定脉络中作出有意义的价值选择。泰勒的分析取向承续了观念论传统所主张的主体之自我决定（self-determination），而由于它涵括了人类作为行动者所不可或缺的价值判断能力，泰勒主张这是比消极自由论更为丰富的自由观念。他进一步指出，唯有在鼓励公民做价值选择的社会与文化架构之中，公民才有可能发展此种以"质"为考量的积极自由观。换言之，积极自由论者应当倡议能够让公民行使自我决定的政治制度，而民主的公民自治正是其中最重要的制度之一。在泰勒的分析架构中，共和主义的政治自由观遂有可能通过诠释学（强调有意义的行动所需具备的制度基础）而加以证成（Taylor, 1995：181—203）。

相对于伯林与泰勒的论证，斯金纳提出了独树一格的理论与历史观点，主张共和主义自由观的本质并非积极自由，而为消极自由。斯金纳认为，消极自由以及积极自由两派学者均误解了共和主义自由观之真谛，[6] 因为两造均假定共和自由将两人自由与公共服务的德行加以关联，这预设了亚里士多德之目的论以及共善理论（Skinner, 1984：197；1986：240）。斯金纳认为这个为两造所共同接

---

[6] 斯金纳对伯林之批判，可见于 Skinner, 1984：194—197；1986：236—237；1998：113—120。而他对泰勒的讨论，则可参阅 Skinner, 1984：196—197 以及 1986：236—237。

受的假定乃是一个历史错误,因为亚里士多德式之公民观,也就是共同体成员共享一些伦理目标,并非共和主义论述唯一可能形态。基于此种修正主义立场,斯金纳说明其根本的意图在于证成:

> 在更早而现在已遭遗弃的关于社会自由的思想传统中,消极自由之理念,也就是个人不受干涉而追求他们自己所选择的目标,乃与德行与公共服务的理念相结合,而这是现今各方都认为不可能或无法自圆其说的立场。(Skinner, 1984: 197)

换言之,对斯金纳而言,公民共和主义之历史渊源与亚里士多德之目的论无涉;而其理论内涵则与积极自由论者所强调的自我实现理念完全不同。支持斯金纳此种修正共和主义的主要文本乃是《李维罗马史疏义》,因为在其中马基雅维里强调权贵与平民之斗争乃维系公共自由的主要因素,但这两个阶级并不具有共享的伦理目标。马基雅维里的公民与社群观念由于不具目的论色彩,从而颠覆了亚里士多德式的公民理论,并成为斯金纳所欲发扬的理论传统。

三、斯金纳对伯林自由论之回应

由前节所述,斯金纳的修正共和主义乃是以伯林的自由理论为脉络,并尝试运用马基雅维里思想,来建构新的政治自由观。为了重建共和自由论的正当性,斯金纳对伯林的观点提出了非常严厉的批判(如 Skinner, 1998: 113—117)。在伯林的理论之中,有三个议题是斯金纳必须加以面对并克服的。第一,伯林将积极自由诸多不良的政治后果归咎于其所预设的形上学一元主义,而只有以多元主义为本的消极自由论才有可能克服积极自由所主张的自我实现伦理以及教化政治(Berlin, 1969: 167—172;伯林, 1986: 287—295)。第二,伯林将共和主义传统的公民自治理念视为积极自由的一种形态，并强调民主参与与个人自由二者根本没有概念上之关联（ibid., 129；中译本，页 239—240）。第三，在两个传统中，法律扮演着完全不同的角色。在以消极自由为导向的社会中，法律的功能乃是规约不同个人行使自由时所可能产生的冲突；而在以积极自由作为构成原则的社群中，法律乃是合理的行为准则，因而被赋予了教化功能。两者最大的差异在于对强制（coercion）的不同观点：对积极自由之主张者而言，教化性的强制并不违反个人自主性，反而是完成真实自由所不可或缺的手段；但对消极自由主张者而言，法律之功能既非教化亦非解放，其强制性本质不可免地会减少消极自由的范围，虽然法律有效的运作能够增加消极自由的总量（ibid., 148；中译本，页 264—265）。

就第一个议题而言，值得注意的是，斯金纳从未质疑伯林的分析架构（Skinner, 1984：196—197），特别是伯林将积极自由、自我实现以及形上学一元主义加以关联的理论前提：

> 我同意"积极"自由观构成一个独立的概念。此种取向不像新罗马以及自由主义式分析所主张的，将自由与行动之机会关联起来；"积极"自由观却将自由关联于特定形态行动的履行。[7]（Skinner, 1998：114 注 22）

换言之，虽然斯金纳严厉批评伯林的自由论，但他所主张的修正共和主义，却是在伯林的分析架构之内所形成的理论计划。受到伯林之影响，斯金纳将积极自由的主要问题理解为自我实现伦理观过分依赖理性的教化作用；据此，斯金纳的主要目标遂在于建构一个以不受干涉（interference）为导向的政治自由观念，能够维持共和主义传统所倡导的公民德行，却又同时排除积极自由的自我实现

---

[7] 所谓"特定形态行动之履行"，即前述泰勒"行使式概念"的积极自由，意指基于有意义的价值选择所采之行动。

理念（Skinner, 1983: 5）。

就消极自由与公民自治之关系这个关键性议题，斯金纳则是采取不予回应的回避态度。伯林对于二者之间并没有任何逻辑关系有着清楚的分析：

> 大体说来，自治和其他的政权形态，比较起来，更能保障公民的自由，极端的自由主义者（libertarians）便是持此一理由，来为自治做辩解。但是个人自由和民主统治之间，没有什么必然的关联。"谁统治我"和"政府干涉我多少"这两个问题，从逻辑的角度来看，是完全不一样的问题。总结来说，"消极的"与"积极的"两种自由概念之间的重大对比，与这个区别正相一致。（Berlin, 1969: 130；伯林，1986: 239—240；译文略有修改）

伯林以整节的篇幅来讨论民主主权何以并不构成消极自由的恰当基础（ibid., 162—166；中译本，页 282—287）。此种批判继承了法国大革命以后，自由主义者对于卢梭式民主共和主义所抱持的疑惧。由 19 世纪思想家贡斯当所提出的古代自由与现代自由之区分（Constant, 1988; 309—328），一直到 20 世纪中叶哈耶克对政治自由的批判（Hayek, 1960: 13—15），都采取同样的分析角度。

斯金纳既然尝试重建共和主义与消极自由之关系，对此关键议题的回应是否定此种批判的效力，并指称伯林本人犯了逻辑上的谬误：

> 伯林的批判依赖于一个前提，也就是消极自由唯有遭遇强制性的干涉时会遭到破坏。由此，依赖以及缺乏公民自治当然不能被称之称缺乏自由。**但此种论调能够成立乃是因为结论已经被放到前提之中。而我尝试说明的却正在于这个前提本身需要被重新考虑。**此种个人自由基本上乃是不受干涉的状态之假定，正是新

罗马自由理论所欲质疑的。(Skinner, 1998: 115—116；黑体强调为笔者所加)

换言之，斯金纳拒斥伯林对公民自治以及消极自由无法相容的主张，但其回应方式并非理论之重构，而系一种"历史考古学"，尝试发掘自由主义所理解的消极自由产生之前，共和主义用另外一种完全不同的方式来理解强制与自由的关系，而主张法律的强制（coercion）并非干涉（interference），非但不会减损个人自由，而且是个人自由不可或缺的基础（Skinner, 1983）。通过此种历史的重新诠释，斯金纳遂将讨论的焦点集中于有关自由与强制的关系以及法律在自由国家之中所具有的功能，是以，他真正回应伯林的议题乃是前述伯林对于政治自由所提出的第三个批判。

关于斯金纳的修正主义计划，学者之间有着完全不同的评价。查维特（1993）提出了一个典型的积极自由主义者之回应。基于卢梭与黑格尔的思想取向，他认为斯金纳理论之根本问题在于未曾探究自由行动之性质。他相信只要面对这个议题，斯金纳以及任何消极自由论者都需要解释"自我决定"的性质。假如像伯林一样回避此议题，则自由理论必将是部分而不完整的；斯金纳的立场也有相同的缺憾。相反地，艾伦·帕顿（Alan Patten, 1996）则依据罗尔斯的政治自由主义论述批判斯金纳的"工具性共和主义"（instrumental republicanism）。帕顿检视了斯金纳批判自由主义的主要论点，包括自由主义者误解了共善之理想、误解了消极自由之本质以及自由主义者持有不完美的法律观念等（Patten, 1996: 30—36）。帕顿认为这些批判都是对于自由主义论点的过分简化或错误诠释，因而宣称"斯金纳所建构的共和主义，由于无法提出任何具有哲学兴味的不同见解，并未能真正改进自由主义者对公民身份以及公民德行的观点。"（ibid., 36）相对于查维特与帕顿各自以积极或消极自由论为本的批判，美国学者保罗·里赫（Paul A. Rahe, 2000）

则提出了一种基于古典政治哲学立场的批判。他主张斯金纳所标举和亚里士多德主义完全不同的"新罗马"式共和主义（neo-Roman republicanism），若细究其思想渊源（例如西塞罗的共和论述），是不可能与亚里士多德思想加以区隔的。在这个基础上，里赫重述了施特劳斯（Leo Strauss）学派的主张，认为马基雅维里必须被诠释为古典传统的终结者以及现代性之始祖，而不是如斯金纳所描绘的罗马共和主义继承者（Rahe, 2000: 280—284）。面临对斯金纳"修正主义式计划"如此分歧的评价，我们将于以下两节分析斯金纳论述的内在逻辑，再提出批判。

四、斯金纳对马基雅维里思想之诠释

斯金纳乃是英语世界诠释马基雅维里政治思想的名家。吾人若详细阅读其相关作品，可以察觉他的分析实有两种不同取向。较为常见的是传统史学分析方法，也就是剑桥学派所倡议的"脉络主义"（contextualism）。在此取向中，马基雅维里思想乃通过佛罗伦萨人文主义以及渊源自中古的"君主明鉴"（Mirror-for-Prince）等传统而加以诠释。斯金纳的《现代政治思想的基础》一书有关马基雅维里思想之论述（第1卷4至6章），正是此种历史分析的代表 [Skinner, 1978（1）: 113—189]。但另一方面，斯金纳讨论马基雅维里思想时，有时却刻意从事典范建构，将其公民共和主义描绘成与近代霍布斯以及其后自由主义论述相抗衡的思想典范。第二种取向最明显的例证在于其短文《马基雅维里与自由之维系》，而由于此开出了斯金纳其后系列论著之基本格局，对我们了解其理论内涵而言，是一篇关键性的文本（Skinner, 1983）。[8]

---

[8] 查维特、帕顿及里赫等均未注意到这篇短文的重要性。斯金纳虽然于较后期的作品中宣称他修正并强化了早期观点，并将其意涵加以发挥（Skinner, 1986: 237），但运用强制法律让公民达到自由这个关键性问题意识乃于此文确立，之后并未修改立场。

斯金纳主张在马基雅维里思想中共和自由乃是一种消极自由，并以《李维罗马史疏义》的文本作为佐证：

> 自由生活有一个共同的效益，当拥有此种生活方式时却不易为人所察觉：这效益乃是能够自由地享用个人财物，不需有任何疑惧，也不需要为妻小的荣誉名节有所恐惧。（Machiavelli, 1996：45；D. I. 16：3）

据此，斯金纳诊断马基雅维里所主张的自由乃是个人能够追求他们所选择之目的而不被干涉的消极自由（Skinner, 1984：205）。他对"自由地享用个人财物，不需有任何疑惧"为何便构成保障个人权利的消极自由，并未有进一步之理论说明，斯金纳直接宣称共和主义自由观能够"与一般消极的政治自由分析相契合"（Skinner, 1986：237），甚至认定共和主义思想家"从未诉诸积极的社会自由观"，因为他们持有一种"纯粹的消极自由观念，也就是在实现我们所选择目的时阻碍之不存"（Skinner, 1986：247）。

至于斯金纳另一重要主张，即个人消极自由唯有在共和国之中方可能得到最佳保障（Skinner, 1983：4），他依赖于另一文本：

> 要知道什么时候人民有着对自由生活的情感是相当容易的，因为由经验得知，若非处于自由，城邦从来不会在权势或财富两方面得到扩张。……但最重要的是考虑到当罗马废除君主制得到自由之后，它达到何等令人惊异的伟大。其理由相当容易理解，因为，**城邦的伟大乃根源于共善而非特殊的善**。（Machiavelli, 1996：129—130；D. II. 2：1；黑体强调为笔者所加）

对共和主义思想家而言，个人自由的极大化以及对共善之追求非但不会抵触，反而是互补的。因为只有当公民不将个人对自由之追求凌驾于共善的维护之上，完整的个人自由方有可能维系。假如个人自由之行使不以共善为基础，则成为共和主义者所批判的腐化状态，而腐化之代价永远是自由之沦丧以及奴役的降临（Skinner, 1992：221）。

上述两段文本之诠释揭示了斯金纳如何借由马基雅维里共和思想之诠释来完成其修正共和主义计划。援引马基雅维里的《李维罗马史疏义》是一个相当有效的论述策略。马基雅维里对人性抱持着悲观主义的看法，因为他将腐化视为人性的根本特质。若腐化缺乏适当的节制，则公民追求个人私利之心必定会凌驾于共善的追求之上。权贵（grandi）的行为动机往往是其个人野心，枉顾自由体制的价值而追求其个人或派系利益。一般平民（popolo）则很容易由于轻忽怠惰而未能履行公民义务。但其实平民对于维系其个人自由却有着切身的利害关系，因为权贵者的野心正在于剥夺平民之自由，甚至瓦解自由体制以遂其私欲。权贵者之野心以及平民追求自由的欲望，往往处于冲突状态（Skinner, 1983：4），是以马基雅维里主张运用阶级冲突作为克服腐化维系自由政制的主要力量。然而，古典共和主义所标举最重要的政治价值之一乃是和谐（concord），马基雅维里对阶级冲突能够促进自由体制维系的主张，乃是其突破古典传统的创新之处（Skinner, 1978（1）：181）。借由阶级冲突而巩固的自由政制，自然不带有目的论式客观共善的色彩。由此，斯金纳得以完成将共和自由观与亚里士多德幸福论脱钩的目标。

马基雅维里悲观人性论诚然可以避免目的论与自我实现伦理观理论问题；但这却也引发另一个重大的理论课题，也就是自由政制在冲突中持续存在之可能性。用柏拉图的语汇来说，乃是"政治共统体同一性"（*Republic*, 462a—465c）的课题；而在西塞罗的罗马共和主义中，正义乃是维系共和体制和谐最重要的政治德行（*Off*. I：21，II：78）。斯金纳已指出，马基雅维里拒斥了西塞罗将正义与共和政体的共善相关联之基本主张（Skinner, 1984：215），并强调阶级冲突的作用；然则两个永远相冲突的异质性阶级，如何可能在扬弃亚里士多德共善的公民观以及西塞罗的正义理念之后，还有可能整合成为一个政治共同体，而不致分崩离析？对此关键问题，斯金纳主张，马基雅维里所采用的机制乃是建立法律作为自由的护卫者（Skinner, 1983: 9）。斯金纳运用了卢梭式的观念来诠释马基雅维里：基于人性有着无法避免的腐化倾向，"法律可以——也必须——被运用来强迫我们自由"（Skinner, 1983: 10）。

斯金纳指出，对马基雅维里而言，自由国家能带来两个重大利益。其一乃是唯有自由的共和国能够获致伟大荣光并且扩张国力取得财富，这是吾人所熟知的主张。第二个重大利益则为斯金纳独特的观点：唯有在共和政体之内，公民消极性的个人自由才能够得到最佳保障。斯金纳修正共和主义的主要论旨便在于：

> 自由国家有另一个更大的礼物赠予其公民，这便是个人自由，依通常所了解的意义，意味着每个公民乃自由于限制之外（特别是那些源于个人依赖以及奴役所带来的限制），并因此可以有自由以追求他们所选择的目标。（Skinner, 1986: 239—240）

共和论述的优越之处在于，个人的消极自由乃是通过公民共同维护自由体制的共善而加以完成。欲达此目标，最重要的机制便是强制性的法律，而这正是在斯金纳依典范建构取向所诠释的马基雅维里思想中，最重要的议题（Skinner, 1983）。法律的重要性在于，它可以遏抑权贵者的野心，而此种野心乃是造成自由政制腐化瓦解的主要原因。由于在自由国家之中，法律维系了公民的个人自由以及集体的政治自由，它乃是共善的基础。是以，公民必须通过法律的强制才有可能获致真实的自由，因为其自然的天性很容易遭到腐化。若缺乏法律的制衡作用，自由国家会因为公民德行的消逝而有着腐化的危险，个人的消极自由极有可能因此而完全丧失。

假如公民德行与共善乃是维系个人自由不可或缺的基础,则公民必须致力于维护这些构成其个人消极自由的制度性基础。当他们不如此行动时,便构成了腐化以及政治非理性的病征(Skinner, 1984:249),在此种状态下,必须运用法律来强制公民追求共善,以同时保障其个人自由(Skinner, 1983:13)。斯金纳主张,共和主义由于确立了此种义务优位于权利的原则,相较于自由主义过分强调个人权利的思考方式,更能确保个人自由所赖以存续的政治制度(Skinner, 1992:220)。

斯金纳指出,共和主义主张个人自由之维护有赖于法律强制以及公民德行的立场,对自由主义者而言,形成了两个理论吊诡。其一乃是共和主义将个人自由的维系与公共服务或公民自治结合起来(Skinner, 1986:229—230)。其二乃是所谓的"人被强制自由"(forced to be free)的说法,将个人自由的理想与强制"以更加显著吊诡的方式"结合起来(Skinner, 1986:230)。斯金纳认为克服这两个理论吊诡的关键,在于**摒弃自由主义将法律强制也视为干涉之一种的理论预设**(Skinner, 1998:85)。共和主义思想家视自由与法律强制为互相补足,因而对维系个人自由的法律制度之价值有着积极的评价,也更能同时兼顾消极自由与公民义务。

确立法律干涉与政治自由之紧密关联,以及共和主义在此议题上优越于自由主义的权利论述之后,斯金纳基本上重新建构了一套关于"吾人应于政治社会之中如何维持自由"(Skinner, 1983:3)这个共和主义的根本课题。而斯金纳自承,对他而言共和主义乃是用来补足自由主义的理论缺失,而非完全取代自由主义在现代社会中的规范性价值:

> 我完全同意罗尔斯的观点,亦即思考个别公民与国家权利之间的关系时,正确的方式乃是强调所有公民均具有平等的权利去尽可能地追求他们所选取的目标。我所质疑的仅仅是罗尔斯以及

特别是他较为狂热的追求者所假设的,去确保以及极大化自由的价值是否必须将社会义务当作各种"干涉"。(Skinner, 1992: 215)

五、法律的功能、目的及其根源

斯金纳对马基雅维里思想之诠释,扬弃了波考克等所强调以民主参与作为培养公民德行场域的传统观点,并建立了共和主义法律观与政治自由的紧密关系。我们有必要进一步检视其以法律观念为核心的修正共和主义之理论逻辑,本节分别就法律的功能、目的及其根源加以分析。

以法律之**功能**而言,斯金纳主张自利的公民必须被法律的力量所强制,方能采取符合公共德行的行为。法律的根本功能遂在于将公民由他们自利的枷锁中解放出来,并通过强制而创造了公民自由的基础。换言之,法律扮演了型塑公民德行的积极功能:

> 对马基雅维里一派的理论家而言,相反地,法律不只是强制他人而保障了我们的自由,而毋宁是**直接强制我们每一个人采取某些特定的行动方式**。也就是说,法律被用于强制吾人脱离习惯性的自利行为形态,强制吾人善尽所有的公民义务,也因此能确保吾人自由所依赖的自由政制,从而免于奴役。(Skinner, 1986: 244—245;黑体强调为笔者所加)

法律通过强制所有公民"采取某些特定的行动方式"而克服了他们的自然腐化倾向,而此种特定行动方式便构成了公民德行。换言之,法律能够改变人性的腐化状态,并强制公民采取符合德行的行动,以确保自由与共善。这是斯金纳所提出的第一种法律观。

然而,此种法律型塑公民德行的观点,将导致一重大之理论议题:此种观念取向将很难与积极自由论者的主张加以区别,特别是后者所主张的任性意志（*Willkür*）乃是人性的自然倾向，而真实的自由必须通过理性的道德律令或者伦理生活之教化来克服任性意志才有可能达成。对于将共和自由视为积极自由的理论家与史家如波考克而言，这并不构成任何的问题；然而，对斯金纳修正共和自由论之主旨（期望调和消极自由以及公民德行），却构成重大的理论挑战。以斯金纳前述文本而言，公民德行作为所有公民均应采取的"某些特定行动方式"，与泰勒所描述之"行使式"积极自由差异不大，因为二者均需要行动者克服当下的直接欲望采行某种真正的自由。

为了确保修正共和主义之理论基础，斯金纳在其他脉络中运用了**另一种法律观**：法律的功能并非通过型塑公民德行来彻底改变其公民腐化倾向（卢梭所谓的改变人性），而是将追求个人利益可能导致的腐化结果加以调解，并导正到公共利益的方向之上（Skinner, 1984: 205）。公民所需要的仅为开明自利，也就是了解到法律的强制乃是为了维护他们的共同自由，而不需要真正改变其腐化之本性。

然而，斯金纳第二种法律观与自由主义者的法律观并无二致，其中的关键在于，为了证成消极自由不加干涉的基本精神，个人追求私利的活动不可被干涉，仅能通过法律的强制来调整腐化的**效果**。斯金纳曾批判自由主义的立场无异于为腐化背书（Skinner, 1986: 244），但是他第二种法律观却也有着同样的困境，除非追求私利的人性被强制而真正地转变成为符合德行的人性；但这又必须放弃第二种法律观而回归到与积极自由论述较为接近的第一种法律观，也就是作为型塑公民德行的法律理念。

换言之，斯金纳摆荡在两种完全不同，甚至互相抵触的法律观之间。就是否改变人性这个根本议题而言，这两种思想取向是无法相容的。但是，斯金纳的修正主义式计划却同时需要这两种观念：消极自由的面向需要消极性法律来调整腐化行动之后果，而符合德行的公共服务却又需要积极性法律作为型塑公民德行的力量。

就法律之**目的**而言，法律强制乃是为了政治自由这个终极目的，是以自由构成了政治社群的共善，基于此，"强制公民使其自由"方有理据。这样的观点预设了政治自由通过正当化的过程，成为被全体公民所共同接受之目的。政治自由所具有的此种终极意义，显然需要加以理论证成；然而详阅斯金纳之文本，将可察觉他并未提供应有的论证。他为自己并未证成自由之终极意义辩解为，马基雅维里本人仅"断言"（assert）政治自由之价值而未曾提供充足的证成；而斯金纳仅从事"报道（report）我所认为马基雅维里在其《李维罗马史疏义》中所呈显出来对于此课题之信念，而并未宣称提供了**关于马基雅维里自由理论之诠释**（interpretation）"（Skinner, 1983: 13，注6；黑体强调为原文所有），所以斯金纳没有义务去说明一个马基雅维里本人未尝证成的信念价值。

事实上，斯金纳认为马基雅维里未曾证成自由的价值也不完全正确。学者马西亚·柯里希（Marcia Colish）便指出，马基雅维里对自由政制之证成提出了两个具有原创性的论证。其一乃是自由国家在经济以及政治方面，均比被奴役的国家更有活力，也更容易达成累积财富、扩张领土以及获得荣耀等目的。另一则是在面对外敌入侵时，自由国家之公民为了保持其自主性而愿意为祖国而战（Colish, 1997: 207）。但是，这两个论证仅仅说明自由所带来的结果，而并未以严格的理论分析来证成自由的内在价值。吾人很难想象能够基于此种结果式论证（consequentalist argument），来证成运用法律以强制公民使其自由的理论基础。

如前所述，斯金纳完全接受伯林认为亚里士多德目的论与积极自由论述密不可分的论点。斯金纳尝试将马基雅维里自由论铺陈为消极自由的基本取向，使得他必须放弃亚里士多德之目的论以及幸福理论，另辟证成政治自由价值之蹊径。斯金纳认为，共和主义传统将政治社群视为一个"政治体"（body politic）的观点，提供了另外一种证成自由价值的途径。他指出，共和主义传统将政治社群视为一有机整体，并具有自身独立的意志，这与自由主义传统由程序或工具性的角度来分析社会之观点有着根本差异（Skinner, 1984：211；1986：239；1998：24—30）。而政治自由的内在价值便可以通过政治体需要有独立自主的意志而加以证成。

政治体的独立自主乃是权贵以及平民均将共同支持的政治目标。但此处所谓的独立自主有两种不同的可能诠释：其一为纯粹政治性的观点，也就是免于外力之奴役的自由状态；另一则为积极自由论述所主张的自我决定。共和主义传统向来以免于奴役的政治观点作为强调重点。然而，斯金纳并不自限于第一种纯政治观点，乃进一步主张政治体的独立意志即为所有公民的普遍意志：

> 像一个自由人一样，自由国家也能依据自身意志来追求其所选择的目标。当我们说一个社群拥有自由的政治体制，也就是能够过着自由的生活方式时，意味着其政治体制使得所有公民的意志——**亦即整个政治体的普遍意志**——去选择并决定社群整体所应追求的任何目的。（Skinner, 1992：217；黑体强调为笔者所加）

然而，在马基雅维里的思想体系中，权贵与一般平民既具有完全相反的秉性，二者又无时不处于冲突之中，他们如何可能形构一个共享的普遍意志？在此关键议题上，斯金纳无法以马基雅维里为本，而必须诉诸卢梭的思想。但将政治社群追求独立的意志等同于所有公民的普遍意志这个主张，超越了斯金纳的原始意图，也就是善尽公民义务仅具有避免陷入政治奴役的工具性格（Skinner, 1994：217）。他在此议题引入的卢梭式逻辑显示出，在政治共同体目的之议题上，斯金纳的理论具有构成性自由理论的色彩，而非如帕顿（1996）所批判的"工具性共和主义"。然而，卢梭的普遍意志只有在前述法律作为改变人性并型塑公民德行的架构之中，方有可能证成，而且与法律作为不积极干涉个人行为的观点无法相容。

这也是一般将卢梭所主张的"人被强制自由"视为积极自由论述典范之主要原因。换言之，斯金纳所提出通过政治体追求独立意志来证成政治自由的终极价值之论证，仍然无法摆脱积极自由论的牵绊，从而并未能与其修正共和主义相结合。

斯金纳理论的另外一个重大问题乃是关于法律的**根源**，而在此议题上，他完全忽略了马基雅维里关于政治创建的论述。斯金纳关注之焦点集中在如何维系政治自由，未曾探讨自由的宪政体制以及相关法律如何可能建立的议题。换言之，斯金纳运用马基雅维里思想来补足自由主义在维系政治自由方面论述之不足时，其实已经将马基雅维里思想"驯化"，并有意无意地忽略了马基雅维里最具争议性的主张，也就是必须经由独裁式的一人统治，方有可能建立自由的共和国家。若将共和体制与法律的创建等议题存而不论，则所谓自由的维系将失去论述的基础。

在《自由主义之前的自由》一书中，斯金纳触及了此一关于法律根源的理论困难，但并未能加以解决。他指出，共和体制需要公民德行以及共善之追求，但这与公民的根本人性有所抵触，因为马基雅维里悲观的人性论将腐化以及追求私利视为人性之本然。是以，共和主义有一重要的宪政主张：

> 假如公民德行应被鼓励，且公共自由能被维系，则需要有法律**被设计出来**，以强制人民脱离其自然但自我毁灭的倾向，因为这些倾向将损及维系其自由的必要条件。（Skinner, 1998：33，注103；黑体强调为笔者所加）

此处极重要之关键为——**这些法律是由何人或何种力量所设计？**这也是我们所正在讨论的法律根源之议题。显然地，一般平民由于其腐化以及自我欺骗之倾向，不可能去设计一个自我强制的法律体制；是以，类似卢梭所描述，所有共同体成员放弃其自然权利，通过社会契约来建构普遍意志的途径，在马基雅维里系统中是无法成立的。但另一方面，权贵当然更不可能去设计一套法律制度来限制他们自身的行动自由或野心。

要克服这个关于法律根源的困难，如本书第四章所述，马基雅维里所提出的主张乃是，通过一人统治超越常态的创建行动来建立共和体制的法律。而维护自由的宪政体制与法律，也只有在公民已经被超越常态的一人统治手段驯服之后，方有可能巩固。从这个角度来观察，吾人不难理解斯金纳的主要理论目标，"如何可能在政治社会中维系自由"乃是一种驯化的马基雅维里主义（domesticated Machiavellism）。马基雅维里最具原创性的三重论述，也就是自由体制的创建、维系以及持续的改革更新，被斯金纳撷取其中的维系部分，并放弃了较具动态性格的创建以及改革更新等两部分。而在这样的转化之后，法律才会在斯金纳的论述中，具备了远超过马基雅维里体系中所赋予的重要性。斯金纳采取这样的分析角度是有些令人惊讶，因为在波考克之诠释中，马基雅维里思想的核心乃在对"政治创新"（political innovation）所提出的系统分析（Pocock, 1975: 160），而这是斯金纳所熟知的诠释观点［Skinner, 1978（1）: 156 注 1］。

以马基雅维里之文本而言，斯金纳的诠释也有所偏颇。在他依赖甚深的重要章节（《李维罗马史疏义》第 1 卷第 18 章）之中，马基雅维里的确指出好的法律（buono legge; good laws）之重要性。但是斯金纳显然过分扩张马基雅维里此处对法律讨论的意涵，以支持他自己的自由主义倾向。吾人细审文本，可察觉马基雅维里清楚地指出，法律、习俗甚至秩序（也就是政治体制本身）均有可能腐化，而需要定期地加以改良更新。换言之，法律诚然不可或缺，但它绝非斯金纳所描绘的政治理性之基础而能强制公民达成自由；后者毋宁是卢梭积极自由论的主张。法律仅是马基雅维里治国艺术（arte dello stato）的一部分；另一部分则为持续地改革更新原有秩序，这是任何诠释或运用马基雅维里思想不能忽略的。事实上，除了 nomos 之外，马基雅维里更强调 dynamis 的重要性：

> 我们可以获致这样的结论：当质料（matter）未腐化之时，冲突及其他纷扰不会带来伤害；而当质料腐化时，**良好秩序的法律亦无所助**，除非这些法律被一个具有极端力量的个人所推动，使得质料变成好的。（Machiavelli, 1996：48；黑体强调为笔者所加）

六、共和主义论述的典范竞争

本章详细分析了斯金纳修正主义式共和自由观的脉络缘起、概念化进程以及其中所蕴含的理论问题，特别是他对于法律之功能、目的与根源的说明与马基雅维里的思想精神并不符合。进一步而言，以上所论述斯金纳对于共和主义自由观的修正，反映出他放弃了他自己之前对共和主义从事历史分析时所获致的重要结论。在《现代政治思想的基础》一书之中，斯金纳区分了近代政治思想的两种基本取向。其一着重分析政府机器的效能，另一则强调公共精神的重要性 [Skinner, 1978（1）：44—45]，并将马基雅维里思想作为公共精神的典范之重要代表。斯金纳指出，马基雅维里思想较接近以布鲁尼（Leonardo Bruni）为首的佛罗伦萨公民人文主义（civic humanism）传统，提倡人民与政治精英的公共精神与德行。是以，马基雅维里强调德行、政治参与以及自由的关系（ibid., 179—180）。但布鲁尼之后的人文主义者，由于受到经院哲学的影响，开始"将他们的注意力转移到检视政府机器，**自问法律与制度对于保存自由应扮演什么样的角色**"（ibid., 170—171；黑体强调为笔者所加）。值得注意的是，此种受到经院哲学影响所产生强调政府机器、法律与制度的转变，正是斯金纳重新诠解政治自由时所采取的主轴。

换言之，斯金纳修正主义的共和自由观所采取之分析取向，乃由公共精神取向转移到政府机器效能取向。而此种新的分析取向，影响了当代共和主义论述，并导致了共和论述分别以德行与法律为核心的两种不同取向。波考克主张共和主义的德行论述与自由主义的法学论述相对立，并认为是无法相容的典范（Pocock, 1985：37—50）。但斯金纳有意识地尝试推翻这个传统看法，其研究取向影响了不少年青一代的政治理论以及历史学者，其中最具代表性的乃是佩迪特的哲学理论以及维罗利对马基雅维里思想所提出的新诠释，两位学者均强调法律的重要性，而且刻意降低公民德行的分量。

佩迪特在1990年代初期的作品之中，尝试赋予斯金纳历史取向的观点以理解深度以及哲学基础（Pettit, 1993a, 1993b）。他较为重要的主张乃是，自由主义者对"干涉"所抱持的纯粹是一种数量导向的概念，而共和主义者所持的则是一种以"质"为主轴的消极自由观，他称为"具有弹性的不被干涉状态"（resilient non-interference）。佩迪特用一个比喻来说明：自由主义所主张的不被干涉状态好比是球体不具有轨道的任意移动；而共和主义自由观则好比是依循轨道而运转的球体，它不断移动的状态构成一种不被干涉的状态，但其运动所具有的轨道正像是强制法律所发生的导正作用。人的行动在法律主治的社会中，才能有轨道依循不致堕入腐化状态，并获致真正的不被干涉之消极自由（Pettit, 1993a：167—168；1993b：20—21）。

然而在其后期作品中，佩迪特对他的立场有所修正（1997：21—26）。共和自由所主张的"非支配状态"（non-domination），乃是与消极自由以及积极自由皆为不同的理念。但佩迪特强调重点仍在于论证共和理想乃是一种"法律的帝国"（empire of law；Pettit, 1997：20—21；174—177），而不是一般所认定的民主参与，他并将后者称为民粹主义（Pettit, 1997：8—10）。

在历史学界，维罗利将斯金纳的修正主义取向彻底地运用到马基雅维里思想的诠释之中。他宣称：

> 马基雅维里的共和主义并非强调公民或军事德行，更非追求军事的伟大与掠夺，而是寻求一个良序的共和之理想；也就是说，一种通过法治以及宪政安排，来确保政体内部每一成分均维持恰当之位置所形成的秩序。它追求一种政治与公民生活的原则……以及政治自由的理念。此政治自由观乃是个人依赖之不存，这是他从法学家、社群自治理论家以及13、14世纪的公民人文主义者所继承下来的。(Viroli, 1998: 115—116)

他进一步反对波考克以及其他传统共和主义诠释者，主张马基雅维里所抱持的公民德行观乃是"日常生活的德行，也就是有秩序地实践公民义务以及遵守法律，远超过军事的勇武。共和并非德行的具体化，也不是为了确保并增进德行的制度；它仅仅是一种需要德行的公民秩序"(Viroli, 1998: 138)。马基雅维里共和主义的核心范畴乃是"法治"，或以维罗利(1998: 122)所用的语汇而言之"合法性原则"(principle of legality)。在维罗利的论述中，我们清楚地看到法律的重要性完全取代了德行。

尽管斯金纳的修正共和主义产生了相当的影响力，但经由本章的分析，可清楚地看出此种法学式诠释观点的限制。斯金纳修正企图的基本局限在于未曾真正克服伯林的两元分析架构，而且毫无保留地接受了伯林将积极自由与形上学的一元论关联之基本假定。斯金纳基于这个理论脉络所建构的政治自由观，企图同时维护消极自由不受干涉的本质以及公共服务的德行，却又能摆脱自我实现的目的论伦理观，导致了不易克服的理论困境。[9] 斯金纳对于法律这个

---

[9] 在2000年以后，斯金纳(Skinner, 2002b)对其主张有所修正，采取佩迪特的立场，将共和自由称为"第三种自由观"(the third concept of liberty)。他并重新修订了早期论文，成为《政治的视域》(*Visions of Politics*, Skinner, 2002a)。之后，他的注意力转向霍布斯的自由观，但仍以共和主义传统为脉络(Skinner, 2008)。本章源于笔者更为细密论证的英文论文(Shaw, 2003)，斯金纳对本文以及佩迪特等学者之回应，请参阅Skinner, 2008: ix。

修正共和主义的核心范畴并未就其功能、目的以及根源提出合理且一致的理论建构,这清楚地显示出,马基雅维里所强调的民主参与以及动态的政治德行不应当被忽略。这不仅是斯金纳修正共和主义之理论问题,而且为法学式共和主义所必须严肃面对的课题。

结语　共和主义与当代社会

本书以上各章，从思想史的角度分析西方共和主义的系谱，包括古典共和主义的原始精神，以及马基雅维里以来现代共和主义的发展轨迹。以"民主共和主义"与"宪政共和主义"的对立与辩证发展为主轴，本书详细地检视了两大思想典范的代表性思想家及其理论精义。

在极权主义式微，社会主义阵营瓦解，乃至"9·11"事件后急剧激化的"文明冲突"的当代情境中，任何有前景的政治论述都必须立足于思想资源的历史性，并向前展望人类社会下一阶段发展的可能性。对此当代议题，共和主义究竟对现代公民社会有何意义？

共和主义传统所强调的共善以及德行等较具目的色彩之价值，显然必须因应多元的价值分歧而有所调整。部分共和主义者结合社群主义的精神，重新证成政治社群可以有其成员共同接受的伦理规范，并且对违反此种规范的成员加以道德制裁（Sandel, 1996）。也有思想家指陈，若非建基于传统文化的特殊主义，则爱国情操无法加以培养（MacIntyre, 1984b）。然而，此种论证取向似乎忽略了现代社会多元分歧的事实，容易导致少数群体受到文化压迫。

以共和主义与自由主义之关系而言，大部分共和主义者仍然不赞成多元主义（pluralism）以利益团体为导向的政治观，因为后者将个人以及团体的特殊利益视为政治互动的前提，政治过程仅为各种利益之汇聚，经过谈判与利益交换而达成的暂时性均衡。相对于此，共和主义者仍然坚持特殊利益的可变性，并经过民主的沟通审议转化为符合共善的公民德行（Michelman, 1988: 1507—1515; Sunstein, 1988: 1542—1557）。

对于个人自由与民主多数决有所冲突这个重大问题，当代政治理论家近来则以"审议民主"（deliberative democracy）重新解析宪政民主国家之中人民意志的形成。在此种观点中，政治意志并非通过纯粹的多数决或公民的集体决断便可以形成，而必须符合某些可被理性证成的规范（如 Habermas, 1996），或是历史所发展出并为公民所接受的合理公共文化之政治价值（如 Rawls, 1993），从而对卢梭式集体民主的理念有所修正。审议民主虽然并不否定多数决的机制，但正视在参与式民主中，个人未经思虑的偏好容易受到操控的事实，并尝试开发公民的公共关怀以及整体利益取向之议论能力。审议式民主期望公民对于其主张必须公开陈述足以与其他社群成员从事理性沟通之理由，而非仅仅表达个人的偏好或利益。所以，相对于多元主义将政治视为个人或次级团体利益交换的市场机制，审议民主以"公民论坛"（public forum）作为理性民主的目标（许国贤，2000），这与共和主义的精神相当契合。

除了审议民主之外，本书主张共和主义还有另一种发展的方向。政治自由以及爱国情操这两个核心价值显示出，马基雅维里式共和主义一个重要的特质乃在于正视政治领域的动态与冲突性格，并强调反抗支配的争胜精神乃是公民德行之根源。此种对公共精神之强调可以弥补自由主义以及社会主义在这方面的不足之处。

波考克曾将共和主义的历史意义描绘为对立于传统政治统治形态的历史光荣时刻（Pocock, 1975: 49—54, 74—80, 106—112）。共和制度的对立面，在罗马时期乃是王政，而在马基雅维里所处的现代国家萌芽时期，则有着新兴国家的绝对君主。这些一人统治的政治意识形态，往往运用一种"奉天承运"的自然主义论述来证成其统治之正当性：君主乃是上承上帝之旨意在人世间行使统治，并构成自然层级的一部分。相对于此种以自然为本所形成的秩序观念，共和主义以行动为取向，则强调公共自治以及德行之建立，唯有在参与式的共同体之中方有可能；而由于其强调政治平等，遂能突破以层级观念为基础的传统统治观。在现代民主于18世纪开始逐步取得胜利之前，共和政制往往存在于规模较小的共同体。由于共和国必须外抗强邻，对内又必须遏止统治精英侵夺政治自由的果实，所以生活于其中的公民对于其存在的特殊性以及秩序瓦解的可能性往往有着深刻的认知，是以机运（fortuna）等表达政治变迁的观念在马基雅维里思想中扮演了重要的角色。波考克指出，共和主义此种对于机运以及特殊性的深切体认，突破了中古经院哲学对普遍性之强调以及传统主义对于祖宗大法之敬虔态度，乃是近代历史意识之根源。

德国思想史家科泽勒克（Koselleck, 1985: 159—197）在分析西方政治意识的形成过程时，曾阐释一种"非对称性对比观念"（asymmetric counterconcept）的重要性。他指出，政治认同的形成往往在于建立社群的界限之后，对于我群政治统治的形态加以普遍化，而将敌对团体的支配负面化。这个分析架构可以诠释共和主义的争胜精神，乃根源于非对称权力关系中，弱势一方基于其可以实施公民自治的特殊制度情境所发展出的政治意识。是以，针对非对称权力关系所展开的抗争乃是现代共和主义的存在理据。正因为此种权力关系强弱支配的特殊性，使得其后民族主义运动可以顺利地接收古典共和主义关于独立自主的政治主张。然而，文化民族主义者往往以特殊的国情为由，集中于抵御外侮，而忽略了公民自我统治作为独立自主的根本要件。这无异于将非对称权力关系的特定层次本质化于国际关系层次，却掩盖了国家之内支配关系的事实。但对共和主义而言，对外抵御强权与对内实施公民自治乃是自由国家必须同时满足的两个要件。

对马基雅维里而言,平民与贵族的冲突创造并巩固了自由政制。虽然冲突与对抗无法普遍化而成为目的(共同体的共善)自身,但在其动态政治观之中,若共同体之内没有抗争的存在,腐化必将随之而至。马基雅维里的共和论述说明了,即使是异质性社会,只要有适当的法律规范以及政治领导者互动时尊重公共制度的习性,则仍然能够建构一个健全而有活力的共和体制。在这个议题上,佩迪特的共和主义论所提出的分析最为完整。他主张现代政治除了常规性的选举民主(electoral democracy)之外,还必须有"争议民主"(contestory democracy)加以补足,才符合完整的共和主义宪政设计(Pettit, 1997: 183—202)。

值得注意的是,马基雅维里所主张的争胜精神获得当代自由主义与激进民主论者相当之回音。自由主义者格雷(John Gray)接受伯林所提出的多元价值理论,但反对自由主义者过分强调追求理性共识的政治目标,而依据马基雅维里精神提出一种"争议式自由主义"(agonistic liberalism)的主张(Gray, 1995: 64—86)。他强调自由主义并非符合理性的普遍原则,而是在欧洲近代历史脉络,通过对于专制权力与宗教权威之批判而型塑了自由、平等与宽容之理念,并确立了人权与法治等根本原则。这些政治价值不是永恒不变的理性基础,而是源于历史偶然所形成的暂定协议;自由主义之政治价值在当前社会处境中欲维持生机活力,必须持续发挥批判争议的原始精神,不仅对其他理论,对自身既有之信念尤其为然。格雷对马基雅维里争胜精神之标举,在当代激进民主理论学者墨菲的作品中,基于完全不同的理据,亦即尼采式的后现代主义政治观也加以肯定,认为可与激进民主论相互印证(Mouffe, 1992: 19—20)。另外一个可资比较的例证乃是哈贝马斯的民主法治国与公民社会理论。对他而言,现代市民社会乃是理性化(rationalization)的结果,而国家则是基于异化的工具理性(instrumental rationality)所发展出的统治机器,二者无时无刻不处于一种紧张关系之中。他主张沟通性政治权力乃以一种"包围"(siege)的方式来制衡国家的政治权力(Habermas, 1996: 486);也就是说,社会运动虽然无法直接取得国家的支配权力,但透过不断的自我组织以及社会团体间之联合,仍然可以作为一种间接性的权力,促成政治支配之合理化(ibid., 489)。哈贝马斯扬弃了卢梭本质主义的人民主权论述,而以公民社会持续地通过代议机构以外的社会组织与运动来监督国家的官僚化权力,这也是一个运用共和主义精神以防止腐化的做法。

共和主义对抗性的政治观或许无法完全取代自由主义国家已经建立的普遍性架构(宪政民主、法治原则以及程序正义等),但若以审议民主与争胜精神作为共和主义两个最重要的思想资产,则共和主义仍为对现代公民社会具有参考价值的思想传统。共和主义可以在不同的层面上补足宪政民主的运作,并能适度地整合后现代激进政治论之思想。争胜精神代表着在多元社会之中,有系统地被排斥或支配的群体可以将其诉求政治化,成为公共领域的政治议题。然而,与后现代激进主义者不同的是,共和主义者将主张,这些诉求政治化之后,相关论辩理据之提出以及矫正或补偿性机制之设计等议题,均应基于审议民主的公共理性原则尝试获致公民间之共识(Sunstein, 1988: 1573—1575, 1580—1581)。如此,价值冲突以及理性沟通两个看似不相容的原则,或许在共和主义未来的进一步发展中有得到调解之可能。

附录 "文化政治"的魅力与贫困

一、楔子

2002年春天,北京大学,这个位于中国历史的帝都并在传统与现代变迁轨迹交错之际孕育了新文化运动的学园,张贴出一张海报:本年五六月份,美国纽约大学张旭东教授将以《全球化时代的文化认同》为题举行讲座系列,并指导研究生与博士生研读相关理论材料。这张并不特别醒目的海报,却在一位热爱理论思维并且关怀时事的青年学子心中激起了阵阵涟漪,热切期盼借由参与这个讲座得到知识的成长,并学习如何将西方政治社会理论的抽象思维,运用到当代中国的具体情境。

张旭东教授也的确没有让这样的美丽心灵失望。在六次讲座以及一次公开演讲中,他基于学术专长,以"文化政治"概念为经,普遍价值与特殊理念的辩证为纬,对于现代西方的普遍主义,提出了宏观的历史回顾以及深入的理论分析。张旭东充满热情的讲授风格,在青年学子心中留下了不易磨灭的深刻印象,特别是关于尼采的批判思想,其颠覆性格如何可能成为现代西方在更广阔的历史社会危机中,重建自身的价值正当性的契机;韦伯在德意志帝国风雨飘摇的最后阶段,如何将价值问题还原为政治问题,并期许一个政治成熟民族的崛起;乃至施密特对西方议会民主的激进批判,从而推导出敌我分辨之逻辑与主权国家决断之终极性。

基于本书[*]内容,可重构出如下的讲授纲要:

第一讲,导论:文化政治的概念。阅读教材:康德,《世界公民观点之下的普遍历史观念》;黑格尔,《法哲学原理》,"序言"、"市民社会"以及"国家"选录。

第二讲,康德到黑格尔的自由与权利概念。阅读教材:尼采,《不合时宜的观察》选录。

第三讲,尼采(上):反历史主义的文化批判。阅读教材:卢卡奇《理性的毁灭》第一章与第三章。

第四讲,尼采(下):"永恒的复归"与价值之自我肯定。阅读教材:韦伯,《民族国家与经济政策》、《两种法律之间》;施密特,《议会民主制的危机》。

第五讲,韦伯与文化政治。阅读教材:施密特,《政治的概念》。

第六讲,文化政治的激化:从韦伯到施密特。阅读教材:韦伯,《新教伦理与资本主义精神》。

第七讲,当代的情境:多元文化时代的历史与主体(公共演讲)。

即使在西方大学,这样的内容分量也足以构成一学期扎实的课程。假如青年学子一面研读政治理论原典,一面在讲堂上聆听对这些文本的分析,将可以得到许多知性的启发,甚至可能产生生命历程中关键性的影响,下定决心以研究西方思想作为终生追求的志业。

以上当然只是想象的场景。但是拜读由演讲内容整理而成的

---

[*] "本书"即指张旭东教授所著《全球在时代的文化认同——西方普遍主义论语的历史批判》(北京大学出版社 2005 年版,409 页,ISBN 7-301-08149-9)。本附录中所标页码也为此书页码。——编者

《全球化时代的文化认同：西方普遍主义话语的历史批判》一书后，笔者也能感受张旭东教授深入浅出的分析能力以及极具热情感染力的台风，并可想象对听讲的青年学子产生潜移默化的启蒙之功。本书的目标极具企图心，运用后殖民与后现代的方法，重述西方普遍主义的发展以及所遭受的批判和响应；然后总结此进程所展现的历史辩证性，重新建构一个具有中国普遍性的文化政治观，以期能与西方抗衡。不仅如此，全书的贡献还确立了中国学界研究西方思想的正当理据。的确，西方政治思想研究者往往被质问：此种研究对本土社会有何价值？作者提出了一个意义的相关性：用"进入西方"的方式，来"回到传统"（页380）。

然而，本书的启蒙使命以及所提出的意义关联，有没有可以进一步讨论的空间？其极富魅力的文化政治论述，是否有哲学上的贫困之处？张旭东带领读者所进入的西方，是什么样的西方？这是我们关怀的主轴。本文将不处理作者对个别思想家的诠释观点，而集中于整体架构与分析取向。以下的讨论分为：德国传统与后发现代性的问题、文化政治的观念，以及中国民族主义等三个课题，最后于结论提出"文化创造"的观念并分析其意义。

笔者撰写这篇文章的机缘，乃因《思想》季刊有闻本书在中国大陆知识界引发了广大回响以及热烈讨论，遂嘱托为文加以评论。必须强调的是，笔者对于大陆知识界的最新发展并不熟悉，所以本文仅是一种**"外部考察"**：代表一个台湾读者，基于个人所理解的学术体例，在阅毕全书之后的一些感想。本书所展现的强烈民族情感，对于在台湾成长的笔者既感似曾相识却又相当陌生；全书的内容，很多是笔者专业上能够理解的，但在不同的架构中，张旭东提出的许多独特观点，同样让笔者感到既熟悉又陌生。当然，这让笔者了解当代中国知识界的一种思想形态，也是一番深具意义的阅读经验。

二、"后发现代性"之镜:普遍性的化约与多元性的辩证化

参照前述的大纲,笔者心中首先浮现的疑惑是:处理西方普遍主义,为什么只讨论德国思想家?德国文化诚然是西方现代性重要资源之一,但它显然不构成西方现代性之整体,亦非西方普遍主义的创造者;何以本书以极大的篇幅以及强烈的热情来重述这段思想史?更遑论,德国从俾斯麦时代到二次世界大战,乃是一个毁灭性的历史进程,为什么德国经验是当代中国应该取法的对象?

类似的问题,参与学生已经提问(页104—105)。对此,张旭东提出的解释有二:首先,德国的情境乃是"后发现代性",夹在之前的英法以及其后的斯拉夫人之间。此种后发现代性构成了所有非西方国家(包括中国)面对西方现代普遍主义时,无可逃避的基本处境。其次,德国的历史进程,乃是国家统一、民族建构以及资本主义的同时发展,"这个问题和当下中国有一种隐喻意义的可比性"(页105—106;并参考页388以下之讨论)。的确,由于"后发现代性"的情境与超越企图,使得德国以及日本经验对中国现代知识分子持续地产生吸引力,本书也反映了此种影响,我们可由**方法论**以及**实质内涵**两个层面加以检视。

在方法论层次,本书对西方普遍主义的讨论,集中在德国文化传统要取得正当性,必须基于作者在页120所陈述的一个根本预设:

> 尽管德国资本主义的历史道路崎岖不平,社会发展远远落在英法后面,但德国人却仍然为整个现代西方市民阶级做了**精神和思想上的立法**。甚至可以说,成熟的资产阶级体制早在德国浪漫派那里就有过一次精神上的操练或形式上的预演。(黑体强调为笔者所加)

这个**整体主义**(holistic)的立场,并非张旭东的创见,而是德国思想界自我认知的常见形态。早在《〈黑格尔法哲学批判〉导言》

中，青年马克思于 1844 年德国资本主义的早期，便已将德国问题的解决加以"普遍化"，成为资本主义矛盾的整体克服。然而，作为当代的读者，我们必须对此整体主义预设有所保留。毕竟，青年马克思仍是黑格尔主义者，通过无产阶级被剥削的普遍性来辩证地一举解决德国问题以及资本主义的矛盾；我们所身处的则是对主体性、普遍性深切质疑的后现代。张旭东自述以后殖民为理论出发点，但他对于本书整体主义方法预设之说明，显然有所不足。

进一步而言，本书在分析德国传统时，存在着另一种不同的取向：黑格尔的历史辩证、尼采的价值重构、韦伯对于德国人作为一个"政治成熟民族"的期许、施密特对于主权决断之强调，其实都是西方现代性自身面对其历史进程所产生的矛盾时，通过更激进的自我批判，来产生更强大的主体性之凝聚力，从而将西方现代性进一步提升为更高层次普遍性的辩证进程（页 120）。吾人可将此分析取向称之为"**普遍性的自我调解**"。

值得注意的是，本书对德国传统的"普遍性的自我调解"分析观点与前述的"整体主义"立场，其实是有所扞格的：基于整体主义，其他"后发现代性"国家的人民可以掌握到"精神立法"的阿基米德点，"批判性"地掌握西方普遍主义整体，进而**超越**其历史限制；基于"普遍性的自我调解"分析观点，则西方普遍主义自身即展现出黑格尔"绝对精神"所具有的超越/扬弃矛盾之力量，位于后发现代性的民族，除了**进入此种绝对性的辩证机制并自我普遍化成为其中一环节外**，并无其他出路。

此处所反映出的扞格，其实是黑格尔辩证法在他去世后，左派青年黑格尔主义者以及右派保守黑格尔主义者对立的诠释观点。[②]

[②] Herbert Marcuse, *Reason and Revolution*(Boston: Beacon, 1960), pp.251—257；中译见《理性与革命》，程志民等译，重庆出版社 1993 年版。Karl Löwith, *From Hegel to Nietzsche: The Revolution in Nineteenth-Century Thought*, tran., D.E.Green(New York: Holt, Rinehart and Winston, 1964), pp.53—65；中译见《从黑格尔到尼采》，李秋零译，生活·读书·新知三联书店 2006 年版。

在马克思主义传统中，整体主义向来是与**辩证发展**结合在一起的。举例而言，卢卡奇在《历史与阶级意识》一书中[3]，便成功地结合了整体（totality）以及历史辩证，并对资本主义社会以及资产阶级思想的"物化"（reification）提出了彻底批判，而无产阶级世界革命的历史意义，便是在实践以及意识层次，同时扬弃布尔乔亚的物化制度与意识形态。在整体主义取向上，《全球化时代的文化认同》一书的方法论，无疑地受到青年卢卡奇的影响。然而，本文以下分析将指出，张旭东的论述尝试结合卢卡奇所提出的马克思主义整体辩证**方法**以及施密特所标举的右翼民族主义国家至上的实质政治价值。终极而言，在此种政治浪漫主义式的结合中，后者取得了主导优势，使得"普遍性的自我调解"分析观点超越"整体主义"的重要性，并放弃了马克思主义传统的辩证发展取向，通过尼采价值哲学的右翼诠释来克服普遍主义。

于此，吾人由方法论议题转向普遍主义实质内涵之考察。在这个面向上，全书过分偏重德国传统所导致的理论问题其实相当明显：本书的副标题乃是《西方普遍主义话语的历史批判》，但综观全书，并没有对所谓"西方普遍主义"的内容提出充足的说明与分析。读者所看到的，是德国传统在后发现代性的存在焦虑中，一波又一波的整体主义文化思潮。

然而，西方"普遍主义"的内容究竟为何？参照加拿大政治哲学家查尔斯·泰勒最近分析现代性的小书[4]，西方现代性有一个道德秩序观念的核心：具有权利以及自由的个体，能够不诉诸超越性的正当性基础，通过平等协议以及共同行动，建立社会与政治秩序。这个道德性的愿景，发轫于格劳秀斯以及洛克的自然法理论；

---

[3] Georg Lukács, *History and Class Consciousness*, tran., R. Livingstone (London: Merlin, 1971), pp.12—22, 162—172；中译见《历史与阶级意识》，杜章智等译，商务印书馆 2004 年版。

[4] Charles Taylor, *Modern Social Imaginaries* (Durham: Duke University Press, 2004).

然而要成为能够实践的政治理想,必须在历史的脉络中,由抽象理论转化为一般人民可以接受的"社会想象"(social imaginary)。而西方现代性的发展,乃是几个宏观社会想象之形构以及具体化的过程,包括市场经济、公共领域,以及人民主权的民主制度。这个历史进程也型塑了吾人所熟悉的现代政治意识,特别是民族主义以及阶级革命等。

泰勒的分析相当简洁,却精确地指出西方现代"普遍性"的核心。基于泰勒的观点,吾人将察觉张旭东先生本书在理论上的不足之处:所谓西方普遍主义话语,作者仅以康德的法权哲学作为代表;但在康德时代,西方普遍性已经从道德的愿景发展出不同的社会想象,并且孕育了美国与法国两大革命。在理论层次,真正应该分析的西方普遍主义,至少应该包括博丹与霍布斯的现代主权国家概念、斯宾诺莎对民主以及思想自由的阐释、洛克的人民主权论、孟德斯鸠的宪政主义、苏格兰启蒙的商业社会理论、卢梭的普遍意志、西耶斯的国民制宪权,乃至法国大革命之后贡斯当、托克维尔以及密尔对于个人自由的阐释等。这些是西方现代性进程实际发展出的普遍主义论述,它们不能(也不应该)以康德的法权哲学为代表一笔带过。放在西方广阔的现代性进程之中,康德的法权哲学绝非"精神立法者",而是后进民族对于先进国家普遍理念,运用抽象理性范畴加以重述的体系。

是以,本书短短的论康德一节(页69—75),具有极端重要的论述策略意义:张旭东认定康德的法权哲学(也就是宪政共和的国家理论)只不过是"无自觉地把市民阶级的政治理想作为道德形而上学的普遍原则来阐述"(页72)。如此一来,西方现代性的法或权利(Recht)概念所代表的普遍性,便成为只不过是市民阶级对于私有财产、契约等法律政治地位的需求(页73)。这是全书唯一对于西方现代普遍主义的"正面"阐释,但其论述策略乃将西方普遍主义**化约**为市民阶级在不同历史阶段特殊的意识形态。于此,我们明确地观察到此种化约主义的**反历史**倾向：西方现代性（或普遍主义话语），不管如何转变，始终被视为是资本主义理论霸权的反映。结果是全书对于西方普遍主义之**生成**以及**变化**，缺乏有系统的理论考察。

此种反历史倾向其实是一面明镜，反映出本书内容的两个深层病征：**对西方普遍性的化约，以及多元性的辩证化**。前述以康德代表西方普遍主义乃是对普遍性的化约，这是一个比较明显的问题。⑤ 至于"多元性的辩证化"则较为隐晦，其中之关键在于，本书以民族主义观点介绍德国文化史，除了极少数例外（页57），基本上忽略了赫尔德（Johann G. Herder）的思想。当然，这或许仅是作者在构思架构时的取舍问题；但也有可能是赫尔德的文化民族主义所强调的是多元主义（pluralism）精神；而在文化多元主义（甚至是价值多元主义）的场域中，最高道德律令在于理解每一个文化社群在历史中所各自发展表达的独特价值，并且互相尊重、承认。⑥ 这样的多元主义式文化民族主义，并没有一个让各文化争取霸权的普遍性中枢位置。相对地，张旭东的主张则是多元性的"**辩证化**"：由单纯的多元并陈、相互承认彼此的特殊性，转变为文化社群间的争胜与历史辩证。

换言之，通过对康德法权观念对普遍性加以"化约"，搭配上黑格尔历史观将特殊性"辩证化"，形构了全书在实质内涵之基本主张。然而，这样的论述策略，有技巧地回避了与西方现代普遍主义在**相同的理论水平**上进行讨论辩难，运用意识形态批判的途径，完成将西方与中国、普遍性与特殊性的位置互换，并由

---

⑤ 笔者能够理解，这种对普遍性的质疑与批判态度，有着由1980年代的新启蒙运动，历经1989年政治风波的冲击，所导致1990年代中国知识分子的调适与转型，以及改革开放不同阶段所面临的社会经济挑战等复杂的历史背景。

⑥ 请参考约翰·邓恩（John Dunn, *Western Political Theory in the Face of the Future*, Cambridge：Cam-bridge University Press，1993，pp.59—61，77—80）敏锐的观察。

此建构了一种辩证式的文化政治论,其内涵需要吾人进一步予以检视。

三、文化政治的观念:普遍性与特殊性之辩证

本书核心的观念在于"文化政治"。为什么"文化"与"政治"会如此紧密的关联起来?张旭东认为文化乃是"我"与"他"、同一性与非同一性、连续与断裂、普遍与特殊的问题。换言之,文化离不开其社会政治内涵与价值取向,以及文化与生活世界的关系(页5);这样的关系,必然是"政治"的。是以,作者申言"文化政治就是要在一个法或法哲学的层面上重新思考文化问题"(页3)。本书论述的出发点是一种整体主义的思维:

> 一个非西方的社会文化主体意识,必然是一个总体性的主体意识。因为在西方主体性的总体性面前,放弃自身主体的总体性就是放弃自身价值体系的正当性,就是放弃整个生活世界的价值依据和历史远景。这样的"主体性"根本不具有参与普遍与特殊、自我与他人的辩证法的资格,因为它在一开始就已经丧失或放弃了自身文化认同,早晚会变成西方体系内部差异性格局的一个品位。(页19)

这是一个极为重要的理论/实践立场,但它是以一种无可辩难的基设(postulate)而呈现出来的。更确切地说,这个基设是**政治性**的而非理论性的,是施密特式的分辨敌友之决断:确立本书立场的"政治正确性",以及对立立场的"非我群性"。在此基设之上,作者很容易地对倡议西方启蒙价值的中国知识分子,提出政治性的意识形态批判,如指称"全球化"以及"自由主义普遍性"等价值只不过是西方所设定的普遍框架(页367)。这在本书最后一讲

(页360—367)得到一个逻辑清晰的表述：

> 普世话语的第一个话语是一种新自由主义的话语。(页360)
>
> 普世话语的第二点，它的具体形式是法……是市民阶级或中产阶级把自己的生活世界定义为普遍性、自由、正义的最根本道德的依据。(页361)
>
> 所谓当代普世话语的第三种具体形式是文化。文化只能是民族文化，语言肯定是一种民族语言，没有一种抽象的语言。(页364)
>
> 最后一层从经济到了法律，从法律到了文化，文化之后还有一层，这一层最抽象也最重要，就是主权(sovereignty)。谁是有主权的？什么是主权？sovereignty就是自己是绝对的主人。没有任何人能管你，因为在法理学意义上，你在法律之上，是法治概念中最内在的权力概念，是那种能够突破法权的极限、维护国家和存在、避免社会生活的混乱、将它重新导入法治状态的那种力量。(页367)

这样的思考取向，立即需要确认前述"总体性的主体意识"(页19)之**承载者**为何？既然现代世界只有国家具有最高主权，这个问题的答案非常清楚：只能是国家(而不能只是文化传统)。不仅如此，依照张旭东此处的逻辑，普遍价值的根源是普遍的法，法普遍性的根源是民族文化，民族文化的根源是国家。这是一个彻底的施密特式逻辑：越后面、越接近根源的，越具体也越有整体决断力；越前面的所谓普世价值，则只不过是一种虚假的、衍生的、缺乏能动性的话语。必须由根源来决定价值，而不能让虚假衍生的普遍价值侵蚀民族文化与国家主权的生机。是以，在以美国霸权为首不断推进全球化的趋势中，"中国的主权意味着什么？"不仅是一个政治斗争的实践问题，也是一个文化论述霸权之争的理论问题。本书的主要目标正在于面对理论霸权问题。

张旭东对抗普遍主义理论霸权的策略乃是"**普遍性的特殊化，**

特殊性的普遍化"。普遍性的特殊化，其主旨在于分析西方现代性的历史条件及其限制：

> 我们要表明的不过是：现代西方的自我认识和自我表述——它就是依据这种自我认识和自我表述去改造整个世界，改造一切他人及其固有的文化、社会制度和习俗的——最终**不是一种真理论述，而是一种价值论述，一种文化论述**。它并不代表或占有历史规律或客观真理，而是一种个人和集体的意志和理想的表达。在终极意义上，现代西方没有也不可能超越自我与他人、普遍与特殊性的辩证法；它没有也不可能超越文化的逻辑和政治的逻辑。（页13；黑体强调为笔者所加）

前节所述本书对西方普遍性的化约，正是"普遍性的特殊化"论述策略的实践。相对地，特殊性的普遍化，则主张中国应作为一个普遍性的文化实体：

> 在哲学意义上，中国问题不能在特殊性——即对立于西方所建构的"普遍性"，比如科学、民主、平等、自由等价值观念——的理论空间与展开，而只能在普遍性的理论空间与展开，由此把自己确立为普遍性的一种正当的、有说服力的论述和展开，从而能够进一步把自身的历史作为本原性的主体概念同新的"普遍性"概念一起确立下来。这种当代普遍性内容并不是由"西方"所垄断，更不是由"西方"所界定，但它不能不是一个共享的、开放的、批判的和自我批判的话语空间和主体交往空间。（页61）

将这两个面向关联起来，吾人将察觉，普遍性基本上是特殊性的过度陈述（页14），而特殊性若不力图将自身表述为普遍性，则将丧失意义与实质性（页336）。如此一来，黑格尔辩证法成为本书历

史化的普遍主义的基础。然而，只要有"普遍与特殊的辩证"，就没有多元与宽容，并将导致政治决断与实践斗争。对张旭东而言，不会改变的是普遍与特殊性的辩证关系：当前被西方所垄断的普遍主义宣称，必须被解构重新组合，还原到特殊的历史与政治脉络；相对地，通过此种解构，将使读者理解到，当前的历史条件，正是中国作为一个文化政治实体嵌入这个辩证过程，并提升为普遍性的绝佳契机。

这个历史契机无他，乃来自于中国近年来逐渐崛起，对抗以美国为首的全球化趋势，并追求被平等对待的政治意志：西方不可再用其自身的框架来挑战中国的政治制度发展的独特性，而应对于中国所提出的价值予以平等承认。本书指出其中之关键在于，中国必须超越西方所设定的框架，而能够自我理解、并被承认为一种普遍性的文化价值体。张旭东不止一次提到克林顿 1996 年在北京大学演讲所言"中国站在历史的错误的一边"（页 98, 150），显然视之为西方普遍主义傲慢心态的集大成之作。而且竟然选择北大燕园作为宣示场所，是可忍孰不可忍！本书或许可视为一个北大人对克林顿及其所反映的西方普遍价值体系霸权主义的反批判。

暂时不论政治层面的存在感受，吾人所关注的理论问题在于："普遍性的特殊化，特殊性的普遍化"究竟导向何种形态的**政治行动**？依据本文前一节所提出的整体主义／普遍性的自我调解之区别，笔者认为，张旭东在超越普遍主义的实践的议题上放弃了马克思主义辩证传统的整体主义，而集中于普遍性自我调解的面向。他所做的，并非普遍与特殊的辩证关系彻底的扬弃，而仅仅是重构这个辩证的**当前形态**（美国以全球化及普遍人权之名行霸权主义之实），使中国的价值宣称能够具有相同的普遍效力。基于此，吾人可看出本书副标题《西方普遍主义话语的批判》的微妙之处：被批判的是西方普遍主义的**话语**（当前形态），而非西方普遍／特殊辩证的**整体架构**。张旭东的目的，并非推倒这个架构，而是将中国经验与自我认识普遍化，以期在这个辩证架构**之内**与美国争胜。

本书的理论立场，从而与日本二次大战时，关于"近代的超克"⑦之讨论若合符节，因为两者均反映了"后发现代性"新兴国家崛起成为国际强权初期的政治意识。然而，张旭东批判竹内好之流的主张，日本若能在军事上击败美国并征服太平洋，则应自我理解为"成为世界历史的民族"和欧美人平起平坐等看法，终极而言，还是用西方的架构来界定自己的一种"我也算一个"（Me-too-ism，页193，384—5），因而有所不足。

假如日本式"近代的超克"仍有其限制，那么西方普遍主义的牢笼究竟如何克服呢？对这个问题，张旭东以尼采的价值重构（而非黑格尔的历史辩证）加以对照：

> 要爱你自己的存在，并同威胁这种存在的一切势力战斗，包括同自身内部的矛盾和混乱战斗。前提是，在这个时候，一方面要接受外来事物，另一方面又不能做一个消极的继承者、模仿者，而是要把世界的混乱作为自身的混乱来组织。这就好像是说，西方的混乱、现代性的混乱是要德国人来组织，不清理西方世界的混乱，我就不知道如何做一个德国人，而这正是做德国人的意义。这种"现代性的克服"是"后发现代性"国家的一种特殊的意识形态和自我意识。（页193）

只要把这个关键文本中的"德国"替换为"中国"，并将"现代性"加上"全球化"等当代词汇，便精确地反映出张旭东的中国文化政治论述之价值主张。

在这个意义上，本书乃是一种**以国家实力为基础的文化民族主义**，而我们有必要检视此种民族主义的内涵，是否真的超越了西方普遍主义之范围。

---

⑦ 对此议题，笔者受益于林少阳："'现代的超克'、美学主义与政治性：日本浪漫派保田与重郎试论"一文（发表于2005/10香港中文大学中国文化研究所当代中国文化研究中心主办之"思想史上的认同问题：国家、民族与文化"国际学术研讨会）。

四、当代中国政治性的文化民族主义与启蒙辩证

认同是文化民族主义的核心,而文化民族主义目标之完成,需要正面而积极地将自身的文化与政治价值主张作出普遍性的表述,方有可能得到他者的承认。在面对重建中国文化民族主义的课题时,同样必须区分方法论以及实质的价值内涵两个层次的问题。作者对这两个关键问题有充分的意识,且对中国的文化民族主义铺陈出一个方法架构;但相对地,全书主旨偏重解构西方普遍性,对中国文化政治普遍性的价值内涵着墨较少,有待读者自行整理。

文化民族主义既为中国崛起的相应现象,则"现在"的合理性必然是文化政治的出发点,这是张旭东论述的基本立场:

> 中国的问题不在于资源少——中国漫长的古代文明和现代中国的革命传统都给我们提供了极为丰富的资源;**更不是因为当代中国的存在没有正当性**——这是一切自视为中国人的人都绝不会承认的,这种尼采意义上**的"自我肯定"是当代中国文化讨论的最基本的立场和出发点**。(页192;黑体强调为笔者所加)

"当代中国存在的正当性"这个无可置疑的基本立场,当然是通过尼采、韦伯,以及特别是施密特的政治概念而加以证立的。

至于中国文化民族主义的实质价值内涵,张旭东提出了下列价值,作为未来中国争取普遍性不可或缺的要素:

(1)中国的传统历史:

> 中国传统上是一个大帝国,民族、文化、文明、政体——所谓"天朝文物制度"——是一个整体,而继承了这个生活世界的"社会主义新中国"哪怕在理论上再马克思主义,在实质上仍然

是一个"文化与民族的重合体",摆脱不了"民族国家"的根本特征却又超越了市民社会宪政国家的历史框架。(页255)⑧

(2)大众民主的价值内涵:

20世纪中国革命和民族解放的历史决定了,大众和大众民主必然是中国现代性正面价值的核心内容。(页148)

(3)政治认同与"同构型"概念:

当代中国的普遍平等理想,只能建立在对现实中的不平等的认识上,它的实践原则不是抽象的自由主义平等观念,而是在当代中国经济和社会现实条件下,辨认政治领导权的基础,塑造政治认同,从而在"人民与国家之间的认同、统治者与被统治者之间的认同"这样的同构型之上,凝聚民族的政治意志,确立当代中国的国家形式。(页311)

(4)中国革命传统与共产党的领导地位:

我们读自己的革命史就知道。……一般的史学家(包括西方史学家)都承认,中国革命的合法性基础,是中国共产党在当时确实比其他党派更好地代表了全民族的利益……它说不定还代表了中国这个政治共同体的集体无意识,即通过民族国的手段,从积贫积弱的混乱时代向新的文明秩序的回归。这些看法无论怎样片面,都比那种认为不恢复私有制就没有政治合法性的新自由主义教条要强得多。(页252)

---

⑧ 这个文本相当有趣地宣称,传统文化使得中国早已是西方式的民族国家,却不可能是(甚至已经超越)西方式的宪政国家。同样是西方文化所产生的政治范畴,张旭东对民族国家和宪政国家的态度却南辕北辙。

（5）毛泽东思想的资产：

> 在这个层面上，我们都可以直观地感受一下，中国在过去20年里的"存在空间"和"自由空间"和毛泽东时代相比是扩大了还是缩小了，答案恐怕是更小了。那时中国是世界革命的策源地之一，是第三世界的领袖，是三极化世界的一极。更关键的是，那时的中国代表和体现了一种普世理想，对许多中国以外的人具有精神上的感召力，许多人在思想和实践上仿效中国，"走中国人的路"。（页239）

这个文本，以毛泽东思想为主轴，对中国文化政治的普世理想以及主体的独特性有比较明确的说明。

（6）重新面对"文革"：

本书并未直接讨论，但有学生提问（页341—342），而张旭东主张开放性的面对"文革"，其中的关键在于：

> 中国这个社会怎么理解秩序和秩序内部合法性的问题……最简单地说，大家希不希望中国现在垮掉？我想大家肯定都不希望中国垮掉。那么反过来想，中国为什么没有垮掉，我们很大程度上跟"文革"有关系。……中国人现在在各个领域所表现出来的那种活力、创造性和那种不安分、那种天不怕地不怕的精神，实际上我觉得跟毛泽东时代尤其是跟"文革"造就出来的造反精神、那种唯意志论、人定胜天等有关系。（页342）

这六点是我们整理本书所提出当代中国文化政治内在普遍性的一些价值，它们显然仍是零散而不完整的，需要加以系统重构才能完成文化民族主义对于民族自我认识的整体性要求。这并非本文的篇幅所可能处理的议题，以下的讨论只能集中于方法层次的问题。

文化民族主义的根本立场往往是历史主义，特别是对**历史延续性**之强调（页 82）：共同体现在的自我理解必须关联到其**历史**所形构的价值传统，才具有正当性基础（页 4）。然而，这也似乎是当代中国文化民族主义者在方法层次最为棘手的议题。根本的问题在于，中国近代史乃是源于激进反传统主义所导致的一连串"**断裂**"历程（页 191）。本书便指出，"近代中国的历次社会革命，往往是用现代性内部的连续性……去推进和促成中国历史文化形态内部的非连续性和断裂"（页 140）；从而中国文化历次的启蒙，乃是一个寄托于一个他者来自我否定的历程（页 185, 191）。然而，张旭东将激烈反传统的自我否定完全归咎于启蒙知识分子，显然是有所偏颇的。现代中国的正当性根源，脱离了启蒙的普遍性如何自我理解？换言之，当代中国文化民族主义正当性论述似乎面对着一个**启蒙辩证的困境**：中国的共产主义运动，乃是渊源于西方现代普遍主义的最高形态之一（马克思对于西方社会的激进批判，是为了达到普遍的解放，当然是西方普遍主义话语的重要代表），而且它在中国近代史上，所实行的政策从来是与传统的对立、批判与否定。一直到改革开放之后，这种激进反传统主义的思维以及持续不断的政治运动，才在后极权的当代情境中"常态化"并逐渐式微。

对于这个关键议题，本书的论述策略是基于政治决断论精神，运用黑格尔"凡现实皆合理"的辩证，再加上"国家理由"或"国家理性"（*raison d'etat*；页 243）学说，**在现实（而非理论）层次来衔接断裂**。我们都知道黑格尔的"现实"是符合理性规定之存在，而张旭东的分析则谓"事实上，中国近现代史的轨迹，特别是大众革命和社会主义现代性的历史选择，本身就是这种'暂代性方案'的创造性超越"（页 61）。换言之，前述六点价值内容乃是国家民族在历史中已经作出的决断，而应被视为施密特所称的"国家的政治统一性和社会秩序的具体的整体状态"[9]，构成对中国未来规

---

[9]《宪法学说》，页 5。

范性思考的出发点。这不但显示出张旭东的文化民族主义之承载者并非文化,而是国家;更重要的意涵在于,中国崛起的**政治现实**可以辩证地扬弃／克服之前所有发生在中国的**文化**断裂,并作为未来形构普遍性的价值要素。"国家理由"之说,遂得以在政治存有以及现实层次弥补衔接现代中国的文化断裂。这乃是施密特决断主义精神不断出现在本书关键论述(如页 213、247、367)的原因,笔者也因此将本书的观点名之为"**政治性**的文化民族主义"。

然而,关联到上一节对本书"普遍性的特殊化,特殊性的普遍化"辩证逻辑之讨论,吾人将察觉张旭东援引政治决断主义,仍然不符合文化民族主义的精神。因为"国家"与"主权",还是在西方现代普遍主义发展的进程中所产生的政治观念,而非中国传统文化所本有。

回溯西方政治现代性的根源,大约在 14 世纪初叶,当时能宣称"普遍性"的,只有教会以及教皇绝对权柄,没有其他政治权力能与之抗衡。但意大利伟大诗人但丁(Dante Alighieri)在后期流放的生涯中,运用巨大的诗学想象力,铺陈出罗马皇帝(emperor)作为独立于教皇,并同样源于上帝意旨的普遍权力(《论世界帝国》第三书)。略晚于但丁,同为意大利人的马西略(Marsilius of Padua),则标举"人民"作为俗世政治正当性的根源。虽然运用统治全欧洲的皇帝作为政治符号来对抗教皇权柄,有其时代意义;但是西方现代性实际的历史进程,在 16、17 世纪确立的全新政治体制,乃是民族国家。民族国家低于但丁式"世界帝国"之普遍性,但高于马基雅维里式"共和"之特殊性。[10]对这个进程有所贡献的,包括马基雅维里设想的非基督教非道德的"君主"、博丹在法国宗教战争后提出的"主权",而集大成于霍布斯描绘的"利维坦"。

---

[10] Pierre Manent, *An Intellectual History of Liberalism*, tran., Rebecca Balinski (Princeton: Princeton University Press, 1994), pp.3—9;中译见《自由主义思想文化史》,曹海军译,吉林人民出版社 2004 年版。

当然，这是近代国家环绕着主权的绝对性，特别是主权者高于法律并且不受法律限制（legibus solutus）的属性而成形的第一阶段；[11] 其后将逐渐朝向自由主义、宪政主义以及人民主权等方向发展。

我们不厌其烦地说明西方政治现代性发展复杂的历史性，主旨不仅在于指陈本书对西方普遍主义批判的局限。更重要的，乃是一个实质问题：全书热情捍卫的中国国家主权与民族文化政治，表面上运用普遍与特殊之辩证，自我提升到一个理论制高点；但一究其实，张旭东所倡议的"国家"以及"主权"等，无一不是西方现代普遍主义话语所发展出的范畴。不仅如此，本书所标举的政治价值，其实是西方现代性**第一波**普遍主义（17世纪绝对主义之主权国家）的产物，但通过施密特的决断论作出一种**反历史的物化**，悬置历史进程，拒斥西方现代性继续发展出来的自由与宪政民主等价值，只愿接受德国后发现代性的民族主义与政治决断论。但是，倘若本书的价值主张也是**彻彻底底的西方现代性范畴**，则有何立场质疑引介西方启蒙思想以及自由主义价值的知识分子在整体主义层次的"非我群性"？而假如市场派经济学家可以被指责为"没有考虑当代中国自身的历史出发点和'先前的东西'"（页82），那么，不去面对中国社会主义的过去自身便是被西方普遍主义所多重决定（overdetermination）的事实，难道不也同样是"一种历史虚无主义的表现"（页82）吗？

德国后发现代性所发展出的施密特式国家主义与政治决断论，致力于宣传所谓自由主义的反政治性格。也就是宣称启蒙、自由主义以及多元主义等政治现代性，势必带来"非政治化"的趋势，并且将瓦解政治共同体的同构型以及凝聚力。而因为自由主义者似乎只会"坐而言"，无法"起而行"，更无能做终极的政治决断，从

---

[11] 关于"不受法律限制"这个重要观念，请参考《宪法学说》，页67—68、150、191—92、283；Hannah Arendt, *On Revolution*（Harmondsworth: Penguin Books, 1990）, pp.156—163。

而决不可以成为政治共同体的构成原则；唯有集体性的民族主义与国家主义方能担当此重责大任。

然而，此种史观是经不起实践检验的。观诸现代世界史的进程，实际上能够在其中持续存在并繁荣扩张的霸权，如18、19世纪的英国，20世纪的美国，无一不是以自由主义原则所构成的国家。换言之，**自由主义与强大国家不兼容之说是一个仅具表面说服力的悖论**，是一个类似陀思妥耶夫斯基《地下室手记》主角在无力的存在情境中所产生的政治想象。张旭东所祖述的德国民族主义，乃是以文化社群为基础，塑造强烈的民族情绪来构成政治认同，并意图"超英赶美"。但历史已经证明，此种民族主义思维，反映的是**弱国**对于群体存亡绝续永恒的深刻恐惧，并导致各民族对于其他民族产生了排他性之根本敌意。其结果是将现实政治化约成霍布斯式的"自然状态"，只不过互相为战的，并非个人而是诸民族。此种思维之目的是民族主体的型塑；但由于过度强化自身的存在焦虑以及对外的不信任感，极易演变为集体的妒恨（resentment），却无力创造繁荣和平的社会与国家。

既然此种集体主义倾向与马克思主义原始的启蒙精神并不兼容，也与中国政治崛起之现实不尽相符；那么，真诚地面对启蒙辩证，[12] 在"基本实现了小康"、国富民强已经在望的现阶段，展现泱泱大国的气度，自信而积极主动地吸纳启蒙在历史中所发展出的政治价值，并与中华民族的文化体系加以整合，应该是一个更符合历

---

[12] 作为文化研究者，张旭东确切地掌握了霍克海默与阿道尔诺《启蒙辩证法》之精义，也就是"在'启蒙'、'颠覆'和'革命'之后往哪里走，把新秩序确立在什么样的生活理想和价值理想的基础上"（页179）。只不过对他而言，答案是尼采式的："怎样保持和更新这个新的生活世界的激情、意志和创造力，把它理解为存在本身，理解为'最高价值'和'神性'本身。"（页179）对笔者而言，这不啻是用虚无主义的方式面对/回避政治正当性议题。事实上，启蒙仍有思想资源面对并克服启蒙的辩证；中国应该重新面对一再被富国强兵的民族主义所推迟的自由主义与宪政民主等政治现代性价值。关于启蒙的当代思想资源，请参阅钱永祥：《现代性业已耗尽了批判意义吗？汪晖论现代性读后有感》，《台湾社会研究季刊》37期（2000），页75—90。

史脉动的志业。

不思如此，顽固地排斥西方现代性，以后殖民论述为基础回头加工民族特殊性并予以过度陈述，如此所建构的政治性文化民族主义，不但无法真正克服启蒙辩证，恐怕只是沙滩上的城堡。

五、结语：从文化政治到文化创造

总结以上论述，我们可以说本书展现一种特殊的美学政治，在当代中国崛起的机缘中[13]，将极左与极右浪漫地结合起来：以黑格尔的主奴辩证法与卢卡奇的历史哲学掌握西方现代性的整体，然后用尼采的价值学说及施密特的政治决断来重构自我，[14] 以型塑当代中国政治性的文化民族主义，堂堂进入世界史普遍／特殊的辩证。

民族主义的价值重构，是中国当代知识分子必须面对的关键课题。作为一个在台湾的学术工作者，个人仅对张旭东的论述提出一些初步的观察。在黑格尔的辩证法中，西方现代普遍性之所以能真正成为一个具有调解力量的强势主体，乃是它能够让特殊性（也就是主体自由）得到无限伸张。在此意义上，由西方所主导的近代世界史，乃是一个自由实现的历史。以张旭东对黑格尔的理解程度，

---

[13] "机缘主义"（occasionalism）是施密特批判政治浪漫主义心态所提出最重要的观念，见 Carl Schmitt, *Political Romanticism*, tran., G.Oakes（Cambridge, Mass.：MIT, 1986）, pp.78—93；中译见《政治的浪漫派》，冯克利、刘锋译，上海人民出版社2004年版。此浪漫接合之可能性在于韦伯的关键角色，张旭东对此点说明如下："韦伯的两个杰出的学生——卢卡奇和施密特——分别从左的方面和右的方面恢复了对布尔乔亚文化制度和法律制度的辩证的、总体的批判，决不是偶然的。……这两个人后来在政治上虽然分属对立阵营……但在知识思想上却一直惺惺相惜，不得不批判对方时，也往往手下留情或予以特别处理。"（页287）值得注意的是，洛维特将"机缘主义"诠释为施密特思想的根本取向（虽然去除了浪漫主义成分），见 Karl Löwith, *Martin Heidegger and European Nihilism*, tran., G.Steiner（New York：Columbia, 1995）, pp.144—45, 158—59。

[14] 无独有偶地，当代西方左派在社会主义阵营瓦解后思想的歧路中，也向极右的施密特取经，特别是其对自由主义之激烈批判，《泰斯勒》（*Telos*）乃其中之著例。然而，法兰克福学派健将马尔库塞早已强调，施密特政治观念与黑格尔辩证法精神并不相容，请参阅 Marcuse, *Reason and Revolution*, pp.412—13, 418—19。

不会不知道这个关键，但他似乎用一种后殖民甚至相对主义的分析取向，策略性地改写成任何政治强势的国家都可以（也必须）在文化政治上将其自身的特殊性作为普遍性加以表述，并得到其他国家的承认。

从黑格尔历史哲学的角度加以观察，此种形态的文化民族主义思维有两个问题：第一，自由理念作为终极目的被相对化；第二，"个体性"完全消逝。其原因并不难理解，因为在本书文化政治论的普遍／特殊辩证中，"特殊性"指涉的是历史发展中特殊的**民族**，而在黑格尔原始意义上则指涉个人的特殊性，遂被转化为必须从属于民族整体（这正是我们已经分析的整体主义取向）。当然，随着这个关键性的转化，个人自由的议题遂从本书的语境消逝。

然而，文化的生产与再生产，需要的是一代代的个人投入其中。所以终极而言，本书文化政治论之根本目的并非学术分析，而是确立一个意识形态再生产架构⑮，使得大主体（国家民族）能与个体对话：**汝当如是，才不负为当代有骨气的中国人**。这样的意义建构，正是阿图塞所描述的意识形态之"质问"（interpellation）与主体形构。⑯ 本书文化政治论苦心孤诣所欲达成的主旨，乃**以具有当代说服力的语汇，贡献于现代中国文化民族主义"想象共同体"的符号制造机制**。然而，无论在集体或个体层次，这样的文化政治论述都有其疑义。

在集体层次，将"文化"与"政治"加以关联，似乎意味着政治决断的**强度**即可创造一个可大可久的民族文化，这恐怕是对施密特政治存在主义的误用。因为指出普遍主义的历史限制，并不意味着**任何**特殊信念均可以透过决断的强度而成为普遍性。意识形态批判在扯下普遍性的面具之后，也并不表示任何人都可戴上普遍性的

---

⑮ 可以模拟于张旭东所称的一个"提供安全感和认同感（之）'巨大的架座'（the gigantic enframing, 海德格尔语）"（页50）。
⑯ Louis Althusser, *Essays on Ideology* (London : Verso，1984), pp.44—55.

面具要求他者承认。本书应做而未做的,是将前节所整理的六个当代中国文化民族主义元素,用政治理论的严格逻辑,建构出一套普遍价值体系,才有根据要求"他者"之承认。毕竟,承认的对象物乃应然的"价值",而非实然的"存在"或"力量"。

在个体层次,全书强烈的文化民族主义以及决断性格的文化政治论,仍然承继清末民初以来中国知识分子的危机意识以及救亡图存的雄心。这对于学术工作者是否有所帮助?笔者对此有所保留。适度的价值关怀,当然是学术研究的原动力;但是过分强烈的危机意识,往往"存在决定意识",导致学者采取一种整体主义的观点,对其身处其间的危机提出一个宏观的架构,一种时代性的精神诊断。随着历史的进程,我们看到一份又一份的时代精神诊断书,告诉中国人(特别是其他知识分子):**你们**应当做些什么样的志业才能救亡图存。此种整体主义的理论家,实际上自居于**一种伟大立法家**的角色。然而,立法家多、笃实践履者少,反而导致中国近代对于西方文化的理解并未一代一代地积累与进步。正是这种过分热烈的存在意识,将文化与政治加以紧密关联("新文化运动"、"文化大革命",哪一个不是正牌的"文化政治"?),强调文化对于民族国家的重要影响,反而伤害了文化创造力。一究其实,本书不但未曾超越此种心态,而且有意识地再制此种心态。即使客观形势已经变化,国富民强已经不再是遥不可及的梦想,仍然运用这种被列强欺压时代的存在意识,来指导当代中国的强国文化政治。

当然,文化政治论者必定会质问笔者此种观点的价值立场究竟为何?是否也被西方霸权主义所决定或制约?若要客观地讨论这个问题,就必须处理学术之意义,特别是**以中文写作的西方思想学术研究之意义**问题。我们不妨引述张旭东所分析的两种学术意义。他指出一个学科的优势,终极地要看两个方向的影响,其一为"学术成果在分析、方法、理论上有没有给其他跨语言、跨社会、跨文化的同行提供新的视野、示范、议题和研究动力";其二为"学术思想能否对国民生活整体产生影响,能否在学科和学院之外,在国家的政治生活、社会生活、精神生活领域产生深刻而持久的效果"(页334—335)。基于这个区分,本书"文化政治论"之目的,显然在于对中国当下的国民精神生活产生实质影响。然而,**任何一个以中文写作的文本,其目标均在于促成本国生活世界的某种文化自我认知与期许**;那么,我们的观点,是否能提出与本书不同的学术意义论述?

相对于张旭东的"**文化政治**"观念,笔者认为用"**文化创造**"来掌握思想者的行动内涵,或许长期而言,对于我们所处的文化社群(无论是中国大陆或是台湾)将会有更多的贡献。这样的自我认知,当然有价值取向的关怀,但不需将此关怀存在化、政治化,甚至进一步限定某些形态的思想论述或文化活动才具有正当性。所应当要求的是**书写品质**,也就是学术与文化活动时自我要求,努力超越个人的时代限制,以产生可以持续累积的能量。这是一个看似平淡无奇的文化创造活动,也是韦伯在《学术作为一种志业》中对于现代学术累积作为一种理性化过程的描述。唯有每一位学术工作者都"**做**"(而非**只"说"我们应当如何做**)的情况下,日积月累,文化创造才能够得到一线生机。否则,一代又一代的文化活动,产生的是一份又一份的精神诊断书;其所反映的,毋宁是提出诊断书的"医生"(或"立法家")本身之心理焦虑,对于文化问题的解决并无所帮助。

这样的观点并不抽象,笔者愿提出一个初步的学术判准:在30年甚至50年之后,我们所书写的中文文本是否在华语世界仍然具有**学术**价值(而非实践性、历史性的价值,仅表达出书写者之存在感受);从而在图书馆的浩瀚书海中,有兴趣的读者,特别是下一代的学术工作者,阅读这些著作,排除其历史限制(如文献的新发展等)后,能够在既有基础上继续发展。只有当代的书写者有此种建立坚实基础的自我期许与实践,中文的学术社群才有可能逐渐发展，文化创造才有曙光。[17]

那么，基于这个判准，《全球化时代的文化认同》一书的**学术价值**如何？笔者必须遗憾地指出，实际上是相当令人失望的，因为存在热情淹没了理性论述。当然，作者本人亦有所感，才道出本书"过多地滞留在介绍、讲解和感想议论的层面"（前言，页2）。纯粹以学术价值而言，全书大概只有讨论尼采的部分符合严格的学术体例，也具有较充实的内涵。张旭东由洛维特的尼采诠释，特别是其提问"在尼采之后还有没有路"的分析（页107—113），对比于卢卡奇在《理性的毁灭》之中的分析角度，将尼采视为资产阶级从"右"的方向来坚持价值的自我认同（页136, 159），通过这两种对立的诠释，对尼采思想提出了相当精彩的分析。除了尼采的两章之外，本书对其他思想家的讨论都着重于其生命热情的描绘，缺乏学术性的实质讨论。[18]

回到我们在篇首楔子中所描绘的青年学子。在意兴飞扬的年轻岁月时，他大可一边展读本书，一边击节称赏其中的存在热情。但若因此受到感召，以西方思想的学术研究作为志业，负笈欧美一流大学深造时，首先会遭遇到的思想挑战，恐怕会直接冲击本书所灌输的民族主义价值观，以及原先认定所将奉献的学术志业。举例而言，受到张旭东影响，对于卢卡奇《理性的毁灭》产生太高的评价以及学术上的过度依赖，出国后将会发觉这是一本欧美学界已经很

---

[17] 希望这个判准不要太快地被贴上为"学院里的账房先生"（页130）鼓吹"学院匠人的市侩文化"（页147）之类的标签。但即便如此，笔者仍然甘之如饴，甚至不介意将本文标题改为《"文化政治"的魅力与贫困：一个学院账房先生反时代之考察》。事实上，个人下笔时想到的主要还不是中国文化民族主义者，毕竟他们与笔者身处的环境有一段距离；感触更多的毋宁是台湾近年来本土化"文化政治"沛然莫之能御的态势。在文化民族主义的世界中，托马斯·曼（Tomas Mann）所说的"凡事皆政治，无事不政治"，诚非虚言。

[18] 笔者虽不欲鸡蛋里挑骨头，但仍须指出本书在风格方面的小瑕疵。在"前言"中，作者说明按照出版社的希望，保留了口语以及对话风格。如此一来，或许可让一般读者用比较轻松自在的态度面对艰难而晦涩的理论思想；但对于专业读者而言，过多的重复以及不连贯，使得本书缺乏一气呵成的精练感。

少讨论的书籍，而不得不调整心态。在这种情况下，这位青年学子将要从受到"民族总体主义"的"迷醉"（enchanted）复归于"除魅"（disenchanted）的状态，对其研究课题重新构思符合当代学术标准的理论分析。这样的"与国际学术接轨"，是否意味着背离了原先的理想？笔者认为，这反而是思想解放的起点。唯有每个人在清明的状态，了解自身的兴趣以及能力，以有限的生命实在地作一些学术以及文化创造的工作，方能开展出无限的文化生机。这是"个体性"以及"特殊性"原则在学术文化领域的具体展现，绝非整体主义的政治决断可以取代的。

参考书目

一、外文部分

Ackerman, Bruce, 1989, "Why Dialogue?", *The Journal of Philosophy*, LXXXVI: 1. pp. 5—22.

Ackerman, Bruce, 1991, *We the People*(1): *Foundations*, Cambridge, Mass.: Belknap.

Ackerman, Bruce, 1992, *The Future of Liberal Revolution*, New Haven: Yale University Press.

Ackerman, Bruce, 1998, *We the People*(2): *Transformations*, Cambridge, Mass.: Belknap.

Ackerman, Bruce & Katyal, Neal, 1995, "Our Unconventional Founding", *University of Chicago Law Review*, Spring, 1995, pp. 475—573.

Adair, Douglas, 1998, *Fame and the Founding Fathers*, Indianapolis: Liberty Fund.

Althusser, Louis, 1972, *Politics and History: Montesquieu, Rousseau, Marx*, tran., Ben Brewster, London: NLB.

Arato, Andrew, 2000, *Civil Society, Constitution, and Legitimacy*, Oxford: Rowman & Littlefield.

Arendt, Hannah, 1958, *The Human Condition*, Chicago: University of Chicago Press.

Arendt, Hannah, 1973 (1951), *The Origins of Totalitarianism*, New York: Harcourt Brace Jovanovich.

Arendt, Hannah, 1977 (1961), *Between Past and Future: Eight Exercises in Political Thought*, Harmondsworth: Penguin Books.

Arendt, Hannah, 1990 (1963), *On Revolution*, Harmondsworth: Penguin Books.

Aristotle, 1961, *Aristotle's Physics*, tran., Richard Hope, Lincoln: University of Nebraska Press.

Aristotle, 1975, *Nichomachean Ethics*, tran., Martin Ostwald, Indianapolis: The Bobbs-Merrill Company, Inc.

Aristotle, 1984, *The Politics*, tran., Carnes Lord, Chicago: University of Chicago Press.

Aristotle, 1984, *The Athenian Constitution*, tran., P. J. Rhodes, Harmondsworth: Penguin Books.

Aristotle, 1998, *Politics*, tran., C. D. C. Reeve. Indianapolis: Hackett.

Ascoli, Albert R. and Kahn, Victoria, 1993, *Machiavelli and the Discourse of Literature*, Ithaca:

Cornell University Press.

Asmis, Elizabeth, 2004, "The State as Partnership: Cicero's Definition of *res publica* in His Work on the State", *History of Political Thought*, Vol. XXV, No. 4. pp. 569—599.

Atkins, E. M. 2000, "Cicero", in Christopher Rowe and Malcolm Schofield eds. , *The Cambridge History of Greek and Roman Political Thought*, Cambridge: Cambridge University Press, pp. 477—516.

Avineri, Shlomo, 1972, *Hegel's Theory of the Modern State*, Cambridge: Cambridge University Press.

Baczko, Bronislaw, 1988, "Social Contract of the French: Sieyès and Rousseau", *The Journal of Modern History*, Vol. 60, pp. 98—125.

Baker, Keith Michael, 1994, "The Idea of a Declaration of Rights", in Dale van Kley ed. , *The French Idea of Freedom: The Old Regime and the Declaration of Rights of 1789*, Stanford: Stanford University Press, pp. 154—196.

Barber, Sotirios A. and George, Robert P. eds., 2001, *Constitutional Politics: Essays on Constitution Making, Maintenance, and Change*, Princeton, N. J. : Princeton University Press.

Barnard, F. M., 1988, *Self-Direction and Political Legitimacy: Rousseau and Herder*, New York: Oxford University Press.

Baron, Hans, 1988, "Machiavelli the Republican Citizen and Author of The Prince", in idem., *In Search of Florentine Civic Humanism*, Princeton: Princeton University Press, Vol. 2, pp. 101—151.

Bates, Clifford Angell, 2003, *Aristotle's "Best Regime"*, Baton Rouge: Louisiana State University Press.

Beer, Samuel H., 1993, *To Make a Nation: The Rediscovery of American Federalism*, Cambridge, Mass. : Belknap.

Beiner, Ronald, 1990, "Hannah Arendt and Leo Strauss: The Uncommenced Dialogue", *Political Theory*, 18: 2 (May 1990), pp. 238—254.

Benhabib, Seyla, 1989—1990, "In the Shadow of Aristotle and Hegel: Communicative Ethics and Current Controversies in Practical Philosophy", *The Philosophical Forum*, XXI: 1—2 (Fall-Winter, 1989—1990), pp. 1—31.

Berlin, Isaiah, 1969, *Four Essays on Liberty*, Oxford: Oxford University Press.

Berlin, Isaiah, 1981, "The Originality of Machiavelli", in idem., *Against the Current: Essays in the History of Ideas*, Oxford: Oxford University Prsee, pp. 25—79.

Bielefeldt, Heiner, 1997, "Autonomy and Republicanism: Immanuel Kant's Philosophy of Freedom", *Political Theory*, 25 (4), pp. 524—558.

Bobbio, Norberto, 2000, "Ethics and Politics", in *In Praise of Meekness: Essays on Ethics and Politics*, Cambridge: Polity Press, pp. 39—71.

Bodin, Jean, 1955, *Six Books of the Commonwealth*, Oxford: Basil Blackwell.

Burnet, John, 1900, *The Ethics of Aristotle*, London: Methuen.

Burns, Robert, 1987, "Hannah Arendt's Constitutional Though", in James W. Bernauer ed. ,

Amour Mundi: Explorations in the Faith and Thought of Hannah Arendt, Boston: Martinus Nijhoff.

Cameron, David R., 1984, "The Hero in Rousseau's Political Thought", *Journal of the History of Ideas*, Vol. XLV, No. 3, pp. 397—419.

Campbell, Peter, 1963, "Introduction: Sieyès and *What Is the Third Estate* ?", in Sieyès, *what Is the Third Estate*?, tran., S. E. Finer, New York: Praeger, pp. 3—31.

Canovan, Margaret, 1983, "A Case of Distorted Communication: A Note on Habermas and Arendt", *Political Theory*, 11: 1 (Feb., 1983), pp. 105—116.

Carey, George Wescott, 1989, *The Federalist: Design for a Constitutional Republic*, Urbana: University of Illinois Press.

Charvet, John, 1974, *The Social Problem in the Philosophy of Rousseau*, London: Cambridge University Press.

Charvet, John, 1993, "Quentin Skinner on the Idea of Freedom", *Studies in Political Thought*, II (1), pp. 5—16.

Cicero, Marcus Tullius, 1976, *De Invention, De Optiomo Genere Oratorum, Topica*, tran., H. M. Hubbell, Cambridge, Mass.: Harvard University Press.

Cicero, Marcus Tullius, 1988, *De Re Publica, De Legibus*, tran., Clinton Walker Keyes, Cambridge, Mass.: Harvard University Press.

Cicero, Marcus Tullius, 1990, *De Officiis*, tran., Walter Miller. Cambridge, Mass.: Harvard University Press.

Cicero, Marcus Tullius, 1991, *On Duties*, tran., M. T. Griffin & E. M. Atkins, Cambridge: Cambridge University Press.

Cicero, Marcus Tullius, 1999, *On the Commonwealth and on the Laws*, ed., James G. Zetzel, Cambridge: Cambridge University Press.

Colish, Marcia, 1978, "Cicero's *De Officiis* and Machiavelli's *Prince*", *Sixteenth Century Journal*, IX, 4, pp. 81—93.

Colish, Marcia. L., 1997, "The Idea of Liberty in Machiavelli", in John Dunn and Ian Harris eds., *Machiavelli*, Vol. 2, Chelentenham: Edward Elger, pp. 559—586.

Constant, Benjamin, 1988, *Political Writings*, tran., Biancamaria Fontana, Cambridge: Cambridge University Press.

Cooke, Jacob E. ed., 1961, *The Federalist*, Mioldletown: Wesleyan University Press.

Corwin, Edward S. 1999 (1914), "WE, THE PEOPLE", in idem., *The Doctrine of Judicial Review*, New Jersey: Law Book Exchange, pp. 81—110.

Crick, Bernard, 1970, "Introduction", in Bernard Crick. ed., *Machiavelli the Discourses*, Harmondsworth: Penguin, pp. 13—69.

Cristi, Renato, 1998, "Carl Schmitt on Sovereignty and Constituent Power", in David Dyzenhaus ed., *Law as Politics*, Durham: Duke University Press, pp. 179—195.

Croce, Benedetto, 1946, *Politics and Morals*, London: George Allen & Unwin.

Cullen, Daniel E., 1993, *Freedom in Rousseau's Political Philosophy*, Dekalb: Northern Illinois

University Press.
De Alvarez, Leo Paul S., 1999, *The Machiavellian Enterprise*, Dekalb: Northern University Press.
De Grazia, Sebastian, 1989, *Machiavelli in Hell*, Princeton: Princeton University Press.
Diamond, Martin, 1992, *As Far as Republican Principles Will Admit: Essays by Martin Diamond*, ed., William A. Schambra, Washington D. C. : The AEI Press.
Dietz, Mary, 1989, "Patriotism", in Terence Ball *et al.*, eds., *Political Innovation and Conceptual Change*, Cambridge: Cambridge University Press, pp. 177—193.
Earl, Donald, 1967, *The Moral and Political Tradition of Rome*, Ithaca: Cornell University Press.
Ely, John, 1996, "The Polis and the Political: Civic and Territorial Views of Association", *Thesis Eleven*, No. 46, pp. 33—65.
Epstein, David F., 1984, *The Political Theory of the Federalist*, Chicago: University of Chicago Press.
Fell, A. London, 1983, *Origins of Legislative Sovereignty and the Legislative State: Classical, Medieval, and Renaissance Foundations of Corasius' Systematic Methodology*, Vol. 2. Cambridge, Mass. : Oelgeschlager.
Fell, A. London, 1993, *Origins of Legislative Sovereignty and the Legislative State: Modern Origins, Developments, and Perspectives Against the Background of "Machiavellism"*, Vol. 5. 1, Westport: Praeger.
Ferry, Luc & Renault, Alain, 1992, *Political Philosophy*, Vol. 3, *The Rights of Man to the Republican Idea*, tran. , Franklin Philip, Chicago: Chicago University Press.
Finer, S. E., 1997, *The History of Governmnt*, Vol. 3, *Empires, Monarchies, and the Modern State*, Oxford: Oxford University Press.
Finley, M. I., 1983, *Politics in Ancient World*, Cambridge: Cambridge University Press.
Finley, M. I., 1988, *Democracy Ancient and Modern*, New Brunswick: Rutgers University Press.
Fischer, Markus, 1995, *Machiavelli: A Systematic Interpretation*, Unpublished Ph. D. Dissertation, Department of Political Science, University of Chicago.
Foster, M. B., 1935, *The Political Philosophies of Plato and Hegel*, Oxford: Oxford University Press.
Forsyth, Murray, 1987, *Reason and Revolution: The Political Thought of the Abbè Sieyes*, Leicester University Press.
Foucault, Michel, 2003, *Society Must Be Defended*, New York: Picador.
Fritz, Kurt von, 1954, *The Theory of the Mixed Constitution in Antiquity*, New York: Columbia University Press.
Furet, François & Ozouf, Mona, eds., 1989, *A Critical Dictionary of the French Revolution*, tran., Arthur Goldhammer, Cambridge, MA: Belknap Press of Harvard University Press.
Fuhrmann, Manfred, 1992, *Cicero and the Roman Republic*, Oxford: Blackwell.
Gardbaum, Stephen A., 1991, "Law, Politics, and Claims of Community", *Michigan Law Review*, 90 (4), pp. 685—760.

Gilbert, Allan, 1968 (1938), *Machiavelli's Prince and Its Forerunners*, New York: Barnes & Noble.

Gilbert, Felix, 1997, "The Humanist Concept of the Prince and The Prince of Machiavelli", in John Dunn and Ian Harris eds., *Machiavelli*, Vol. 1, Cheltenham: Edward Elgar, pp. 169—204.

Gildin, Hilail, 1983, *Rousseau's Social Contract: The Design of the Argument*, Chicago and London: The University of Chicago Press.

Gray, John, 1995, *Enlightenment's Wake: Politics and Culture at the Close of the Modern Age*, New York: Routledge.

Griffin, M. T. and Atkins E. M., 1991, *Introduction*, in Cicero, *On Duties*, eds. and trans., M. T. Griffin and E. M. Atkins, Cambridge: Cambridge University Press, pp. ix-xxviii.

Goldstein, Marc Allan ed., 1997, *Social and Political Thought of the French Revolution 1788—1797*, New York: Peter Lang.

Haakonssen, Knud, 1993, "Republicanism", in Robert E. Goodin & Philip Pettit, eds., *A Companion to Contemporary Political Philosophy*, Oxford: Basil Blackwell, pp. 568—574.

Habermas, Jürgen, 1977, "Hannah Arendt's Communications Concept of Power", *Social Pesearch*, Vol. 44, pp. 3—24.

Habermas, Jürgen, 1979, "History and Evolution", *Telos*, Vol. 39, pp. 5—44.

Habermas, Jürgen, 1989a, *The Structural Transformation of the Public Sphere*, Cambridge, Mass.: MIT.

Habermas, Jürgen, 1989b, *The New Conservatism: Cultural Criticism and the Historians' Debate*, Cambridge, Mass.: MIT.

Habermas, Jürgen, 1990, *Moral Consciousness and Communicative Action*, Cambridge, Mass.: MIT.

Habermas, Jürgen, 1992, "Citizenship and National Identity: Some Reflections on the Future of Europe", *Praxis International* 12: 1 (April 1992), pp. 1—19.

Habermas, Jürgen, 1996, *Between Facts and Norms*, tran., William Rehg., Cambridge, Mass.: The MIT Press.

Hahm, David E., 1995, "Polybius' Applied Political Theory", in André Laks & Malcolm Schofield eds., *Justice and Generosity*, Cambridge: Cambridge University Press, pp. 7—47.

Hahm, David E., 2000, "Kings and Constitutions: Hellenistic Theories", in Christopher Rowe & Malcolm Schofield eds., *The Cambridge History of Greek and Roman Political Thought*, Cambridge: Cambridge University Press, pp. 464—476.

Hahm, David E., 2009, "The Mixed Constitution in Greek Thought", in Ryan K. Balot ed., *A Companion to Greek and Roman Political Thought*, Malden, Mass.: Wiley-Blackwell, pp. 178—198.

Hayek, Friedrich, 1960, *The Constitution of Liberty*, Chicago: University of Chicago Press.

Hegel, G. W. F., 1973—1974. *Vorlesungen über Rechtsphilosophie 1818—1831*, 4 Vols, ed., Karl-Heinz Ilting, Stuttgart-Bad Cannstatt: Frommann-Holzboog.

Hegel, G. W. F., 1975, *Lectures on the Philosophy of History Introduction: Reason in History*, tran., H. B. Nisbet, Cambridge: Cambridge University Press.

Hegel, G. W. F., 1977, *Phenomenology of Spirit*, tran., by A. V. Miller. Oxford: Oxford University Press.

Hegel, G. W. F., 1991, *Elements of the Philosophy of Right*, ed., Allen Wood, tran., H. B. Nisbet, Cambridge: Cambridge University Press.

Held, Klaus, 1996, "Civic Prudence in Machiavelli: Toward the Paradigm in the Transformation in Philosophy in the Transition to Modernity", in Reginald Lilly, ed., *The Ancients and the Moderns*, Indiana: Indiana University Press, pp. 115—129.

Hennis, Wilhelm, 1988, *Max Weber: Essays in Reconstruction*, tran., Keith Tribe, London: Allen & Unwin.

Herodotus, 1987, *The History*, tran., David Grene, Chicago: University of Chicago Press.

Hexter J. H., 1956, "Seyssel, Machiavelli, and Polybius Ⅵ: The Mystery of the Missing Translation", *Studies in the Renaissance*, Vol. 3, pp. 75—96.

Hexter J. H., 1973, "The Predatory Vision: Niccolò Machiavelli, Il Principe and lo stato", in *The Vision of Politics on the Eve of the Reformation: More, Machiavelli and Seyssell*, New York: Basic Books, pp. 150—172.

Hexter J. H., 1979, *On Historians*, Cambridge. MA: Harvard University Press.

Huizinga, Johan, 1984, "Patriotism and Nationalism in European History", in idem., *Men and Ideas: History, the Middle Ages, the Renaissance*, Princeton: Princeton University Press, pp. 97—155.

Isaac, Jeffrey C., 1988, "Republicanism vs. Liberalism? A Reconsideration", *History of Political Thought* 9 (2): 349—377.

Jefferson, Thomas, 1999, *Political Writings*, eds., Joyce Appleby & Terence Ball, Cambridge: Cambridge University Press.

Johnson, Curtis, 1990, *Aristotle's Theory of the State*, New York: St. Martin's Press.

J. A. C. T. (Joint Association of Classical Teachers), 1984, *The World of Athens*, Cambridge; New York: Cambridge University Press.

Kahn, Victoria, 1994, *Machiavellian Rhetoric: From the Counter-Reformation to Milton*, Princeton: Princeton University Press.

Kant, Immanuel, 1996, *Practical Philosophy*, tran., Mary J. Gregor, Cambridge: Cambridge University Press.

Kantorowicz, Ernst H., 1965, "*Pro Patria Mori* in Medieval Political Thought", in idem., *Selected Studies*, Locust Valley, N. Y.: J. J. Augustine Publisher, pp. 308—324.

Kelly, Christopher, 1987, "To Persuade Without Convincing: The Language of Rousseau's Legislator", *American Journal of Political Science*, Vol. 31, No. 2, pp. 321—335.

Kelly, Christopher, 1997, "Rousseau's Case for and Against Heroes", *Polity*, Vol. XXX, No. 2, pp. 347—366.

Kelly, Christopher, 1993, "Rousseau on the Foundation of National Cultures", *History of*

European Ideas, Vol. 16, No. 4—6, pp. 521—525.
Kennedy, Ellen, 2004, *Constitutional Failure: Carl Schmitt in Weimar*, Durham: Duke University Press.
Koselleck, Reinhart, 1985, *Futures Past: On the Semantics of Historical Time*, tran. , Keith Tribe, Cambridge, Mass. : The MIT Press.
Larmore, Charles, 1990, "Political Liberalism", *Political Theory*, 18: 3. pp. 339—360.
Lefebvre, Georges, 1967, *The Coming of the French Revolution*, tran. , R. R. Palmer, Princeton: Princeton University Press.
Long, A. A., 1995, "Cicero's Politics in *De Officiis*", in André Laks and Malcolm Schofield eds., *Justice and Generosity*, Cambridge: Cambridge University Press, pp. 213—240.
Machiavelli, Niccolò, 1965, *Machiavelli, Chief Works and Other*, tran. , Allan Gilbert, 3 Vols., Durham: Duke University Press.
Machiavelli, Niccolò, 1976, *Il Principe e Altre Opere Politiche*, Milano: Garzanti.
Machiavelli, Nicolò, 1985, *The Prince*, tran., Harvey C. Mansfield, Chicago: University of Chicago Press.
Machiavelli, Niccolò, 1996, *Discourses on Livy*, tran. , Harvey C. Mansfield & Nathan Tarcov, Chicago: University of Chicago Press.
MacIntyre, Alasdair, 1984a, *After Virtue*, Notre Dame: University of Notre Dame Press.
MacIntyre, Alasdair, 1984b, *Is Patriotism a Virtue ? The Eindley Lecture*, University of Kansas.
Máiz, Ramón, 1990, "Nation and Representation: E. J. Siéyès and the Theory of the State of the French Revolution", Barcelona: Universidad de Santiago de Composeta, Working Paper No. 18, 可于 http://www. diba. es/icps/working_papers/docs/Wp_i_18. pdf 下载。
Mansfield, Harvey C., 1989, *Taming the Prince: The Ambivalence of Modern Executive Power*, New York: The Free Press.
Mansfield, Harvey C., 1996, *Machiavelli's Virtue*, Chicago: University of Chicago Press.
Masciulli, Joseph, 1986, "The Armed Founder Versus the Catonic Hero: Machiavelli and Rousseau on Popular Leadership", *Interpretation*, Vol. 14, pp. 265—280.
Masters, Roger D., 1968, *The Political Philosophy of Rousseau*, Princeton: Princeton University Press.
McIlwain, Charles Howard, 1932, *The Growth of Political Thought in the West*, New York: Macmillan.
McIlwain, Charles Howard, 1958, *The American Revolution: A Constitutional Interpretation*, Ithaca: Cornell University Press.
Meier, Christian, 1990, *The Greek Discovery of Politics*, tran. , David McLintock. Cambridge, Mass. : Harvard University Press.
Meier, Heinrich, 1995, *Carl Schmitt and Leo Strauss: The Hidden Dialogue*, tran. , J. Harvey Lomax, Chicago: The University of Chicago Press.
Meinecke, Fridrich, 1962, *Machiavellism: The Doctrine of Raison d'Etat and Its Place in Modern History*, tran. , Douglas Scott, New Haven: Yale University Press.

Meinecke, Friedrich, 1970, *Cosmopolitanism and the National State*, tran. , Robert Kimber, Princeton: Princeton University Press.

Melzer, Arthur M., 1990, *The Natural Goodness of Man: on the System of Rousseau's Thought*, Chicago: The University of Chicago Press.

Michelman, Frank, 1988, "Law's Republic", *Yale Law Journal*, 97, pp. 1493—1527.

Millar, Fergus, 2002, *The Roman Republic in Political Thought*, Hanover: University Press of New England.

Miller, David ed., 1991, *Liberty*, Oxford: Oxford University Press 1991.

Miller, David 2000, "Naturalism", in *The Cambridge History of Greek and Roman Political Thought*, ed., Christopher Rowe and Malcolm Schofield, New York: Cambridge University Press.

Miller, James, 1984, *Rousseau: Dreamer of Democracy*, New Haven and London: Yale University Press.

Montesquieu, Baron de., 1989, *The Spirit of the Laws*, eds. & trans. , Anne Cohlar *et al.* , Cambridge: Cambridge University Press.

Morgan, Edmund S., 1992, *The Birth of the Republic: 1763—1789*, Chicago: University of Chicago Press.

Mouffe, Chantal ed., 1992, *Dimensions of Radical Democracy*, London and New York: Verso.

Nadon, Christopher, 1996, "Aristotle and the Republican Paradigm: A Reconsideration of Pocock's *Machiavellian Moment*", *Review of Politics*, 58: 4, pp. 677—698.

Negri, Antonio, 1999, *Insurgencies: Constituent Power and the Modern State*, tran. , Maurizia Boscagli, Minneapolis: University of Minnesota Press.

Oakeshott, Michael, 1975, *Hobbes on Civil Association*, California: University of California Press.

Oakeshott, Michael, 2006, *Lectures in the History of Political Thought*, eds. , Terry Nardin & Luke O'Sullivan, Exeter: Imprint Academic.

Oldfield, Adrian, 1990, *Citizenship and Community: Civic Republicanism and the Modern Word*, London and New York: Routledge.

Parel, Anthony, 1986, "The Fatherland in Machiavelli", in J. M. Porter and Richard Vernon eds., *Unity, Plurality and Politics: Essays in Honor of F. M. Barnard*, London: Croom Helm, pp. 38—51.

Pasquino, Pasquale, 1994, "The Constitutional Republicanism of Emmanuel Sieyès", in Biancamaria Fontana ed., *The Invention of the Modern Republic*, Cambridge: Cambridge University Press, pp. 107—177.

Patten, Alan, 1996, "The Republican Critique of Liberalism", *British Journal of Political Science*, Vol. 26, pp. 25—44.

Pelczynski, Z. A. ed., 1984, *The State and Civil Society: Studies in Hegel's Political Philosophy*, Cambridge: Cambridge University Press.

Pettit, Philip, 1993a, "Liberalism and Republicanism", *Australian Journal of Political Science*,

Vol. 28, pp. 162—189.

Pettit, Philip, 1993b, "Negative Liberty, Liberal and Republican", *European Journal of Philosophy*, Vol. 1, pp. 15—38.

Pettit, Philip, 1997, *Republicanism: A Theory of Freedom and Government*, Oxford: Clarendon Press.

Pitkin, Hanna Fenichel, 1984, *Fortune Is a Woman: Gender and Politics in the Thought of Niccolò Machiavelli*, Berkeley and Los Angles: University of California Press.

Plattner, Marc F., 1979, *Rousseau's State of Nature: An Interpretation of the Discourse on Inequality*, Dekalb: Northern Illinois University Press.

Pocock, J. G. A., 1975, *The Machiavellian Moment*, Princeton: Princeton University Press.

Pocock, J. G. A., 1985, *Virtue, Commerce, and History*, Cambridge: Cambridge University Press.

Pocock, J. G. A., 1989, *Politics, Language & Time: Essays on Political Thought and History*, Chicago: University of Chicago Press.

Pocock, J. G. A., 2005, "America's Foundations, Fundamentalisms, and Fundamentals", *Orbis* (Winter 2005), pp. 53—60.

Polybius, 1979a, *The Rise of the Roman Empire*, trans., Ian Scott-Kilvert, Harmondsworth: Penguin Books.

Polybius, 1979b, *The Histories*, Vol. III, tran., W. R. Paton, Cambridge, Mass.: Harvard University Press.

Rahe, Paul A., 2000, "Situating Machiavelli", in James Hankins ed., *Renaissance Civic Humanism*, Cambridge: Cambridge University Press, pp. 270—308.

Rawls, John, 1993, *Political Liberalism*, New York: Columbia University Press.

Riedel, Manfred, 1984, *Between Tradition and Revolution: The Hegelian Transformation of Political Philosophy*, tran., Walter Wright. Cambridge: Cambridge University Press.

Riedel, Manfred, 1996, "In Search of a Civic Union: the Political Theme of European Democracy and Its Primordial Foundation in Greek Philosophy", in Reginald Lilly ed., *The Ancients and the Moderns*, Indiana: Indiana University Press, pp. 19—28.

Ritter, Joachim, 1982, *Hegel and the French Revolution*, Cambridge, Mass.: MIT.

Ritter, Joachim, 1983, "On the Foundations of Practical Philosophy in Aristotle", in D. E. Christensen et. al., eds. *Contemporary German Phliosophy*, Vol. 2, Pennsylvania: University of Pennsylvania Press, pp. 39—58.

Rorty, Richard, 1983, "Postmodernist Bourgeois Liberalism", *The Journal of Philosophy*, Vol. 80, pp. 583—89.

Rousseau, Jean-Jacques, 1953, "Constitutional Project for Corsica", in *Rousseau Political Writings*, tran., F. M. Watkins, Toronto: Thomas Nelson and Sons Ltd., pp. 277—330.

Rousseau, Jean-Jacques, 1994a, *Ceuvre Complètes*, Vol. III, *Du Contrat Social et Écrits Politiques*, eds. B. Gagnebin *et al.*, Paris: Gallimard.

Rousseau, Jean-Jacques, 1994b, *The Political Writings of Rousseau*, Vol. 4, tran., Judith R. Bush, Roger D. Masters, and Christopher Kelly, Hanover: University Press of New England.

Rousseau, Jean-Jacques, 1997a, *The Discourses and Other Early Political Writings*, tran., Victor Gourevitch, Cambridge: Cambridge University Press.

Rousseau, Jean-Jacques, 1997b, *The Social Contract and Other Later Political Writings*, tran., Victor Gourevitch, Cambridge: Cambridge University Press.

Rowe, Christopher, 2000, "Aristotelian Constitutions", in *The Cambridge History of Greek and Roman Political Thought*, ed., Christopher Rowe and Malcolm Schofield, New York: Cambridge University Press.

Rudé, George ed. 1967, *Robespierre*, New Jersey: Prentice-Hall.

Sandel, Michael. 1982, *Liberalism and the Limit of Justice*, Cambridge: Cambridge University Press.

Sandel, Michael, 1984a, "The Procedural Republic and the Unencumbered Self", *Political Theory*, 12 (1): 81—96.

Sandel, Michael, ed., 1984b, *Liberalism and Its Critics*, Oxford: Basil Blackwell.

Sandel, Michael, 1996, *Democracy's Discontent: America in Search of a Public Philosophy*, Cambridge, Mass.: Harvard University Press.

Saxonhouse, Arlene W., 1996, *Athenian Democracy*, Notre Dame, I. N.: University of Notre Dame Press.

Schmitt, Carl, 1976, *The Concept of the Political*, tran., George Schwab, Rutgers University Press.

Schmitt, Carl, 1983 (1928), *Verfassungslehre*, Berlin: Duncker & Humblot.

Schmitt, Carl, 1985a, *Political Theology: Four Chapters on the Concept of Sovereignty*, tran., George Schwab, Cambridge, Mass.: The MIT Press.

Schmitt, Carl, 1985b, *The Criss of Parliamentary Democracy*, tran., Ellen Kennedy. Cambridge, Mass.: MIT.

Schmitt, Carl, 1996, *The Leviathan in State Theory of Thomas Hobbes*, tran., George Schwab Erna Hilfstein, Westport: Greenwood Press.

Schmitt, Carl, 2004, *On the Three Types of Juristic Thought*, tran., Joseph W. Bendersky, Westport: Praegen.

Scheuerman, William, 1998, "Revolutions and Constitutions: Hannah Arendt's Challengo to Carl Schmitt", in David Dyzenhaus ed., *Law as Politics*, Durham: Duke University Press, pp. 252—280.

Schofield, Malcolm, 1999, *Saving the City*, London; New York: Routledge.

Schofield, Malcolm, 2000, "Aristotle: An Introduction", in *The Cambridge History of Greek and Roman Political Thought*, ed., Christopher Rowe and Malcolm Schofield, New York: Cambridge University Press.

Shaw, Carl K. Y., 1992, "Hegel's Theory of Bureaucracy", *American Political Science Review*, Vol. 86, No. 2, pp. 381—389.

Shaw, Carl K. Y., 1995, "Esoteric Critique of Political Decisionism: Hegel's Theory of Monarchy Revisited", *Journal of National ChengChi University*, Vol. 70, pp. 291—308.

Shaw, Carl K. Y., 1996, "Toward a Reconstruction of Hegel's Ethical Liberalism", *Journal of Social Science and Philosophy*, 8: 2, pp. 305—338.
Shaw, Carl K. Y., 2002, "Modulations of Nationalism across the Taiwan Strait", *Issues and Studies*, Vol. 38, No. 2, pp. 122—147.
Shaw, Carl K. Y., 2003, "Quentin Skinner on the Proper Meaning of Republican Liberty", *Politics*", 23: 1, pp. 46—56.
Shaw, Carl K. Y., 2010, "Civic Republicanism and Democratic Politics: Michael Sandel and Contemporary Theories of Political Community", *EurAmerica: A Journal of European and American Studies*, 40: 4, pp. 923—945.
Sewell, W. H., 1994, *A Rhetoric of Bourgeois Revolution*, Durham and London: Duke University Press.
Shklar, Judith, 1977, "Rethinking the Past", *Social Research*, Vol. 44, pp. 80—90.
Shklar, Judith, 1985, *Men and Citizens: A Study of Rousseau's Social Theory*, Cambridge: Cambridge University Press.
Shklar, Judith, 1990, "Montesquieu and the New Republicanism", in Gisela Bock ed. , *Machiavelli and Republicanism*, Cambridge: Cambridge University Press, pp. 265—279.
Sieyès, Emmanuel-Joseph, 1964, *What Is the Third Estate?*, tran. , S. E. Finer, New York: Praeger.
Sieyès, Emmanuel-Joseph, 1994, *Ecrits Politiques*, ed. , Roberto Zapperi, Paris: Editions des Archives Contemporaines.
Sieyès, Emmanuel-Joseph, 1997, "Reasoned Exposition of the Rights of Man and Citizen", in Marc Allan Goldstein ed. , *Social and Political Thought of the French Revolution 1788—1797*, New York: Peter Lang, pp. 134—151.
Simpson, Peter L., 1998, *A Philosophical Commentary on the Politics of Aristotle*, Chapel Hill: The University of North Carolina Press.
Skinner, Quentin, 1978, *The Foundations of Modern Political Thought*, 2 Vols, Cambridge: Cambridge University Press.
Skinner, Quentin, 1981, *Machiavelli*, Oxford: Oxford University Press.
Skinner, Quentin, 1983, "Machiavelli on the Maintenance of Liberty", *Politics*, 18（2）, pp. 3—15.
Skinner, Quentin, 1984, "The Idea of Negative Liberty: Philoso Phical and Historical Perspectives", in Richard Rorty *et. al*, eds., *Philosophy in History: Essay on the Historiography of Philosophy*, Cambridge: Cambridge University Press, pp. 193—211.
Skinner, Quentin, 1986, "The Paradoxes of Political Liberty", in S. McMurrin ed. , *The Tanner Lectures on Human Value*, Vol. Ⅶ, Salt Lake City: University of Utah Press, pp. 225—250.
Skinner, Quentin, 1990, "The Republican Idea of Political Liberty", in Gisela Bock *et. al*., eds. *Machiavelli and Republicanism*, Cambridge: Cambridge University Press, pp. 293—309.
Skinner, Quentin, 1992, "On Justice, the Common Good and the Priority of Liberty", in Chantal Mouffe ed., *Dimension of Radical Democracy: Pluralism, Citizenship*, Community, London: Verso, pp. 211—224.

Skinner, Quentin, 1996, *Reason and Rhetoric in the Philosophy of Hobbes*, Cambridge: Cambridge University Press.

Skinner, Quentin, 1998, *Liberty before Liberalism*, Cambridge: Cambridge University Press.

Skinner, Quentin, 2002a, *Visions of Politics*, 3 Vols., Cambridge: Cambridge University Press.

Skinner, Quentin, 2002b, "A Third Concept of Liberty", *Proceedings of the British Academy*, Vol. 117, pp. 237—268.

Skinner, Quentin, 2008, *Hobbes and Republican Liberty*, Cambridge: Cambridge University Press.

Skinner, Quentin and Price, Russell, 1988, "Introduction" and "Notes on the Vocabulary of The Prince, in Machiavelli", *The Prince*, eds., Skinner and Price, Cambridge University Press, pp. ix-xxiv, 100—113.

Smith, Steven B., 1989a, *Hegel's Critique of Liberalism: Rights in Context*, Chicago: University of Chicago Press.

Smith, Steven B., 1989b, "Hegelianism and the Three Crises of Rationality", *Social Research*, 56: 4, pp. 943—973.

Strauss, Leo, 1964, *The City and Man*, Chicago and London: The University of Chicago Press.

Strong, Tracy B., 1994, *Jean-Jacques Rousseau: The Politics of the Ordinary*, Thousand Oakes: Sage.

Suksi, Markku, 1993, *Bringing in the People: A Comparison of Constitutional Forms and Practices of Referendum*, Dordrecht: Martinus Nijhoff.

Sunstein, Cass, 1988, "Beyond the Republican Revival", *Yale Law Journal*, 97: 1539—1590.

Susemihl, Franz & Hicks, R. D., 1894, *The Politics of Aristotle: A Revised Text*, London: Macmillan.

Talmon, J. L. 1970, *The Origins of Totalitarian Democracy*, New York: The Norton Library.

Taylor, Charles, 1985, *Philosophy and Human Science: Philosophic Papers*, 2 Vols., Cambridge: Cambridge University Press.

Taylor, Charles, 1995, *Philosophical Arguments, Cambridge*, Mass., Harvard University Press.

Taylor, Charles, 1997, "Nationalism and Modernity", in Robert McKim and Jeff McMahan eds., *The Morality of Nationalism*, Oxford: Oxford University Press, pp. 31—55.

Thomas, Aquinas, 2007, *Commentary on Aristotle's Politics*, Indianapolis: Hackett.

Tocqueville, Alexis de, 1969, *Democracy in America*, tran., George Lawrence, Garden City: Doubleday.

Trompf, G. W., 1979, *Idea of Historical Recurrence in Western Thought: From Antiquity to the Reformation*, Berkeley: University of California Press.

Van Deusen, Glyndon G., 1970, *Sieyes: His Life and His Nationalism*, New York: AMS Press.

Vernant, Jean-Pierre, 1982, *The Origins of Greek Thought*, London: Methuen.

Viroli, Maurizio, 1990, "Machiavelli and the Republican Idea of Politics", in Gisela Bock et. al., eds., *Machiavelli and Republicanism*, Cambridge: Cambridge University Press, pp. 143—171.

Viroli, Maurizio, 1992, "The Revolution in the Concept of Politics", *Political Theory*, 20 (3),

pp. 473—495.
Viroli, Maurizio, 1995, *For Love of Country*, Oxford: Oxford University Press.
Viroli, Maurizio, 1998, *Machiavelli*, Oxford: Oxford University Press.
Voegelin, Eric, 1957, *Order and History*, Vol. 3, *Plato and Aristotle*, Baton Rouge: Louisiana State University Press.
Voltaire, 1983, *Philosophical Dictionary*, tran. , T. Besterman, Harmondsworth: Penguin Books.
Walbank, F. W., 1990, *Polybius*, Berkeley: University of California Press.
Waldron, Jeremy, 2000, "Arendt's Constitutional Politics", in Danna Villa ed. , *The Cambridge Companion to Hannah Arendt*, Cambridge: Cambridge University Press, pp. 201—219.
Walker, Lesie, 1975, *The Discourses of Niccolò Machiavelli*, 2 Vols., London and Boston: Routledge & Kegen Paul.
Whitfield, J. H., 1969, *Discourses on Machiavelli*, Cambridge: W. Heffer.
Wirszubski, Ch., 1968, *Libertas as a Political Idea at Rome During the Late Republic and Early Principate*, Cambridge: Cambridge University Press.
Wood, Neal, 1988, *Cicero's Social and Political Thought*, Berkeley: University of California Press.
Wright, J. K., 1994, "National Sovereignty and the General Will", in Dale van Kley ed. , *The French Idea of Freedom: The Old Regime and the Declaration of Rights of 1789*, Stanford: Stanford University Press, pp. 199—233.
Yack, Bernard, 2002, "Popular Sovereignty and Nationalism", *Political Theory*, 29（4）, pp. 517—536.
Yarbrough, Jean, 1979, "Republicanism Reconsidered: Some Thought on Foundation and Preservation of the American Republic", *The Review of Politics*, 41, pp. 61—95.
Zetzel, James E. G. ed., 1999, "Introduction", in Marcus Tullius Cicero, *On the Commonwealth and on the Laws*, Cambridge: Cambridge University Press, pp. vii-xli.

二、中文部分[*]

柏林[**]（Isaiah Berlin），1986，《自由四论》，陈晓林译，台北：联经出版事业有限公司。
蔡英文，1997，《两种政治的概念：卡尔·施密特与汉娜·鄂兰[***]》，《台湾社会研究季刊》第二十七期，页139—171。
蔡英文，1999，《古典共和公民社会的理想与奥古斯丁政治神学之解释》，《台湾哲学研究》第二期，页71—107。

---

[*] 为便于读者阅读，本书正文中的人名译名均采用大陆通行译名，而在参考文献中则保留台湾学者各自译法，不作统一。——编者
[**] "柏林"即为"伯林"。——编者
[***] "鄂兰"即为"阿伦特"，下同。——编者

蔡英文，2002a，《政治实践与公共空间——汉娜·鄂兰的政治思想》，台北：联经出版事业有限公司。
蔡英文，2002b，《民族主义、人民主权与西方现代性》，《政治与社会哲学评论》第三期，页1—47。
蔡宗珍，2003，《卡尔·史密特*之宪法概念析论》，《政治与社会哲学评论》第五期，页75—122。
陈思贤，1993，《从王治到共和：古老习惯，自然权利，公民道德与三次英国革命》，作者自刊。
陈思贤，1999，《近代自由主义政治的古典前驱：希腊化时代反城邦政治与自然法的兴起》，《政治科学论丛》第十期，页195—226。
郭秋永，2001，《当代三大民主理论》，台北：联经出版事业有限公司。
汉密尔顿（Alexander Hamilton）等，2000，《联邦论》，谢斐叔译，台北：猫头鹰出版社。
黑格尔（Georg W. F. Hegel），1981，《哲学史演讲录》，贺麟、王太庆译，北京：商务印书馆。
黑格尔（Georg W. F. Hegel），1984，《法哲学原理》，范扬、张企泰译，台北：仰哲翻版。
江宜桦，1995a，《政治社群与生命共同体：亚里斯多德**城邦理论的若干启示》，收录于陈秀容、江宜桦编，《自由主义》，"中央研究院"中山人文社会科学研究所，页39—75。
江宜桦，1995b，《"政治是什么？"：试析亚里斯多德的观点》，《台湾社会研究季刊》第十九期，页165—194。
江宜桦，2001，《自由民主的理路》，台北，联经出版事业公司。
康德（Immanuel Kant），2002，《康德历史哲学论文集》，李明辉译注，台北：联经出版事业有限公司。
马基雅维里（Niccolò Machiavelli），1994，《君主论》，潘汉典译，北京：商务印书馆。
马基雅维里（Niccolò Machiavelli），2003，《李维罗马史疏义》，吕建忠译，台北：左岸文化出版社。
马君武，2000，《马君武文选》，曾德珪选编，桂林：广西师范大学出版社。
孟德斯鸠（Baron de Montesquieu），1998，《论法的精神》，张雁深译，台北：商务印书馆。
钱永祥，2001，《纵欲与虚无之上》，台北：联经出版事业有限公司。
沈青松，1995，《卢梭社会契约论的评析：一个奠基性迷思的转变》，收录于张福建、苏文流主编，《民主理论：古典与现代》，页51—72。台北，"中央研究院"中山人文社会科学研究所。
施密特（Carl Schmitt），2003，《政治的概念》，刘宗坤等译，上海：上海人民出版社。
施密特（Carl Schmitt），2004，《宪法学说》，刘锋译，台北：联经出版事业有限公司。
施密特（Carl Schmitt），2005，《宪法的守护者》，李钧韬、苏慧婕译，台北：左岸文化出版社。
韦伯（Max Weber），1991，《学术与政治》，钱永祥编译，台北：远流出版公司。

---

* "史密特"即为"斯密特"，下同。——编者
** "亚里斯多德"即为"亚里士多德"，下同。——编者

参考书目　393

吴庚,1977,《西雅士》,《宪政思潮》第卅九期,页 192—196。
吴庚,1981,《政治的新浪漫主义》,台北：五南图书出版公司。
西塞罗（Marcus Tullius Cicero）,1999,《论义务》,王焕生译,北京：中国政法大学出版社。
西塞罗（Marcus Tullius Cicero）,2006,《论共和国》,王焕生译,上海：上海人民出版社。
西塞罗（Marcus Tullius Cicero）,2006,《论法律》,王焕生译,上海：上海人民出版社。
西耶斯（Emmanuel-Joseph Sieyès）,1991,《论特权 第三等级是什么？》,冯棠译,北京：商务印书馆。
萧高彦,1995,《理性与公民共同体：黑格尔民主理念之重构》,收录于张福建、苏文流编,《民主理论：古典与现代》,"中央研究院"中山人文社会科学研究所,页 73—91。
萧高彦,1998,《马基维利*论政治秩序——一个形上学的考察》,《政治科学论丛》第九期,页 145—172。
萧高彦,2001,《从共和主义到激进民主——卢梭的政治秩序论》,收录于蔡英文、张福建编,《自由主义》,"中央研究院"中山人文社会科学研究所,页 1—24。
萧高彦,2001,《立法家、政治空间与民族文化——卢梭的政治创造论》,《政治科学论丛》第十四期,页 25—46。
萧高彦,2002,《西塞罗与马基维利论政治道德》,《政治科学论丛》第十六期,页 1—28。
萧高彦,2002,《共和主义与现代政治》,《政治与社会哲学评论》第一期,页 85—116。
萧高彦,2002,《史金纳**与当代共和主义之典范竞争》,《东吴政治学报》第十五期,页 33—59。
萧高彦,2004,《西耶斯的制宪权概念：一个政治理论的分析》,发表于《公法与政治理论：吴庚大法官荣退论文集》,页 79—114。
萧高彦,2006,《共和主义、民族主义与宪政理论：鄂兰与施密特的隐蔽对话》,《政治科学论丛》第二十七期,页 113—146。
萧高彦,2007,《〈联邦论〉中的宪政主义与人民主权》,《政治与社会哲学评论》第二十二期,页 86—108。
萧高彦,2009,《霍布斯论基源民主》,《政治与社会哲学评论》第二十九期,页 49—93。
修昔底德（Thucydides）,2004,《伯罗奔尼撒战争史》,徐松岩、黄贤全译,桂林：广西师范大学出版社。
许国贤,2000,《商议式民主与民主想象》,《政治科学论丛》第十三期,页 61—92。
许志雄,2000,《制宪权的法理》,收于氏著《宪法秩序之变动》,台北：元照出版事业公司,页 43—93。
亚里士多德（Aristotle）,1996（1965）,《政治学》,吴寿彭译,北京：商务印书馆。
亚里士多德（Aristotle）,2001,《雅典政制》,日知、力野译,上海：上海人民出版社。
亚里士多德（Aristotle）,2003,《尼各马可伦理学》,廖申白译注,北京：商务印书馆。
叶俊荣,2003,《民主转型与宪法变迁》,台北：元照出版有限公司。

---

* "马基维利"即为"马基雅维里",下同。——编者
** "史金纳"即为"斯金纳"。——编者

张翰书,1997,《卢骚*》,收录于黄德伟编著,《卢梭在中国》,香港大学,页147—164。
张佛泉,1993,《自由与人权》,台北:商务印书馆。
张福建,2001,《在自由主义与共和主义之外》,收录于蔡英文、张福建编,《自由主义》,"中央研究院"中山人文社会科学研究所,页25—52。
张旺山,1995,《马基维里**革命:'国家理性'观念初探之一》,收录于陈秀容、江宜桦主编,《政治社群》,台北:"中央研究院"中山人文社会科学研究所,页77—102。
张旺山,2003,《史密特的决断论》,《人文及社会科学集刊》第十五卷十二期,页185—219。
张旺山,2005,《国家的灵魂:论史密特的主权观念》,《政治与社会哲学评论》第十二期,页95—140。
朱坚章,1972,《卢梭政治思想中自由观念的分析》,《"国立"政治大学学报》第六期,页183—205。
朱学勤,1997,《教士与帝国一致的制度——卢梭政治哲学分析》,收录于黄德伟编著,《卢梭在中国》,香港大学,页147—164。

---

* "卢骚"即为"卢梭"。——编者
** "马基维里"即为"马基雅维里"。——编者

索 引

人名索引

阿伦特（Hannah Arendt, 1901—1975） 2, 9, 24, 39, 71, 95, 106, 128—129, 132, 149—152, 167—168, 171, 192, 214, 226, 229—231, 235, 255—257, 293—294, 296, 304—311, 313—322

波考克（J. G. A. Pocock, 1924— ） 1—3, 9, 26—28, 31, 70—71, 126, 130, 133—134, 136, 138—139, 148—149, 151—152, 231, 323—324, 326, 338—339, 343, 345—346, 349—350

波利比乌斯（Polybius, 约200B. C.—118 B. C.） 2, 8, 11, 58, 72—82, 86, 89—90, 92, 94—96, 143

汉密尔顿（Alexander Hamilton, 1755—1804） 9, 200—202, 211—217, 225—228

黑格尔（Georg W. F. Hegel, 1770—1831） 2—3, 9, 17, 19, 106, 126, 161, 168, 171, 179, 181, 186, 190, 263—266, 268—292, 297, 332

霍布斯（Thomas Hobbes, 1588—1679） 15, 21, 91, 98, 108, 123, 157, 159, 161, 171, 198, 241, 247, 258, 281, 306, 311—312, 314, 333, 346

康德（Immanuel Kant, 1724—1804） 2, 9, 17—19, 265—269, 275, 283, 285, 296, 298

卢梭（Jean-Jacques Rousseau, 1712—1778） 2, 9, 15—24, 123, 153—200, 204, 229, 234—235, 241, 244, 247—248, 250—251, 253—254, 256, 258, 260, 263, 265—267, 273, 278—279, 286, 299, 303—307, 331—332, 336, 339, 341—343, 349, 352

马基雅维里（Niccolò Machiavelli, 1469—1527） 1—3, 8, 13—15, 17, 23—25, 27, 58, 77, 96—99, 108, 112, 114—153, 155, 168, 171, 173, 180, 185, 188, 192—193, 197, 200, 225, 229, 243, 265, 290, 294—297, 299, 301, 303—305, 307—309, 313—315, 319, 323—325, 327, 329, 333—336, 338, 340—351

麦迪逊（James Madison, 1751—1836） 9, 18, 200—201, 206—215, 217—231, 316

孟德斯鸠（Charles-Louis de Secondat Montesquieu, 1689—1755） 2, 9, 17—21, 201—209, 212, 220, 268, 273—274,

281，283—284，298，310—311，313，317—318

施密特（Carl Schmitt, 1888—1985） 24，31，149，152，171，190，226，243，248，293—294，296—307，309—315，318—321

斯金纳（Quentin Skinner, 1940— ） 2—3，9，25—27，94，98—99，116，130，140，323—326，328—347

托克维尔（Alexis de Tocqueville, 1805—1859） 9，20，153，255，265，290

韦伯（Max Weber, 1864—1920） 1，153，178，290

西塞罗（Marcus Tullius Cicero, 106B.C.—43B.C.） 2，8，10—11，58，72—73，79，81—128，132，147，160，187，251，314，333，335—336

西耶斯（Emmanuel-Joseph Sieyès, 1748—1836） 9，17—18，24，153，163，171，216，233—264，273，294，299—301，303—304，306，314—315，318—319

亚里士多德（Aristotle, 384B.C.—322B.C.） 2，8—13，26—29，31，33—70，72，74—75，78—81，84—86，88，91—92，94，104，106，132，135—136，138，141，143，147—148，150—152，164，171，183，187，268，273，288—289，292，323，325，328—329，333，335—336，340

概念索引

爱国情操（爱国主义）（patriotism） 8，19，22，82，196，272—274，276，279—289，291，317，348—349

必要性（necessitas） 99，111，116—117，120—122，131，145，211—212，272

秉性（humor） 108，120，142，144，341

常态（ordinary） 138—141，147—148，202，215，218，230，237，241—243，257，296，322

超越常态（extraordinary） 138—147，151—153，170，183，187，193，197，202，219，224，227，294，296，303，319，343

诚信（fides） 82，102，104，107，113，122

代表（代议）（representation） 1，7—8，12，18，20，30，48，51，57，73，92，97，108，130，144，147，149，152，154，162—163，172，177，193，196，200—208，210，212—216，218，220，222—223，225，227—228，230—231，234—237，239，241—242，246，249，251—252，254，256—265，266—268，272，275—276，280，290，297，302，304—306，311，317—318，323，327，333，344—345，348，352

德行（virtue） 10—13，17，27—28，31，33—36，38，41，44—45，53，57，60—61，63—64，66—71，79，82，91，94，96—97，99—106，108—109，111—112，114，116—122，125—126，128，134，136—137，147—149，151，182，187，196—197，203，208，243，251—252，255，273—274，288—289，295，324—326，328—329，335，339，342，344，345，348，350

独裁（dictatorship） 13，149，192—194，199，256，286，304，342

多数（majority） 16，18，20—21，24，31—32，44，54—57，59—60，62—63，75—76，79，164，171，204，207，210，216，227，241，251—253，273，295—296，307，316—317，349

法律（law） 10—13，15—16，18，20，23—24，26，31—33，35—36，42，44，46—

索 引

47，49—50，56，57，66，75，77，83—87，89，92—95，102—103，107—108，110，112—114，118，125，129，132—133，137—140，142—148，156，158，160，163—167，169—170，175—176，179，181，184，186—189，191，193—194，196—198，203—204，209，211—213，216，218，222，228—229，235，237—242，244—248，251，255—256，258，261—264，268，276，279，285—286，291—292，294，299，305—308，310—313，317，324—327，330，332—333，336—346，351

高尚性（honestas） 98—99，101—103，106，109—112，115—117，123，125，127

革命（revolution） 2，13，17—20，22，24，30，63，66，68，94—95，124，132，150，154，163，171，201，217，219，229—230，233—234，238—239，243，246，248—251，254—256，263—264，266，268，273，285，287，293—294，296—297，300，302—309，311，313，315—319，321—323，331

革命宪政主义（revolutionary constitutionalism） 18，233，235，242—245，248—249，254—255

公共事务（共和）（res publica） 8，10—12，15，20，49，59，70，76，83—88，91—94，103，125，128，160，162，243，250，262，276，280，291

公民德行（civic virtue） 2，8，10，12，26—28，66—68，204，209，284，323，330，332，336—339，341—342，345—346，349

公民集会（公民大会） 16，30，42—43，48，51，55，61—62，70，73，172—173，186，190，253

公民身份（公民资格）（citizenship） 2，8，12，22—24，28，30，39—46，53，62，67，70，84，88，152，172，174—175，187，238，261，263，291，332

共和政制（polity） 10—11，13，26—28，31，41，45，52—66，68—70，72—73，79，81—82，101，114，134，136，143，147—149，152，192，350

共和主义（republicanism） 1—4，6—15，17—28，42，44，66，69—74，79，83，90，95—96，98，124，126，130—135，143，148—149，151—153，155，159—160，163，168，173，180—181，187，193，197，199—203，205，208—211，213，215，217—219，228—231，233—235，243，250，254，264—268，272—274，277—279，284，287—288，291—296，304，306—308，314，319—321，323—342，344—352

民主共和主义（democratic republicanism） 7，15，17—19，23，154—155，159，171，179，187，199，201，208，216—218，224—225，228—229，231—232，244，267，331，348

宪政共和主义（constitutional republicanism） 7，18，23—24，201，207—209，212—218，225，227，231，235，266—267，348

共同体（社群）（community） 7—12，15—16，19，21—24，27—28，30—31，37—41，44—45，48，51，53，58，64，67，69，83—84，86—87，90，92，94，104，112，124—125，137，139，143，147，156，158—172，174—176，178，180—194，196—198，203，220，234，239，244，253，258，260—261，265，272—274，278—281，287—289，291—292，301，306，313—314，319，323—324，329，336，341—342，350—351

规范论 99，126—127，153，179，190，195，199

和睦（concordia） 104，113

合宜性（decorum） 102—103，105—107，112，114，121，127

衡平（equity） 90, 103—104, 106
混合宪政（mixed constitution） 11—12, 17, 23, 26, 73—74, 77—81, 90—92, 94—96, 124, 205
基源民主（original democracy） 91, 171, 190, 241
节制（moderation） 10, 17, 34, 57, 64, 102, 105, 108, 159, 182, 234, 247, 259, 269, 274, 335
宽和政府（moderate government） 17, 205—206
立法家（Legislator） 16, 28, 42, 46, 49, 52, 58, 65—66, 69, 71, 77, 81, 85, 119, 139, 142, 144—145, 152, 164, 173, 176—189, 191—198, 200—201, 229, 244, 303—304, 307
马基雅维里主义（Mschiavellism） 14, 121—123, 296—297, 309, 343
民主（democracy） 6—7, 10—13, 15—24, 27—33, 39—40, 42—47, 51—65, 69—70, 72, 75—76, 79—80, 88, 91, 152, 154—155, 159, 162—165, 169—171, 173, 178—179, 187, 189, 195, 198—199, 201, 203—208, 210—211, 215—217, 225—226, 229, 231—235, 241, 243—244, 248, 252—253, 256, 260, 266—268, 274—275, 281, 283—284, 288, 291, 293—294, 296, 298—299, 302, 304—307, 316—317, 319, 325, 328, 330—331, 338, 345, 347, 349, 352
民族（国民）（nation） 14, 16, 21—22, 24, 91, 113, 146, 149, 155, 157, 164, 171, 176—178, 180—181, 183—184, 191, 194—198, 205, 233—234, 237, 247, 256, 258, 260, 263—264, 269, 285—288, 294—297, 299—305, 307, 317—319
民族主义（nationalism） 6, 22, 24, 154—155, 178—180, 199, 233—234, 264, 273, 293, 319, 321, 350
明智（prudence） 33—35, 44—45, 68—69, 76, 102, 109, 111—112, 117—118, 138, 181, 184—188, 198, 214
平等（equality） 8—12, 19—20, 27, 30—32, 38—39, 46, 57, 59, 76, 123, 143, 147, 150—151, 156—157, 160—161, 165, 176, 178—180, 183—186, 199, 201, 238, 249, 261, 263, 266, 269, 290, 302, 304, 314, 337, 350—351
普遍意志（general will） 15—16, 20, 23—24, 156—175, 178—182, 184—186, 188—194, 196, 197—198, 204, 234—235, 241, 244, 248, 251, 253, 256, 267, 273, 278, 299, 305—307, 341, 343
权力（power） 7, 12—17, 19—20, 24, 29—32, 42, 45, 47, 50, 52—53, 55, 57—58, 73, 76—80, 86—90, 93, 95, 97, 101, 111, 113, 115—116, 118—120, 124, 131—134, 136, 139, 142—145, 149, 152—153, 157, 159, 161—162, 164, 167, 171, 180, 185, 193, 197, 202—205, 208—220, 222—224, 226—230, 233—237, 239—240, 242—246, 248, 252—258, 260, 266—269, 273—275, 292, 294, 296—300, 303—321, 350—352
权力平衡（balance of power） 11—12
权威（authority） 11—13, 23, 28, 30, 32—33, 35, 37, 45, 47—50, 53—54, 56—57, 89—90, 95, 128—129, 137, 141—143, 148, 150, 156, 171—172, 178, 189, 191—193, 197, 199, 206, 210, 212, 214—216, 219, 221, 225, 227, 229—230, 246, 255, 294, 299—300, 304—305, 307—313, 316—320, 324, 351
荣誉（honor） 14, 59, 82, 101, 119, 137, 195, 252, 274, 334

社会契约（social contract） 15—16, 108, 155—167, 169—176, 178—191, 194, 196, 198, 234, 251, 253, 258—260, 263—264, 269, 273, 278, 314—315, 343

社群主义（communitarianism） 3, 6, 271—273, 277, 280—282, 287—291, 348

审议（deliberation） 8—9, 11—12, 31, 35—36, 43—45, 48—52, 56, 62, 64, 69, 78, 80, 87—88, 90—91, 95, 103—104, 227, 229, 231, 251—252, 276—277, 308, 315—316, 349

审议民主（deliberative democracy） 7, 178, 225—226, 229, 231—232, 349, 352

统治团体（governing body） 12, 17, 37, 46—57, 60, 62, 69—70, 80, 86, 88, 94—95, 144, 152, 164, 171

文化民族主义（cultural nationalism） 22, 350

宪政（宪法）（constitution） 7, 11—13, 15—19, 21, 23—24, 26, 29, 73—74, 77—83, 88—92, 94—96, 106, 124, 133, 148, 154—155, 162—163, 166, 171, 179, 187—188, 191, 193—194, 197—198, 201—205, 207—209, 211—212, 214—219, 221, 222—227, 229—233, 235—237, 239—246, 248—249, 251—252, 254—259, 265—268, 272, 275, 281, 284—285, 287—294, 296—302, 304—307, 311—313, 315—322, 342—343, 346, 349, 351—352

效益（utilitas） 98—99, 101—102, 109—112, 115, 117, 122—123, 125, 334

信托（trust） 78, 88, 103, 108, 124, 251

形式（form） 10, 16, 19, 28, 39—41, 54, 56, 58, 61, 87, 95, 106, 119, 136—139, 141—144, 146, 148, 150, 158, 163—164, 169, 172, 174, 178—179, 181, 198, 217, 220, 222, 225, 227—230, 236, 242, 246—248, 266—269, 275, 279, 283, 298, 300—301, 309, 311, 314, 317

勇气（courage） 34, 89, 101—103, 119, 121, 146, 182, 262

有效真理（effectual truth） 99, 115—116, 122, 131

正义（justice） 3, 6, 9, 11, 20—21, 34, 37, 44, 52—53, 75—76, 93—94, 100—105, 107—109, 111—113, 117, 120—123, 125, 127—128, 182, 335—336, 352

政府（government） 10, 16—19, 21, 31, 48—49, 77, 80, 94—95, 103, 135—136, 142, 148, 158, 160, 163—176, 180—181, 185, 187, 190, 193—195, 198, 201—203, 205—224, 227—232, 234—235, 239—241, 243—245, 248—249, 253—256, 260—261, 263, 266—268, 274—275, 294, 297—298, 300, 314—319, 331, 344—345

政治创新（political innovation） 133, 136, 139, 188, 243, 343

政治动物（political animal） 9, 37, 314, 324

政治统治（political rule） 9—10, 12—13, 37—39, 47, 63, 67—70, 114, 121, 148, 152, 178, 349—350

政制（regime） 12, 28—29, 33, 36—37, 40—42, 44, 46, 70, 74—77, 79—81, 86, 88—90, 92—95, 134, 143—144, 147, 155, 180—181, 199, 204—205, 207, 218, 229, 273, 287—289, 315, 335—336, 338, 340, 351

支配（domination） 2, 8—10, 16, 23, 37—39, 48, 53, 56—57, 64, 72, 75, 78, 86, 93—94, 105, 107—108, 117, 134—135, 138, 140—142, 148, 153, 157, 159—160, 162, 165—171, 188, 193—194, 199, 244, 252, 308, 314, 345, 349,

350, 352

智慧（wisdom） 1, 10, 34—36, 85, 87, 90, 101—103, 106—107, 109, 111, 113, 117—118, 121, 182—183, 191, 194, 208, 308

制宪权（constituent power） 18, 24—25, 216, 218, 225—226, 232—237, 239—250, 252, 254—259, 262—264, 269, 294, 296, 298—304, 306, 309, 311, 314, 318—320

秩序论 17, 99, 108, 126—127, 129, 131, 135, 138—141, 149, 153, 155—156, 160, 163, 168, 173, 175, 179—181, 195, 197, 199

致用史学（pragmatic history） 73—74, 76, 78, 80, 95

中产阶层 64—65, 70

中道（mean） 34, 56—57, 61, 63—66, 70, 79, 141

主权（sovereignty） 15—17, 21—24, 48, 91, 157, 159, 161—163, 169—172, 177—179, 181, 190, 193, 202, 204, 215, 218, 220, 222—223, 225—226, 228—229, 233—234, 238, 243—244, 257, 267, 275, 294, 296, 298—300, 304—306, 310, 312, 314, 318—321, 331, 352

主权者（sovereign） 7, 16, 21, 24, 39, 108, 157, 159, 162, 164—166, 169—174, 187, 189—193, 223, 244, 299, 306, 312, 371

资料（matter） 46, 56, 116, 128, 238

自由（liberty/freedom） 2—3, 8, 10—11, 15, 18—27, 32, 38—39, 41, 43—45, 52—53, 55, 57—59, 62—65, 67, 70, 72, 76, 90, 93—95, 101, 103—104, 111, 113—114, 131, 133, 135—136, 142—145, 147—148, 153, 155, 158—159, 161—163, 165, 167, 173—175, 178, 180, 183—185, 187, 189, 194, 196, 198—199, 201—202, 205, 207—208, 215—217, 226, 229, 231, 233, 235, 238—240, 243—244, 247, 249—251, 254, 261—262, 265—266, 272, 276—278, 280—285, 287—291, 294—298, 302—303, 313, 315—316, 318—319, 323—344, 346, 349—351

积极自由（positive freedom） 25, 278, 315, 323, 325—330, 332, 338—343, 345—346

消极自由（negative freedom） 21, 23, 25, 148, 205, 287, 315, 323—332, 334, 336—337, 339—340, 345—346

政治自由（political liberty） 6, 8, 10—11, 13, 15, 17—18, 20—21, 23—24, 94, 101, 124, 133, 148, 152, 155, 178, 180, 192, 205, 215, 265, 276, 278, 287, 295, 304, 315, 318, 322—324, 326, 328—332, 334, 336—338, 340—342, 344, 346, 349—350

自由主义（liberalism） 2—3, 6—7, 18—22, 24—25, 27, 97, 130, 148, 154—155, 209—210, 233, 235, 243, 248—251, 254—255, 265, 270—271, 273, 280, 287, 289—291, 298, 300, 302, 312, 321, 323—327, 330—333, 337—339, 341—343, 345, 348—349, 351—352

自治（self-government） 8, 12—13, 15, 21, 76, 134, 139, 148, 151—153, 186, 202, 217, 276, 295—296, 313—315, 320, 324, 328—329, 331—332, 337, 346, 350

自主性（autonomy） 8, 97, 131—132, 177, 189, 197, 293, 330, 340

自足（self-sufficiency） 10, 13—14, 38—39, 46, 57, 84, 147, 196, 288

祖宗成法（mos maiorum） 82, 89, 95, 100, 124, 127